KB041277

환경윤리의 쟁점

환경윤리의 쟁점

김일방 지음

서광사

환경윤리의 쟁점

김일방 지음

펴낸이—김신혁, 이숙
펴낸곳—도서출판 서광사
출판등록일—1977. 6. 30.
출판등록번호—제 406-2006-000010호

(413-756) 경기도 파주시 교하읍 문발리 534-1
대표전화 · (031)955-4331 / 팩시밀리 · (031)955-4336
E-mail · phil6161@chol.com
http://www.seokwangsa.co.kr / http://www.seokwangsa.kr

지은이와의 합의하에 인지는 생략합니다.

제1판 제1쇄 펴낸날 · 2005년 1월 30일
제1판 제3쇄 펴낸날 · 2012년 11월 30일

ISBN 978-89-306-2540-1   93190

지은이의 말

　울리히 벡이 현대사회를 '위험사회'라고 규정지었듯이 현재 우리는 도무지 가늠할 수 없는 다종다양한 위험에 직면해 있다. 끊임없는 테러로 인해 하루도 안심할 수 없는 이라크 전쟁에서부터 나라 안에서는 무엇 하나 안심하고 사 먹을 수 없는 먹거리에 대한 불안감에 이르기까지 위험은 아주 광범하게 걸쳐 있다. 그 여러 가지 위험들 가운데서도 전 세계를 위험 공동체로 묶고 있는 것은 다름 아닌 생태학적 위기 상황이다. '나는 죽음이 되어버렸다'라는 고대 힌두교 경전《바가바드기타》의 한 구절처럼 환경은 이제 기막힌 곤경 상황에 처해 있다. 20세기 중엽 이전까지의 환경문제는 국지적 성격이 강한 지역의 문제에 불과했으나 오늘날의 환경문제는 국가적 차원을 넘어서 전 지구적 차원의 문제, 곧 전 인류가 그 대책을 모색하지 않으면 안 되는 위기 상황에 처해 있음을 보여준다. 요즈음의 환경문제는 국적, 계층, 직업, 성별, 연령 등과는 무관하게 모든 사람들을 희생자로 만들고 있는 것이다.

　이와 같이 환경이 전 지구적 차원의 위기 상황에 처해 있음에도 불구하고 전 지구적 차원의 대책 마련은 아직 요원해 보인다. 문제는 보편적임에도 그 대책 마련은 아직 국지적 수준에 머물러 있는 것이다. 그것은 각국의 이해관계 때문이다. 경제 발전과 물질적 풍요에 대한 각국(특히 선진국)의 희구가 전 지구적 차원의 대책 마련에 걸

림돌로 작용하고 있는 것이다. 환경 관련 지구정상회담들이 이를 잘 입증해준다. 지구 환경 개선을 위한 사상 최대의 국제회의라고 하는 '리우정상회담'(1992년)은 거창한 논의를 통해 수많은 조약들을 양산했다. 그러나 세계 각국은 환경 보호보다 경제적 이익을 우선시함으로써 맺어진 조약 어느 것도 제대로 된 성과를 거두지 못했다. '사상 최대'라는 말을 경신하면서 리우정상회담의 후속으로 2002년 요하네스버그에서 열렸던 '지속 가능한 개발에 관한 세계정상회담' (WSSD)에서도 논의는 무성했지만 얻어진 결과들은 미미했다. '환경'과 '국익' 두 가지의 가치 가운데 늘상 우리는 후자를 우선시해 왔고, 현 상황 역시 그러하다.

환경문제가 전 지구적 차원의 문제인 만큼 문제의 해결책을 찾아내고, 그것을 실행에 옮긴다는 것이 쉽지 않음은 너무도 당연하다. 그러나 환경문제가 해결되어야만 할 실천적 과제임을 고려한다면 현재와 같은 상황은 반드시 개선되어야 함이 옳다. 이를 위해선 무엇보다 환경문제의 상황과 심각성의 규정에서부터 문제 해결의 목표, 범위, 방법 등에 대한 국제사회의 합의를 도출하는 것이 우선적으로 요구된다. 어떤 문제건간에 그 해결을 위해서는 공동체 구성원들의 문제 해결에 대한 합의가 먼저 전제되어야 하기 때문이다.

환경문제에 대한 국제사회의 합의 도출과 함께 우리에게 요구되는 것은 각 개인의 생활 태도에 대한 반성과 개혁이다. 우리가 사는 세상은 이미 물질주의적 가치관이 지배한 지 오래다. 돈이면 무엇이든 얻을 수 있고, 그 얻고자 하는 것을 위해서라면 무슨 일이든 할 수 있다는 사고가 팽배해 있다. 자연의 온갖 대상은 보호의 대상이 아닌 거래의 대상으로 간주됨으로써 오늘도 부를 축적하기 위한 수단으로 취급될 뿐이다. 인간 중심의 물질주의적 가치관의 혁명적 전환이 요구되는 시점이다.

환경적으로 바람직한 미래사회의 건설을 위해서는 현실 과제에 효율적으로 대처하면서 개인적 자율성과 사회적 책임이 서로 조화를 이뤄야 한다. 미국의 사회이론가 아미타이 에치오니는 점점 더 증대하는 우리 사회의 도덕 불감증에 대해 이렇게 호소한다. "사회가 너의 자율성을 존중하고 또 보호해주기를 원하는 만큼 사회의 도덕적 질서를 존중하고 보호하라." 필자는 이 정언명령을 다음과 같이 바꾸어 표현하고자 한다. "환경이 너의 삶을 쾌적하게 해주고, 너의 건강을 지켜주기를 바라는 만큼 환경의 가치를 사익에 우선시키고 보호해 나가라."

이 책은 1, 2부로 구성되어 있다. 제1부는 환경, 생태계, 자연의 개념에서부터 환경윤리 사상의 흐름에 이르기까지 본격적인 환경윤리학에 대한 이해를 돕기 위한 차원에서 마련되었다. 제2부에서는 이 책의 핵심이라 할 수 있는 환경윤리학의 여러 가지 쟁점들을 다루고 있다. 물론 여기서 다뤄지고 있는 쟁점 말고도 살펴봐야 할 쟁점들이 더 있는 줄 알지만 이에 대해선 다음의 연구 과제로 남겨두고자 한다. 제2부의 내용 가운데 7, 8, 12장은 필자의 학위 논문 내용의 일부이고, 9, 10, 11장은 대한철학회 논문집에 실렸던 논문을 수정 보완한 것이며, 1부와 나머지는 새롭게 구성한 것들이다.

환경윤리학이 신생학문인 만큼 그 주장들이 너무나 다양하여 이 학문의 정확한 성격을 규정하기가 쉽지 않다. 이처럼 환경윤리에 대한 주장들이 다양하다는 것은 해소되지 않고 있는 쟁점들이 많다는 것을 의미한다. 이 책은 바로 그러한 쟁점들을 살펴보고 그 쟁점들을 효과적으로 조정하는 방안을 모색해 보고자 하는 의도에서 쓰여졌다. 아무쪼록 환경윤리를 공부하는 사람들에게 조금이나마 도움이 되었으면 하는 마음 간절하다.

이제 이 책이 나오는 데 도움을 주신 분들의 고마움을 기억하고 싶다. 먼저 나의 학문적 성장 과정에 큰 힘이 되어 주시는 은사이신

8

배한동, 문성학 교수님, 그리고 지금은 고인이 되신 송휘칠 교수님께 깊은 감사를 드린다. 일면식도 없는 나에게 강의를 할 수 있도록 배려해주시고 언제나 자상하게 대해주시는 제주대 양영웅, 한석지, 김현돈 교수님, 연구실 문을 언제건 노크하더라도 오랜만에 만난 친구를 대하듯 밝은 미소와 정겨운 대화로 맞이해주시는 윤용택, 정재현 교수님께 감사를 드리고 싶다. 필자의 전공에 맞는 강좌를 설정해주시고 혹시나 계획된 교양강좌가 폐강되지나 않을까 자기 일처럼 노심초사해주시는 제주교대의 고대만, 변종헌 교수님께도 감사를 드린다. 정신적으로 힘들어 할 때 신앙의 힘으로 일깨워주시는 대부이신 김항원 교수님, 김경환 선생님의 고마움도 잊을 수 없다.

평일이건 주말이건 언제나 도서관으로 향하는 나의 발걸음을 가볍게 해준 아내와 응엽, 이엽의 사랑이 없었다면 이만한 성과를 내기도 쉽지 않았을 것이다. 부족한 성과물이지만 가족들의 사랑에 조그만 보답이 되었으면 한다.

끝으로 이 책의 출판을 흔쾌히 수락해 주신 서광사 김찬우 부장님, 이 책을 편집하면서 필자가 관심을 기울이지 못한 세세한 부분에까지 신경을 써주신 편집부원님들께도 고마움을 표하고 싶다.

2005년 1월
김일방

차례

제1부
환경윤리에 대한 개관

I. 환경, 생태계, 자연의 개념

1. 환경

'환경'(environment)이라는 말은 '생태학'[1]과 더불어 19세기 중반에 생성된 용어로 프랑스어 environner(둘러싸다)에서 유래하고 있다. 당시 환경의 의미는 '어떤 사람이나 사물이 존속하거나 발달하는 조건', '인간을 포함한 생명체의 발전을 조절하고 결정하는 영향의 총

---

1) 생태학이라는 말은 독일어로 외콜로기(Oekologie)라고 한다. 이 말을 만들어낸 사람은 독일의 동물학자 헤켈(Ernst Haeckel)로 그는 이 말을 《생물체의 일반 형태》(1866)에서 처음으로 썼다고 한다. 그리스어에 기원을 두고 있는 이 말은 그리스어 오이코스(Oikos: 집, 가정)와 로지(logy: ~학, 론)가 결합한 것으로 어원 그대로 말하면 집의 연구 또는 집의 학문(house-study)을 뜻한다. 인간을 포함한 동물, 식물, 미생물 등이 살고 있는 거주 공간(집)을 연구한다는 것이다. 언뜻 보면 이 말은 자연계와 관계가 없는 듯하다. 그러나 헤켈은 이 말을 '유기체와 그를 둘러싸고 있는 환경 사이의 관계에 관한 과학'으로 정의함으로써 그런 우려를 불식시킨다. 즉 생태학은 유기체들을 고립된 단위로 다루는 것이 아니라 유기체들의 거주 공간과 그 주변 환경과의 관계를 연구한다는 것이다. 오늘날 생태학은 어떤 특정 지역에서 상호 작용하는 생물 및 환경으로 구성되는 기능적 단위인 생태계 연구에 초점을 두고 있다. Lincoln Allison, *Ecology and Utility*(Leicester: Leicester University Press, 1991), 26면 참조.

체'와 같은 의미를 지녔다. 1880년대에 와서 과학자들에 의해 더욱 간결하게 환경의 개념이 정의되는데, 그것은 '생명체의 외적 조건의 총체'였다.[2]

국어대사전(이희승 편, 민중서림, 1994)을 보면 '환경'을 '생활체를 둘러싸고 그것과 일정한 접촉을 유지하고 있는 외계'라고 풀이하고 있는데 이는 영어나 불어의 개념과 비슷하다. 그러니까 영어건 불어건 국어건 '환경'이란 '인간을 포함한 생명체를 둘러싸고 있으면서 직·간접적으로 영향을 주는 외적 조건의 총체'로 보고 있다. 단순화해서 말한다면 '환경'이란 일종의 조건, 즉 생명을 주축으로 하여 그것을 둘러싸고 있는 조건을 의미한다. 바로 이런 의미에서 '환경'이란 개념은 독자적으로 쓰일 수 있는 개념이 못된다. 즉 환경이란 무엇인가를 둘러싼 어떤 것이며, 항상 그것이 둘러싸고 있는 바 중심에 놓이는 것을 지시하게 되어 있다. 하나의 환경은 늘 '~의 환경'(the environment of …)인 것이다.[3] 이 중심에 놓이는 것('~의'에 해당하는 것)은 생명체이며 대부분의 경우 인간을 지시한다. 환경오염, 생태계 교란, 자연 파괴 등의 문제를 이야기할 때 사용하는 '환경'에 전제된 생명체는 주로 인간을 뜻하며, 따라서 환경이란 말은 주로 인간 삶의 조건을 두고 말하는 것이다.

환경의 개념을 이와 같이 이해하게 되면 우리는 인간과 환경 사이에 목적론적 연관이 성립하고 있음을 발견하게 된다. 인간과 환경 간의 관계에 관한 논의에서 목적으로 설정되는 것은 인간의 생존 유지가 될 것이며 그것을 가능하게 하는 조건으로서의 환경은 이 목적의 실현을 위한 수단으로 파악된다. 이렇게 볼 때 '환경'이란 말은 지극히 인간 중심적인 표현이라 할 수 있다. 자연 세계가 그 자체에서가 아니라 인간의 생존 유지의 조건이라는 관점에서 파악될 때 비로소

---

2) 같은 책, 같은 면 참조.

3) John Benson, *Environmental Ethics*(London: Routledge, 2000), 9~10면 참조.

환경이라는 개념은 성립하기 때문이다.

환경은 인간과 어떤 관계를 맺고 있는가에 따라서 다양하게 구분되는데 크게 나누면 자연환경, 사회환경, 인공환경 등으로 나뉠 수 있다. 자연환경에는 산·바다·들·동식물·공기·물 등이, 사회환경에는 정치·행정·경제·사회·과학·문화 등이, 인공환경에는 도시·공공시설물·주택·공장·도로·기계·차량 등이 포함된다. 환경을 이와 같이 구분할 수 있는 데에도 인간 중심적 환경 개념이 전제되고 있다. 인간 이외의 존재에게는 자연환경과 차별될 수 있는 사회환경, 인공환경이 의미를 가질 수 없기 때문이다.

여기서 우리는 환경이라는 말이 얼핏 보기와는 달리 가치중립적이 아니라 평가적 개념임을 알 수 있다. 평가란 어떤 것에 관해 '좋다' 혹은 '나쁘다'를 어떤 기준에 따라 판단내리는 작업이다. 환경이라는 말이 어떤 사항을 적극적으로 평가하는 말이 아니기에 이 말에서 읽어낼 수 있는 평가의 계기가 명시적이고 적극적인 것은 아니다. 그러나 앞에서 말했듯이 환경이라는 말이 가지는 의미 구조 때문에 환경은 평가적 의미를 지니게 된다.

환경의 개념을 '인간의 생존유지를 위한 조건'으로 이해할 때 여기에는 이미 인간의 생존 가능성에 미치는 영향에 따라 이뤄지는 좋고 나쁨에 대한 평가가 잠재적으로 내재되어 있다고 할 수 있다. 그런데 요즘 환경문제가 인간의 생존에 직접적 영향을 미치는 기본 문제로 부각됨에 따라 환경이란 용어에 내재되어 있는 평가 또한 명시적으로 부각되었다. 환경윤리가 대두된 것도 그와 맥을 같이 한다. 그리고 그러한 평가는 오직 인간의 입장에서만 내려지기 때문에 그것은 어디까지나 상대적인 평가이다. 따라서 이러한 인간 중심의 평가와 인간 이외의 생명체 중심의 평가는 상충되는 수가 많다. 인간의 욕망·목적이 동식물의 그것과 엄연히 다른 만큼, 똑같은 환경일지라도 인간에게는 좋지만 동식물에게는 나쁠 수가 있고 그 반대도 성립

18

한다는 것이다. 가령 연못을 고갈시키는 것이 인간에겐 이로울지 모
르나 모기들에게는 해로울 수 있다.

  이상의 논의를 간추리면 환경이란 '인간을 둘러싸고 있으면서 인
간의 생존 유지에 직·간접적으로 영향을 미치는 외적 조건'이라 할
수 있고, 또한 환경이라는 용어는 의미 구조상 중성적 용어가 아니라
평가적 용어이며, 그 평가는 인간의 입장에서 내려지는 상대적 평가
이다.

2. 생태계[4]

  지구상의 생물 가운데 홀로 살아갈 수 있는 존재는 없다. 모든 생
물은 다른 생물들뿐만 아니라 무생물적 환경(abiotic environment)과
도 서로 영향을 주고받으면서 살아간다. 이와 같이 생물적 환경과 무
생물적 환경으로 구성되고 있는 계를 우리는 보통 생태계(ecosystem)
라고 부른다. 물론 여기서 말하는 생물적 환경이란 개체 생물이 아니
라 생물군집(종의 집단)을 가리킨다.[5] 생태계란 개체 생물이 아니라
어느 일정 지역 내에 있는 생물군집이 생명 유지에 관련된 모든 조

---

4) 생태계라는 말은 영국 생태학회 초대회장이자 식물학자인 탠슬리(Arthur
   Tansley, 1871~1955)가 1935년 하나의 전체로서 간주되는 생물적 요소와 무생
   물적 요소들을 표현하기 위해 처음으로 썼다고 한다. 그런데 이 말은 그의 사후
   에도 한동안 생태학에서는 널리 사용되지 않다가 요즘에 와서 일상적으로 널리
   쓰이고 있는데 이것은 극히 최근의 일이라고 한다. 유진 오덤, 《생태학》, 이도원
   옮김(서울: 동화기술, 1992), 61면 참조.
5) 생물적 환경이란 특정한 생물을 둘러싼 타생물군집을 가리키며, 무생물적 환경이
   란 물·이산화탄소·칼슘·인산염·아미노산·부식산 등의 기초적 무기물질과
   유기화합물 등으로 생물군집을 제외한 모든 환경 요인을 일컫는다. 그리고 군집
   (community)이란 예를 들어 열대림, 난대림, 온대림, 툰드라 등과 같이 어떤 지역
   에 일정하게 존재하는 생물종의 묶음을 지칭한다.

건과의 관계를 말하기 때문이다. 생물군집과 그것을 둘러싸고 있는 무기환경은 불가분의 밀접한 관계 안에 있다. 생물군집과 무기환경이 한 덩어리가 된 생태계에서는 양자 사이에 물질 순환과 더불어 영양 단계에 따라 에너지의 유동이 이루어진다. 요컨대 생태계란 생물군집이 물과 공기 그리고 토양을 근거로 영양분을 섭취하고 기후 등의 물리적 환경에 적응하며 살아가는 생명 유지 체계라고 할 수 있다.

  '생태계'라는 개념은 '환경'이라는 개념과의 비교를 통해 그 뜻이 선명해질 수 있는데, 이 두 가지의 개념 차이는 다음과 같이 설명할 수 있다.[6]

  첫째, 환경이 인간 중심적 개념이라면 생태계는 생물 중심적 개념이다. 환경과 생태계는 다 같이 생명과 밀접한 관계를 맺고 있지만, 이 때 관계되는 생명이 환경의 경우는 주로 인간을 가리키는 데 반해 생태계의 경우는 모든 종류의 생명체를 포함한다. 생태계는 인간을 특별한 위치에 놓지 않고, 인간 역시 수많은 생물종 가운데 하나의 종으로 취급될 뿐이다.

  둘째, '환경'이라는 개념이 '구심적이거나 원심적인 중심주의적' 세계관을 나타낸다면 '생태계'라는 개념은 '관계적' 세계관을 반영한다. 환경이라는 말이 삶의 조건, 둘러쌈을 뜻하는데 반해 '거주지', '집'(oikos)을 뜻하는 그리스어에서 유래한 생태계는 삶의 장소인 거주지의 체계성을 뜻한다. '환경'이라는 말이 우리 인간을 둘러싸고 있는 외부 세계의 문제를 강조하는 데 반해 '생태계'는 우리가 '살고 있는 집'의 문제까지 연관시켜서 집 밖의 세계를 보려고 하는 것이다.

  셋째, '환경'이 원자적·단편적 세계 인식 양식을 나타내는 데 반해 '생태계'는 유기적·총체적 세계 인식 양식을 반영한다. 이런 이

---

6) 박이문, 《문명의 미래와 생태학적 세계관》(서울: 당대, 1997), 72~73면 참조.

유로 '환경오염', '환경 파괴'라는 개념보다 '생태계오염', '생태계 파괴'라는 개념이 더 적절하다는 지적이 많다. '환경'이라는 개념보 다는 '생태계'라는 개념이 인간과 사회 그리고 자연과의 관계를 좀 더 종합적으로 파악하고 있기 때문이라는 것이다.

끝으로 '환경'이라는 개념이 이원론적 형이상학을 함의한다면 '생 태계'라는 개념은 일원론적 형이상학을 반영한다. '환경'이 인간 중 심적 사고 하에서 자연과 인간의 관계를 이원론적으로 설명하는 데 반해 '생태계'는 모든 생물과 무생물 간의 관계를 불가분의 상호의 존적 관계로 설명한다.

이와 같이 환경과 생태계의 차이를 구분해 본 것은 단지 양 개념 을 좀더 알기 쉽게 하고자 하는 것일 뿐, 사실 환경과 생태계는 무 자르듯 단순 명료하게 구분지을 수 있는 것이 아니다. 생태계는 인간 을 포함한 생물군집과 주변 환경과의 관계를 가리키는 용어로 생물 군집과 환경을 결합하여 하나의 단위로 취급한다. 따라서 환경 개념 보다 생태계의 개념을 좀더 포괄적으로 이해해야 하는 것은 타당하 나 양 개념을 이분법적으로 사용할 수는 없는 것이다.

그렇다면 이제 생태계 자체에 대한 좀더 분명한 이해를 위해 그 구성과 특성에 대해서 살펴보기로 하겠다. 생태계는 생물군집과 무생 물적 환경으로 구성된다고 했는데, 생물군집은 그 기능에 따라 세 가 지 생물군, 즉 생산자, 소비자, 분해자로 나눠진다.[7]

생산자에는 녹색식물이 해당하는데, 이는 하등의 단세포로 된 남 조류나 녹조류로부터 시작하여 고등식물인 양치식물, 나자식물, 피자 식물 등 약 40만 종에 이른다. 녹색식물은 숲과 초원을 이루며 광합 성 작용을 통해 동물과 미생물의 에너지원인 유기물을 생성시킨다. 녹색식물은 광합성 작용에서 산소를 방출함으로써 모든 생물이 필요

---

7) 송승달, "인간과 생태계," 계명대학교 철학연구소 편, 《인간과 자연》(서울: 서광 사, 1995), 216~17면 참조.

로 하는 산소 호흡을 가능하게 해준다. 녹색식물은 육상의 삼림이나 초원, 경작지뿐만 아니라 바다, 호수, 강물에도 존재하며 모든 생태계의 기초를 이루고 있다.

소비자에 해당하는 동물은 그 종류가 다양하여 100만 종이 넘는 종으로 구성되고 있다. 소비자는 먹이사슬에 기초하여 몇 개의 부류로 나눠지는데 1차 소비자인 소형의 초식동물에서부터 단계적으로 약육강식의 형태를 취하면서 2차, 3차, 4차, 5차 소비자인 육식동물에까지 이른다. 이들 소비자는 양적으로 피라미드를 이루어 생태계의 균형과 안정을 조절하는 데 기여한다.

분해자에는 박테리아, 곰팡이 등 약 10만 종류가 포함된다. 미소(微小) 소비자라고도 불리는 이들은 생산자나 소비자의 고사체나 시체를 분해하여 영양분을 섭취하는 한편, 유기물을 무기물로 순환시켜 다시 생산자와 소비자들이 이용할 수 있도록 해준다.

생태계의 무생물적 환경 요소에는 빛·온도·압력·바람·전기·자기 등의 물리적 요소, 물·산소·탄산가스·토양·산과 알칼리·각종 무기염류 및 유기물질과 중금속 등의 화학적 요소가 있다. 현대 사회의 대표적인 환경오염 물질인 대기오염 물질, 수질오염 물질, 토양오염 물질 등도 무생물적 환경 요소에 포함된다. 이 무생물적 환경 요소는 생물적 요소와 서로 작용 및 반작용을 통하여 변화, 발전을 이루게 된다.

이와 같은 구조로 이루어지고 있는 생태계의 특징은 크게 두 가지로 지적할 수 있다.[8]

첫째는 생태계에서의 에너지의 흐름이 한 방향으로만 일어난다는 점이다. 생태계의 모든 에너지의 근원은 태양에너지이다. 이 태양에너지가 지구에 도달하여 생산자인 녹색식물의 광합성에 의해 유기물

---

8) 같은 글, 218~19면 참조.

이 생성되고, 이 유기물에 고정된 에너지는 1차에서 5차에 이르는 소
비자에게 단계적으로 반드시 한 방향으로만 전달된다. 그리고 그 전
달 과정에서 에너지는 생태계의 각 영양 단계에 따라 이용 효율이
감소되어 결국 소멸하게 된다. 다시 말하면 태양에너지는 녹색식물의
군락에서 50% 정도만 흡수되고 나머지 50%는 반사되고 만다. 흡수
된 에너지도 광합성에 의해 유기물 합성에 이용되는 것은 5% 이내
이고, 여기서 형성된 유기물에 의존하는 소비자의 경우도 각 영양 단
계에 따라 에너지 이용 효율이 다시 10분의 1씩 줄어든다. 즉 1차 소
비자—0.5%, 2차 소비자—0.05%, 3차 소비자—0.005%, 4차 소비자—
0.0005%, 5차 소비자—0.00005%로 감소된다는 것이다. 5차 소비자에
해당하는 독수리나 사자 등의 개체수가 제한되는 것은 바로 이와 같
이 에너지의 이용 효율이 단계적으로 줄어들기 때문이다.

　둘째는 생태계의 모든 물질은 결코 소멸되지 않고 순환된다는 사
실이다. 무생물적 환경 요소인 토양이나 수계, 또는 대기에 존재하는
모든 필수 원소 등의 무기물질은 생산자에 의해 흡수·동화되고, 흡
수·동화된 이 물질은 다시 소비자의 영양 단계별로 이용된다. 마지
막 단계에서까지 이용되고 난 물질은 소멸되는 것이 아니라 박테리
아나 곰팡이 등에 의해 분해되어 재이용할 수 있게 된다. 예를 들면
대기 중에 80%를 차지하는 질소는 질소 고정생물인 아조토박터
(Azotobacter)나 리조비움(Rhizobium) 등에 의해 암모니아로 고정되
고, 이것은 녹색식물에 의해 아미노산과 단백질로 합성된다. 합성된
이 물질은 동물의 각 영양 단계에 따라 이용되어 동물의 몸을 이룬
다. 동물이 죽고 난 뒤의 사체는 박테리아 등에 의해 암모니아로 분
해되고 암모니아는 질화 세균의 질화작용에 의해 질산이 되며, 질산
은 탈질세균에 의해 질소가스가 되어 대기 중으로 되돌아간다. 좀더
간단한 예를 들면 탄산가스는 광합성에 의해 식물의 유기물로 전환
되며, 이것은 또 동물의 영양 단계에 따라 이용됨으로써 호흡이나 연

소, 또는 분해자에 의한 분해로 탄산가스로 다시 전환된다. 대기 중
으로 되돌아간 이러한 무기물질은 다시 유기물 합성에 이용된다.

3. 자연

자연이 환경의 전부는 아니더라도 자연을 배제한 환경 담론은 생
각할 수 없다. 환경 파괴라 하든 생태계 훼손이라 하든 모든 환경 담
론은 자연 개념을 내포하고 있다. 따라서 자연의 개념을 명확하게 정
리해 두는 것은 더욱 풍성한 환경 담론을 위한 전제가 된다.

'자연'이라는 낱말의 의미는 매우 다양하고, 또 그런 만큼 혼란스
럽다. '자연'에 관한 가장 큰 혼란은 자연과 인간의 관계 설정을 둘
러싸고 제기된다. 혹자는 인간을 포함한 우리 주위의 산천초목과 동
물, 멀리 떨어져 있는 일월성신까지 모두 포괄하여 자연이라 부르는
반면, 어떤 이들은 인간을 제외한 산천초목과 동물, 일월성신을 가리
켜 자연이라 부른다. 다시 말하면 자연의 개념을 전자는 '인간을 포
함한 존재 전체'로, 후자는 '인위적인 것 외부에 속한다고 전제되는
현상적 존재 전체'로 규정하고 있다.

사실 우리의 일상적 표현 가운데서도 자연의 개념을 이와 같은 이
중적 의미로 활용하는 경우를 많이 볼 수 있다. 가령 태풍, 지진, 해
일 등의 피해를 보면서 우리는 "자연 앞에선 인간 역시 꼼짝할 수가
없어. 그러니 인간은 자연의 위대함을 알고 겸손해져야 해"라고 하면
서 인간 자신을 자연의 일부로 파악하다가도, 골프장 건설을 위해 야
산을 불도저로 밀어붙이거나, 돈벌이 수단 삼아 야생동물들을 마구잡
이로 포획하거나 하는 행위를 서슴지 않는다. 자연은 마치 인간의 의
도대로 처리해도 무방한 소유물로 다뤄지는 것이다.

일반 사람들뿐만 아니라 자연 보호를 주장하는 학자들의 입장 또

한 그들의 자연관에 따라 다양해진다.[9]

먼저 미학적 입장에서 자연 보호를 주장하는 학자들이 있다. 이들의 관심은 일차적으로 자연의 아름다움과 황폐화되지 않은 환경에 의해 부여받을 수 있는 기쁨과 위안에 주어진다. 이들의 주장에 따르면 자연은 우리가 예술작품의 보호를 원하는 바로 그와 동일한 이유들 때문에, 즉 그것이 제공하는 기쁨과 영감 때문에 보호되어야 한다.

두 번째로는 자연의 '내재적 가치'(intrinsic worth)에 근거하여 자연 보호를 주장하는 학자들이 있다. 이들에 따르면 자연은 인간의 어떤 목적(미학적이건 실용적이건 간에)을 위한 수단으로써가 아니라 자연이 지닌 본래적 가치 때문에 보호받아야 한다. 자연의 가치는 '신이나 인간의 속성으로 결코 변형될 수 없는 고유한 것'으로 간주되기 때문이다. 이 입장의 옹호자들은 자연의 어떤 부분에까지 본래적 가치를 부여할 수 있는지에 대하여 의견이 다를 수 있다. 예를 들어 본래적 가치가 생물계와 무생물계 양쪽 모두에게 부여되는지, 그리고 그 가치가 우주의 비생명체에게까지 확대 적용되는지 아니면 지구에만 한정되는지 등에 대한 의견이 상이할 수 있다. 그러나 자연이 인간의 목적이나 인식과 관계없이 독립적인 가치를 지닌다는 데 대해서는 본질적으로 의견이 일치한다.

셋째는 유용성에 근거하여 자연 보호를 주장하는 학자들이 있다. 이들은 자연의 중요성을 인간의 생존과 번영이라는 목적 달성을 위한 수단으로써 강조한다. 우리는 자연 자원을 보전해야 할 의무를 갖고 있는데(환언하면 자연 자원을 지속 가능한 방법으로 이용하는 것), 그 이유는 자연 자원은 현재 그리고 불확정적인 미래에 모든 인간의 생명에 필수적이기 때문이다. 이 입장에서의 도덕적 강조는 다

---

9) Kate Soper, *What is Nature?*(Oxford: Blackwell Publishers, 1995), 251~53면 참조.

른 종들에 대한 또한 자연 그 자체에 대한 의무보다는 우리가 미래 세대에 대하여 가지고 있는 의무에 더 많이 주어진다.

위의 두 번째 입장은 자연을 인간이 포함된 존재 전체로 보고 있고, 첫번째, 세 번째 입장은 자연을 인간이 제외된 존재 전체로 보고 있다. 겉으로 보기엔 이 두 자연관이 서로 모순되어 양립할 수 없을 듯하다.

먼저 인간을 포함한 존재 전체를 자연으로 파악하는 개념은 그 바탕에 형이상학적 일원론을 깔고 있다(이하 일원론적 입장).[10] 이 입장에서 볼 때 자연은 '존재 전체', '우주 전체'의 의미를 가지며, 동양사상 가운데 특히 노장사상의 자연 개념이 이러한 자연관을 가장 잘 드러낸다.

일원론적 입장에서 볼 때 인간은 자연과 분리된 특수한 존재가 아니라 자연의 작은 일부에 지나지 않는다. 즉 인간은 자연과 분리된 인식 주체로서 자연의 주인이나 소유자가 아니며, 오히려 자연은 인간의 뿌리이자 자양이고, 인간의 욕구 충족을 위한 개발의 대상이거나 목적 달성을 위한 단순한 수단이 아니라 그 자체로서 존중되어야 할 주체가 된다.

시기적으로 볼 때 서양 고대의 자연관이 이에 해당한다. 고대 사회에 자연은 '스스로 그러함, 스스로 그렇게 됨'을 의미했다. 만물이 스스로 그렇게 된다고 하는 것은 자연이 그렇게 되어야 할 바를 그 자체 내에 지니고 있다는 뜻이다. 즉 만물이 자기 자신의 목적(본성)을 가지고 있다는 것이다. 각각의 자연물 안에 그것이 움직여 이루고자 하는 목적이 내재하고 있으므로, 그러한 목적의 실현으로서의 자발적 움직임은 곧 자연적 운동으로 분류된다. 반면 외부로부터 부과된 힘에 의해 수동적으로 움직이는 운동은 인위적 운동이 된다. 자연은 그

---

10) 박이문,《문명의 미래와 생태학적 세계관》, 243~45면 참조.

26

자신의 내적 본질에 의해 스스로 그렇게 있는 것이며, 또 그 스스로 그렇게 움직인다. 우리가 경험하는 현상적 자연은 곧 자연 자체에 내재된 비가시적인 이념적 목적이 자기 발현된 결과, 이른바 현실태의 의미를 지니게 된다.[11]

또 하나의 자연 개념, 즉 인간을 제외한 인간 이외의 모든 존재를 자연으로 파악하는 입장은 형이상학적 이원론을 그 바탕으로 한다 (이하 이원론적 입장). 이 입장에서 자연이란 비인위적인 사물들의 속성을 가리킨다. 자연은 인간과 인위적인 모든 것, 문화적인 것들 이외의 모든 것을 총칭하는 개념이다.

이원론적 자연관에 따르면 인식 주체로서의 인간이 내재적 가치를 갖고 그 자체가 목적인 것과는 달리 자연은 인식 객체로서 인과법칙에 의해 지배되는 거대 기계에 지나지 않게 된다. 이러한 자연관은 인간의 자연 정복·개발·도구화를 정당화시켜 주는 근거로 활용될 수 있다.

시기적으로 볼 때 여기에 해당하는 것은 서양 근대의 자연관이다. 근대인들은 자연물 자체 내에 운동의 힘이 되는 목적을 인정하지 않는다. 움직여 도달하고자 하는 목적이 배제되므로 자연물이 움직인다는 것은 스스로 움직이는 것이 아니라 외적인 다른 힘에 의한 것이고, 움직임을 멈춘다는 것은 스스로 멈추는 것이 아니라 외적인 저항력에 의한 것이다. 움직이기 시작한 물체는 계속 등속으로 움직이고 정지해 있는 물체는 계속 정지해 있고자 한다는 이른바 '관성의 법칙'이 자연의 제1법칙으로 이해되는 것이다. 외적인 강제력이 없는 한 자연에는 관성적인 정지나 등속운동만 있을 뿐 자연 자체의 능동

11) Errol Harris, "Nature, Man, and Science: Their Changing Relations," in *International Philosophical Quarterly*, vol. x, no. 1(March 1979), 3~4면 참조; 한자경, "칸트에서의 자연과 인간," 계명대철학연구소 편, 《인간과 자연》(서울: 서광사, 1995), 109~111면 참조.

적이고 자발적인 움직임은 찾아볼 수 없게 된다.[12] 근대 사회에서 자연은 내적 목적의 실현을 위해 스스로 움직이고 성장하는 것이 아니라 외적인 힘에 의해 밀려가기도 하고 멈춰서기도 하는 생명력 없는 수동적 기계로 이해되었던 것이다.

위에서 살펴본 두 가지 자연관은 언뜻 보기엔 분명히 모순이다. 일원론적 자연관에서는 인간이 자연의 일부로서 존재하지만 이원론적 자연관에서는 인간이 자연 밖의 존재로서 머물기 때문이다. 자연과 인간의 관계에서 나타나는 이러한 모순을 어떻게 풀 수 있을까? 박이문 교수에 의하면 이러한 모순은 자연을 대하는 '존재론적 시각'과 '인식론적 시각'의 논리적 관계를 검토함으로써 해결할 수 있다.[13]

먼저 존재론적 시각에서 볼 때는 일원론적 자연관이 옳다. 인식 이전의 그냥 '존재'의 차원에서 볼 때 인간을 포함한 모든 것, 즉 존재 전체는 서로 연결되어 있는 단 하나의 '자연'으로 볼 수 있기 때문이다. 그러나 인식론적 시각에서 볼 때는 이원론적 자연관이 옳다. 자연을 인식하고 자연에 대해 개념화하고자 할 때 인간과 자연은 주체와 객체로의 개념적 구별이 불가피해지기 때문이다. 인식 주체로서의 인간과 인식 객체로서의 자연이 구분되지 않고서는 인식 자체가 불가능해진다. 이렇게 보면 일원론적 자연관과 이원론적 자연관이 얼핏 보기엔 서로 모순되어 보이지만 사실은 양립 가능한 것임을 알 수 있다. 두 자연관의 차이는 두 가지 실제적 현상의 차이가 아니라 하나의 똑같은 현상에 대한 서술적 시각의 차이에 불과한 것이다. 두 자연관의 관계는 어떤 그림을 인식할 때 '토끼의 두 귀'와 '오리의 부리'로 보아도 모순이 없는 경우에 비유할 수 있을 것이다.

그렇다면 두 자연관이 사실은 양립 가능하면서도 서로 모순되어

12) 같은 글, 4면 참조: 같은 글, 111~12면 참조.
13) 박이문, 《문명의 미래와 생태학적 세계관》, 245~48면 참조.

28

보이는 이유는 무엇일까? 그것은 한 마디로 인간의 이중성 때문이라 할 수 있다. 인간은 다른 모든 존재들과 마찬가지로 자연의 일부임이 자명하지만, 다른 모든 존재들과는 달리 자연 자체를 대상화하여 그 것을 개념화할 수 있는 능력 또한 지닌 존재이다.

인간은 자연의 일부이며 자연에서 생겨났음에도 불구하고 이성과 언어와 문화를 가지고 있다. 인간의 이러한 특별한 이중적 위치에 따라 인간은 세계와 자연에 속해 있으면서 동시에 세계와 자연을 인식하며 이를 변화시킬 수 있는 세계 초월적 존재로 자신을 이해한다.

막스 셸러는 이러한 인간의 모습을 세계 개방성이라는 말로 표현한다.[14] 그에 의하면 인간을 인간으로 만들어주는 특징은 정신이다. 그에게 있어 정신이란 이성, 이념적 사유, 직관, 더 나아가서 선의, 사랑, 후회, 경외, 정신적 경탄, 축복과 절망, 자유 결단 등과 같은 의지적이고 정서적인 작용들을 포괄하는 말이다. 세상에서 유일한 정신적 존재인 인간은 충동이나 환계(생물학적 자극과 반응의 세계)의 구속을 받지 않으며 환계로부터 해방된 존재, 즉 세계 개방적 존재이며 세계를 소유하는 존재이다. 환계 속에 몰입해서 살아가는 동물들과는 달리 인간은 충동이나 감각과는 독립적으로 행동할 수 있고, 자기가 살고 있는 세계를 대상화할 수 있으며, 그 대상의 객관적 성질 자체를 파악할 수 있다.

일원론적 자연관과 이원론적 자연관은 서로 모순되지 않고 어떤 시각에서 보는가에 따라 나름대로의 타당성을 갖고 있는 것이다.

---

14) 막스 셸러, 《우주에서 인간의 지위》, 진교훈 옮김(서울: 아카넷, 2001), 61∼82 면 참조; 조정옥, 《감정과 에로스의 철학: 막스 셸러의 철학》(서울: 철학과현실사, 1999), 157∼72면 참조.

II. 환경문제에 대한 논쟁과 환경문제의 현황

대부분의 환경 논의는 '환경문제[1]가 심각하다' 또는 '우리 인류는 환경 위기에 직면해 있다'는 전제가 참이라는 가정에 근거하고 있다.

---

1) 환경문제, 환경오염, 환경 위기 등의 용어에 대한 개념 정리가 필요하다고 본다. 비슷한 표현들인 것 같지만 엄격히 따져 보면 그 차이를 발견할 수 있기 때문이다. 먼저 '환경오염'이란 '환경에 영향을 줌으로써 인간과 그 밖의 가치 있는 유기체의 복지, 이익에 역효과를 초래하는 인간의 행동에 의해 야기된 사태'라고 할 수 있다. '환경문제'란 환경오염 현상을 포함하여 생명체의 생존을 지지하는 지구의 자원 토대(토양, 물, 에너지원, 식량, 서식처 등)가 자원의 질적 악화에 의해 손상을 입고, 그로 인해 우리 자신을 포함하여 그 자원에 의존하고 있는 생명체들이 손상을 입고 있는 상황'이다. 그러니까 '환경문제'가 '환경오염'보다 포괄적 개념이라 할 수 있다. 자원의 질적 악화를 야기시키는 요인에는 환경오염뿐만 아니라 인구 증가, 자원 고갈, 생물의 멸종, 물 부족, 과소비 등도 포함되기 때문이다. '환경 위기'란 환경문제와 내용은 유사한데 그 심각성 정도의 차이에 따라 양자는 구별된다. 20세기 중엽 이전의 환경문제는 대체로 소비재 생산의 산업화 과정에서 빚어진데 반해, 오늘날의 환경문제는 주로 소비재 생산 분야에 생산 도구와 생산 자재를 대는 생산재 산업, 이른바 중화학공업의 초비례적 팽창에 기인하는 것이다. 이런 이유에서 20세기 중엽 이전의 유럽 선진국들은 국내적으로 환경문제를 어느 정도 겪었지만 세계적 환경문제, 곧 환경 위기는 경험할 수 없었다. 환경의 양적·질적 손상 정도가 국내 수준에 머물렀던 20세기 중엽 이전 상황을 환경문제라고 한다면 그 손상 정도가 국내 수준을 넘어 전 세계적·전 지구적으로 확대된 20세기 중엽 이후의 상황을 환경 위기라 할 수 있다는 것이다.

그러나 이러한 전제를 근원적으로 비판하면서 환경은 우리가 살기에 점점 좋아지고 있고, 따라서 더 나은 생활을 향한 개발과 진보가 계속되어야 한다는 정반대의 주장들이 만만찮게 대두하고 있다. 여기서는 이른바 '회의적 환경주의자'라고 불리는 이들의 주장과 그 주장에 대한 비판, 그리고 작금의 환경문제의 상황이 어떠한지에 관하여 살펴보기로 하겠다.

1. 회의적 환경주의자들의 반격

현재 우리가 환경문제에 관하여 논의하는 데에는 이미 '환경문제가 심각하다', '생태계가 위기에 직면해 있다'는 점을 전제로 하고 있다. 환경이 또는 생태계가 아무런 문제가 없거나 위기에 처해 있지 않다면 구태여 우리가 환경문제를 해결하기 위해 머리를 싸매면서 연구할 필요는 없을 것이다.

그렇다면 우리는 다음과 같은 질문을 던져볼 필요가 있다. 환경문제가 심각하다고 하는데 과연 그 심각성은 어느 정도인가? 진정 우리의 생존을 위협할 정도인가? 아니면 아득히 먼 미래에나 닥쳐올 일을 지레 겁을 먹고 막연하게 떠들어대고 있는 것은 아닌가? 생태계 위기라는 표현은 정말 현 상황에서 적절한 표현인가? 인류 또한 멸종 위기에 처할 수 있다는 표현은 현실을 잘 반영하고 있는가? 이러한 물음들을 제기하는 이유는 모든 환경 논의가 전제로 하고 있는 '환경이 위기에 직면해 있다'는 주장에 대한 중대한 반론들이 제기되고 있기 때문이다.

그러한 반론을 펴는 대표적인 사람들을 찾아보면 줄리언 사이먼, 기 소르망, 비외른 롬보르 등이 떠오른다. 그들은 한결같이 우리의 환경은 모든 측면에 걸쳐 점점 건강해지고 있고, 또 이 추세가 지속될 것이라고 주장한다. 그들의 주장대로라면 환경, 생태계, 자연에 관하여 논의한다는 것은 괜한 생트집에 지나지 않는다. 멀쩡한 상태에 있는 환경을 문제가 있는 것처럼 만들어 놓고 갑론을박하는 우리의 자세는 긁어 부스럼을 만드는 꼴이다. 그 동안의 환경보호론자들의 주장은 그들의 갖은 노력에도 불구하고 소리 없는 아우성, 메아리 없는 외침에 불과하다. 이와 같이 환경보호론자들의 주장을 넌센스로 만들고 있는 회의적 환경주의자들의 주장을 좀더 구체적으로 살펴보도록 하자.

먼저 사이먼에 의하면 똑같은 환경 현실을 놓고도 사람에 따라 낙관적일 수도 비관적일 수도 있는 근본 원인은 사람들이 각각 다른 시각에서 판단하기 때문이다. 환경문제에 관한 의견 차이의 근원은 초점을 맞추는 시간의 길이, 즉 단기적이냐 장기적이냐에 있다는 것이다. 사이먼 입장의 핵심은 인류 복지에 영향을 미치는 거의 모든 추세는 장기적 시각에서 전체적 경향을 파악해야 하며, 그럴 때 모든 추세는 긍정적인 방향을 가리키고 있다는 것이다.[2] 이러한 시각에서 사이먼이 파악하고 있는 환경문제의 실상은 다음과 같다.

[나쁘지 않은 인구증가]
빠른 인구 증가와 느린 경제성장은 관계가 없다. 일반적으로 급속하게 인구가 증가한 나라라고 해서 경제적 성장이 뒤지지는 않았다. 즉 인구 증가가 빠를수록 경제성장이 둔화된다는 믿음을 뒷받침할 통계적 근거는 전혀 없다.

---

2) 세계적인 환경학자 노먼 마이어스와 메릴랜드 대학의 경제학자 줄리언 사이먼은 환경에 관하여 양극적인 견해를 갖고 있다. 두 극단의 견해는 토론을 통하여 매우 진지하고 흥미롭게 전개되고 있는데, 토론이 이루어진 시점이 1992년이지만 토론 내용은 우리에게 많은 것을 시사해준다. 노먼 마이어스 · 줄리언 사이먼, 《개발이냐, 보전이냐?》, 윤상욱 옮김(서울: 도서출판 따님, 1997), 20~21면 참조.

　　자연 자원의 부족, 다시 말해서 부족의 경제적 척도인 원료 가격은 모든 역사를 통틀어 상승하기보다는 하락하는 추세를 보여 왔다. 이 추세는 인류사에서 관찰된 그 어떤 추세보다도 신뢰성이 높다. 그리고 인구 증가는 이 같은 추세를 방해하기보다는 촉진시켰다.

　　대기·수질오염의 예상되는 증가 때문에 인구 증가를 줄여야 한다는 것 역시 이치에 닿지 않는다. 대기와 수질이 더러워지기보다는 깨끗해지고 있기 때문이다.

　　인구의 상당한 크기와 증가에 따르는 가장 중요한 이익은 그것이 유익한 지식의 축적을 가져온다는 점이다. … 세계의 발전을 촉진하는 주된 연료는 인간 지식의 축적이다. 그리고 궁극적인 자원은 숙련되고 용기 있고 희망에 찬 사람들로서 이들은 자신과 가족을 부양하기 위해 의지와 상상력을 발휘한다. 그리고 그렇게 함으로써 인류의 이익에 기여한다. … 인구 증가 추세는 우리가 새로이 획득한 인간 생명 유지 능력에 대한 축하와 환희를 의미한다고 믿는다.[3]

　　[생물종 손실의 통계적 허구]

　　종 손실률은 정확히 알 수 없다는 인식이 1980년대에 걸쳐 확산되었다. … 콜린 바우(Colinvaux, Paul A.)는 멸종을 '측정할 수 없는 것'으로 규정했다. 이와 같이 멸종률에 관한 지식의 부재 때문에 미래의 멸종을 추정하는 것을 누구든지 신중해야 한다고 사람들은 생각한다.

　　… 그러나 보존론자들은 멸종되고 있는 종의 수가 엄청나다고 하는 입증되지 않는 가정을 내세워 막대한 비용이 소요되는 공공정책들을 강요하고 있다.

　　많은 생물학자들이 멸종률은 매우 불확실하다는 데 동의한다. 그런데도 그들은 숫자가 과학적으로 중요하지 않다고 계속해서 말한다. 그들은 멸종

3) 같은 책, 40~50면.

수가 수십 배나 차이가 난다고 해도 정책적 의미는 같을 것이라고 주장한다. 그렇다면 왜 숫자를 말하는가? 그 답은 아주 뻔하다. 큰 숫자는 대중을 놀라게 하는 위력을 지니고 있기 때문이다. 나는 이와 같은 숫자의 사용에서 어떤 과학적인 정당성도 찾을 수 없다. … 더욱이 최근의 과학적·기술적 진보, 특히 종자은행과 유전공학 등은 자연서식지에서 종을 유지할 필요성을 감소시켰다. 생물종 절멸의 문제는 지금보다 더 신중한 고려와 세밀하고 광범위한 분석을 요구한다.[4]

[도시 팽창과 토양 침식 문제의 허구]

'사라지는 농지의 위기'라는 것은 완전히 꾸며낸 이야기였다. 이것은 실재하는 문제에 대한 유감스럽긴 하지만 이해할 수 있는 과장이 아니었다. 이것은 굶주리는 세계를 위한 식량 생산에 대한 우려를 가장하여 농무부와 일부 국회의원이 터무니없이 꾸며낸 문제 아닌 문제였다. 그 위기는 이른바 환경주의자와 택지로 개발될지 모르는(그럼으로써 경관과 분위기가 위협받을 수 있는) 지역에 접한 주택을 소유한 사람들을 위해 조작되었다.

… 쇼핑몰도 새로운 작물을 재배하는 농장과 마찬가지다. 쇼핑몰은 농업용으로 땅을 이용하지 않는 것만 다를 뿐이다. 경제적으로는 쇼핑몰과 새로운 작물을 재배하는 농장 사이의 차이는 사실상 존재하지 않는다.

토양 침식 문제 역시 농경지 위기의식과 관련된 유사한 허구이다. 농경지 표토가 바람에 날리고 빗물에 씻겨 내리고 있다는 주장은 도시화 소동과 마찬가지로 대중을 기만하는 짓이다.

농경지의 상태와 침식률에 관한 자료를 종합해 볼 때 토양 침식에 대한 우려는 근거가 없다. 이 자료들은 한결같이 토질이 악화되기보다는 개선되어 왔다고 주장한다. … 그러나 신문이나 TV와 같은 매체는 이런 비판을 알리지도 믿지도 않았다.[5]

---

4) 같은 책, 52~60면.
5) 같은 책, 61~71면.

34

[대기오염 문제의 허구]

내 추측으로는 지구 온난화가 또 하나의 일시적 우려일 뿐이며 지금으로부터 10년 후에는 이런 유형의 책에서 다룰 필요조차 거의 없어지게 될 것이다. 내가 1960년대 말과 1970년대에 처음 환경문제를 말했을 때만 해도 대중이 주로 관심을 가진 기후 문제는 지구 한랭화였다는 사실을 알아야 한다.

모든 기상학자들은 최근 수십 년 간 대기 중 CO_2가 증가했다는 것에 동의한다. 하지만 CO_2 증가와 지구 기온의 관련에 대해서는 이견이 크다. 일부 기상학자들은 CO_2 축적으로 인해 한랭화가 일어날 가능성도 배제할 수 없다고 주장한다.

산성비 문제는 우리 시대의 가장 허위적인 경고의 하나로 드러나고 있다. … 유럽에서는 삼림의 감소와 수목 생장 저하에 미치는 산성비의 예상 영향이 근거가 없음이 판명되었다. 20세기 전반보다 삼림은 더 확장되었고 나무들은 더 빨리 자라고 있다.

오존층과 남극에 걸쳐진 '구멍'은 확실히 연구할 가치가 있다. 그러나 이것은 조처를 권고하는 것과는 별개의 문제다. 최고의 원리는 "아무 일도 하지 말고 그대로 있어라"가 될 것이다. … 정부는 망가지지도 않는 것을 고치려는 시도를 하지 않는 것이 중요하다.

얇아지는 오존층이 반드시 인류에 대하여 악영향을 끼치지는 않는다는 사실은 아주 중요하다. 주된 위협은 아마도 피부암일 것이다. 하지만 몇 년에 걸친 피부암 발생의 지리적 또는 시간적 패턴에 대한 증거는 오존층의 두께와 일치하지 않는다. 오히려 오존 감소로 인한 자외선 복사량의 증가는 일조량과 비타민 D 부족으로 인한 구루병을 줄이는 데 효과가 좋을지도 모른다.[6]

---

6) 같은 책, 73~82면.

기 소르망은 특히 기후 온난화 문제에 초점을 두고 환경주의자들에게 맹공격을 퍼붓는다. 그에 따르면 환경주의자들이야말로 반대자를 악마로 비난하며 논쟁을 회피하려는 교리주의적 마르크스주의자의 전형으로 간주된다. 환경주의자들의 사고의 본질은 과학적 탐구라기보다는 묘한 이데올로기적 취향에 젖어 있다는 것이다. 기후에 관한 논쟁에서는 포퍼의 반증가능성의 논리가 전혀 거론조차 안되고 있다는 그 자체가 기후 온난화 주장은 사이비과학에 기초하고 있음을 말해주는 것이 아니냐고 그는 비판한다.[7] 이에 관한 그의 주장을 살펴보도록 하자.

> 지구 온난화는 아무도 그것을 입증할 수 없으며 입증을 위한 증거도 댈 수 없다. 사실 지구의 기후를 일률적으로 측정할 수 있다는 이른바 '지구적 기후' 또는 '평균 기후'의 개념은 논리적으로 타당성이 없는 것으로 드러났다.
>
> 미래를 점치는 기후학자들의 장기간 예측 방식은 당일의 날씨를 점치는 일기 예보 방식과 같다. 그들은 불확실한 정보들을 조합할 뿐이다. … 기후는 수많은 수치가 개입되어 있어 그것을 계산하고 이해하는 것이 환상적일 정도로 혼돈스런 시스템인 만큼 모든 구성요소들을 기록 측정하고 또 안다는 것 자체가 불가능한 것이다.
>
> … 과학만능주의가 만약 자연을 통제하거나 미래를 예측할 수 있다는 환상을 준다면 너무 성급한 야망이 아닌가 싶다.
>
> CO_2가 정말로 기후를 뜨겁게 하는가? 환경주의자들을 위한 복음서의 어디에도 이런 증거는 없다. … CO_2가 증가하면 꼭 해롭기만 한가? 기후 온난화가 식물의 증가에 긍정적인 영향을 미치고 있다는 사실은 이미 증명된 바 있다.

---

7) 기 소르망, 《진보와 그의 적들》, 이진홍 · 성일권 옮김(서울: 문학과의식, 2003), 203~6면 참조.

… 기후 온난화에 관한 모든 논쟁은 지나치게 주관적이며 때로는 과학적 논쟁 만큼이나 치열한 재정적인 로비 전쟁을 요구한다.

만약 기후를 뜨겁게 하는 게 정말로 산업화의 영향 때문이라면 '온난화가 있는 개발'과 '온난화가 없는 개발의 부재' 중에서 무엇을 선택해야 하는가? 최빈국들로서는 아주 고민스러운 딜레마일 수밖에 없다. 그들이 공해가 없는 산업과 에너지를 갖고서 발전하리라는 것은 생각조차 할 수 없는 일이기 때문이다. … 이 당혹스런 논쟁을 피하기 위해 교토기후협정에서는 적용 범위에서 최빈국들을 제외했다. … 이 협정은 인류의 이익도 가져오지 못하고 안락함도 보장하지 못함을 깨닫게 될 것이다.[8]

회의적 환경주의자들 가운데 위의 두 사람과는 비교도 안될 만큼 국내외적으로 아주 폭발적인 관심을 끌고 있는 이는 덴마크의 통계학자인 롬보르다. 그가 펴낸 《회의적 환경주의자》(홍욱희·김승욱 옮김, 에코리브르, 2003)는 이 부류의 책들 가운데 아마 가장 방대한 분량인 것 같다. 1067면이나 되는 분량뿐만 아니라 290면에 걸친 2930개의 각주, 1800여 개의 참고 문헌 등이 보여주듯 회의적 환경주의자들의 주장의 완결판이나 되는 듯한 인상 때문에 더욱 관심을 끌고 있지 않나 생각된다.

사실은 이 책의 내용이 앞의 두 사람의 책에 비해 엄청난 분량의 각주와 참고 문헌을 동원하고 있는 것을 제외하면 두 사람의 주장과 별 차이가 없다. 그럼에도 불구하고 우리를 매우 어리둥절하게 만든 것은 이 책이 출간되자마자 한국의 언론들이 환호작약한 점이다.[9] 아마 이러한 모습은 이 책에 대한 외국 언론들의 반응을 그대로 답습

8) 같은 책, 175~217면.
9) 《회의적 환경주의자》에 대한 국내 언론들의 반응에 대한 자세한 해석과 함께 이 책의 맹점에 대해서는 최성일, "지구환경은 좋아지고 있다?: 회의적 환경주의자와 언론," 《녹색평론》, 통권73호(2003. 11~12), 112~24면 참조.

한 결과가 아닌가 생각된다. 2001년 영어판이 출판되었을 때 외국의 언론들도 그 성향이 보수적이건 진보적이건 구분 없이 전부 다 이 책에 대하여 열광적인 반응을 보였다고 한다.[10]

　그렇다면 이처럼 국내외를 막론하고 초당파적인 언론의 호의적 반응을 빚어낸 원인은 무엇일까? 캐트린 슐츠에 의하면 그것은 저자의 전문적 자격 때문도 아니요, 저자의 주장 때문도 아니다.[11] 본질적 원인은 저자의 경력, 즉 한때 좌익 성향의 그린피스 회원으로 활동할 만큼 적극적인 환경주의자였던 그가 어느 날 환경주의자로서 그 동안 믿어왔던 신념상의 자기 모순을 발견하고 회의적 환경주의자로 변절했다는 사실에 있다. 처음부터 환경주의자들의 주장에 의문을 제기하면서 출발한 다른 회의적 환경주의자들과는 달리 출발부터 그의 색다른 경력이 많은 언론들로부터 주목을 끌게 만들었다는 것이다.

　롬보르가 환경주의자에서 회의적 환경주의자로 돌아서게 된 내막을 간단히 살펴보면 다음과 같다. 오래 전부터 그린피스 회원으로 활동할 만큼 환경문제에 커다란 관심을 갖고 있던 롬보르는, 어느 날 환경에 대한 우려는 대부분 허튼소리에 불과하다는 줄리언 사이먼의 인터뷰 기사를 우연히 읽게 된다. 환경이 날로 악화되고 있다는 신념에 의문을 가져본 적이 없던 롬보르에게 이 기사는 충격이었다. 롬보르는 사이먼이 잘못된 통계 자료에 근거하고 있고 따라서 그의 주장 또한 틀렸을 것이라는 기대 하에 사이먼이 제시하고 있는 통계자료

10) 서로 의견을 달리하는 것이 보통인 좌파 성향의 런던 "가디언"과 보수적인 "이코노미스트", 그리고 이런 주제에 정통한 "뉴욕타임스", "워싱턴포스트"의 서평자들까지도 롬보르에 대하여 긍정적인 평가를 내렸다고 한다. "환경운동은 대부분 사기다?" Pressian(인터넷신문), 2003년 10월 9일 참조.
11) 캐트린 슐츠에 따르면 롬보르는 통계학 전공자로서 생물학이나 생태학, 환경과학에 연관된 그 어떤 분야에서도 논문을 발표하거나 독창적 연구를 수행한 적이 없다. 또한 롬보르의 주장은 동료들의 심사를 받은 것도 아니고 일급 과학자들이 주장하고 있듯이 많은 경우 한마디로 틀린 것이라고 한다. 같은 글 참조.

38

들을 검증하기 시작했다. 4년여의 검증 작업 끝에 롬보르는 사이먼의 주장이 거의 모든 측면에서 옳다는 사실을 발견하고는 자신의 환경에 대한 신념체계를 바꾸지 않을 수 없었다.[12] 그 동안 자신의 시야를 가리고 있던 눈가리개를 벗어버린 롬보르는 우리 모두를 계몽하는 작업에 착수하는데, 이 책은 바로 그러한 의도의 산물이라는 것이다.

앞에서 살펴본 사이먼과 소르망의 주장과 마찬가지로 이 책의 논지는 매우 간단하다. "상황은 개선되어 가고 있음에도 환경주의자들은 세계가 자포자기 상태로 빠지고 있다고 대중을 속이고 있다. 이 세계는 거의 모든 부분에서 점점 더 나아지고 있으며 미래에도 계속 나아질 것이다"라는 것이다.

위에서 살펴본 것처럼 사이먼, 소르망, 롬보르는 우리가 이제까지 믿어왔던, 또 믿고 있는 환경 현실에 대해 180도 다른 입장을 보이고 있다. 이들이 자신들의 주장의 근거로 삼고 있는 그 밖의 다른 학자들의 주장까지 포함시킨다면 회의적 환경주의자들의 주장은 매우 강력해질 것이다.

이러한 회의적 환경주의자들의 주장을 우리는 어떻게 받아들여야 하는가? 우리에게 필요한 자세는 무엇보다도 변증법적 수용의 자세가 아닌가 생각한다. 회의적 환경주의자들과 환경주의자들 모두는 더 나은 미래, 더 쾌적한 삶을 위해 최선의 노력이 필요하다는 점에 있어서는 의견이 일치한다. 그럼에도 동일한 환경 현상에 대한 진단과 미래 예측에 대해선 극단적인 대립을 보여주고 있다. 회의적 환경주의자들은 환경주의자들을 가리켜 '반대자를 악마로 비난하는 도그마적 마르크스주의자', '기후를 이데올로기의 도구로 삼는 자', '지식이 아닌 견해만을 가진 자'로, 환경주의자들의 이론을 '기만', '실수',

12) 비외른 롬보르, 《회의적 환경주의자》, 홍욱희·김승욱 옮김(서울: 에코리브르, 2003), 39~49면 참조.

'허튼소리', '만연된 히스테리', '허위 정보', '의도적인 거짓 진술'로 규정한다. 반면에 환경주의자들은 회의적 환경주의자들을 가리켜 '석유회사나 핵발전소의 로비에 이끌려 비굴하게 아부하는 자'로, 그들의 이론을 '지나친 낙관론'으로 규정한다. 양자는 서로의 주장에 대해 절대적인 부정, 절대적인 반대로 일관하고 있는 모습이다. 이러한 상황에서 우리가 취할 수 있는 최선의 자세는 평행선을 가고 있는 양극단적인 주장의 장단점을 가려내고 좀더 정확한 진단을 내리는 일일 것이다. '환경문제가 심각하다'는 자신들 주장의 전제를 의심하거나 반대하는 자들을 반역자로 간주하는 전체주의적 사고도 위험하지만 마찬가지로 환경문제는 심각한데 아무런 일이 일어나지 않고 두려워할 것 없으니 그냥 내버려두어도 된다는 식의 사고방식도 우리는 탈피해야 한다.

그러나 필자 역시 환경주의자들과 유사한 입장에서 환경문제를 논하고 있는 만큼 먼저 회의적 환경주의자들의 주장을 나름대로 비판한 연후에 회의적 환경주의자들의 주장 가운데 수용할 만한 점을 찾아보도록 할 것이다.

2. 회의적 환경주의자들에 대한 비판과 그 수용

회의적 환경주의자들의 주장 가운데 긍정적인 점을 찾아 수용하기에 앞서 그들 주장이 안고 있는 문제점을 먼저 지적해 보고자 한다.

첫째, 사이먼은 환경문제를 단기적이 아니라 장기적 관점에서 볼 때 모든 것은 긍정적인 방향을 향하고 있다는 것을 알 수 있다고 한다. 그런데 '장기적' 관점이라는 것이 도대체 그 범위가 어느 정도인지 분명하지 않다. 사이먼의 논의에서 '장기적'이라는 말이 어떤 경우에는 '5년이나 10년'의 의미로 또 어떤 경우에는 '모든 역사를 통해 볼 때'라는 표현에서처럼 아주 장구한 시간을 의미하기도 한다. 사이먼은 '장기적'이라는 말을 자신의 편의에 따라 자기 주장의 합리화를 위한 수단으로 쓰고 있는 것으로 보인다.

가령 지구 온난화의 문제를 예로 들어 보자. 사이먼은 지구 온난화는 일시적 우려일 뿐이며, 지금(1992년)으로부터 10년 후에는 환경 관련 책에서 다룰 필요조차 없어질 것이라고 장담하였다.[13] 그러나 10년이 지난 오늘날에도 지구 온난화는 범세계적 환경문제로 주목받고 있으며 이의 해결을 위한 다양한 국제적 노력들이 행해지고 있다. 이러한 현실을 보고 사이먼은 아마도 다시 10년을 또는 그 이상의 장기적인 시간을 더 기다려 보라고 주장할 것이다. 이런 식으로 주장한다면 환경주의자와의 논쟁에서 사이먼이 승리할 것이라는 예상을 하고도 남는다.

둘째는 사이먼이 자기 모순적 입장을 보이고 있다는 것이다. 주지하다시피 그는 환경문제에 관한 한 완벽한 낙관론자다. 환경 위기에 대한 암울한 비관은 전혀 잘못된 것이라고 말하며 그는 환경주의자와 어떠한 환경문제를 놓고도 내기에서 승리할 수 있다고 장담한다. 그럼에도 불구하고 사이먼은 "일시적인 또는 예상되는 자원 부족은 그것이 어떤 요인에 의한 것이건 간에 전혀 일어나지 않는 것보다 일어나는 편이 우리를 훨씬 잘살게 해준다. 이것이 바로 자원 창출 과정의 가장 특별한 면이다. 왜냐하면 부족에 대처하기 위한 지적·물질적 자본이 창출되어 이익을 지속적으로 가져다주기 때문이다"[14] 라고 말한다.

그는 우리에게 비관론자가 되기를 원하고 있다. '자원이 부족하다', '생물다양성이 격감하고 있다', '지구 온난화 현상이 심각하다'는 등의 비관적인 문제가 제기되고 그런 문제가 제기될 때마다 인간

---

13) 마이어스·사이먼, 《개발이냐, 보전이냐?》, 73면 참조.
14) 같은 책, 47면.

의 능력이 그러한 문제를 해소시켜 나갈 수 있기에 우리는 늘 비관주의자가 되어야 한다는 것이다. 환경주의자들(비관론자)의 이론은 단순히 사색에 불과한 이론이라고 몰아붙이면서 정작 자신은 자신의 주장(환경은 건강해지고 있다)을 위해 비관론자가 되어야 한다는 앞뒤가 맞지 않은 입장을 보여주고 있다.

셋째는 회의적 환경주의자들의 주장이 우리가 직접 현실에서 겪고 있는 경험과는 차이가 있다는 것이다. 사이먼을 비롯한 3인 모두는 환경이 과거보다 좋아지고 있다고 주장하지만 사실은 그렇지 않다는 것을 우리는 경험을 통해 확인할 수 있다.

가장 절실하게 겪고 있는 사례 가운데 하나는 교통 체증이다. 사이먼은 교통 체증 문제 또한 개선될 것으로 장담하였으나 10년 전의 상황과 현재의 상황을 비교해 봤을 때 후자가 나아졌다고 보는 사람은 아마 없을 것이다. 석유 값이 점점 하락한다는 주장과는 달리 계속 상승하고 있는 현상, 오염 물질의 양이 감소해 왔다는 주장과는 달리 대도시에서 일상화된 스모그 현상, 기후 온난화는 터무니없는 낭설에 불과하다는 주장과는 달리 해수온도의 상승으로 명태, 대구 등 한류성 어종의 어획량은 급감하는 대신 고등어, 멸치, 오징어 등 난류성 어종으로 바뀌고 있는 현상, 열대어인 엔젤피쉬가 우리 나라 동해안에서 잡히고 있는 현상, 봄과 가을이 점점 짧아지고 있는 현상 등 회의적 환경주의자들의 주장에 동의할 수 없는 다양한 일들을 우리는 직접 경험하고 있다. 어떤 주장의 정부당성을 가늠하는 기준으로 현실적 경험은 매우 긴요한 역할을 한다.

이와 같은 비판과 더불어 우리는 회의적 환경주의자들로부터 얻을 수 있는 교훈 또한 무시해서는 안 될 줄 안다. 환경주의자들이 자신들의 이론에 대해 의문을 제기하면 배신으로 간주하고 무지의 소치로 비하하는 태도 또한 옳지 못하기 때문이다.

첫째는 회의적 환경주의자들의 주장이 환경주의자 및 그에 동조하

는 많은 사람들로 하여금 자기들 주장의 전제(환경문제는 심각하다)
에 대해 다시금 생각해 보게 하고, 그럼으로써 좀더 정밀한 토대 위
에 자신들의 주장을 정립시키도록 해주고 있다는 점이다. 사실 일반
대중은 물론 환경주의자들까지도 '환경문제는 심각하다'는 전제를
아무런 의심이나 비판의식 없이 받아들이고 있는 경향이 강해 보인
다. "환경문제에 대한 대다수 사람들의 사고의 기초는 관련 전문서적
을 결코 진지하게 읽어본 적이 없는 언론인들이 쓴 신문이나 TV이
야기가 고작"[15]이라는 사이먼의 지적처럼 환경문제에 관한 우리의
믿음이 언론의 보도에 비판의식 없이 길들여져 온 것은 아닌지 깊이
반성해 볼 필요가 있다. 사실 한 개인이 지구 온난화의 정도라든지
오존층 파괴의 정도를 직접 조사할 길은 없다. 따라서 대중의 생각은
언론 보도에 쉽사리 변화되고 영향을 받게 마련이기에 전제에 대한
반성과 성찰은 더욱 필요하다고 볼 수 있다.

둘째는 환경문제에 대한 예측의 근거가 신뢰할 만한지에 대해 반
성해 볼 기회를 주고 있다는 점이다. 회의적 환경주의자들의 환경주
의자에 대한 공격의 핵심적 논점은 환경주의자들의 생태계 위기 예
측의 근거다. 환경주의자들의 위기 예측은 '확실한 증거의 결핍'[16]을
보여주고 있기에 신뢰할 수 없다는 것이 회의적 환경주의자들의 공
통된 입장이다. 생물의 멸종 수, 지구 온난화의 정도, 오존층 파괴의
정도 등에 대해 환경주의자들마다 상이한 추정치들을 제시하고 있다
는 점이 그들 주장의 토대가 된다.

생태계 위기에 관한 대부분의 예측들은 자원 이용과 자원 고갈, 인
구 성장, 생물의 멸종 등이 크게 증가하고 있음을 강조하면서 이러한
현재의 추세가 미래에도 계속되리라는 데 기초하고 있다. 이러한 예
측에서의 문제는 예측할 당시의 수준으로 미래를 계산한다는 점이다.

---

15) 같은 책, 76면.
16) 같은 책, 226면 참조.

현재와 미래 사이에 개입될 수 있는 여러 가지 의도되거나 의도되지 않은 요소들을 산입하지 못할 경우 예측은 빗나갈 수밖에 없다. 그 여러 가지 요소들이란 기술 발전과 대체 소재의 개발, 정책과 국민의식·생활방식의 변화 등이다.

그러나 미래의 어느 시기에 그러한 요소들이 등장할지, 또 등장하지 않을지도 모르는 상황에서 그 요소들을 포함시켜 예측하기는 무리다. 인간 지식의 한계로 우리는 미래에 어떤 종류의 진보가 이루어질지에 대해 단지 추측만 할 수 있을 뿐, 합리적 예측은 불가하다. 이것이 바로 생태계 위기 예측의 딜레마다. 이러한 딜레마의 해결 대안은 두 가지라고 본다. 하나는 예측과 투사의 차이를 분명하게 구분 짓는 것이고, 다른 하나는 생태계 위기 예측의 근거로 생태학자들의 전문적 지식을 활용하는 것이다. 물론 불충분한 방안이겠지만 현재 우리가 취할 수 있는 최선의 방안이 아닌가 생각된다.

첫번째 대안인 '예측과 투사의 명확한 구분 짓기'는 우리로 하여금 좀더 설득력 있는 예측을 할 수 있게 해준다. 투사란 단순히 현재의 추세를 근거로 미래 사회가 어떻게 변할 것이라는 근거가 매우 불충분한 행위[17]인 반면, 예측이란 과학적 근거를 기초로 미래 사회가 어떻게 변할 것이라는 근거가 충분한 행위이다. 생태계 위기를 예측하는 많은 사람들은 단순한 투사를 예측으로 오인함으로써 예측상의 많은 오류를 범해 왔다.《성장의 한계》[18]를 그 대표적인 예로 들수 있을 것 같다. 이 책은 현재의 추세를 수정하려고 노력하지 않을

---

17) 투사자들이 주장할 수 있는 것은 현재의 추세가 변하지 않고 미래에도 지속된다면 이러저러한 일이 일어날 것이라는 점뿐이다.

18) D. H. 메도우즈 외, 《인류의 위기》, 김승한 옮김, 중판(서울: 삼성미술문화재단, 1989) 참조. 이 책은 인식상의 많은 오류를 지니고 있긴 하나 지구상에서 이루어지는 우리 삶의 방식에 여러 가지 환경적 제약이 있을 수 있다는 전망에 대한 공개적 토론의 막을 올리고 우리에게 경고한 데 대해서는 큰 가치가 있다.

경우 미래에 어떤 일이 발생할 것인가에 관해 확고한 예측을 하는 것이 아니라 단지 투사하고 있을 따름이다. 현재의 추세를 단순히 무비판적으로 미래에 투사하고 있는 것이다. 그런데 문제는 이 책의 저자들이 더 이상의 논증이나 어떤 정당화 시도도 하지 않고 이러한 투사를 곧바로 확고하고도 건전한 귀납적 증거에 근거하여 예측하고 있는 것처럼 논의를 비약시키고 있다는 점이다.[19]

맥클로스키에 의하면 이러한 한계에서 벗어나 투사가 예측이 되는 데에는 전제조건이 갖추어져야 한다. 즉 "현재의 추세가 지속되고, 자원 개발 및 인간의 행동이 비록 의도적으로는 아니라 할지라도 이러한 추세를 수정하지 않으며, 또 식량 생산, 대체자원의 발견과 개발, 무공해자원의 이용 등과 같은 기술 발전도 이러한 추세를 변경시키지 않는다는 전제"가 요구된다.

그러나 실제로는 여러 요소들이 이러한 예측이 근거하고 있는 각종 성장과 관련된 추세를 변경시켜 왔다. 심사숙고하지 않더라도 현재의 추세가 10년, 20년, 30년 동안 계속 같은 수준으로 머물지 않을 것이라는 점은 누구든지 잘 알고 있을 것이다. 즉 미래에는 현재 진행 중인 발전과 그 속에 내장된 힘으로 인해 위대한 기술적 발전이 일어날 수도 있다는 것이다. 따라서 필자는 생태계 위기가 도래한다는 예측은 가까운 미래[20]로 한정시켜 이루어져야 한다고 본다. 너무나 먼 미래에 대한 예측은 예측이 아니라 투사가 될 가능성이 높고

---

19) 맥클로스키, 《환경윤리와 환경정책》, 황경식, 김상득 옮김(서울: 법영사, 1996), 29면 참조.

20) 미래 학자들에 따르면 가까운 미래는 5년 이내, 중간 미래는 20년 이내, 먼 미래는 50년 이내, 아주 먼 미래는 50년 이후로 구분된다. 그러나 필자가 말하는 가까운 미래란 반드시 5년 이내를 가리키는 것이 아니라 현재의 추세를 분석하고 나아가 미래에도 이러한 추세가 지속될 것인지 수정될 것인지에 영향을 미치는 제반 요소들(인구 증가 추세, 자원 이용 추세, 기술 발전 추세 등)을 면밀히 분석할 수 있는 기간을 말한다.

따라서 신뢰성을 얻기가 어렵기 때문이다.

두 번째 대안인 '생태계 위기 예측의 근거로 생태학적 전문지식 활용하기'는 생태계 위기 예측의 신뢰성 제고에 결정적 토대가 된다. 환경주의자들의 이론을 회의적 환경주의자들이 '넌센스'라고 공격하는 가장 큰 이유 중의 하나는 환경주의자들의 생태계 위기 진단 및 예측의 근거가 비과학적이라는 데 있다.[21]

환경문제는 우리의 육안으로는 잘 확인할 수가 없다. 환경의 변화는 아무 소리 없이 느리게 그것도 눈에 띄지 않게 진행되기 때문이다. 생태학은 이러한 특성을 지닌 환경문제의 위험성을 우리에게 경고하고 그 대책을 권고하는 데 중요한 역할을 한다. 따라서 생태계가 위기에 직면해 있다는 사실을 진단하고 예측하는 데 생태학 전문가들의 도움은 매우 중요하다. 환경문제를 이용하여 자신들의 정치적 입지를 강화하고자 하는 정치인들, 위기에 처한 산업의 구제를 위한 로비스트들, 그리고 무조건적 환경 보호를 외치는 NGO들의 주장이 아니라 진정 자격 있는 생태학 전문가들의 과학적 주장에 근거한 위기 진단과 예측만이 신뢰성을 인정받을 수 있을 것이다.

3. 환경문제의 현황

본격적인 환경 논의에 앞서 우리가 먼저 살펴봐야 할 게 있다. 그것은 다름 아닌 환경문제의 현황이다. 미래의 환경에 대해 예측하고

---

21) 이는 회의적 환경주의자들의 공통된 의견이다. 가령 기 소르망은 지구 온난화 현상은 과학적 논쟁의 대상임에도 불구하고 진정 자격 있는 기후학자들은 배제한 채 그것을 확인할 수 없다고 주장하는 사람들과 볼 것도 없다고 주장하는 사람들 사이에서 볼모로 잡혀있다고 말한다. 소르망, 《진보와 그의 적들》, 205~7면 참조.

그 결과를 토대로 대응책을 마련하는 것도 물론 중요하다. 하지만 미래의 환경에 대한 예측은 현재와 미래 사이에 개입될 여러 가지 요소들까지 포함시켜 이루어져야 하므로 매우 신중해야 한다. 환경문제에 대한 현실 진단 역시 신중함을 요구하기는 마찬가지지만 기존의 자료를 선별적으로 활용한다면 좀더 신뢰성 있는 진단을 내릴 수 있을 것이다. 이러한 현황 파악이 필요한 것은 우리의 환경 논의가 사상누각이 되지 않기 위함 때문이다. 대부분의 환경 논의는 적어도 '환경문제가 심각하다'는 전제가 참이라는 가정에 근거하고 있다. 환경문제가 심각하다면 그 상태가 어느 정도인지 현실적 상황을 파악하는 것이 전제되어야 한다.

환경문제는 크게 범세계적 환경문제와 지역적 환경문제로 나눠 볼 수 있다. 범세계적 환경문제가 범세계적으로 구상된 정책만이 원인에 적절히 대처할 수 있고 목적을 달성할 수 있는 문제를 말한다면, 지역적 환경문제란 문제 발생의 원인이 지역간에 서로 연결되어 있지 않아서 국지적·지역적 노력을 통해서도 극복이 가능한 문제를 말한다. 범세계적 환경문제에는 오존층 파괴 문제, 지구 온난화 문제, 생물종 다양성 파괴 문제, 토양·물 문제, 폐기물 문제가 포함되며,[22] 지역적 환경문제에는 각 지역별로 그 지역의 특성에 따라 발생하는 문제들이 포함된다. 여기서는 범세계적 환경문제의 현황에 관해서 살펴보기로 한다.

(1) 오존층 파괴 문제

오존층은 에베레스트 산의 2배 높이 또는 제트기가 비행하는 높이에 해당하는 성층권에 형성되어 있다. 오존은 매우 불안정하여 반응력이 강하기 때문에 무엇이든 접촉하기만 하면 이를 산화시켜 버린

---

22) 우도 에른스트 지모니스, "범세계적인 환경문제들의 해결," 비르키트 브로이엘 편저, 《아젠다 21》, 윤선구 옮김(서울: 생각의 나무, 2000), 109~30면 참조.

다. 그러므로 식물 조직이나 인간의 폐 등 오존이 반응을 일으킬 소재가 밀집한 대기권에서는 오존이 파괴적인 오염 물질이긴 하지만 단명할 수밖에 없다.

그러나 성층권(지상 10~50km 사이의 대기 상층부를 말하는데, 이 중 오존층이 형성되는 곳은 20~40km 부근)에는 오존분자가 마주칠 만한 게 별로 없다. 성층권에서는 태양광선이 보통 산소분자에 작용하여 계속 오존을 생성하며 또 오존이 상대적으로 오랫동안 존속하기 때문에 '오존층'이 형성된다.

이 성층권의 오존은 태양광선 중 특히 해로운 UV-B[23]라는 자외선 파장을 흡수함으로써 우리에게 많은 도움을 주고 있다. 오존층이 파괴되어 지표면에 도달하는 UV-B광선이 크게 늘어나면 피부암 유발, 암에 저항하는 면역체계 능력 손상, 각막 손상으로 인한 설맹(雪盲) 증세 유발, 망막 손상으로 인한 백내장 유발, 식물의 광합성 작용 방해, 생태계 교란 등 우리에게 아주 해로운 결과를 초래하게 된다.[24]

오존층 파괴 실태가 처음으로 밝혀진 것은 1984년 10월 영국의 남극조사대 과학자들에 의해서였다. 그들은 남극 헬리만 상공의 성층권에서 40%나 되는 오존이 감소했음을 측정했고, 그리고 이미 약 10년 전부터 오존이 꾸준히 감소해 왔음을 알아냈다. 그 이듬해인 1985년

---

23) 자외선은 파장 영역에 따라 320~400nm인 장파장자외선(UV-A), 280~320nm 인 중파장자외선(UV-B), 100~280nm인 단파장자외선(UV-C)으로 구분된다. 이 중 생물에 가장 해로운 UV-C는 대기 상층의 오존, 산소, 질소분자에 의해 완전히 흡수되어 지면에 도달하지 않는다. UV-A는 오존에 의해 흡수되지 않으므로 거의 대부분이 지면에 도달하나 생물에는 해롭지 않은 편이다. 생물에 해로운 UV-B는 오존에 의해 완전히 흡수되지 않기 때문에 일부가 지면에 도달하는데, 성층권의 오존량이 줄면 지면에 이르는 UV-B가 증가하므로 생물에 나쁜 영향을 미친다.

24) 도넬라 H. 메도우즈 외 2인, 《지구의 위기》, 황건 옮김(서울: 한국경제신문사, 1992), 194~97면 참조.

에 그들은 남반구의 '오존 홀'을 알리는 최초의 보고서를 발표하는
데, 이 발표로 과학계는 큰 충격을 받게 된다. 미항공우주국(NASA)
과학자들이 제일 먼저 확인 작업에 나선 결과 영국 조사단의 측정
결과와 유사한 결과를 얻을 수 있었다.[25)]

보고서 발표 후 3년여의 연구를 더 진척시킨 결과 오존 홀을 만든
주범은 성층권의 염소(Cl)이고, 그리고 그 염소원자들의 방출지는 다
름 아닌 CFC(염화불화탄소 또는 프레온가스라고도 불림)[26)]임이 밝
혀졌다. CFC가 성층권에 도달하여 자외선에 의해 분해되면서 염소원
자를 방출하고 염소원자는 촉매순환반응에 의해 오존을 파괴하는데,
염소원자 하나가 성층권에서 평균 약 10만 개의 오존분자를 파괴할
수 있다고 한다.

오존층 파괴의 실태는 어느 정도인가?[27)]

유엔환경계획에 의하면 최근 남극 전 지역의 오존층은 1980년대
이전의 40~50% 수준으로 얇아졌고 일부 고도에서는 거의 모두가
파괴되었다. 1998년 9월에 남극의 오존 홀은 유럽 규모의 2.5배에 상
응하는 250만km²에 달할 만큼 타지역에 비해 파괴 정도가 큰 것으로

---

25) 같은 책, 201~2면 참조.

26) 메탄이나 이산화탄소와는 달리 CFC는 순전히 산업 활동의 산물이다. 이 기체
   는 1928년 미국 제너럴 모터스사 화학자들에 의해 효과적인 냉각물질로 발명된
   이래 냉장고, 에어컨, 플라스틱 발포제 제조, 에어로졸 분사제 등 다양하게 이용되
   어 왔는데, 그 이유는 이것이 일상적인 조건에서는 유난히 불활성으로 존재하기
   때문이다. 즉 이 물질은 안정적이고, 독성이 없고, 생산비가 저렴하며, 저장하기
   쉽고, 변형되기 쉬운 매우 가치 있는 장점들을 가지고 있는 것이다. 그러나 유감
   스럽게도 이 장점이 단점으로 드러났다. 이 불활성 기체들의 수명이 수 년에서
   수백 년까지 이르는 탓에 대기 중에 축적됨으로써 오존층 파괴는 물론 상당한 온
   실효과의 잠재력까지 가지고 있는 것이다. 로베르 사두르니, 《기후》, 김은연 옮김
   (서울: 영림카디널, 2003), 88~90면 참조.

27) 유엔환경계획 한국위원회, 《몬트리올의정서》(서울: 유넵프레스, 2002), 23~25
   면 참조.

나타났다. 오존층 파괴가 특히 남극 상공에서 두드러진 것은 남반구의 혹독한 겨울 추위와 많은 구름 탓이라고 한다.

북극 상공의 성층권 대기는 남극보다 일반적으로 따뜻하고 구름도 적으므로 이 지역의 오존 파괴는 남극에 비해 덜 심각한 편이다. 그러나 최근에 북극의 오존 파괴가 생각보다 심각하다는 것이 밝혀졌다고 한다. 이는 대개 비정상적으로 추운 겨울의 기온 때문으로 일부 고도에서는 오존 파괴가 50%까지 이른다는 것이다.

극지방과 열대지방 사이의 중위도(25~60도)에서의 오존 농도 편차는 극지방에 비해(극지방의 오존 파괴율은 해마다 매우 유동적임) 적지만 파괴 정도는 상당한 편이다. 1979년과 1991년 사이에 오존 농도는 북반구와 남반구의 중위도에서 10년마다 약 4%씩 감소한 것으로 나타났다. 물론 이들 수치는 항상적인 것이 아니고 지역과 일정 시기에 따라 이보다 훨씬 더 두드러질 수도 있다고 한다.

이와 같은 오존층 파괴에 관한 제반 사실들이 과학적으로 받아들여지자 1987년 몬트리올에서 오존층 파괴 물질의 생산 및 사용 규제에 대한 국제협약인 '몬트리올의정서'의 체결과 함께 국제적 공조가 비교적 신속하게 뒤따랐다. 선진국에서는 1999년부터 모든 CFC의 사용을 실질적으로 중단했고, 개도국에서는 10년의 유예기간을 거쳐 지금은 선진국과 마찬가지로 CFC 사용을 중지해 가고 있다.[28] 이처럼 많은 나라들이 의정서에 대한 의무를 다하고자 노력하면서 실지로 CFC 생산은 많이 낮아지는 것으로 조사되고 있다. 그러나 '몬트리올의정서' 하에서 선진국과 개도국들의 각기 다른 단계적 해소 일

---

28) 다른 문제와는 달리 오존 정책은 범세계적 노력과 협력을 통해 오존 정책의 수립과 시행 과정이 수월함으로써 나름대로 성공한 것으로 평가받고 있다. 성공할 수 있었던 이유는 인과관계가 성공적으로 입증되었던 점, CFC 생산 기업이 소수였던 관계로 생산 전환에 대한 산업의 저항이 그리 크지 않았던 점, 자외선의 위험에 대해 주민들이 직접적 위협을 느꼈던 점 등 때문이다. 브로이엘 편저, 《아젠다 21》, 115면 참조.

정표는 불법적인 CFC와 할론 거래를 번창하게 하는 원인이 되었다. 프레온과 같은 물질이 자동차 에어컨, 냉장고 냉매, 기타 장비에 여전히 사용되고 있는 미국과 유럽의 암시장에서 개도국들이 아직은 합법적으로 생산하는 화학물질이 새로운 돈벌이가 되고 있는 것이다.[29] 그리고 CFC를 대체할 수 있는 다양한 대용물질들[30]도 환경 훼손의 원인이 되고 있기 때문에 성층권의 오존층 파괴 문제는 전부 다 해결된 것으로 볼 수 없다. 그 밖에도 비가맹국가들에서 CFC를 포함하고 있는 제품과 생산 과정을 대체하는 문제도 여전히 남아 있는 상황이다.

(2) 지구 온난화 문제

태양으로부터 오는 가시광선의 많은 부분이 대기를 통과하여 지면에 이르러서 지면을 가열시킨다. 이 에너지의 일부는 파장이 긴 적외선 형태로 지면에서 재복사되나, 이 적외선 중 많은 양은 대기 중의 이산화탄소나 수증기에 의해 흡수되어 열로써 지면으로 다시 방출된다. 이는 마치 가시광선 범위에 속하는 태양광선은 투과시키나 열은 그대로 유지하는 온실의 창유리에서 나타나는 효과와 유사하다.[31] 이러한 온실효과 덕분에 지구의 온도는 인간의 삶에 적절한 상태로 유

---

29) 이에 관한 좀더 자세한 내용은 레스터 브라운 외, 《지구환경보고서 2001》, 오수길 · 진상현 · 남원석 옮김(서울: 도요새, 2001), 222~26면 참조.

30) CFC보다 값싼 대체물질로 개발된 것이 HCFC이다. 이 물질에 대해서 1990년 런던 개정서에서는 과도기적 물질로 규정하여 규제를 미루었으나 1992년 코펜하겐 개정서에서는 HCFC의 잠재적인 악영향을 인정하여 선진국은 2030년까지 이를 전면 폐기하도록 규정하였다. 유엔환경계획 한국위원회, 《몬트리올의정서》, 42~43면 참조.

31) 이러한 온실효과가 없다면 지구의 평균 기온이 -73℃ 정도로 낮아져 생명체가 살기에 부적당해진다. 지구와는 달리 금성의 경우에는 태양에 훨씬 가까이 있기 때문에 '지나친' 온실효과로 표면 온도가 500℃까지 가열된다. 《브리태니커 세계대백과사전 16》(서울: 한국브리태니커회사, 1993), 321면 참조.

지된다.

그런데 안타깝게도 온실가스의 농도 증가로 지구의 열 균형이 파괴되는 데 문제가 있다. 현대 산업사회에서의 광범위한 화석 연료 사용이 문제의 원인이다. 화석 연료 사용시 배출되는 대기 중의 이산화탄소에 의해 지구의 온실효과가 심해지고 따라서 기후 변화 현상까지 보이고 있는 것이다. 물론 지구 온난화를 야기하는 요인이 이산화탄소에만 있지는 않다. 주로 인간의 활동에 의해 생성되는 프레온, 질소산화물, 메탄과 같은 여러 가지 미량 가스의 농도 또한 온난화의 요인으로 작용하며, 이 중 메탄은 온난화 원인의 약 18%를 차지한다.[32] 그럼에도 이산화탄소를 제일 먼저 문제 삼는 것은 온난화 과정의 대부분(약 50%)이 이 기체에 기인하기 때문이다.[33]

지구가 온난화되고 있다면 얼마나 그리고 어느 정도의 속도로 온난화되는 것일까? 또 지구 온난화가 초래하는 문제는 무엇인가? 과학자들에 따르면 범지구적 기온 변화를 정확하게 측정한다는 것은 매우 어려운 작업이다. 기구를 이용한 기후 측정이 1850년 이전에는 거의 없었고 제2차 세계대전 이후에 와서야 비로소 이루어져 왔다는 사실이 그러한 어려움을 잘 반증해준다. 이처럼 기기 측정이 힘든 이유는 새롭고 효과적인 기기 개발의 어려움 때문이기도 하지만 더 본질적 이유는 기후계 자체의 복잡성과 불확실성 때문이다. 이러한 어려움 때문에 과학자들은 기후 변화 예측을 매우 조심스러워하는 것이다. 그러는 가운데서도 과학자들이 지구 온난화 문제에 관해서 일치된 견해를 보이는 사항들이 있다.[34]

---

32) 브로이엘 편저, 《아젠다 21》, 11면 참조.

33) 같은 책, 116면 참조: 레스터 브라운 외 《바이탈사인 2001》, 서형원 외 옮김(서울: 도요새, 2001), 50~51면 참조.

34) 브라이언 스키너 · 스테펀 포터, 《생동하는 지구: 지질학 입문》, 박수인 외 옮김(서울: 시그마 프레스, 1998), 547~48면 참조.

첫째는 지난 100년 동안 전 지구적으로 지표면 대기의 평균 기온
이 0.3~0.6℃ 상승하였으며, 이러한 상승은 온실효과의 증대 결과라
는 점이다.

둘째는 온실가스의 방출량이 변하지 않는다고 가정할 경우, 다음 1
세기 동안 범지구적 평균 기온은 매 10년마다 0.3℃씩 증가하게 될
것이라는 점이다.

셋째는 이러한 예측에 의하면 2025년에는 현재보다 지구의 평균
기온이 1℃, 21세기 말에는 3℃ 상승할 것이라는 점이다.[35]

정부가 온실가스 방출량을 규제한다면 매 10년마다의 온도 상승률
을 0.1~0.2℃ 수준으로 유지할 수는 있으나 계속적인 온실가스 방출
과 관련된 기온 상승은 인류 역사상 그 어느 때보다 크고 빨라질 것
이다.

우리가 생활하면서 지표면 온도 1~2℃ 정도의 증감은 사실 그리
크게 느껴지지 않는다. 오늘까지 영상의 기온을 보이다 내일 갑자기
영하의 추위가 닥쳐도 우리 인간은 무던히도 잘 견뎌낸다. 그러나 과
거와 현대 가장 추웠던 마지막 빙하기 사이의 지구 평균 기온 차이
가 5℃ 정도에 불과했다고 한다.[36] 이 사실에 비춰보면 불과 평균
1~2℃ 정도의 미미한 기온 변화라 하더라도 이것이 지구상에는 얼
마나 큰 영향을 끼칠 수 있는지를 짐작할 수 있다.[37]

지역적으로 불균등한 강수량 분포, 강수량의 변화로 인한 생태계

35) 유엔이 주도하는 수백여 과학자들의 국제 네트워크인 정부간 기후변화협의체
    (IPCC)가 발표한 2001년 제3차 평가보고서에 따르면 1990년에서 2100년까지
    지구 평균 기온은 최소한 1.4℃에서 크게는 5.8℃까지 상승할 것으로 추정된다. 브
    라운 외, 《바이탈사인 2001》, 48면 참조.
36) 스키너·포터, 《생동하는 지구》, 549면 참조.
37) 평균 기온이 1도만 올라가도 지난 만 년을 통틀어 어느 한 세기에 일어난 그
    어떤 변화보다 더 커다란 변화를 가져올 수 있다고 한다. 피터 싱어, 《세계화의
    윤리》, 김희정 옮김(서울: 아카넷, 2003), 42면 참조.

교란 및 식생의 변화, 폭풍우의 증가, 빙하의 후퇴 및 성장, 해양빙하의 위축, 동결대의 해빙, 해수면 상승으로 인한 해안 도시 지역 침수 등 지구 온난화에 의해 야기될 수 있는 문제는 이렇게 심각하고 다양하다.[38]

이와 같이 전 지구적 온난화의 물리적 및 생물학적 측면의 잠정적인 많은 영향은 인간의 삶에도 중대한 영향을 끼칠 수밖에 없을 것이다. 대양이 온난해짐에 따라 지금은 주로 열대지방에 한정되어 불고 있는 허리케인과 열대성 태풍이 적도에서 멀리 떨어진 지역으로까지 확장되어 대도시에까지 피해를 준다는 점, 열대성 질병이 더욱 확산된다는 점, 고위도와 북부 지역에서는 식량 생산이 증대되는 반면 아프리카 사하라 이남 지역을 포함한 다른 지역에서는 감소한다는 점 등 인간의 생존에 직접적인 피해를 끼칠 것으로 예측되고 있다.[39]

지구 온난화 문제가 국제정치 영역에서 논의된 것은 1988년부터였다. 이 해에 유엔환경계획과 세계기상기구가 연합하여 IPCC(정부간 기후변화협의체)를 수립했고, IPCC는 1990년 기후 변화가 초래할 위험을 막기 위해 전 지구적 차원의 협약이 필요하다고 보고했다. 이 보고에 따라 유엔총회는 협약 체결을 결의했고, 결국 1992년 리우환경회의에서 '기후 변화에 관한 유엔 기본 협약'(이하 기후변화협약)이 통과, 1994년 3월부터 발효되었다. 이 기본 협약은 온실가스의 배출량을 기후 변화에 의한 인위적 교란을 억제할 수 있는 수준에서 동결시키는 것이 목적이지만, 그 명칭이 시사하듯 이것은 차후의 조치를 위한 기본틀에 지나지 않는 것으로 법적 구속력을 가지고 있지 않았다. 그러나 이 협약은 다행히도 그 경과를 평가하기 위한 '당사국 총회'를 열도록 함으로써 협약의 미비점을 보완해 갈 수 있었다. 즉 1995년 당사국 총회에서 보다 강제적인 목표가 필요하다는 것이

---

38) 스키너 · 포터, 《생동하는 지구》, 549~51면 참조.
39) 싱어, 《세계화의 윤리》, 42~43면 참조.

결의되었고, 그 결과 1997년 교토의정서[40]가 채택되었다. 이어서 2001 년 178개국이 교토의정서를 실행하도록 하는 합의에 도달했는데, 이 산화탄소 최대 배출국인 미국이 의정서에서 탈퇴함으로써 실행에 많은 문제점을 남겨놓고 있다. 그리고 교토 합의는 단지 인간 활동에 의해 야기되는 지구 온난화 현상을 더디게 할 뿐 온난화 문제를 온전히 해결할 수 있는 것도 아니다.

(3) 생물 다양성 문제

생물은 유전적으로 개체마다 다르며, 개체마다 유전적 변이 또한 매우 크다는 것이 밝혀지고 있다. 이러한 종내 유전자의 변이를 가리켜 유전적 다양성이라 부른다. 한편 생물의 종류마다 독특한 유전적 조성을 갖고 있으므로 다른 종류와는 교배가 되지 못하여 생식적 격리 상태에 놓여 있을 때 이를 '생물학적 종'(동일한 유전자와 짝짓기 경향을 공유하는 생물들의 집합)이라 하고 이러한 종들의 다양한 정도를 종 다양성이라 한다. 이러한 종들의 집합이 토양·물·온도 등 물리적·화학적 요소들과 서로 영향을 주고받으며 하나의 체제로서 유지될 때 이 전체를 우리는 생태계라 부른다. 생태계는 지역의 지형, 지세와 기타 요인에 따라 여러 종류가 발달하는데 이러한 생태계들의 다양한 정도를 생태계 다양성이라 한다.[41] 생물 다양성이란

---

40) 교토의정서 채택의 의의는 무엇보다도 선진국들에 대해 강제성 있는 감축 목표를 설정하였다는 점(2008~2012년 사이에 온실가스 배출량을 1990년 수준보다 평균 5.2% 감축하도록 함)과 온실가스를 상품으로서 거래할 수 있게 하였다는 점(배출권거래제)이다. 이에 따라 향후 에너지 절약 및 이용효율 향상, 신 재생에너지 개발 등 온실가스 배출량을 줄일 수 있는 새로운 기술 분야에 대한 투자 및 무역이 확대되고 현재의 금융시장 못지않은 온실가스 거래 시장이 새롭게 탄생할 전망이다. 유엔환경계획 한국위원회, 《교토의정서》(서울: 유넵프레스, 2002), 18면 참조.
41) 《브리태니커 세계 대백과사전 11》(서울: 한국브리태니커회사, 1993), 447면 참조.

이와 같은 유전자, 생물종, 생태계라는 세 가지 단계의 다양성을 종합한 개념이다.

생물 다양성 유지에 결정적인 것은 물론 종이라 할 수 있다. 종은 생태계가 제대로 돌아가도록 해주는 톱니바퀴의 바퀴와 톱니 역할을 하는 핵심 요소이기 때문이다.

오늘날 지구상에는 생물의 종이 약 1천 4백만 종 정도 있는 것으로 추정되며 적게는 5백만 종, 많게는 1억 종으로 보는 경우도 있다.[42] 이렇게 많은 종들은 생태계 속에서 에너지의 흐름을 유지하여 생태계가 마치 하나의 생명처럼 운영되게 한다. 그러나 끊임없이 일어나는 지구 환경의 변화에 따라 많은 종들이 멸종되고 또 새로 출현해 왔다. 그런데 오늘날의 생물은 그 생활조건인 환경이 너무나 악화되고 또 많은 서식지가 파괴되고 있어 새로 출현하는 종보다 사라지는 종의 수가 훨씬 더 많아지게 되었다. 즉 인구 팽창과 자원소모로 인한 각종 오염, 서식지 파괴, 외부 종의 유입, 과잉경작과 과잉방목, 과량의 살충제와 제초제 투입, 특히 열대우림의 급속한 감소로 생물의 멸종이 가속화되고 있다.

반면에 반대자들은 환경주의자들이 제시하는 종 수의 추정값이 너무 모호하며 변화와 멸종은 자연스러운 현상일 뿐이라고 주장한다.

---

42) 생물학자들이 지금까지 정식으로 기록하고 학명을 붙인 생물의 종수는 식물·동물·미생물을 합쳐 약 160만 종에 이른다. 하지만 생물학자들 사이에서는 현재 지구상에 존재하는 종의 수가 약 1천 4백만 정도 될 것이라는 추정에 의견이 수렴되고 있다. 닐스 앨드리지, 《오카방고, 흔들리는 생명》, 김동광 옮김(서울: 세종서적, 2002), 268면 참조: 생물학자인 에드워드 윌슨은 지구에 생존하는 전체 종 수를 1천만에서 1억 종 사이가 될 것으로 추정하고 있다. 에드워드 윌슨, 《생명의 다양성》, 황현숙 옮김(서울: 까치, 1995), 374면 참조: 1995년 유엔환경계획(UNEP)이 내놓은 지구 생물 다양성 평가보고서는 종의 총수가 7백만~2천만 사이이며 1300~1400만 종이 '합당한 추정값'으로 보고 있다. 이본 배스킨, 《아름다운 생명의 그물》, 이한음 옮김(서울: 돌베개, 2003), 30면 참조.

자연공동체는 정적이지 않고 역동적이라는 것이다. 새로운 종이 태어나고 기존의 종들은 사라지며, 빙하기나 화산 폭발 등의 대격변을 거치면서 종들은 새롭게 뒤섞인다는 주장이다. 그러나 문제는 현재 인류가 일으키고 있는 멸종이 규모와 속도면에서 과거의 멸종과 다르다는 데 있다. 현재의 멸종 속도는 화석 기록에 나타난 멸종 속도보다 100~1000배나 더 빠르다는 것이다.[43]

그럼에도 회의주의자들은 열대지역과 다양성이 매우 높은 '과밀지역'에 사는 종들이 대량으로 사라진다 해도 인간 세상, 특히 온대지역 사람들에게는 그다지 영향이 없을 것이라고 주장할 수 있다. 하지만 종의 절멸은 생물 다양성 위기의 한 측면에 불과함을 알아야 한다. 종의 절멸 못지않게 생태계의 서비스 체계를 무너뜨리고 있는 더 시급하지만 덜 알려진 문제가 있는데 그것은 바로 동물, 식물 개체군의 규모가 줄어들고 있다는 사실이다.

어떤 종의 멸종이란 그 종의 개체군들이 온전히 사라지는 것을 의미한다. 하지만 마지막으로 남아 있는 개체들이 죽기 오래 전에 그 종의 기능적·경제적 가치는 사라진다. 가령 지금 10마리 정도밖에 남아 있지 않는 어떤 동물은 과거 1천만 마리 정도 있었을 때와 같은 생태계 서비스를 베풀 수 없다. 공식적으로 멸종 위험종으로 분류될 때쯤이면 그 종들은 대부분 이미 수가 너무 줄어들어서 생태계 서비스에 그다지 큰 영향을 미치지 못하는 법이다. 수가 줄어들어 동물원, 식물원에만 남아 있는 동식물들, 종자은행에 조직 표본으로만 보존되어 있는 동식물들이 생태계 기능에 기여할 수 없다는 것 또한 너무도 당연하다. 생물 다양성은 숫자 놀음이 아니라는 것이다.[44] 하지만 생태계가 제기능을 하고 자급자족하며 생명을 유지시키는 상태로 남아 있으려면 생물 다양성이 얼마나 필요한가 하는 것은 생태학

43) 윌슨, 《생명의 다양성》, 278면 참조.
44) 배스킨, 《아름다운 생명의 그물》, 31~33면 참조.

자들 사이에서도 연구 과제로 남아 있는 문제이다.[45]

어쨌든 고생물학자인 앨드리지(Niles Eldredge)에 의하면 매년 대략 3만 종에 달하는 생물들이 멸종되고 있고 그 중 상당수는 미처 우리가 그 존재를 파악하지도 못한 채 사라져 간다.[46]

이러한 생물의 멸종은 생물 다양성이 우리에게 베푸는 여러 가지 서비스에 심대한 영향을 끼친다. 그리고 그 영향은 우리의 삶의 질과 우리 자신이 멸종을 피할 수 있는 능력에도 직접적으로 연관된다. 생물 다양성이 우리에게 왜 소중한가 하는 것은 세 가지 이유로 설명할 수 있다.[47] 즉 ① 공리적 가치(의학과 농업), ② 생태계의 기능(대기 중 산소의 지속적인 생산처럼 생명 유지에 필수적인 기능), ③ 도덕적·윤리적·미학적 가치이다. 생물계가 인간 생활에 미치는 영향의 이 세 가지 범주는 지구상의 현재와 미래의 인류의 삶에 절대적으로 중요하다.

공리적 가치 측면에서 볼 때 전 세계 사람들은 매일같이 4만 종의 생물을 활용하면서 살아가는데 그 대부분은 식물이다. 또한 미생물, 식물 심지어는 동물까지 포함해서 야생종들은 의약품 연구에도 결정적인 역할을 수행한다. 자연은 천연의 약전(藥典)이며 모든 시대에 걸쳐 신약과 치료법들이 야생동식물에서 발견되었다. 아스피린은 버드나무 껍질에서, 페니실린은 진균류의 일종인 곰팡이에서 얻어졌다. 마다가스카르 페리윙클이라는 야생화에서는 소아백혈병 치료 물질, 태평양 주목 껍질에서는 난소암 치료 물질, 아프리카 소시지 나무 열매에서는 피부암 치료 물질이 발견되었다. 이처럼 동식물은 우리의 생존에 필요한 식량뿐만 아니라 질병 치료 물질의 공급원으로서도 중요한 가치를 지니고 있다.

---

45) 같은 책, 제2장 참조.

46) 앨드리지, 《오카방고, 흔들리는 생명》, 13면 참조.

47) 같은 책, 243~61면 참조.

생태계 기능 측면에서 볼 때 우리 인간은 어느 한 순간도 '생태계 서비스'에 의존하지 않고는 살아갈 수 없을 만큼 생태계로부터의 도움은 절대적이다. 사실 우리 자신뿐만 아니라 우리 이외의 다른 모든 생물들도 생존을 위해서는 생태계의 기능에 의존하지 않을 수 없다. 모든 생물의 존재 자체를 위한 항상적인 산소의 공급, 담수의 순환, 토양침식의 방지, 질소 고정 등은 생명을 유지하는 데 필수적인 생태계 기능들이다.

미학적 가치 측면에서 볼 때 생물 다양성은 아름다움 그 자체이다. 우리는 자연을 찾을 때마다 아름다움과 평화, 쾌적함을 느낀다. 자연은 우리에게 어떤 도움도 요구하지 않으면서 우리의 영혼에 안식을 준다. 레이첼 카슨이 《침묵의 봄》에서 새들의 울음소리와 벌레 소리가 없다면 봄이 어떤 풍경이 될지 생각해 보라고 했던 것처럼 생물 다양성의 손실은 우리의 육체뿐만 아니라 정신까지도 위협한다. 이와 같이 소중한 가치를 지닌 생물 다양성이 손상을 입고 있다는 것은 우리를 포함한 생명체의 존속이 위협받고 있음을 의미한다.[48]

이러한 위험성을 깨달은 세계 각국은 '생물 다양성의 보존과 그 지속가능한 이용'이라는 목적을 설정하고 국제적 공동보조를 위해 1992년 리우환경회의에서 '생물 다양성에 관한 유엔 협정'(이하 생물 다양성 협약)을 체결했고, 이는 1993년 12월부터 발효되기 시작했다. 그리고 이 협약은 그 목적의 실현을 위한 구체적 조치를 대체적으로 회원국의 국내입법에 위임함에 따라 협약 당사국들은 자체적으로 생물 다양성 보전 관련 국내법을 정비·보완하는 노력들을 전개해 왔다. 하지만 선진국과 후진국 간의 입장 차이로 인한 갈등, 생물 다양성의 존재 의의와 보전 필요성에 대한 정부나 국민들의 인식 미

---

48) 엘드리지는 생물 다양성의 파괴를 막기 위한 대안으로 ① 인구의 안정화, ② 빈국에 대한 경제 발전 지원, ③ 토착생물종의 대체나 외래종의 이식 중단, ④ 미개척지의 유지를 제시하고 있다. 같은 책, 19~20면 참조.

비, 법제도의 적절하고 효율적인 운영을 위한 재원 확보의 문제, 생물 다양성의 보전과 불가분의 관계에 있는 사익보호제도(손실보상제도, 주민참여제도)의 미비, 생물 다양성 보전의 공중감시 기능을 수행할 수 있는 시민소송제도의 미비, 생물 다양성에 관한 과학적 지식·정보·기술의 교류 및 그 법적 보호의 문제 등 많은 문제점을 남겨놓고 있다.[49]

(4) 토양 및 물 문제

물과 공기는 우리 생명체의 생존에 필수적이다. 그런데 물과 공기 못지않게 흙[50] 또한 우리 삶에 필수적인 요소임을 우리는 알아야 한다. 생물의 몸을 구성하고 있는 여러 가지 물질 자체부터 흙에서 얻어진다. 즉 그 물질은 대략 20여 가지 원소로 이루어져 있는데 이 중 대부분은 흙에서 얻어지고 있는 것이다. 뿐만 아니라 우리의 생존에 필수적인 물과 공기 또한 흙과 밀접한 관련을 맺고 있기에 흙은 생물권(biosphere)의 중심에 있다고 할 수 있다. '물질 순환'이라는 자연 현상의 필수불가결한 고리 중심에 흙이 놓여 있기 때문이다.[51] 이처럼 흙은 지구생태계의 물질 순환 과정에서 중심을 차지하고 있는 만큼 토양의 건강은 인간을 포함한 모든 생물에게 심대한 영향을 미친다.[52]

---

49) 이경희·이재곤·정상기, 《생물 다양성의 환경법적 보호》(서울: 길안사, 1998), 251~56면 참조.

50) 흙이 차지하고 있는 공간은 넓이가 있고 깊이가 있다. 이렇게 3차원적인 몸집을 가지고 있는 것을 학술적 용어로는 토양(soil)이라 부른다. 토양과 비슷한 개념으로 쓰이는 토지와의 차이점도 알아둘 필요가 있다. 토지(land)는 해양에 의해 덮여 있지 않은 부분을 말하는 반면, 토양은 토지의 상부에 있는 얇은 층으로서 식물의 성장을 지탱해주는 무기물, 유기물, 생물, 공기, 물의 복합체이다.

51) 신영오, 《흙과 삶》(서울: 연세대학교출판부, 2000), 15~16면 참조.

52) 토양오염의 피해는 이미 19세기 중반 일본과 캐나다의 구리 광산의 폐액이 하

그런데 안타깝게도 문명의 발달로 인해 여러 가지 종류의 폐기물들이 토양에 내다 버려지게 되었다. 일단 토양에 첨가된 물질은 물질 순환의 일부가 되어 지상의 모든 생물에게 영향을 준다. 이런 물질들을 크게 몇 가지로 나눠보면 수천 종류의 농약, 무기오염물질(카드뮴, 비소, 크롬, 수은, 납, 니켈, 구리 등), 유기폐기물(생활하수, 쓰레기, 공장 폐수, 가축의 분뇨 등), 염분, 산성비 등이 있다.[53] 토양의 자정 능력 한도를 넘어서 유입되는 이런 물질들로 인해 흙이 정상적인 기능을 수행할 수 없게 되는 경우가 전 세계적으로 확산되고 있다.

이러한 토양의 질적 악화 현상과 더불어 양적 손실도 문제다. 과다한 건축과 도로의 확장, 즉 도시화로 인한 양질의 농경지 상실 현상이 전 세계적으로 발생하고 있다.

토양문제의 하나로 사막화도 빼놓을 수 없다. 최근의 연구에 의하면 세계의 사막지대는 매년 대략 600만 헥타르씩 증가하고 있는 것으로 나타났다. 아프리카 사막 지대의 2/5, 아시아의 2/3, 라틴아메리카의 1/5이 미래에 황무지로 변할 수 있다고 한다. 그러나 이 지역의 인구 및 가축의 증가는 식물의 성장을 방해하고 있고, 이와 더불어 다시금 토양 침식까지 초래하고 있다.[54]

천과 유역의 토양에 유입되어 사람들에게 피해를 줌으로써 사회의 주목을 끌기 시작했다. 그 후 1950년대에 일본의 도야마현 진쓰가와(神通川) 하류 지역의 많은 주민들이 원인 모를 병으로 사망하였는데, 이는 상류의 아연 제련소에서 방출된 카드뮴(대표적 근골격계 공해병인 '이타이이타이병'을 유발하는 중금속)으로 오염된 토양에서 생산된 쌀을 장기간 먹었기 때문으로 밝혀졌다. 최근에는 우리나라에서도 카드뮴에 오염된 쌀이 생산된 것으로 보도되었다. 경남북과 경기 등지 폐광 인근 논에서 카드뮴이 허용 기준치 이상으로 들어 있는 쌀이 생산되었으며, 경남 고성군 폐광 인근 지역주민은 체내 카드뮴 수치가 일반인보다 훨씬 높게 나타났다는 것이다. 그 결과 상당수 주민이 허리와 관절통을 호소하는 등 공해병 증세를 보여 보건당국이 긴급 역학 조사에 나섰다고 한다. "동아일보," 2004년 6월 4일, 5일 참조.

53) 신영오, 《흙과 삶》, 제16장 참조.

이상에서 살펴본 내용만으로는 토양 문제가 심각하다거나 위기에 직면해 있다는 표현이 실감나지 않는다. 사막화로 인해 생존의 근거를 위협받고 있는 아프리카 국가들의 경우는 '위기'라는 표현을 쓸 수 있을지 모른다. 하지만 그 밖의 국가들은 토양의 양적 손실 또는 질적 악화라는 문제를 안고 있다 하더라도 그 문제가 심각하거나 위기에 직면해 있는 정도라고 보기 어렵다. 아마 이런 이유로 토양 문제가 범세계적 환경문제인지 단지 지역적 환경문제인지에 대해서 논란이 일고 있지 않나 생각된다.

이제 물 문제에 관해서 살펴보기로 하자.

물을 아랍어, 우르두어(파키스탄의 공용어), 힌두스탄어로는 아브(ab)라고 부르는데, 이는 번영과 풍요를 뜻한다고 한다. 이러한 물의 의미처럼 물은 세계 어디서나 그 사회의 물질적 발전과 풍요를 이루는 데 핵심적 역할을 한다. 그러나 불행하게도 이처럼 소중한 자원이 위협을 받고 있다. 지구의 2/3가 물로 덮여 있지만 인류는 물 부족 사태에 직면하고 있는 것이다.[55]

가장 근본적인 원인은 지구내 물의 총량[56]이 지질시대 이후 거의

54) 브로이엘, 《아젠다 21》, 124~25면 참조.
55) 반다나 시바, 《물 전쟁》, 이상훈 옮김(서울: 생각의 나무, 2003), 29면 참조: 제8차 유엔환경계획(UNEP) 특별총회 및 세계환경장관회의가 2004년 3월 29일 제주에서 개최되었다. '물과 위생'을 핵심의제로 한 이번 회의에는 총회사상 최대 규모를 기록했다. 클라우스 퇴퍼 UNEP 사무총장은 기조연설에서 "세계 인구의 1/3이 위생적인 물을 먹지 못하고 있고, 물이 없어 죽어가는 5세 미만의 영아가 매일 5000명, 매년 200만 명에 이른다"며 물로 인한 5세 미만의 영아 사망률을 1/3로 줄여나가자"라고 제안했다. "동아일보," 2004년 4월 30일.
56) 지구상의 물의 총량에 관하여 여러 추정치들이 있지만 가장 믿을 만한 수치에 의하면 지구상에는 약 14×10^{17}톤의 물이 액체 또는 얼음의 형태로 바다, 호수, 하천, 빙하 그리고 지하에 있다. 이 수치를 알기 쉽게 표현하면 '지구상에 있는 모든 바위 무게의 절반 정도이고, 고르게 펼 경우에는 지구를 2.7km의 깊이로 덮을 수 있는 정도'가 된다. 그러나 이 물 중 우리가 쓸 수 있는 물은 거의 없다. 97%

62

변함이 없다는 데 있다. 선사시대나 지금이나 지구상에 존재하는 물의 양은 세상이 창조된 이후 똑같다고 한다. 빗물에서 강물로, 바닷물로 그리고 수증기로 물은 지구 탄생 이래 지금까지 그 양 그대로 끊임없이 오묘하게 순환하기 때문이다. 그런데도 인간은 대책 없이 물을 마구 낭비하고 오염시킴으로써 끊임없이 자연의 물 순환과정을 왜곡시키고 있는 것이다. 물 부족을 초래하는 중요한 요인 가운데 하나로 인구 증가도 빼놓을 수 없다. 어떤 생태계든지 한정된 공간 내에서 일정 수치 이상으로 구성원이 증가하면 자유는 줄어들게 된다. 증가하는 인구를 따라 물 수요는 2배나 빠르게 증가함으로써 물 부족을 가중시키고 있는 것이다.[57]

그렇다면 물 부족의 실태는 어느 정도인가?

스웨덴의 물 전문가 폴켄마르크는 '사용 가능량이 연간 1인당 1천 톤 미만이면 물 기근 국가로, 1천 7백 톤 미만이면 물 압박 국가로 분류할 것'을 제안했는데[58] 대부분의 물 전문가들은 이 분류를 수용하고 있다고 한다. 이 기준에 따라 유엔 인구행동연구소는 물 압박

이상이 너무 짜서 마실 수도 없고, 농작물에 줄 수도 없는 바닷물이기 때문이다. 반면 담수는 전체의 2.5%밖에 되지 않으며 이는 지구에 골고루 펼 경우 겨우 70m 깊이밖에 되지 않는다. 달리 표현하면 전 세계의 물을 5리터 용기에 넣는다고 할 경우 이용 가능한 담수는 찻순가락 하나 정도가 된다. 마크 드 빌리어스, 《물의 위기》, 박희경·최동진 옮김(서울: 세종연구원, 2001), 58~60면 참조.

57) 같은 책, 40면 참조.

58) 이 제안에 기초하여 유엔 인구행동연구소는 다음과 같이 분류하였다. 지상에 내리는 빗물 중에서 증발산되고 남은 물을 인구수로 나눈 값을 '1인당 물 사용량'이라 하는데, 1인당 연간 물 사용량이 1천 7백 톤 이상이면 물 풍족 국가, 1천 톤 이상~1천 7백 톤 미만이면 물 부족 국가, 1천 톤 미만이면 물 기근(물위기) 국가에 해당한다. 물 풍족 국가에는 미국, 영국, 일본 등 119개국, 물 부족 국가에는 리비아, 모로코, 이집트, 오만, 키프로스, 남아프리카공화국, 한국(1인당 물 사용량이 1560톤), 폴란드, 벨기에, 하이티 등 10개국, 물 기근 국구에는 쿠웨이트, 싱가폴, 사우디아라비아, 이스라엘, 알제리, 소말리아 등 19개국으로 분류되었다. 시바, 《물 전쟁》, 240면 참조.

또는 물 기근 상태에 있는 인구는 1997년에 이미 4억 3천 6백만 명 정도이고 2050년 경에는 5배나 증가할 것으로 내다봤다.[59]

이런 숫자 나열만으로는 인류가 물 위기에 직면했다는 말이 실감 나지 않는다. 그래서 마크 드 빌리어스는 물 위기를 평가하는 기준을 새롭게 제시하고 있다. 그 새로운 기준이란 물 공급이 더 이상 증가할 수 없는 곳 또는 감소하고 있는 곳, 물 공급을 외국에 의존하는 경향이 있는 곳, 강우량이 불안정적이거나 불충분한 곳, 인구가 증가하고 있는 곳, 그리고 서로 경쟁적인 물 사용 용도들(농업용수, 생활용수, 산업용수)이 상충되는 수요가 있는 곳 등이다. 이 기준으로 볼 때 아프리카에서만 전체 인구의 1/3정도가 이미 물 기근 속에 살고 있고, 중동 14개국 중 이미 9개국이 물 기근에 직면해 있다. 중국은 세계 인구의 22%를 차지하고 있으나 전 세계 담수의 6%정도만을 보유하고 있어 이미 심각한 문제에 직면해 있다. 심지어 유럽의 경우도 일부 지역에 한정된 이야기지만 심각한 문제를 안고 있기는 마찬가지다.[60]

물론 물 위기 자체를 대수롭지 않게 생각하는 사람들도 있다. 그들은 물 문제가 너무 과장되어 있다고 믿는다. 혹 그렇지 않다 하더라도 물 위기쯤은 인간의 지성과 기술 혁신에 의해 충분히 극복될 수 있을 것으로 본다. 그러나 이런 낙관론자들은 점점 줄고 있는 상황이다. 어디를 보나 물 공급이 위기에 처했음을 알리는 현상들이 나타나고 있기 때문이다.

---

59) 빌리어스, 《물의 위기》, 45면 참조.

60) 같은 책, 40~45면 참조: 빌리어스는 물 위기를 극복하기 위한 방법으로 세 가지를 제시하고 있다. ① 더 많은 물을 공급하는 것. 이는 물이 남아도는 곳에서 물을 반입하거나 바닷물을 담수화하는 것이다. ② 두 번째 방법은 기술 혁신, 적절한 가격 정책, 효율적 운영과 보존을 통해서 물을 절약하는 것. ③ 세 번째 방법은 같은 양의 물을 더 적은 사람들이 사용하는 것, 즉 인구 증가를 엄격히 제한함으로써 위기를 피하는 것이다. 같은 책, 426~68면 참조.

64

이와 같이 물 문제가 심각해지자 물 자원을 둘러싼 지역 간·국가 간의 분쟁까지 발생하고 있다. 보수적인 세계은행의 환경 담당 부총재이며 세계물위원회의 위원장인 세라젤딘(Ismail Serageldin)이 1995년 "20세기의 전쟁이 석유 쟁탈 전쟁이었다면 21세기의 전쟁은 물 쟁탈 전쟁이 될 것"이라고 한 예언은 이제 현실이 되고 있는 것이다.[61]

물 분쟁 또는 물 분쟁의 위협은 같은 강 유역의 위 아래에 여러 국가들이 위치한 경우 흔히 일어난다.[62] 골란 고원과 가자 지역의 물 자원을 둘러싼 이스라엘과 그 이웃 국가들 간의 대립, 인더스 강으로 인한 인도와 파키스탄의 관계 악화, 갠지스 강을 둘러싼 인도와 방글라데시의 수십 년 동안의 다툼, 관개사업을 위한 미국의 멕시코로부터 콜로라도의 강물 도적질, 파라나 강으로 인한 아르헨티나와 브라질의 충돌 등이 그 예이다.[63]

지역 간·국가 간의 물 분쟁을 야기시키는 또 하나의 요인으로는 불공평한 물의 분배가 있다. 지구상의 물이 모든 사람들에게 공평하게 분배된다면 대략 1인당 연간 8천여 톤까지 공급 가능할 정도로 충분하다고 한다. 그러나 문제는 균등하게 분배되고 있지 않다는 데 있다. 수요량보다 훨씬 많은 양을 보유한 곳들이 있는가 하면, 반대로 꼭 필요한 양도 제대로 갖추지 못한 곳들도 많다는 것이다. 예를 들면 비가 많이 오는 곳인 하와이의 와이아레알데 산은 1년 동안 11.5m 이상의 비가 내린 적도 있는 반면, 지구상에서 가장 큰 사막인 사하라에는 구름조차 없다.[64]

61) 시바, 《물 전쟁》, 15~18면 참조.
62) 전 세계적으로 300개가 넘는 강들이 두 국가 이상에 걸쳐 흐르고 있으며 오로지 한 국가 내에서만 흐르는 세계 주요 강들은 거의 없다고 한다.
63) 빌리어스, 《물의 위기》, 46면 참조.
64) 같은 책, 62~65면 참조.

빌리어스에 의하면 물은 정치적으로 중요한 네 가지 기본 특징이 있다.[65] 물은 '절대적으로 중요하고, 절대적으로 부족하며, 절대적으로 불균등하게 분포되어 있고, 절대적으로 공유되고 있다'는 것이다. 이러한 특징으로 인해 다른 어떤 자원보다 물 자원을 둘러싼 갈등과 분쟁은 발생할 소지가 매우 높다. 더욱이 인구 증가와 물 낭비형 경제 개발에 의해서 물 분쟁은 더욱 악화되는 추세에 있다.

(5) 폐기물 문제

사람이 생활하는 곳이면 어디서나 폐기물은 발생한다. 사람이 살아가는 데에는 여러 가지 물건을 필요로 하며, 그 물건들의 사용가치는 한정적이어서 언젠가는 쓰레기가 되기 마련이다.

동서양을 막론하고 전통적인 농경사회에서는 생활에 필요한 물품들이 주로 자연에서 얻어졌고, 또 최소한으로 가공 처리하여 사용하였으므로 발생되는 폐기물도 매우 단순하였다. 나무조각, 천조각, 음식찌꺼기, 가축 및 사람의 분뇨 등 유기성 폐기물이 주종을 이루었다. 따라서 폐기물 처리 방법도 발생지역을 중심으로 퇴비화나 연료화, 가축의 먹이 방식 등으로 처리함으로써 폐기물 문제는 크게 인식되지 않았다.

그러나 산업혁명으로 인해 생활 수준 및 자원 가공 수준이 크게 높아지면서 폐기물은 하나의 환경문제로 부상하게 된다. 과거 농경사회에서 발생하던 쓰레기는 주로 생활폐기물이었던 데 반해, 산업혁명 이후 경공업의 발달로 인해 산업폐기물이 발생하기 시작하였다. 그러나 산업폐기물이라 하더라도 섬유, 식료품 등 의식주와 관련된 유기성 폐기물이 대부분이었고 그나마 생활폐기물에 비하면 그 분량은 매우 적었다. 폐기물이 하나의 환경문제로 부상하게 된 것은 1920년

---

65) 같은 책, 470면 참조.

경부터 전개된 제2차 산업혁명 이후였다. 경공업 중심에서 중화학공
업 시대로 접어들면서 산업의 고도화, 도시화, 인구 증가 등이 이루
어지고, 이에 따라 대량생산, 대량소비의 생활방식이 자리잡아 갔다.
생활폐기물뿐만 아니라 산업폐기물까지 크게 늘어난 것은 당연한
결과였다. 폐기물의 종류도 천연 유기성 폐기물에서 합성유기물인
폐플라스틱, 폐지, 폐금속, 화공약품 및 각종 중금속을 함유한 유해폐
기물[66]에 이르기까지 다양했다.

　그렇다면 이러한 폐기물의 발생은 어떠한 환경문제를 초래하며,
폐기물 문제는 얼마나 심각한 상태에 있는가?

　우선 폐기물에 대한 정의와 분류방식에 대해서부터 살펴보기로 하
자. 폐기물이란 0 또는 부(負)의 가치를 가진 물건으로 쓰레기라는
평범한 말을 전문적인 용어로 표현한 것이다. 그러니까 폐기물이란
간단히 '우리가 살아가는데 경제적으로 소용이 없거나 원치 않아서
폐기하는 물질'이라고 정의내릴 수 있다.[67] 이 정의 하에서의 폐기물
은 경제적 가치와 투기자의 의사에 따라 결정되므로 사람들의 생활

---

66) 독극물 및 질병등록기구(ATSDR)가 1998년 확인하여 발표한 주요 유해물질
　　순위 15위에는 다음과 같은 물질들이 포함되어 있다. 납, 비소, 금속수은, 비닐염
　　화물, 벤젠, PCB, 카드뮴, 벤조아필렌, 클로로포름, 벤조플로로에텐, DDT, Aroclor
　　1260, 트리크로에틸렌, Aroclor 1254, 크롬(순위별 기록). 잉거(E. Enger)·스미스
　　(B. Smith), 《환경과학개론》, 김종욱 외 옮김(서울: 북스힐, 2001), 397면 참조.
67) 우리 나라의 폐기물관리법에서는 폐기물을 '쓰레기, 연소재, 오니, 폐유, 폐산, 폐
　　알칼리, 동물의 사체 등으로 사람의 생활이나 사업 활동에 필요치 않게 된 물질'
　　로 정의하고 있고, 또 이를 특성별로 특정폐기물과 일반폐기물로 나누고 있다. 특
　　정폐기물이란 '사업 활동에 수반하여 발생하는 오니, 폐유, 폐산, 폐알칼리, 폐고
　　무, 폐합성수지 등 환경 및 국민 보건에 유해한 물질'이고, 일반폐기물이란 '특정
　　폐기물 이외의 물질'을 말한다. 이 가운데 문제가 되는 것은 특정폐기물이다. 특
　　정폐기물은 산업 발전과 더불어 그 성분이 점차 다양화되고 있고 유독성 물질이
　　함유되어 있으므로 처리하는 데에도 고도의 기술이 요구된다. 소진식 편, 《폐기물
　　관계법규》(서울: 일진사, 1992), 15면 참조.

수준, 문화수준, 교육의 정도 등에 따라 그 범위가 다양해질 수 있다.

일단 발생한 폐기물은 적절한 관리와 처리가 중요하다. 이를 위하여 폐기물은 몇 가지로 분류되어 왔는데 그 분류 방법에는 발생원 중심의 분류와 폐기물의 성상에 따른 분류가 있다. 발생원 중심의 분류 방법에 따르면 폐기물은 산업폐기물과 일반폐기물로 나눠진다. 그리고 성상별 분류 방법은 그 분류 기준이 폐기물의 유해성인데 유해성의 판정 기준은 나라마다 상이하다. 유해성의 판정 기준이 이와 같이 상이한 관계로 유해폐기물의 정의 역시 나라마다 다를 수밖에 없다. 가령 미국의 경우는 인화성, 부식성, 반응성, 유독성을 유해성의 판정 기준으로 삼고 있고, 이 기준에 근거하여 유해폐기물을 다음과 같이 정의하고 있다. "사망률을 높이거나 심각한 불치병 환자들을 크게 증가시키는 데 기여하는 물질 또는 부적절하게 취급, 저장, 운반, 처리될 때 건강과 환경에 상당한 위험이 잠재하거나 현존하는 물질."[68]

이 정의에서 보다시피 폐기물 문제에 있어서 가장 중요한 과제는 우리의 건강에 직접적인 영향을 끼칠 수 있는 유해폐기물의 적절한 처리·관리라고 할 수 있다. 그런데 불행하게도 유해폐기물 문제의 핵심은 그것이 부적절하게 다뤄지고 처리되는 데 있다. 대부분의 산업국가들이 취해 왔던 유해 물질 대책은 환경과 건강에 대한 잠재적인 위험을 전혀 고려하지 않고 단순하게 파묻거나 내다버리는 것이었다. 잉거와 스미스에 의하면 폐기물 투기장은 전형적으로 산업체에 편리한 곳에 위치하고 있고, 범람원이나 습지대처럼 종종 환경적으로 민감한 지역에도 위치해 있다. 그리고 이런 투기장이 가득 차거나 방치되면 이들은 덮개도 없이 노출되며, 비가 내릴 경우 빗물이 투기장에 스며들어 수질오염의 가능성이 증가하고 사람들은 그 폐기물에

---

68) 잉거 · 스미스, 《환경과학개론》, 389면.

직접 접촉할 수 있는 기회가 많아지게 된다. 이처럼 유해폐기물 투기가 가져오는 가장 심각한 영향은 무엇보다 지하수가 오염되는 것이라 할 수 있다.[69]

유해폐기물 투기장과 관련된 또 한 가지 문제는 방치되거나 통제되지 않는 투기장의 수가 매년 증가하고 있다는 점이다. 북아메리카에서만 방치되고 있는 투기장의 수가 25,000개를 넘어서고 있고, 이 가운데 특히 미국이 가장 많은 수를 차지하고 있다. 유럽에서는 스웨덴과 노르웨이를 제외한 모든 국가에서 긴급 처리를 요하는 방치된 독성 폐기물 문제로 시달리고 있다. 구소련과 동유럽에서는 요즘에 와서 많은 유해폐기물 투기장이 확인되었지만 이를 정화하는 데 지불할 비용을 마련하지 못하고 있다.[70] 이와 같이 거의 모든 산업국가들은 투기장을 정화하는 데 드는 값비싼 대규모의 비용 문제에 직면해 있는 상황이다.

폐기물의 국가 간 거래도 중요한 문제 가운데 하나다. 1989년 '유해폐기물의 국가 간 이동 통제에 관한 바젤협약'[71]이 채택되긴 했지만 국가 간에 은밀하게 이루어지는 불법 폐기물의 거래를 막는 데는 역부족이다. 바젤 사무국이 최근 조사한 결과에 의하면 많은 나라들에서 불법 폐기물 수송을 막거나 처벌하는 데 적절한 입법이 부족하거나 전혀 마련되어 있지 않다. 지구 수준에서의 동일한 유해폐기물 규정이 없고, 장관, 세관원, 항구 당국 사이에 일치된 협약 집행 노력이 없기 때문에 불법 폐기물 거래가 확산되고 있는 것이다.[72]

이상에서 살펴보았듯이 오존층 파괴, 지구 온난화, 생물 다양성 파

---

69) 같은 책, 395면 참조.
70) 같은 책, 395~96면 참조.
71) 이 협약은 모든 폐기물 선적에 앞서 수출국이 수입국의 비준을 받도록 하고 처리 이전에 허가를 얻도록 하여 산업국의 유해폐기물이 개도국에서 통제받지 않고 투기되는 것을 억제한다는 목표를 두고 있다.
72) 브라운 외, 《지구환경보고서 2001》, 221면 참조.

괴, 토양 및 물 부족, 폐기물 문제 등은 범세계적 환경문제에 포함될
수 있을 만큼 문제가 되고 있고, 또 심각한 상황에 처해 있다고 말할
수 있다. 그리고 토양 오염 문제는 범세계적 환경문제라기보다 지역
적 성격이 강한 환경문제임도 알 수 있었다. 다행스러운 것은 오존층
파괴 문제가 국제사회의 신속한 공동 협력을 통해 점차 개선되어 가
고 있다는 점이다.

III. 환경윤리학의 등장과 전개

1. 환경문제와 윤리학의 관계

환경문제와 윤리학은 어떤 상관이 있으며, 환경문제를 해결하는데 윤리학이 할 수 있는 일은 과연 무엇인가? 이른바 '환경문제'가 환경 열악화의 원인과 그 해결책의 탐구를 요하는 것이라면 과연 그것이 처음부터 윤리학의 문제인지는 간단하게 말할 수 없는 것처럼 보인다. 환경문제는 기본적으로 사회 문제에 해당한다. 그 원인과 해결 방안의 모든 면에 걸쳐서 결국은 테크놀러지를 매개로 한 인간의 '행위'와 관계되어 있는 것이다. 그러므로 환경문제에 대한 '대책'으로써 곧바로 관여하게 되는 것이 법률이고 행정이다.[1] 그렇다면 환경문제와 윤리학의 관계는 어떻게 설명할 수 있을까?

이 물음에 대한 답변을 필자는 다음과 같이 모색해 보고자 한다.

지구 환경문제는 공간적으로는 국내 문제에서 지구 전체 문제로, 시간적으로는 현재 세대의 문제에서 다음 세대 이후를 포함한 문제로 확장되고 있다. 문제가 이렇게 확장되고 있는 만큼 이를 다루는

---

1) 丸山德次, "環境倫理學の思想と歷史," 《現代思想》, 第18卷, 第11號(1990. 11), 114면 참조.

학문 분야 간의 관련성도 더욱 강화될 수밖에 없다. 즉 세 가지의 축 —공간, 시간, 학문 분야 어디서나 지구 환경문제는 광범하고 다양한 성격을 지니고 있는 것이다.

환경문제에 관한 학문 분야 간의 관련성은 다섯 가지 측면에서 생각할 수 있다. 먼저 국가 간의 이해 조정이라는 점에서 정치 문제로 볼 수 있고, 둘째, 자원의 재분배라는 면에서는 경제 문제로도 볼 수 있다. 셋째, 사람들의 생활양식과 관계된다는 점에서 문화나 윤리 문제도 된다. 넷째, 지구 환경문제의 현상 분석과 금후의 지침이 되는 데이타를 다루는 분야인 자연과학의 문제이기도 하고, 다섯째, 그 과학의 본연의 모습을 묻는 과학론의 문제이기도 하다. 이처럼 지구 환경문제는 하나로 뭉쳐진 문제군으로서 존재하는 것이 아니다. 그것은 문제군의 복합체(complex)이며 공간적·시간적인 넓이를 지닌 무정형체(無定形體)이다.

이러한 의미를 강조하고자 사쿠라 오사무(佐倉 統)는 '지구 환경문제'라고 부르는 대신에 '지구 환경문제 복합체'라고 부른다.[2] 이와 같이 자연 환경과 인간 사회 사이의 관계에서 발생하고 있는 최근의 심각한 문제들이 복합적인 만큼 이에 대한 단 하나의 절대적인 해결책은 있을 수 없다. 따라서 지금의 지구 환경문제를 개선하기 위해서는 정치, 경제, 윤리, 과학 등의 다양한 방면에서의 연구가 동시에 요청된다.

윤리학 역시 복합적인 환경문제를 극복하기 위해 요청되는 다양한 학문 분야 가운데 하나로서 인식되고 있는 것이다. 가령 다음과 같은 물음들을 생각해 보자. 왜 우리는 자연을 오로지 상품 생산의 원료로만 간주하는가? 자연의 가치는 인간의 목적 달성을 위한 그 용도에만 있는가? 인간은 인간 이외의 존재들에게 아무런 윤리적 의무도

---

2) 佐倉 統,《現代思想としての環境問題》(東京: 中央公論社, 1992), 2~7면 참조.

없는가? 우리는 현재 생존하고 있는 사람들의 직접적인 요구에만 관심을 두어야 하는가, 아니면 미래 사람들의 이해관심도 배려해야 하는가? 개인의 자유에 대한 욕망과 전 인류의 생존과 복지를 보장하기 위한 사회적 통제와의 균형을 어떻게 유지할 것인가? 설령 실업을 야기할지라도 고도의 오염을 일으키는 공장을 폐쇄하거나 연료를 과잉 소비하는 자동차의 제조를 금지하는 일은 정당화될 수 있는가? 이러한 문제들은 지구 환경과 관련된 윤리적 성격의 물음들로서 우리가 지금 직면하고 있는 것들이다. 그리고 이 문제들에 대한 대응책을 마련하는 데 윤리학은 그 필요성이 절실하다고 판단된다.

2. 환경윤리학의 등장과 전개

환경윤리학은 생명윤리학(Bioethics)과 마찬가지로 1960년대 말 미국에서 형성된 학문 분야이다. 환경윤리학이 탄생하는 데는 무엇보다 '환경의 위기'에 대한 문제의식이 크게 작용하였다. 그리고 환경 위기에 대한 경종을 울리기 시작한 사람들은 바로 생태학자들이었다. 예컨대 이 문제에 가장 큰 영향을 끼친 학자로는 《침묵의 봄》을 저술한 카슨(Rachel Carson)을 들 수 있다. 이 책은 생태학에 대한 많은 관심을 이끌었고, 미국 환경 운동의 기폭제로 작용함으로써 많은 환경단체들의 결성을 불러왔다. 경제학자인 코모너(Barry Commoner)는 '생명을 구하기 위해선 새로운 운동이 필요하다'라고 주장하였고, 소비자 운동의 리더이며 정치학자인 네이더(Ralph Nader)는 광범한 활동을 전개해 나갔다. 또한 생물학자인 에를리히(Paul Ehrlich)는 인구와 환경문제, 특히 아시아, 아프리카 제국의 인구 증가 문제를 논한 《인구폭탄》을 펴낸다.

이처럼 1960년대 말 환경 보호를 위해 많은 사상가들이 등장하긴 했지만 미국 사상 안에서 환경윤리학의 아버지는 레오폴드(Aldo Leopold)로 간주된다. 삼림청 공무원이면서 야생동물 생태학자이기도 했던 레오폴드는, 사후 1949년에 출간된 《모래 군의 열두 달》(*A Sand County Almanac*)[3]에서 '대지윤리'(land ethic)를 제창하는데 이는 60년대에 와서 크게 주목을 받게 된다. 레오폴드는 토양, 물, 식물, 동물 등을 총칭하여 '대지'라 부르고 있는데, 이 경우 '대지'란 환경 또는 생태계에 해당한다고 볼 수 있다.

레오폴드가 '대지'에 대한 인간의 윤리적 관계를 요구하고 '대지'를 도덕공동체로 간주하도록 요구하는 이상, 그의 '대지윤리'는 분명히 자연물의 권리를 요구하는 입장에 있다. 그는 윤리가 진화적이라는 점을 전제한다. 즉 윤리는 그것이 관여하는 영역을 확대해 왔다는 것이다. 그에 따르면 윤리의 발전 단계는 크게 세 단계로 나눠진다. 우선 윤리는 개인과 개인 간의 관계를 규제하는 것이었으나, 머지않아 개인과 사회 간의 관계를 규제하는 쪽으로 진화했다. 그리고 지금 윤리는 인간과 대지 간의 관계를 다루지 않으면 안 되며, 이는 생태학적으로 볼 때 필연적 발전 과정이라는 것이 레오폴드의 주장이다. 이러한 레오폴드를 환경윤리학의 창시자로 간주할 경우 자연물의 권리를 인정하는 자연 중심의 환경윤리학이야말로 정통적인 환경윤리학이라 할 수 있을 것이다.

환경윤리는 이처럼 인간만을 도덕공동체의 구성원으로 간주하던 인간중심주의에서 벗어나 도덕공동체의 외연을 확대하도록 요구하면

---

3) 알도 레오폴드, 《모래 군의 열두 달》, 송명규 옮김(서울: 따님, 2000); 《모래땅의 사계》, 윤여창·이상원 옮김(서울: 푸른숲, 1999) 참조; 모래 군(모래땅)이란 위스콘신 주를 북에서 남으로 가르는 위스콘신 강 중하류에 있는 모래투성이의 척박한 몇몇 군(땅)에 레오폴드가 붙인 애칭이라고 한다. 레오폴드가 1935년 그 곳에서 버려진 농가와 부속농장을 구입해서 가족들과 함께 10여 년 동안 살았는데 그 때의 생활을 이 책에 담고 있다.

서 출발하였다. 도덕공동체의 외연을 확대하려면 필연적으로 인간중심주의 윤리의 한계를 지적할 수밖에 없고, 따라서 환경윤리학이 등장한 1960년대 후반 이래 주화두는 인간중심주의 윤리에 대한 비판이었다.

인간중심주의에 대한 비판은 1967년 《사이언스》(*Science*)지에 실린 역사학자 화이트(Lynn White, Jr., 1907~1987)의 "생태학적 위기의 역사적 근원"[4]이라는 논문을 기점으로 출발한다. 이어서 1969년에는 《우주선 지구호의 조종 매뉴얼》[5]이라는 풀러(R. Buckminster Fuller, 1895~1983, 공학기사이자 건축가, 발명가, 저술가)의 책이 간행된다.

전자는 그리스도교야말로 세계에서 그 유례가 없는 가장 인간 중심적인 종교로 우리가 당면하고 있는 환경 위기에 대해 중대한 책임이 있다고 주장한다. 후자는 우리가 사는 지구의 실태를 보다 더 잘 이해할 목적으로 지구를 우주선에 비유하여 논의를 전개하고 있다.[6]

---

4) Lynn White, Jr., "The Historical Roots of Our Ecological Crisis," *Science*, vol. 155(March 1967), 1203~1207면 참조; 그리고 이 논문에 대한 반격으로 사회학자 몽크리프(Lewis W. Moncrief) 역시 《사이언스》지에 "환경 위기의 문화적 배경"(The Cultural Basis of Our Environmental Crisis)을 발표하기에 이른다. Louis P. Pojman, ed., *Environmental Ethics*, 3rd ed.(California: Wadsworth, 2001), 19~23면 참조.

5) R. Buckminster Fuller, *Operating Manual for Spaceship Earth*(New York: Southern Illinois University Press, 1969) 참조.

6) 풀러에 따르면 우주선과 지구의 유사점은 세 가지로 정리된다. ① 우주선과 지구 양쪽 모두는 무한정 열려 있는 것이 아니라 상대적으로 닫힌 시스템이라는 점. ② 양쪽 모두 유한하다는 점. 이는 우주선 위에서든 지구 위에서든 활동이 무제한적으로 확대될 수 없다는 것을 의미한다. 어느 쪽의 탑재 능력에도 한계가 있기 때문이다. 따라서 만약 자원이 재활용되거나 재생되지 않으면 우주선 지구호의 시스템이 원래 유한하고 폐쇄적이라는 사실의 결과로 오염과 자원 고갈이라는 이중적 위험이 발생할 것이다. ③ 양쪽 모두는 생명을 지탱하기 위해 균형을 중시하고 상호관계를 맺고 있으며 자립적인 방법에 의존하고 있다. 만일 지구나 우주선에서의 그 중요한 시스템이 제대로 작동하지 않게 되면 어느 쪽의 승객들

그 주장의 핵심은 인간과 자연의 본래적 복리 양쪽 모두는 아주 밀접하게 결부되어 있어서 다른 쪽에게 치명적인 손해를 입히는 일 없이 어느 한쪽에 우월성을 부여하는 것은 불가능하다는 것이다.

이 무렵 인간과 환경과의 관계를 표현하는 상징으로 우주선을 이용한 것은 풀러만이 아니었다. 보울딩(Kenneth Boulding), 폴러드(William Pollard), 워드(Barbara Ward) 등의 환경론자들도 생명권을 이해하기 위한 기초로써 이 우주선 모델을 이용하였다.

이와 같이 1960년대 후반 환경윤리가 탄생할 무렵 환경문제에 관한 논의들은 철학 전문가가 아닌 환경문제에 선견지명이 있는 역사학자라든가 생태학자, 사회학자들에 의한 것으로 아직은 덜 체계적인 내용을 갖추고 있었다. 이러한 상황에서 학문으로서의 환경윤리학은 1970년대 초반에 와서야 그 모습을 드러낸다. 그러니까 환경윤리학이 전문적인 철학의 무대에 공식적으로 데뷔한 것은 1973년 발전성이 풍부한 세 논문의 발표에 의해서 이뤄진다.[7]

1973년 봄 호주의 청년 철학자 싱어(Peter Singer)는 《뉴욕 북 리뷰》(*The New York Review of Books*)에 "동물해방"[8]을, 동년 여름 노

도 생존하기 어렵게 된다. 이와 같이 닫힌 시스템인 유한한 우주선 안에서 살아남으려면 이제까지의 무절제한 소비 패턴을 버리고 자원을 적극 보전해 나가야 한다는 윤리적 주장을 하고 있는 것이다. 같은 책, 44~50면; K. S. Shrader-Frechette, "Spaceship Ethics," in K. S. Shrader-Frechette, ed., *Environmental Ethics*, 2nd ed.(Pacific Grove, CA: Boxwood Press, 1991), 46~47면 참조.

7) J. Baird Callicott, "Introduction," in Michael Zimmerman, ed., *Environmental Philosophy*(Englewood Cliffs, N. J.: Prentice Hall, 1993), 3~5면 참조.

8) 이 논문은 원래 《동물·인간·도덕》(*Animals, Men and Morals*, edited by Stanly and Roslind Godlovitch and John Harris)에 대한 서평으로, 싱어는 이 책을 인간 이외의 존재들(특히 동물)에 대한 우리들의 태도를 완전히 변혁시킬 것을 요구하고 있는 동물해방운동의 선언서라고 평하고 있다. 더불어 싱어는 이 글에서 왜 동물이 도덕적 고려 대상에 포함되어야 하는지에 대한 자신의 입장을 비교적 소상히 밝히고 있다. Peter Singer, "Animal Liberation," in K. S. Shrader-

르웨이의 철학자이자 등반가인 네스(Arne Naess)는 국제적 철학 전
문지인 《인콰이어리》(*Inquiry*)에 "표층적인 생태 운동 대 심층적인
그리고 장기적 관점의 생태 운동: 요약"[9]을, 동년 가을 또 다른 호주
의 청년 철학자인 실번(Richard Sylvan, 당시의 이름은 Routley)은 불
가리아의 바르나(Varna)에서 열린 제15차 세계철학대회에서 "새로운
윤리로서의 환경윤리는 필요한가?"[10]를 발표하였다.

그 후 몇 년에 걸쳐 이 새롭고 흥미로운 연구 영역에 관한 다수의
논문들이 《윤리학》(*Ethics*)이나 《철학저널》(*Journal of Philosophy*)과
같은 철학 전문지에 발표되었다. 그러던 중 1979년 하그로브(Eugene
C. Hargrove)에 의한 새로운 계간지 《환경윤리학》(*Environmental
Ethics*)이 창간되면서 환경윤리학에 관한 논문들이 본격적으로 쏟아
져 나왔다. 이 무렵 '환경윤리학'이라는 대학 강좌가 개설되기 시작
했고, 그 이후 80년대 중반까지 환경윤리 관련 단행본들이 다수 등장

Frechette, ed., *Environmental Ethics*, 2nd ed.(Pacific Grove, CA: Boxwood
Press, 1991), 103~12면 참조.

9) 이 논문은 원래 1972년 9월 3일 루마니아의 수도 부쿠레슈티에서 개최된 '제3세
계의 미래에 관한 연구협의회'에서 행한 그의 강연을 요약한 것이다. 표층 생태
운동에 대해선 단 두 문장으로 간단히 정리하고 있는 반면, 주로 심층 생태 운동
의 내용을 소개하는 데 주력하고 있다. Arne Naess, "The Shallow and the Deep,
Long-Range Ecological Movement: A Summary," in Louis P. Pojman, ed.,
Environmental Ethics, 3rd ed.(California: Wadsworth, 2001), 147~49면 참조.

10) 실번은 이 논문에서 전통적인 서양 윤리는 철저하게 인간 중심적이었고, 따라서
인간 쇼비니즘의 죄를 범해 왔다고 주장한다. 그러면서 실번은 철학자들에게 어
떻게 하면 인간뿐만 아니라 인간 이외의 존재들까지도 포함할 수 있도록 도덕적
고려 대상을 확대할 수 있을까 하는 물음을 제기한다. 이 물음에 대한 실번 자신
의 답변은 인간중심주의를 타파하고 도덕적 고려 대상의 범위에 동식물은 물론
종, 생태계 전체까지 포함되어야 하며, 그러기 위해서 새로운 윤리로서의 환경윤
리가 필요하다는 것이다. Richard Sylvan, "Is There a Need for a New, an
Environmental Ethic?" in Michael Zimmerman, ed., *Environmental
Philosophy*(Englewood Cliffs, N. J.: Prentice Hall, 1993), 12~21면 참조.

함으로써 전적으로 새로운 철학 분야가 형성되게 된다.

1970년대 초반 이래 전개돼 오고 있는 환경윤리학을 대략적으로 구분해 보면 다음의 세 가지 주요 분야로 나눌 수 있다.[11] 첫번째 분야는 급진적 생태론자들이 한결같이 비판하는 인간 중심적 개혁주의(인간 중심적 윤리학)이다. 이 입장에 속하는 학자들은 환경문제의 근원이 인간 중심적 태도도 아니고 그러한 태도를 구체화하는 정치·경제적 구조도 아니라고 주장한다. 오히려 이들은 공기와 물의 오염, 자연자원의 과다 사용 등의 문제는 무지, 탐욕, 근시안적 태도 등에서 기인하는 것으로 본다. 그리고 이러한 원인들은 법률 제정, 공공정책의 변경, 교육의 확대, 자연에 대한 현명한 관리, 자연 자원의 신중한 사용 등과 같은 개혁정책에 의해 해결될 수 있는 것으로 믿는다. 인간 중심적 개혁주의자들은 자연은 어디까지나 인간의 목적을 위한 수단으로써만 가치가 있는 것으로 보고 있는 것이다. 따라서 이들은 생태학적 문제의 해결책으로 인간 중심적 사고나 사회제도의 철저한 변혁을 강조하는 급진적 생태학자들의 태도야말로 매우 고지식한 것으로 간주한다.

두 번째 분야는 비인간 중심적 환경윤리학으로 이 분야에서는 만일 우리가 우리 자신의 인간 중심적인 윤리적 태도를 바꾸어 인간 이외의 존재들에게도 '도덕적 지위'를 부여한다면 생태학적 위기를 종식시킬 수 있는 진보가 이루어질 수 있다고 주장한다. 이 분야에 속하는 학자들은 우리에게 사람을 학대하거나 죽이는 행위를 금해야 할 도덕적·법적 의무가 있듯이, 많은 종류의 생명체들을 학대하거나 죽이는 행위를 자제해야 할 도덕적·법적 의무 또한 있다고 본다.

그리고 이 분야는 우리가 도덕적 지위를 어떤 존재에게까지 부여

---

11) Michael Zimmerman, "General Introduction," in Michael Zimmerman, ed., *Environmental Philosophy*(Englewood Cliffs, N. J.: Prentice Hall, 1993), vi-viii 면 참조.

하느냐에 따라 인간·동물중심주의, 생명중심주의, 생태중심주의 등으로 나뉜다. 인간·동물중심주의에 속하는 학자들로는 싱어(Peter Singer)와 리건(Tom Regan), 생명중심주의자로는 굿패스터(Kenneth Goodpaster)와 테일러(Paul Taylor), 생태중심주의자로는 레오폴드, 캘리코트(J. Baird Callicott), 롤스턴(Holmes Rolston) 등이 포함된다.

그리고 도덕적 지위를 부여하는 방식에 따르면 이 분야는 개체론적 입장과 전체론적 입장으로도 나눠볼 수 있다. 전자는 자연을 구성하는 개별 유기체인 동물이나 식물, 생명체에 도덕적 지위나 권리 또는 내재적 가치를 부여하는 반면, 후자는 개별적 동식물을 포함한 종이나 생명공동체, 생태계 및 자연에 도덕적 지위나 권리 또는 내재적 가치를 부여한다. 개체론적 입장에는 싱어, 리건, 굿패스터, 테일러 등이 속하며, 전체론적 입장에는 레오폴드, 캘리코트, 롤스턴, 심층생태학자 등이 속한다.

도덕적 지위를 부여하는 범위와 그 방식에 따라서는 위와 같이 분류할 수 있지만 인간 이외의 존재들에게 부여하는 가치의 내용에 따라서는 이러한 분류가 다소 흐려지게 된다. 물론 비인간 중심적 환경윤리학자들이 인간 이외의 존재들에게 단순한 도구적 가치가 아닌 그 이상의 가치를 부여한다는 점에서는 입장이 일치한다. 그러나 '그 이상의 가치'를 학자들에 따라 'inherent value' 또는 'intrinsic value' 또는 'intrinsic worth' 등 여러 가지로 표현하고 있어서 그 의미를 명확하게 파악한다는 것이 쉽지 않다. 그러나 그 표현이야 어떻든 우리는 환경윤리학자들이 말하는 가치의 개념을 두 가지로 분류할 수 있고, 두 가지 개념 각각에 어떤 학자들이 속하는지는 가려낼 수 있다고 본다.

먼저 환경윤리학자들이 말하고 있는 가치는 '주관적 내재가치'와 '객관적 내재가치'로 분류할 수 있다. '주관적 내재가치'란 인간의 관심이나 선으로 환원될 수 없다는 점에서 '내재적'이지만, 가치의 기원이 인간의 마음가짐에 의존하고 있다는 점에서 '주관적'인 산물이다. 예를 들면 맹자의 측은지심론에 나오는 어린아이가 갖는 가치가 여기에 해당한다. 물에 빠진 어린아이를 구한 어른이 아이의 도구적 가치, 즉 보상을 받거나 좋은 평가를 받을 목적이 아니라 오로지그 아이만을 위해 구할 경우 그 아이는 어른에게 주관적 내재가치를 갖는다. 다시 말해서 그 아이가 갖는 가치가 그 성인의 도구적 기능으로 환원되지 않고 아이 그 자체를 위해 갖는 가치이므로 내재적이된다.[12] '객관적 내재가치'란 인간의 관심이나 선으로 환원될 수 없다는 점에서는 주관적 내재가치와 마찬가지로 내재적이지만, 동시에이 가치는 인간의 감정, 욕구, 판단 등의 주관적 태도와 관계없이 그자체로 독자적 실재성을 갖는 면에서 '객관적'이라 할 수 있다. 객관적 내재가치론자들에 의하면 설령 인간이 지구상에서 사라졌다고 해도 인간 이외의 존재들의 내재적 가치는 자연에 그대로 남아 있게된다. 그러니까 '객관적 내재가치'는 인간의 관심이나 선으로 환원되지 않는다는 점에서 내재적이며 동시에 인간의 의식마저도 초월하고있다는 점에서 객관적으로 실재하는 가치다. 객관적 내재가치를 주장하는 학자로는 동물의 권리를 주장하는 리건, 생명중심주의자인 테일러, 생태중심주의자인 롤스턴, 심층생태주의자인 드볼(Bill Devall)과세션즈(George Sessions), 폭스(Warwick Fox) 등이 포함된다.

주관적 내재가치론을 전개하는 대표적인 학자로는 캘리코트를 들수 있다. 그는 자연의 비도구적 가치를 '객관적 내재가치', '주관적내재가치' 두 종류로 나누면서 전자를 '불완전한 내재가치'라고 부른다. 그러니까 그는 어떠한 가치건 인간의 평가의식과 독립적인 가치는 존재할 수 없는 것으로 본다. 그는 가치란 인간의 평가의식에의해 성립되는 것이며, 그렇다고 해서 반드시 도구적이거나 비내재적

---

12) 한면희, 《환경윤리》(서울: 철학과현실사, 1997), 41~42면 참조.

가치가 되는 것은 아니라고 한다. 가치의 기원이 인간 의존적이라 하더라도 인간을 위한 도구적 가치가 아니라 '그 자체를 위한' 내재적 가치를 지닌 대상들이 있다는 것이다.

환경윤리학의 세 번째 분야는 급진적 입장의 분야로 여기에는 심층생태학, 생태여성주의, 사회생태학이 포함된다. 이 입장에 속하는 학자들은 그들 자신을 다음 두 가지 이유 때문에 급진적이라고 간주한다. 첫째, 그들은 자신들의 제분석에 의해 생태학적 위기의 개념적, 개인적, 사회적 기원들이 다 폭로될 수 있다고 주장한다. 둘째, 그들은 오로지 혁명이나 문화적 패러다임의 전환만이 지구를 더 심각한 파괴로부터 구할 수 있다고 주장한다. 급진적 생태론자들은 현행 습관들을 개혁하는 것(예를 들면 오염에 대한 통제를 강력하게 요구하는 것, 재생을 고무하는 것 등)이 문제 해결에 단기적인 도움을 줄 수 있다는 점을 인정은 한다. 그러나 그들은 그러한 개혁이 생태학적 위기의 뿌리가 아니라 단지 증상들만을 다루기 때문에 결국은 실패할 것으로 본다.

급진적 생태론자들은 이와 같이 개혁주의의 한계에 대해서는 동의하면서도 생태학적 위기의 뿌리를 보는 시각에 대해서는 상이한 견해를 보인다. 심층생태학자들은 생태학적 위기의 뿌리로 인간중심주의를 지목한다. 인간이 모든 가치의 기원이요, 척도라고 보는 인간중심주의야말로 사람들로 하여금 자연을 오로지 인간의 욕구를 충족시키기 위한 자원으로만 다루도록 이끄는 오만을 낳았다는 것이다.

생태여성주의자들은 생태학적 위기의 주요 근원이 가부장제에 있다고 본다. 여성과 자연 둘 다를 여하튼 남성보다 '열등한' 것으로 간주하는 생태여성주의야말로 여성과 자연의 착취를 정당화하는 억압적인 사회 구조로 작용해 왔다는 것이다.

사회생태학자들은 생태학적 위기의 주요 뿌리가 사회의 계급제도에 있다고 주장한다. 권위주의적 사회 구조야말로 일부 사람들로 하여금 다른 사람들을 지배하게 할 뿐만 아니라 인간 이외의 존재를 황폐화시키고 약탈하고 파괴시키는 핵심 요소로 기능해 왔다는 것이다.

이러한 세 가지 분야 가운데 최근의 환경윤리학자들은 인간 중심적 개혁주의는 환경윤리로서 부적절하다고 판단하고[13] 비인간 중심적 환경윤리학과 급진적 생태철학 분야에 관심을 집중하고 있다. 특히 1990년대 이후의 환경윤리학 연구는 그 이전과는 달리 환경윤리학의 범위를 넘어서 '환경철학'적 경향을 보이고 있는 점이 특징이다.[14] 작금의 환경문제가 전 지구적으로 확산되어 있고 또 불가역적인 만큼 이제 더 이상 임시방편의 윤리학 이론으로는 제역할을 다할수 없다는 인식이 널리 파급되고 있기 때문이다. 즉 편협하고 문제 중심적인 응용윤리보다는 더욱 근원적이고 심층적인 환경철학이 문제 해결에 도움을 줄 수 있다는 인식 때문이다.

---

13) 스프리게에 의하면 환경윤리는 ① 인간 복지주의(human welfarism): 인간에게 중요한 것은 인간 자신의 복지와 번영뿐이며, 따라서 인간 이외의 존재의 가치는 인간의 복지에 어떠한 영향을 미치는가에 따라 결정된다고 보는 입장, ② 인간·동물 복지주의(human and animal welfarism): 여기서 중요한 것은 감각 능력이 있는 존재(동물)의 복지뿐이며, 인간은 동물에 대해서 직접적 의무를 갖지만 동물 이외의 존재에 대해서는 2차적 의무밖에 지지 않는다는 입장, ③ 보편주의(Universalism): 인간·동물뿐만 아니라 감각 능력이 없는 것으로 간주되는 다양한 존재들도 그들 자체적으로 중요성이 있으며, 인간에게는 그들 존재의 번영, 생존에 대한 의무가 있다는 입장으로 나눠진다. 이 세 가지 중 스프리게는 ①의 입장은 지금도 지지자들이 있긴 하지만 불합리하다고 보는 반면, 환경윤리학으로서 합당한 것은 ② 또는 ③의 입장이라고 말한다. T. L. S. Sprigge, "Are There Intrinsic Values in Nature?" in *Journal of Applied Philosophy*, vol. 4, no. 1(1987), 21~28면 참조.
14) 구승회, 《생태철학과 환경윤리》(서울: 동국대출판부, 2001), 235~36면 참조.

IV. 환경윤리학의 성격과 쟁점

녹색에도 '여러 가지의 짙음과 옅음'이 있듯이 환경윤리학에도 다양한 관점과 주장들이 공존하고 있다.[1] 환경윤리에 대한 현재의 논의는 실로 백가쟁명이라고 할 만큼 많은 학자들과 주장들이 난립하고 있어서 이를 유형화하기가 매우 어려운 실정이다. 먼저 환경윤리학의 성격에 대해서부터 학자들은 상이한 주장을 한다. 환경윤리학을 응용윤리학의 일부로 보는 학자들이 있는가 하면, 기존 윤리학과는 완전히 다른 새로운 성격의 학문으로 보는 학자들도 있는 것이다. 따라서 이 장에서는 환경윤리학의 성격에 대해서 살펴볼 것이다. 그리고 환경윤리학의 다양한 주장들은 과연 어떤 문제를 둘러싸고 제기되고 있는지 그 쟁점에 관해서도 논의해 보고자 한다.

1. 환경윤리학의 성격

환경윤리학은 도대체 어떠한 성격의 학문일까? 이러한 물음이 제

---

1) "Shades of Green," in *Utne Reader*(July/August 1990), 50면 참조.

기되는 것은 학자에 따라 환경윤리학을 응용윤리학의 일부로 보는
사람들도 있고 응용윤리학의 일부가 아닌 독자적인 새로운 학문으로
보는 사람들도 있어 그 성격이 분명치 않기 때문이다. 이와 관련하여
우리는 응용윤리학의 특성부터 먼저 살펴보는 것이 바람직할 것 같
다.[2]

  응용윤리학이란 특정한 도덕 문제들에 대해 특수한 의미를 갖는
철학적 이론을 전개함으로써 그러한 문제들에 대처하고자 하는 시도
로 1960년대에 미국을 중심으로 탄생하였다. 60년대 후반 미국에서
는 시민권 운동과 반전 운동의 발흥으로 평등, 정의, 시민 불복종, 인
종 차별 등과 같은 대중적이고 실천적인 문제들이 사회적 이슈로 부
각되었고 과학기술 및 의학의 발전은 임신중절, 뇌사, 환경 오염 등
많은 문제를 야기하여 철학자들은 이런 문제에 관심을 갖지 않을 수
없었다. 우리는 이를 이론윤리학과 구별하여 응용윤리학 또는 실천윤
리학이라 부른다. 실생활에서 제기되는 도덕 문제에 일차적인 관심을
두고 그에 대한 해결책을 모색하는 것이 이 학문의 주요 과제인 것

---

2) 응용윤리학은 메타윤리학(윤리적 개념·추론의 분석), 규범윤리학(행위를 이끈다
   든지 평가를 내린다든지 할 때 이용되는 제규범의 연구), 윤리 이론(윤리적 문제,
   개념, 원리, 추론 및 그것들의 정당화를 포괄적으로 탐구하는 것) 등의 윤리에 관
   한 다른 철학적 작업들과는 현저한 대조를 이루고 있다. 요컨대 현대 사회가 제
   기하는 긴급한 문제들(예를 들면 인간의 생사에 관한 의료 기술의 적정한 사용
   방법, 지구 환경문제에 대한 대처 등)에 대해서 윤리학이 잘 단련하여 완성시켜
   온 도구를 이용, 가능한 한 정면에서 대응하려고 하는 기도를 '응용윤리학'이라
   고 흔히 부른다. 그러한 용어 사용은 1980년대 중반부터 일반화되었으나 현실 문
   제에 대한 응답이라는 자세는 60년대의 사회 변동에 의해서 촉진되었고, 1971년
   에 창간된 《철학과 공무(*Philosophy and Public Affairs*)》와 레이첼즈(J. Rachels)
   편의 《도덕의 제문제(*Moral Problems*)》가 이 분야의 선구적인 업적들로 이들에
   의해서 응용윤리학은 서서히 확립되어 갔다. 응용윤리학의 흐름과 그 방법에 대
   해서는 다음을 참조하라. 川本隆史, "應用倫理學の挑戰: 系譜, 方法, 現狀につい
   て,"《理想》, no. 652(1993. 11), 20~34면.

이다.

이러한 응용윤리학이 탄생할 무렵인 60년대에 미국에서 환경 오염이 사회 문제가 되고 이를 극복한다는 차원에서 환경윤리가 대두된 것을 보면 환경윤리도 그 출발은 응용윤리학의 일부로 시작되었다고 볼 수 있다.[3] 그러나 일부에서는 환경윤리학을 단순히 기존의 윤리학의 응용 문제가 아니라고 주장한다. 직업윤리나 생명·의료윤리 등의 응용윤리와는 달리 그것은 단순히 윤리학의 응용 분야가 아니라 오히려 현존 윤리 체계에 대한 비판을 통해서 윤리학 전반에 걸쳐 새로운 윤리 체계를 구성할 것을 요구한다는 것이다.[4] 그렇다면 왜 후자와 같은 주장이 제기되는 것일까? 그러한 주장이 제기되는 이유를 든다면 다음의 몇 가지가 될 것 같다.

첫번째는 환경문제에 대한 인식의 변화이다. 환경윤리가 처음 제기될 당시는 환경문제가 어느 한 지역이나 국가에서만 사회 문제로 인식되었기 때문에 응용윤리학의 일부로서도 환경문제에 대한 개선책을 제시할 수 있었을지 모른다. 그러나 지금은 상황이 다르다. 오늘날의 환경문제는 전 지구적이고 불가역적이며 나아가 우리의 생존까지 위협하고 있다. 이러한 상황에서 환경윤리를 응용윤리학의 일부로 간주하는 것은 지구 환경문제에 대한 적확한 대응책을 제시할 수 없기 때문에 적절치 못할 수 있다는 것이다.

---

3) 짐머만에 의하면 환경철학은 응용철학의 일부에 포함되며 세 가지 주요 분야로 나눠진다. 첫번째 분야는 '급진적인' 철학으로 여기에는 심층생태학, 에코페미니즘, 사회생태학이 포함되며, 두 번째 분야는 환경윤리학이고, 세 번째 분야는 인간중심적 개혁주의이다. Michael E. Zimmerman, "General Introduction," in Michael E. Zimmerman, ed., *Environmental Philosophy*(Englewood Cliffs, N. J.: Prentice-Hall, 1993), vi~viii면 참조.

4) D. H. Strong and E. S. Rosenfield, "Ethics or Expediency: An Environmental Question," in K. S. Shrader-Frechette, ed., *Environmental Ethics*, 2nd ed.(Pacific Grove, CA: Boxwood Press, 1991), 10~13면 참조.

두 번째는 응용윤리학의 방법론 문제 때문이다. 그 동안 응용윤리학자들이 일반적인 도덕 원리를 사회적인 도덕 문제에 적용하여 이를 해결코자 시도해 왔으나 실제로는 그 해결에 성공하지 못하고 있다. 응용할 근본적인 도덕 원리에 대한 합의가 없어 동일한 문제에 대해 서로 다른 원리를 적용함으로써 다른 결론을 낳기 때문이다. 또 합의된 원리가 있다손 치더라도 이를 구체적인 도덕 문제에 적용시키는 데는 많은 문제가 있다. 한마디로 응용윤리학은 구체적인 상황에서 부딪치는 도덕 문제 해결에 도움이 되지 않고 있는데, 그 원인이 응용윤리학에는 합당한 방법론이 존재하지 않기 때문이라는 비판이 일고 있다.[5)]

이와 같이 응용윤리학이 사회적 도덕 문제 해결에 실패했다면 환

---

5) 응용윤리학의 '응용'의 방법으로 가장 간단한 것은 이미 정당화된 도덕 원리를 개개의 사례에 적용시키는 톱다운 방식이다. 헤어, 싱어 등의 현대 공리주의자들이 이 분야의 선두 집단을 형성해 왔는데 이 방식에는 결함이 있는 것으로 지적되고 있다. 도덕 원리를 아무런 매개 없이 각 케이스에 적용하는 데에는 무리가 많기 때문이다. 그렇다고 해서 오로지 직관에만 의거한 채 케이스 바이 케이스의 판단을 궁리해내는 것은 편의주의밖에 안되고 윤리학은 나설 장면이 없어지고 만다. 그래서 새롭게 주목받고 있는 것이 롤스의 '반성적 균형(reflective equlibrium)'이라는 방법이다. 이것은 직관적인 도덕 판단을 부동의 기초에 설치해 놓고 거기서부터 단번에 도덕 원리의 도출을 겨냥하는 것도 아니고, 직관으로 매개되지 않는 이론으로부터 일직선으로 원리를(유무를 논함이 없이) 도출해내는 것도 아닌 방식이다. 다른 이론·과학을 배경으로 하면서 동시에 직관에도 열려져 있는 윤리학의 탐구 방법으로 이를 가능케 해주는 것을 '광의의 반성적 균형'이라 한다. 이 방법에 대해서는 그것이 어디까지나 개인의 '내성'(內省) 수준에 머무르고 있고, 사회적 '합의'를 형성하는 역동성을 결여하고 있으며, 직관을 토대로 하는 이상 '도덕적 보수주의'의 공격에 대처할 수 없다는 지적을 받고 있다. 가와모토 다카시(川本隆史)는 이 방법에 대해서 푸코의 계보학·권력 분석의 관점을 보충하는 것으로 그러한 난점의 극복을 시도하고 있다. 川本隆史, "應用倫理學の挑戰" 23~35면: 김상득, "응용윤리학의 가능성에 관한 소고," 영남철학회 편, 《사회 발전과 철학의 과제》(대구: 이문출판사, 1993), 447~68면 참조.

경문제를 응용윤리학의 방식으로 극복하는 것도 당연히 어렵다고 볼 수 있다. 때문에 환경 위기 극복을 위한 환경윤리는 더 이상 응용윤리학의 일부가 아니라 독자적인 새로운 학적 체계를 수립해야 한다고 주장할 수도 있을 것이다.

환경윤리학을 응용윤리학의 일부로 보지 않는 세 번째의 이유가 있을 수 있다. 환경윤리학을 응용윤리학의 일부로 여기는 사람들은 기존의 윤리학 이론만으로도 환경 위기 극복을 위한 대안을 제시할 수 있다고 주장한다. 그들은 대체로 인간중심주의 입장에 서 있는 사람들로, 이들에 의하면 자연 환경에 대한 우리의 책임은 오로지 간접적일 뿐이다. 예를 들어 자원을 보존하는 책임은 자원 그 자체를 위해서가 아니라 인간의 이익을 위해서 주어지게 된다는 입장이다. 이처럼 인간 중심적 윤리학자들은 오로지 인간만이 도덕적 가치를 갖는 것으로 본다. 우리는 자연계에 '관한'(regarding) 간접적인 책임이 있을 뿐 자연계에 '대한'(to) 직접적인 책임은 지지 않는다는 입장이다. 환경 운동의 초기 10년 동안 대기와 수질 오염, 중독성 쓰레기, 살충제 남용 등과 같은 많은 논의들은 인간 중심적 윤리학의 조망에 의해 발생하였다. 살충제로 오염된 음식, 오염된 음료수는 인간의 복리에 직접적인 위협이 된다는 식으로 자연 환경문제를 인간의 이익 관점에서 해결하고자 했던 것이다. 따라서 인간 중심적 환경윤리는 새로운 사회 문제들에 단순히 규범윤리학의 원리들을 적용하는 것을 수반하며, 이렇게 함으로써 문제를 해결하려 하기 때문에 응용윤리학의 입장에 서게 마련이다.[6]

반면에 비인간중심주의 입장의 학자들은 오늘날의 지구 환경 위기의 근원적인 원인으로 자연을 정복과 지배, 이용 대상으로만 간주하는 인간중심주의에 있다고 주장한다. 그들에 따르면 인간 중심적 환

---

6) Joseph R. Des Jardins, *Environmental Ethics: An Introduction to Philosophy*, 2nd ed.(Belmont, CA: Wadsworth Publishing Co., 1997), 9~10면 참조.

경윤리로는 위기에 처한 지구 환경을 구하는 데 아주 제한적임은 물론 오히려 인간중심주의는 극복의 대상이 된다. 따라서 비인간 중심적 윤리학자들은 이에 대한 대안으로 생명·자연중심주의 입장이 환경 재난을 극복하는 데 더욱 적실성이 높은 것으로 간주한다. 그들은 동물과 식물에 대해서도 도덕적 지위를 부여할 뿐만 아니라 그 밖의 인간 이외의 자연물에 대해서도 직접적인 책임을 져야 한다고 주장한다. 그들은, 규범윤리학의 제원리를 지구 환경문제에 적용함으로써 문제를 해결코자 하는 인간 중심적 환경윤리는 실질적인 대응책을 마련할 수 없고 따라서 새로운 윤리학이 요청된다는 것을 강조하고 있다.

그렇다면 환경윤리학은 전통윤리학과는 완전히 다른 철학적 기반을 갖는 새로운 윤리학으로 간주되어야 하는가? 물론 윤리학의 패러다임도 시대의 흐름에 따라 얼마든지 바뀔 수 있을 것이다. 앞으로 그 패러다임이 어떻게 변할지 모르지만 현실적으로는 환경윤리학이 완전히 새로운 윤리학이라고 규정하기에는 이른 것 같다.

실제로 미국에서도 환경윤리학을 응용윤리학의 범주에 놓고 다루는 것이 일반적이고[7] 한국의 윤리학계에서도 거의 마찬가지다. 1979년 《환경윤리》라는 학술 잡지를 창간하여 이 분야에 많은 관심을 보여온 하그로브(Eugene C. Hargrove)도 환경윤리학이 언젠가는 전통윤리학의 영역으로 흡수되어 이해될 수 있을 것이며, 지금 낯설게 보인다고 하여 전혀 이질적인 윤리학이 되지는 않는다고 주장한다. 이와 관련하여 그는 "우리는 새 옷이 필요 없다. 단지 지금 입고 있는 겉옷이 상당한 정도의 손질을 필요로 할 뿐이다"[8]라고 말하고 있다. 황경식 교수 역시 자연 중심적인 입장을 내세우는 자들은 대체로 그 입장을 체계적으로 제시하거나 정당한 근거에 의하여 옹호하기보다

7) 박연규, "미국 환경윤리학의 현황,"《과학사상》(1995 봄), 246~57면 참조.
8) 유진 하그로브,《환경윤리학》, 김형철 옮김(서울: 철학과현실사, 1994), 16면.

는 기존 윤리설의 한계를 지적하거나 새로운 윤리를 암시하는 정도
에 그치고 있다고 비난하면서 인간 중심적인 환경윤리 이론을 옹호
하고 있다.[9] 새로운 윤리 이론이 없이 전통윤리 이론만으로도 얼마든
지 환경문제를 개선해 나가는 데 필요한 규범을 제시할 수 있다는
것이다.

환경윤리학은 인간 대 인간의 관계에서 생기는 문제가 아니라 인
간과 그 인간을 둘러싼 자연 환경 간의 관계를 고찰한다. 그러나 환
경윤리학의 연구 대상이 자연 환경과 인간의 관계라 하더라도 자연
환경 그 자체와 인간의 관계를 다루는 것은 아니다. 환경윤리학은 인
간의 생산이나 소비의 다양한 활동 결과 야기된 자연 환경문제를 개
선하기 위해 우리 인간이 어떻게 행동해야 하는가 하는 인간의 행동
방식의 문제를 다루는 것이다. 이와 같이 환경윤리학이 어디까지나
인간의 '행동'에 대해 고찰하는 것이라면 전통윤리학과 완전히 동떨
어진 분야로는 볼 수 없고 따라서 응용윤리학의 범주로 간주될 수
있다고 본다.

그러나 여기서 우리가 유의해야 할 사항이 있다. 그것은 환경문제
가 인간의 행위에 관한 문제라고는 해도, 그 행위가 기존 윤리학이
전제하고 있던 행위의 개념과는 현저하게 성격을 달리한다는 점이다.
이러한 사실에 비춰본다면 환경윤리학이 기존 윤리학과 그 근본적인
면에서부터 크게 차이가 날 것이라는 점도 당연히 예상된다.

그렇다면 환경윤리학과 기존 윤리학의 차이는 어떻게 설명할 수
있을까?[10]

우선 첫째는 기존 윤리학이 인간 대 인간, 인간 대 사회의 관계를

---

9) 황경식, "환경윤리학이란 무엇인가," 《철학과 현실》, 제21호(1994 여름), 173면
   참조.
10) 菊地惠善, "環境倫理學の基本問題," 加藤尙武 · 飯田亘之 編, 《應用倫理學硏究》
   (東京: 千葉大學敎養部倫理學敎室), 171~72면 참조.

다루는 것에 반해 환경윤리학은 인간 대 인간 이외의 존재와의 관계
를 다룬다는 점이다. 그리고 종래의 윤리학이 인간 대 인간의 관계를
다루어왔다고 해도 그 인간이 이 세계에서 우리와 같은 시기에 생존
하고 있는 인간만을 의미했다고 한다면, 환경윤리학이 다루고 있는
인간에는 이 세계에서 우리와 같은 시기에 존재하고 있지 않은 인간,
즉 미래 세계에 속하는 인간도 포함된다. 그런데 윤리란 통상적으로
서로 대등한 상호적인 관계에서 논의되는 것임에도 환경윤리학의 연
구 대상은 그렇지 못하다는 데 문제가 있다. 인간과 인간 이외의 존
재, 양자 간의 관계는 서로 대등하지 않고 또 비상호적이다. 하지만
이것이 환경윤리학의 특징으로 이 학문은 대등할 수 없는 존재자 간
의 비상호적인 관계에서 있을 수 있는 최선의 관계를 모색하는 것이
다.

　이러한 주장을 펴는 대표적인 학자로 리건을 들 수 있다. 먼저 그
는 환경윤리가 성립하기 위한 두 가지 조건을 제시하면서 논의를 전
개해 간다.[11] (1) 환경윤리는 도덕적 지위를 갖는 인간 이외의 존재
자가 있다고 간주해야 한다. (2) 환경윤리는 도덕적 지위를 갖는 존
재자 계층은 의식을 갖는 존재자 계층을 포함하거나 혹은 그 계층보
다 크다고 간주해야 한다. 바꿔 말하면 환경윤리는 모든 의식적 존재
자와 의식이 없는 일부 존재자까지 도덕적 지위를 갖는 것으로 간주
해야 한다는 것이다('의식적 존재'란 인간과 동물을 가리키며, '의식
이 없는 존재'란 식물과 무생물을 가리킨다).

　이 두 가지 조건은 어떤 이론이 '환경윤리' 이론으로 인정받기 위
해서는 그 이론의 진위에 대한 판단에 앞서서 우선 충족해야만 하는
조건이라고 리건은 말한다. (1)만을 충족하고 (2)를 충족시키지 못하

---

11) Tom Regan, "The Nature and Possibility of an Environmental Ethic," in Tom
　　Regan, *All That Dwell Therein*(Berkeley and Los Angeles, CA: University of
　　California Press, 1982), 185~205면 참조.

면 그 이론은 진정한 환경윤리가 될 수 없고, (2)까지 충족해야만 비로소 참다운 환경윤리가 될 수 있다는 것이다.

리건에 따르면 조건 (1)은 ‘환경의 윤리’(an ethic of the environment)와 ‘환경 이용을 위한 윤리’(an ethic for the use of the environment)로 구분된다. 인간의 이해관심(interest)만이 도덕적으로 고려된다면 환경 이용을 위한 인간 중심적인(homocentric) 윤리가 성립하게 되는데, 리건은 이 입장을 ‘관리(경영)의 윤리’(a management ethic)라고 부른다. 이와 같이 가치의 소재를 인간의 생명이나 관심에 제한하는 입장에 반해서 ‘환경의 윤리’는 인간 이외의 존재에게도 도덕적 지위를 인정할 것을 요구한다.

조건 (2)는 ⓐ 인간 이외의 동물의 생명, 이해관심도 고려에 포함될 수 있다는 입장과 ⓑ 식물이나 생명이 없는 자연물도 도덕적 지위를 갖는다는 입장으로 구분된다. 리건은 ⓐ를 ‘근친의 윤리’(a kinship ethic)라고 부르는데, 그 이유는 의식(지각력)이 있다는 점에서 인간과 유사하고, 그 점에서 근친한 존재에게 도덕적 지위를 인정하기 때문이다. 리건은 ⓑ가 자신의 입장으로 단지 이것만이 유일하고 진정한 환경윤리의 입장이라고 주장한다.

환경윤리학이 기존 윤리학과 구별되는 두 번째 특징은 책임에 대한 이해 방식이다. 기존 윤리학은 인간의 행위가 어떠한 논리나 원리에 의해서 수행되는지를 욕구나 의도, 욕망이나 정념이라는 동기, 자유나 행복이라는 목적에서 이해하려고 해 왔다. 반면에 환경윤리학이 대상으로 하는 행위는 행위하는 인간 자신이 이해하고 있는 의미와는 다른 의미에서 이해되는 행위이다. 바꿔 말하면 ‘비의도적인’, 파생적인 의미에서의 행위를 다룬다는 것이다. 예를 들면 자동차를 운전하는 것은 내가 의도적으로 수행하는 행위이지만 대기를 오염시키는 것은 비의도적인 행위이다. 또한 복사기에서 서류를 복사하는 행위 역시 나의 행위임에는 틀림없지만 지구의 삼림자원을 고갈시키는

92

것은 의도적인 행위가 아니다. 이러한 비의도적인 행위는 그것이 초래하는 결과에 대해서 책임을 물을 수 없는 것이 보통이다. 책임을 물을 수 있다고 해도 도의적 책임에 불과하다. 그렇지만 환경윤리학에서는 비의도적인 행위였어도 그것이 중대한 자연 환경의 악화를 초래하는 이상, 비의도적이라는 이유로 책임을 면할 수 없는 것이고 따라서 환경에 대한 '책임'이라는 관점에서 본다면 본래의 행위 개념은 확장되어야 할 필요성에 직면하고 있는 것이다.

환경윤리학이 기존 윤리학과 다른 세 번째 특징은 '선'의 개념에 대한 이해 방식이다. 윤리학은 본래 행위의 목표인 '선'을 탐구한다. 행위의 선이 종래에는 행위를 수행하는 행위자의 자유로운 의사에서 구해질 수 있거나, 행위에 의해서 실현되는 가치에서 구해질 수 있었다. 그런데 환경문제에 관해서는 이미 논했던 것처럼 행위자의 의도와 상관없이 초래되는 해악이 문제가 되기 때문에, 인간 모두가 일정한 룰에 따라 자유롭고 평등하게 행위한다고 해서 문제가 해결되는 것은 아니다. 왜냐하면 개인 행위의 선이 반드시 인간 모두의 그리고 환경 전체의 선으로 연결된다고는 할 수 없기 때문이다. 예를 들어 한 마리의 사슴을 기아로부터 구하는 것이 동물 보호의 정신에서 볼 때는 선한 행위로 평가되는 것이 보통이지만, 그 결과 사슴이 너무 증식하여 금방 식수조림해 놓은 묘목을 마구 먹어치우게 되면 사슴의 목숨은 인간의 삶 속에서 그 가치가 계산될 수밖에 없다. 또한 연료로써 수목을 벌채하는 것이 지구의 사막화를 초래한다는 사실을 알고 있어도 수목 외에는 연료로 쓸 만한 것이 없는 사람에게 벌채를 그만두도록 명령할 수는 없다. 개별적인 행위는 선하더라도 그것을 일반화할 경우 선이 안되거나, 바람직한 결과를 얻으려고 하면 개인의 권리가 평등하게 보장되지 않는 수가 있다. 인간 대 인간의 관계에서 생각할 수 있었던 행위의 '선'이 인간 대 인간 이외의 존재의 관계에서는 그대로 통용되지 않는다는 것이다.

이상에서 살펴본 것처럼 환경윤리학은 종래의 전통윤리학과 그 기본 성격에 있어서 현저히 다르다. 이를 간단히 요약해 보면 환경윤리학은 인간과 인간 이외의 존재와의 관계를 다루며, 의도적인 행위뿐만 아니라 비의도적인 행위도 평가나 책임의 대상으로 간주하고, '선'이란 순수하게 직접적인 형식으로 인식할 수 있는 것도, 실현할 수 있는 것도 아니라는 점을 기본 전제로 삼고 있다는 것이다.

2. 환경윤리학의 쟁점

여기서는 먼저 환경윤리학의 입장을 분명히 간파하기 위해 환경윤리학의 주장[12]을 살펴보고 난 뒤, 그 주장을 토대로 환경윤리학의 쟁점에 관해 논의해 볼 것이다.

첫째, 환경윤리학은 인간 이외의 존재에 대한 생존권의 인정을 주장한다. 단지 인간만이 아니라 자연물에게도 최적의 생존권이 있으므로 함부로 그것을 부정해서는 안 된다는 것이다. 인간에게만 생존권이 있고 자연물에는 생존권이 없다는 생각은 인간의 생존만을 수호해야 한다는 당위성을 인정해주고 결국은 자연 파괴가 정당화되어 버린다. 그러므로 인간의 생존만이 중요하다고 주장해서는 안 된다.

환경윤리학의 두 번째 주장은 현재 세대는 미래 세대의 생존과 행복에 대하여 책임을 져야 한다는 것이다. 석유 문제를 예로 들어 설명해 보자. 자유주의에서는 서로 납득할 수 있으면 자원을 어떻게 쓰든 문제가 되지 않는다. 관광을 위해 가솔린을 소비하면서 승용차로 드라이브하더라도 누구로부터건 비난받을 이유가 없다. 그러나 환경

---

12) 加藤尚武, 《倫理學で歷史を讀む》(東京: 淸流出版, 1996), 152~55면; 가토 히사다케, 《환경윤리란 무엇인가》, 김일방 옮김(대구: 중문출판사, 2001), 15~26면 참조.

윤리학의 입장에 서면 이야기는 달라진다. 환경윤리학은, 미래 세대가 자기들은 석유를 필요로 하지 않으므로 마음대로 써도 좋다고 말할 리가 없다는 입장에서 출발한다. 이러한 관점에 서면 즐거운 드라이브 또한 잘못된 것이 된다. 극단적으로 말하면 드라이브는 가솔린을 소비하고, 배기가스로 공기를 오염시키며, 무의식중에 차로 작은 생명을 치어 죽이고, 쓰레기를 관광지에 내다 버린다는 네 가지 죄로 문초당한다. 우리들이 진보라고 부르며 누리고 있는 문명은 모두 미래인에게 계산서를 돌리는 방식으로 성립하고 있다. 현대 세대가 미래 세대의 생존권을 빼앗고 있다면 이것은 더 말할 나위 없는 범죄이다. 범죄이지만 그것을 판가름할 사람들이 아직 이 세상에 없다는 이유로 죄를 물을 수 없을 뿐이다. 죄를 물을 수 없기 때문에 지구 자원의 약탈 행위가 계속되고 있는 것이다. 환경윤리학은 미래 세대의 생존권을 고려하지 않고 유한한 자원을 물처럼 쓰고 있는 문화의 기본적인 구조를 바꾸지 않으면 안 된다는 일종의 혁명적인 사고방식을 지니고 있다.

환경윤리학의 세 번째 주장은 결정의 기본 단위는 개인이 아니라 유일한 지구 생태계 그 자체로서 개인의 생존보다 지구 생태계의 존속을 더 우선시켜야 한다는 것이다. 결정의 기본 단위를 지구 생태계 전체에 둔다는 것은 개인주의의 원리를 뿌리째 뽑아 버릴지도 모르는 매우 도전적인 원리이다. 지구는 열린 우주가 아니라 닫힌 세계이며, 이 세계에서는 이용 가능한 물질과 에너지의 총량이 유한하다. 인류의 존속을 바란다면 우리는 유한한 자원을 보존하고 지구 생명을 그 무엇보다 중시해야 한다. 이를 위해 우리는 지구라는 생태계와 그 안의 자원이 유한하다는 것을 우리들의 모든 경제활동에 반영해야 할 것이다. 예를 들어 소유주가 없는 지하자원을 이용하는 데에도 비용을 부과하고 누구의 것도 아닌 대기권에 폐기물을 버리는 것도 유료화한다는 원칙을 채택해야 한다. 이것은 경제적 자유주의의 숨통

을 끊어 버릴지도 모른다. 이와 같이 환경윤리학은 자유주의적 내지
는 개인주의적이지도 않은 지구 전체의 유한성이라는 전체주의적 관
점에서 출발하고 있다.

먼저 위의 주장 가운데 첫번째 사항인 인간 이외의 존재에 대한
권리 부여 문제는 환경윤리학에서 가장 첨예하게 논란이 제기되고
있는 부분으로 우리를 매우 혼란스럽게 만드는 쟁점이다. 환경윤리학
은 인간 대 인간 이외의 존재의 관계를 다룬다. 그러나 인간 이외의
존재를 어디까지 도덕 공동체에 포함시키느냐 하는 것은 바로 그들
의 도덕적 지위와 권리를 어디까지 부여하느냐 하는 문제로 집약된
다. 이러한 관점에서 환경윤리학은 크게 두 가지 입장, 즉 인간중심
주의와 비인간중심주의로 나뉘진다. 그리고 비인간중심주의 입장은
다시 도덕적 고려 대상을 어디까지 포함하느냐에 따라 의식(감각)중
심주의, 생명중심주의, 자연중심주의로 구분된다.

환경문제에 대한 윤리학적 해결책을 마련하려면 환경윤리학의 네
가지 입장 가운데 어느 쪽의 입장이 가장 타당성이 있는지를 먼저
밝혀야 한다. 환경문제에 대한 어떠한 해결책이든 일정한 관점 위에
서 추진해 나아갈 때만이 효과적일 수 있기 때문이다. 따라서 우리는
환경윤리학의 네 가지 입장이 각각 주장하는 바는 무엇이며, 그 특징
과 차이점은 무엇인지에 대해서 살펴봐야 할 것이다.

환경윤리학의 두 번째 쟁점은 미래 세대의 권리 문제이다. 현재 세
대의 환경 파괴 행위는 미래 세대의 생존 가능성을 파괴하는 셈이다.
이는 현재 세대가 미래 세대에 대해 저지르는 일종의 범죄라고도 할
수 있다. 현재 세대의 환경 파괴에 의해 미래 세대는 자연 환경으로
부터 얻을 수 있는 여러 가지 이권을 빼앗기고 있기 때문이다. 따라
서 세대 간 윤리가 존재하지 않게 되면 환경문제는 개선하기 어려워
진다. 그러나 세대 간 윤리가 성립하려면 현재 세대와 미래 세대 간
의 관계가 상호적이어야 함에도 사실은 그렇지 못하다. 때문에 세대

간 윤리를 논한다거나 미래 세대가 권리를 소유한다는 주장을 하기가 쉽지 않다. 많은 환경윤리학자들이 현재 세대가 미래 세대의 생존권을 당연히 고려해야 한다고 주장하지만 이 문제 역시 그리 간단하지 않은 것이다. 미래 세대는 현실적 존재가 아닌 단지 잠재적 존재일 뿐인데 어떻게 그들이 권리를 소유할 수 있단 말인가? 우리는 미래 세대가 무엇을 필요로 하는지, 무엇을 바라고 있는지 전혀 모른다. 그런데 어떻게 우리가 그들에 대해 의무를 져야 한다는 말인가? 미래 세대의 권리 문제에 관한 논쟁이 해결되려면 이러한 물음들에 답변할 수 있어야 할 것이다.

환경윤리학의 세 번째 쟁점은 지구 생태계 복리와 국가 간 분배 정의 문제다. 제3세계 국가들은 자신들을 환경제국주의의 피해자요, 북측 선진국들은 환경 파괴를 야기했으면서도 그로부터 이득을 취해 온 수혜자라는 사실을 간파하면서 현재의 환경 위기는 전적으로 선진국에 그 책임이 있다고 본다. 그러면서 그들은 현재의 환경 위기에 아랑곳하지 않고 경제 성장이라는 신화를 신봉하면서 개발과 성장에 집착하고 있다. 반면에 선진국들은 지금의 환경 위기는 전 인류의 문제인 만큼 선후진국 구분 없이 위기 극복에 서로 동참할 것을 호소한다. 후진국은 국가 간 분배 정의를 앞세우고 선진국은 지구 생태계 복리를 앞세우는 입장이다. 양 입장 가운데 어느 쪽이 더 타당한가? 지구 생태계의 복리가 더 중요한가, 아니면 국가 간 분배 정의가 더 중요한가?

마지막으로 지적하고 싶은 것은 환경 위기를 초래한 정신사적 근원에 대한 문제이다. 일반적으로 환경 위기를 초래한 정신사적 원인은 크게 두 가지로 지목된다. 하나는 유대·그리스도교적 자연관이고, 다른 하나는 기계론적 자연관이다. 이 두 자연관이 환경 파괴를 초래하는 정신사적 원인으로 작용했는가? 만일 그랬다면 그 근거는 무엇인가? 또 이에 반대하는 사람들의 논리는 무엇인가?

이상의 쟁점들을 비교 연구함으로써 우리는 환경윤리학의 입장을 좀더 선명히 드러낼 수 있고, 나아가 이 학문의 체계를 정립하는 데도 조금이나마 기여할 수 있지 않을까 생각된다.

V. 환경윤리 사상의 흐름

환경윤리란 미국을 중심으로 탄생한 학문이기에 여기서의 논의는 미국에서 전개된 사상 내용을 중심으로 이뤄진다. 미국에서 전개된 환경윤리 사상은 크게 세 시기로 나눠볼 수 있다.[1] 제1기는 19세기 후반에서 20세기 초기에 걸쳐 전개된 것으로 미국에서는 이 시기의 자연 보호 운동을 종종 환경주의의 '제1의 물결'이라고 부른다. 뮤어(John Muir)나 레오폴드(Aldo Leopold)와 같은 소수 이론가들을 예외로 하면 이 시기의 지배적 관점은, 자연이란 인간에게 경제적 및 오락적 편익을 주기 때문에 보호되어야 한다는 것이었다.

환경주의의 '제2의 물결'은 카슨(Rachel Carson, 1907~1964)의 책, 《침묵의 봄》이 출간된 1962년을 기점으로 1970년대까지의 시기에 해당한다. 이 시기의 지배적 관점은, 환경 파괴란 궁극적으로 인간에게 피해를 초래하기 때문에 자연은 보호되어야 한다는 것이었다. 제1의 물결과 제2의 물결 양쪽 모두는 자연을 보호해야 할 논거를 '자연 중심적'이라기보다 '인간 중심적'인 사고에 두고 있었다.

환경주의의 '제3의 물결'은 의식의 완전한 변화, 즉 자연은 주로

---

1) Richard Evanoff, "環境哲學入門," 大來佐武郎・松前達郎 監修, 《科學と環境教育・4》(東京: 東海大學出版會, 1993), 193~94면 참조.

인간의 편익을 위해 존재한다는 관념으로부터 인간을 자연의 일부로 보는 전체론적인 접근으로의 '패러다임의 전환'을 초래하는 것이었다.

이와 같이 미국의 환경윤리 사상은 세 시기로 나눠볼 수 있지만 자연 보호 사상의 논거가 인간 중심적인가 아니면 자연 중심적인가 하는 입장에 따르면 두 시기로 나눠볼 수도 있다. 이에 필자는 환경 윤리 사상의 흐름을 인간 중심적 입장에서 자연 보호를 주장했던 19세기 후반에서 1970년대까지를 제1기로 하고, 자연 중심적 입장에서 자연 보호를 주장하는 최근의 환경윤리 사상, 즉 1980년대 이후의 사상을 제2기로 구분하여 살펴보고자 한다.

1. 제1기: 19세기 후반~1970년대까지의 환경윤리 사상

현대의 환경윤리로 이어지는 서양의 환경 사상은 19세기 낭만주의 이후 제기되어 왔다. 낭만주의는 자연이란 과학적으로 설명할 수 있고, '기계적인 것'으로 환원시킬 수 있다는 계몽사상의 주장에 대한 반동이었다. 워즈워드(William Wordsworth, 1770~1850)와 같은 시인이나 컨스터블(John Constable, 1776~1837)과 같은 화가는 자연을 이성이나 경험에 기초하여 이해하려 하기보다도 오히려 직관이나 미의식에 기초하여 표현하고자 했다. 이러한 영향을 받은 루소(Jean Jacques Rousseau, 1712~1778) 또한 자연 속에서 자연과 더불어 살면서 자연스런 육체적 욕구 충족에 주된 관심을 두었던 고대인들이 사치나 사회적 지위를 얻고자 투쟁하는 현대인들보다 더 행복하다고 하면서 문명의 발전이 오히려 인간 본래의 모습을 잃어버리게 했다고 주장하였다.[2]

하지만 안타깝게도 낭만주의 자연관이 일반 대중에는 파급되지 못했다. 서양사상의 주류는 산업혁명의 시초부터 현대 소비사회에 이르기까지 점점 물질주의적이고 기술적인 사회의식을 지향했던 것이다. 자연은 비신성화되고 인간의 물질적 풍요를 충족시키기 위한 수단으로 간주되었다. 과학은 새로운 종교적인 정통교의가 되었고 기술은 그 신이 되었다. 자본주의와 마르크스주의는 모두 한없는 경제 성장과 끊임없이 증대하는 자연 정복을 향한 인간 지배의 욕망을 창도하였다.[3]

한편 신대륙으로 이주한 초기 미국인에 있어서 '환경'은 양면가치적인(ambivalent) 것이었다. 개척민에게 있어서 신대륙은 '피난처'인 동시에 공포와 위험에 찬 '미지의 땅'이기도 했던 것이다. 자연과의 공생적 관계를 유지하고 있었던 원주민들과는 달리 유럽의 편리한 생활에 익숙한 초기 미국인들은 새로운 환경에 적응하는 데 많은 어려움을 느꼈다. 그들은 마침내 인디언의 삶의 방식을 거부하고 유럽인의 생활방식을 새로운 환경에 이식시켜 나갔다.

초기 미국인에게 있어서 자연은 더불어 살아가야 할 아직 한번도 손대지 않은 '피난처'라기보다 오히려 제압되어야 할 적대적인 힘으로 인식되었다. '파이오니아 정신'이 미국의 자유와 개인주의의 전형적인 정수로 간주되지만, 말을 바꾼다면 이는 자연을 겨우 인간의 세력 확장의 무대 정도로밖에 여기지 않는 사고였다.[4] 그리고 초기 미국인들은 야생자연과 원주민들을 길들이고 '문명화'해서 야생의 '암흑' 속에 '문명'의 빛을 가져오는 일이야말로 자신들의 도덕적 사명이라고 믿었다. 이러한 사고와 믿음 하에 초기 미국인들은 대서양에서 태평양까지의 모든 토지를 점거한다는 야망을 품고 무차별적인 살육과 개발을 전개해 갔다.

---

2) 같은 책, 185면 참조.
3) 같은 책, 185~86면 참조.
4) 같은 책, 186면 참조.

　이와 같이 초기 미국인 대부분이 신문명을 구축하기 위해 황야의 개척 사업에 동원되고 있는 가운데 다른 한편에선 자연과의 새로운 관계를 요구하는 소리도 점차 높아지기 시작했다. 낭만주의의 영향이 미국에까지 미침에 따라 화가 오두본(John James Audubon, 1785~1851)과 캐틀린(George Catlin, 1796~1872), 시인 브라이언트(William Bryant, 1794~1878), 소설가 쿠퍼(James Cooper, 1789~1851) 등 많은 자연보호 선구자들이 등장하여 자연보호와 자연의 아름다움을 크게 예찬하기 시작하였다.[5] 이와 같은 자연보호의 소리가 높아가는 가운데 보다 더 체계적인 자연보호론자가 등장하는데 그가 바로 에머슨(Ralph Waldo Emerson, 1803~1882)이다. 에머슨은 1836년 자연과 인간과 신과의 관계를 고찰한 소책자(95면)《자연》[6]을 펴낸다. 여기에서 그는 자연의 위대함과 풍족함을 예찬하며 그때까지의 자연관, 즉 '거친 자연은 아무 쓸모도 없고 따라서 개척해야 할 대상'이라는 자연관에 반대한다. 에머슨은 자연을 인간의 상상력의 원천으로 파악하고 인간의 정신과 자연과의 밀접한 관계의 필요성을 강조했던 것이다.

　에머슨으로부터 깊은 영향을 받은 소로우(Henry David Thoreau,

---

5) 岡島成行, 《アメリカの環境保護運動》(東京: 岩波書店, 1993), 40~43면 참조.

6) 자연은 궁극적으로 신과 인간의 합일을 매개해주는 기능을 하지만 그러한 기능을 행사하기에 앞서 그것은 다양한 방식으로 인간에게 봉사한다. 에머슨은 그 효용성을 편익, 아름다움, 언어, 훈련이라는 네 국면으로 나누어 살피고 있다. ① 자연은 우리의 감각을 즐겁게 하는 모든 편익을 제공한다. ② 자연은 아름다운 형상과 다양한 색채 및 동작을 보여줌으로써 인간의 심미적 욕구를 충족시킨다. ③ 자연은 사상의 운반자인 언어로써 우리에게 봉사한다. 인간이 사용하는 낱말은 그 기원을 거슬러 올라가면 자연적 형상으로부터 비롯되었다는 것이다. ④ 자연은 인간의 정신 능력의 훈련에 도움을 준다. 자연은 인간의 경험적 진리를 관장하는 오성과 감각적 경험을 초월하는 절대적 진리의 세계를 직관하는 능력인 이성을 훈련시킨다. 랠프 왈도 에머슨, 《자연》, 신문수 옮김(서울: 문학과지성사, 1998) 참조.

1817~1862)는 자연 속에 몸을 내맡김으로써 이성이나 과학보다도 직감에 의해서 자연 속의 대영혼(Oversoul)과의 교류를 도모할 것을 주장하였다. 그는 직접 메사추세츠 주 콩코드 교외의 월든 호숫가의 숲 속에 들어가 통나무집을 짓고 밭을 일구면서 2년 2개월을 보낸다.[7] 그는 숲 속으로 들어간 동기를 이렇게 쓰고 있다. "내가 숲 속으로 들어간 것은 인생을 의도적으로 살아보기 위해서였다. 다시 말해서 인생의 가장 본질적인 사실들만에 직면하고, 인생이 가르쳐 주는 바를 내가 배울 수 있는지 알아보고자 했던 것이며, 그리하여 마침내 죽음을 맞이했을 때 내가 헛된 삶을 살았구나 하고 후회하는 일이 없도록 하기 위해서였다."[8] 소로우에게 있어 자연과 문명은 이분되어 있는 것이었다. 에머슨에 있어서와 마찬가지로 문명은 모종의 사회적 역할에 대한 순응을 요구하게 마련인데 반해 자연은 개개인이 그 속에서 참다운 자기를 발견할 수 있는 신전이었다. 소로우는 신을 아는 최선의 방법은 자신을 아는 것이고, 자신을 아는 최선의 방법은 문명의 타락으로부터 벗어나 황야의 순수함 속으로 도피하는 것이라는 신념을 가지고 있었다. 자연을 공리적인 가치로 판단하지 않고 그 자체로 가치 있는 것이기에 보호하려는 입장을 표명했던 것이다.[9] 에머

---

7) 이 2년 2개월 동안의 숲 생활의 산물이 바로 《월든》이다. 이 책은 단순한 숲 생활의 기록이 아니라 자연에 대한 예찬과 문명사회에 대한 통렬한 풍자를 담고 있다. 헨리 데이빗 소로우, 《월든》, 강승영 옮김(서울: 이례, 1994) 참조.

8) 같은 책, 107면.

9) 에머슨의 자연관이 소로우의 자연관 형성에 많은 영향을 주었으나 소로우가 성숙하여 독자적인 작품을 쓰게 되면서부터는 에머슨과 달리 자기만의 고유한 자연관을 형성한다. 두 사람의 자연관의 차이는 크게 두 가지로 정리할 수 있을 것 같다. ① 에머슨이 서재에서 자연을 연구하는 서재파였다면, 소로우는 직접 자연 속으로 헤치고 들어가서 자연을 이해하고자 하는 야외파였다고 할 수 있다. 그리고 ② 에머슨의 자연관이 자연의 윤리적 기능면에 중점을 두었다면 소로우의 자연관은 자연의 본래적 가치에 중점을 두고 있다. 두 사람의 자연관의 차이에 대해서는 장정남, 'Henry David Thoreau와 Ralph Waldo Emerson의 자연관 비

104

슨이나 소로우의 주장은 심층 생태학(Deep ecology)에 영향을 주었고, 점차 도시화되고 있는 미국 동부 사람들에게도 공감을 주어 널리 받아들여졌다.[10]

미국에서 최초로 삼림 보호에 몰두한 것은 핀쇼(Gifford Pinchot, 1865~1946)였다. 1901년 미국 삼림청 초대청장에 취임한 그는 삼림을 생태학에 의거하여 관리해 나갔다. 핀쇼는 삼림을 자원의 관점에서 보전하지 않으면 안 된다고 보았다. 이와 같이 자연을 인간에게 있어 이용 가능한 자원으로 파악하는 자연보호관은 공리주의적인 것이다.

이와 같은 자연관에 반대하고 있는 사람이 바로 뮤어(John Muir, 1838~1914)[11]다. 그는, 자연을 구성하는 동식물은 그 자신을 위해 존재하고 있고, 이를 위해서는 인간의 활동을 규제하여 자연을 있는 그

교," 성균관대, 《인문과학》 제15집(1986), 59~75면 참조.

10) 에머슨과 소로우를 논할 때 간과해서 안 될 사항은 초월주의다. 초월주의란 미국에서 19세기의 가장 중요한 문예운동으로 인정받는 것으로 세계적인 작가 에머슨과 소로우의 명성을 바탕으로 형성된 것이다. 메사추세츠 주 콩코드에 있는 에머슨의 집에는 에머슨을 따르는 많은 젊은이들이 모여들었는데, 이들은 당시 유럽에서 미국으로 유입된 낭만주의의 영향을 강하게 받고 있었다. 이들은 미국 민주주의의 동향에 근거하여 인간에게 무한한 진보와 가능성을 인정하려고 했다. 그리고 신과 자연과 인간과의 궁극적인 일치를 지향하고, 경험을 초월한 직관으로 사물을 포착하려고 했기 때문에 이들의 입장은 초월주의라고 불렸다. 초월주의의 기본적 경향은 자연에 대한 심취다. 그 중에서도 특히 소로우는 철저한 청빈생활을 했고 자연과의 대화를 거듭했다. 초월주의란 명칭은 칸트 철학으로부터 빌려온 것으로 독일 관념론 철학의 영향을 받고 있다. 岡島成行, 《アメリカの環境保護運動》, 45~47면 참조.

11) 미국의 자연 보호 역사를 통해 단연코 빛나는 거두라 할 만한 인물이다. 76년의 전 생애를 자연의 연구와 보호 활동에 바친 자연 보호의 아버지라고도 불린다. 1892년 그가 중심이 되어 창립한 자연 보호 단체 시에라 클럽(Sierra Club)은 현재에 이르기까지 미국 자연 보호 활동의 일익을 담당하고 있다. 같은 책, 54~61면 참조.

대로 '보존'[12]해 나갈 필요성이 있다고 보았다. 그는 또 모든 생물에 대해서 경의를 가져야 한다고까지 주장하였다. 요컨대 인간과 무관한 자연 그 자체, 즉 '원생 자연'으로부터 인간을 배제하여 '보존'해야 함을 제창하고 있는 것이다.

핀쇼와 뮤어의 이러한 자연관의 차이는 현실적인 대립으로까지 나타났다. 이른바 '헤츠헤치 논쟁'[13]으로 알려진 이들의 대립은 미국 사회를 이분할 만큼 10여 년에 걸쳐 격렬하게 전개되었는데 결국은 보존파의 패배로 막을 내리게 된다. 그러나 자연 보호에 대해서 다수 국민의 지지를 얻은 것은 처음 있는 일이었으며 큰 수확이었다. 또한 국립공원은 가능한 한 자연 그대로 남겨두어야 할 땅이라는 사고가 정부나 기업에도 확산되어 갔다. 헤츠헤치 논쟁 이후 국립공원 내에 더 이상 댐이 건설되지 않은 사실이 그것을 잘 뒷받침해주고 있다.

20세기에 들어와 환경윤리에 새로운 관점을 제기한 것은 레오폴드(Aldo Leopold)였다. 자연보존론자의 주장을 더욱더 밀고 나아간 그는 황야는 임산물, 관광사업, 아름다운 경관 등과 같은 인간에게 유용한 가치뿐만 아니라 자연 고유의 존재권을 위해서도 보존되어야 한다고 주장하였다. 그의 주장은 《모래 군의 열두 달》에 잘 나타나 있는데, 이 책에 수록되어 있는 에세이 중 한 편인 '산처럼 생각하기'[14]는 그의 자연관의 변화를 잘 그려내고 있다. 삼림청 공무원 시절 그는 삼림은 인간에 의해서 관리되어야 하고 사슴 등의 '이로운' 동물이 번성할 수 있도록 늑대와 같은 '해로운' 동물은 멸종시켜야 한다고 믿고 있었다. 그러나 이처럼 생각하는 것은 '산처럼 생각하

---

12) 보존(preservation)이란 '현상 동결'을 의미하고, 보전(conservation)이란 '인간의 이용·공존을 인정하면서 자연을 유지하는 것'을 의미한다. 이러한 의미에 비춰볼 때 핀쇼가 자연보전론자라면 뮤어는 자연보존론자라고 할 수 있다.
13) 岡島成行, 《アメリカの環境保護運動》, 92~95면 참조.
14) 알도 레오폴드, 《모래 군의 열두 달》, 송명규 옮김(서울: 따님, 2000), 165~74면; 《모래땅의 사계》, 윤여창·이상원 옮김(서울: 푸른숲, 1999), 156~60면 참조.

기', 즉 자연의 관점에서 생각하는 것이 아니라 오히려 그저 인간 본위의 '선'과 '악'의 기준에 따르는 것이었다. 황야에서의 어느 날 그와 그의 친구들은 늑대 떼를 향해 총알을 퍼붓기 시작했다. 그 중 늙은 늑대 한 마리가 총에 맞아 죽어갈 때 레오폴드는 '맹렬한 초록의 불길이 그 늑대의 눈 속에서 꺼져가는' 것을 볼 수 있었다. 그는 그때 그 늑대의 눈 속에서 아직까지 자신이 모르는 오직 늑대와 산만이 알고 있는 무엇인가가 있음을 깨닫게 된다. 그것은 바로 늑대가 사슴과 완전히 마찬가지로 자연 생태계의 일부를 이루고 있고, 사슴의 개체수를 조절해줌으로써 자연에 봉사하고 있다는 사실이다.

이리하여 레오폴드는 '인간 중심적'이 아니라 '생태 중심적' 관점을 취하는 최초 사람들 중의 한 사람이 되었던 것이다. 그의 결론은 당시 발전 중에 있던 생태학의 성과에 근거하고 있는데, 이 새로운 학문은 자연을 격리된 단위(개개의 나무, 꽃, 동물 등)의 관점이 아니라 상호 의존적인 부분으로 이뤄지는 유기적 시스템의 관점에서 바라본다. 만일 자동차 엔진의 작은 부품일지라도 빠지게 되면 엔진에 시동이 걸리지 않는 것과 마찬가지로, 건강한 생태계도 그것을 구성하는 생물종의 일부가 멸종하게 되면 제대로 기능하지 못하게 된다. 바로 이러한 관점에서 레오폴드는 이른바 대지윤리(land ethic)를 제창한다. 이것은 대지(land)에 사는 동식물의 생태계를 수호하기 위해 생명권 공동체 전체의 안정이나 미관의 보호를 중시하는 윤리였다. 그 기본적 사고는 전체론적 관점에 의거하여 환경을 보호하는 전체론적인 생명 중심적 도덕(a holistic biocentric morality)이다. 이처럼 대지윤리는 원생 자연 그대로의 전체를 손상하지 않도록 '보존'할 것을 제언하고 있는데, 여기서의 'land'는 토지라는 개념보다도 대지라는 개념에 가깝다.

제2차 세계대전 이후의 지배적인 풍조는 경제 성장과 물질적 번영을 구가하는 것이었다. 이러한 성장과 번영에 의해 계속 초래되고 있

던 생태학적 황폐는 극히 서서히 드러날 뿐이었다. 그 모습을 계속
드러내고 있는 환경 위기에 대해 미국인들을 각성시킨 것은 1962년
에 출판된 카슨의 《침묵의 봄》이었다. 이 책은 농업에서 화학 살충제
를 계속 사용할 경우 곤충으로부터 새, 인간에 이르기까지 식물 연쇄
전체가 곧바로 독물에 오염될 것이라는 내용을 담고 있다. 1960년대
에는 대기오염이나 생물의 멸종이라는 문제가 현저해짐에 따라 생태
학적 각성도 확대되었고 획기적인 환경론 또한 제기되었다.

스톤(Christopher D. Stone)은 '법인'의 관념을 확대해서 숲이나 바
다 등 법적 자격이 없는 자연물에도 '법적 권리'를 부여할 수 있다
는 이론을 구축했다. '자연물의 당사자 적격'이라고 불리는 그 이론
은 원래 권리를 갖지 않는 자연물에게 후견인 방식을 도입하여, 파괴
의 위기에 직면한 자연 환경에 정통하고 있는 개인이나 단체를 후견
인으로 내세움으로써 자연 환경과 이해관계가 없더라도 그 자연 환
경의 파괴에 대해서 자연물의 이름 하에 재판을 할 수 있다는 것을
주장한 이론이다. 예를 들면 나무의 권리는 그것이 생육하고 있는 토
지나 수목의 소유자에게 귀속되고 있다. 때문에 나무에 직접적 이해
관계가 없는 제3자가 수목에 대한 권리를 주장할 수는 없다. 경제적
인 이유에서 벌채되든, 개간을 위해 베어지든 수목은 그 소유자의 자
유재량으로 처분될 수 있는 것이다. 그러나 그 소유권의 행사에 의해
귀중한 동식물이나 생태계가 자의적인 이유에서 파괴되고 환경의 악
화를 초래하는 사태가 발생하려 할 때, 그것을 저지하는 법 이론으로
써 고안된 것이 스톤의 자연물의 당사자 적격 이론이다.[15]

15) 이러한 스톤의 주장은 "나무도 법적 지위를 갖는가?"(Should Trees Have
    Standing?)라는 그의 논문에 실려 있다. 이 논문이 쓰여지게 된 배경은 다음과 같
    다. 미 농무성 삼림청(US Forest Service)이 월트 디즈니사에 대하여 캘리포니아
    주 시에라네바다 산맥의 조수 보호구 미네랄 킹 계곡을 '개발할 수 있는' 허가를
    내주자 시에라 클럽은 삼림청을 상대로 허가 취소 소송을 제기하였다. 하지만 이
    소송은 시에라 클럽의 패소로 종결되었다. 그 이유는 시에라 클럽이 법원에 소송

동물의 권리를 강하게 주장하는 사람들도 나타났다. 60년대 이래 식민지 지배의 원리가 되었던 인종차별주의에 반대하는 일로부터 시작된 흑인해방운동은 여성해방운동으로 발전하여, 여성에 대한 억압을 지지하고 있는 성차별주의를 비판함으로써 남녀평등 사회를 낳았고, 나아가 다양한 사회 운동으로 연쇄반응을 일으켰다.

싱어는 '동물해방'을 위해 들고 일어나 인간이 동물에게 일방적으로 가하고 있는 착취와 폭력 또한 문초되어야 한다고 주장하고, 인간 이외의 종에 대한 지배나 억압, 차별은 종차별주의라고 불렀다. 그에 따르면 인간 중심적 종차별주의는 '인간 이외의 동물의 이익을 무시하고, 인간 종의 이익만을 중시하는 것'이다. 동물해방의 역사를 인종차별주의로부터의 해방의 역사 속에 위치지우고, 인류는 한걸음 더 동물해방운동으로까지 나아가야 한다는 주장이다.

이러한 주장의 근거는 무엇인가? 싱어는 인간의 평등성은 지성이나 능력이 아니라 '고통을 느낀다'는 점에서 그 근거를 구해야 한다고 주장하고 있다. 고통을 느낄 수 있는 동물 또한 인간과 동등하게 다룰 필요가 있고, 인간은 결코 다른 동물에 대해서 특권적 지위에 있지 않다는 것이다. 싱어는 동물 실험이나 공장 축산에 반대하고, 육식에도 반대하여 채식주의를 적극 장려하고 있다.

캘리코트(J. Baird Callicott)는 싱어의 동물해방론에 대해서 비판적

을 제기할 만한 '원고 적격'을 갖고 있지 않다는 법원의 판결 때문이었다. 시에라 클럽은 연방최고법원에 즉각 상고했고 상고는 수리되어 심리가 곧 시작될 상황이었다. 바로 이 무렵 스톤은 연방최고법원에서의 변론이 시작되기 전에 어떻게든 논문을 발표하여 최고법원 판사들의 관심을 끌 목적으로 전력을 기울인 결과 이 논문은 탄생하였다. 최고법원이 1972년 4월 19일 4:3의 근소한 차이로 상고를 기각했지만 스톤의 논문은 환경문제에 관한 가장 유명한 논문의 하나가 되었다. K. S. Shrader-Frechette, "Ethics and the Rights of Natural Objects," in K. S. Shrader-Frechette, ed., *Environmental Ethics*, 2nd ed.(Pacific Grove, CA: Boxwood Press, 1991), 90면 참조.

입장을 취한다. 그는 동물해방론이 그 대상으로 하고 있는 동물이 가축이나 실험동물에 한정되고, 생명권 내의 야생동물에게는 미치지 않는 점을 비판하고 있다. 캘리코트는 전체론적 환경윤리학의 입장에서 감각 능력이 없는 동식물이나 산, 하천 등의 자연물을 배제하는 환경론에 대하여 비판하고 있는 것이다.

한편 이와 같은 캘리코트의 이론 또한 리건(Tom Regan)으로부터 비판을 받는다. 리건은 개별 동식물을 넘어서 종, 생태계와 같은 시스템 전체를 윤리 대상으로 삼는 것은 바로 '환경파시즘'에 다름 아니라고 비판한다. 자기의식을 갖는 동물은 '권리'를 갖지만, 그 이외의 동식물의 권리는 보류되어야 한다고 주장하고 있는 것이다. 동물의 권리에 관한 리건의 기본적 사고는 동물의 '개체'를 도덕주체로 파악하는 반면, 동물의 종은 도덕주체로 간주하지 않는 것이다. 때문에 그는 멸종할 우려가 있는 동물을 구하는 노력에는 반대하지 않으면서도, 멸종 위기에 처한 종의 개체와 개체수가 많은 종의 개체—가령 현재는 멸종했지만 마지막으로 남아 있는 따오기 한 마리와 돼지의 한 개체—의 권리는 동일한 것으로 보는 입장을 취한다. 만약 그 권리에 차이를 인정하게 되면, 개체수가 많은 동물의 권리를 침해함으로써 식용으로 죽인다거나 실험에 이용되는 것 등을 용인하게 된다. 그러므로 동물의 권리를 주장하는 것은 동물에게 해를 끼치는 행위(교육, 동물 실험)를 거부하고, 동물 이용을 전면적으로 폐지하는 것으로 간주된다. 설령 동물 실험에 의해 인류에게 유익한 사실이 발견될 가능성이 있다고 하더라도 동물을 재생 가능한 자원인 것처럼 다루는 것은 동물의 권리를 침해하는 것이다. 가축에게 가해지는 손상이 그 결과가 선하다면 정당화된다고 보는 공리주의적 입장은 당연히 거부된다. 어디까지나 야생동물을 포함한 동물의 권리를 철저히 보호할 것을 주장하고 있는 것이다.

동물해방전선(The Animal Liberation Front)이나 그린피스는 현재

110

가장 과격한 동물보호운동을 전개하고 있다. 그린피스는 동물 보호뿐
만 아니라 환경을 계속 오염시키는 자에 대해서는 실력 행사를 하지
않으면 안 된다는 입장까지 취한다.

1970년대에 접어들면 종래의 인간 중심적인 자연보호나 환경주의
는 결국 인간을 위해 이루어지고 있다고 비판받고, 인간중심주의로부
터의 탈피가 모색된다.

내쉬는 《자연의 권리》[16)에서 환경에 대한 인간의 윤리적 입장을
권리 개념 확대의 연장선상에서 파악함으로써 현대의 환경론에 사상
사적 의의를 부여했다. 그에 따르면 인간의 역사는 권리 확대의 역사
이기도 하다. 인간이 생득적으로 갖고 있는 자연권은 나아가 1836년
의 노예해방전선, 1920년 여성의 헌법상의 평등권, 1924년 인디언에
대한 시민권 부여, 1957년 흑인의 공민권 획득, 1973년 동식물의 절
멸 위험 종 보호법 제정 등에 의해서 더욱 확대되었다. 동식물이나
자연환경을 존중하여 권리를 부여해 가는 '권리의 확대'는 역사적
조류 위에 자리잡아 가고 있다.

2. 제2기: 1980년대 이후의 환경윤리 사상[17)

(1) 심층생태학(Deep Ecology)

'심층생태학'이라는 표현은 노르웨이의 철학자 네스(Arne Naess)
에 의하여 최초로 제안된 것으로 미국에서는 드볼(Bill Devall)과 세
션즈(George Sessions)의 책 *Deep Ecology*[18)에 의해서 널리 보급되었

---

16) Roderick Frazier Nash, *The Rights of Nature*(Madison, Wisconsin: University
   of Wisconsin Press, 1989) 참조.
17) Richard Evanoff,《環境哲學入門》, 194~202면 참조.
18) Bill Devall and George Sessions, *Deep Ecology*(Salt Lake City: Peregrine

다. 심층생태학이란 본질적으로 '인간 중심적' 관점에서 '생태 중심적' 관점으로 전환함으로써 환경 운동의 주류인 개량주의적 경향을 비판하는 것이다. 실리주의적 논의에 의거하는 인간 중심적 관점은 자연을 주로 인간의 편익과 쾌적한 생활을 위해 인간에 의해서 관리되고 통제되어야 할 자원으로 취급한다. 반면에 생태 중심적 관점은 자연을 (인간의 목적을 위한 수단이 아니라) 목적 그 자체로 간주함으로써 '인간 고유의 가치'와 동등한 '자연 고유의 가치'가 있다고 본다.[19)]

Smith Books, 1985) 참조: 심층생태학이 세계적 주목을 받게 된 데에는 드볼과 세션즈의 이 책이 공이 크며, '어스퍼스트!'(Earth First!)라는 환경운동단체의 활동 또한 영향을 주었다. '어스퍼스트!'는 미국 환경운동가들에 의해 1980년 결성된 단체로 심층생태학을 이념적 기초로 하고 있고, 원생지대를 보존하기 위한 전략으로서 '직접 행동'(불도저나 기타 중장비를 사용할 수 없게 만드는 방법으로서 그들은 이를 멍키렌칭[monkeywrenching '멍키스페너로 망가뜨린다'는 뜻]이라 부른다)을 벌이는 점이 특징이다.

19) 심층생태론자들은 현재의 환경 위기를 극복해 나가려면 기존의 사회적 관행들을 바꾸는 일만으로는 부족하고 세계관을 근본적으로 바꾸어야 한다고 주장한다. 그러나 심층생태학은 완벽한 철학체계를 갖추고 있지 못하기에 세계관의 근본적 전환이라는 과제를 실행하기가 쉽지 않다. 때문에 심층생태론자들은 이를 위한 여러 가지 방안을 고려하는데, 그 중에서도 가장 이상적인 방안은 다양한 심층생태주의운동을 하나로 통합할 수 있는 원리, 즉 강령을 먼저 마련하는 데 있다고 본다. 이리하여 심층생태론의 선구자인 네스와 세션즈는 '8조 강령'을 만들어 제시했는데 이는 다음과 같다. ① 인간과 인간 이외의 모든 생명체의 번영은 본래적 가치를 갖는다. 인간 이외의 생명체의 가치는 인간 삶의 목적에 어떠한 유용성을 갖느냐와 무관한 것이다. ② 생명체의 풍요와 다양성은 그 자체로서 가치를 가지며 지구상의 모든 존재의 번영에 기여한다. ③ 인간은 본질적 필요를 충족시키는 경우를 제외하고는 생명체의 이러한 풍요와 다양성을 해칠 어떠한 권리도 갖지 못한다. ④ 현재 인간 이외의 세계에 대한 인간의 간섭은 과도하며, 그 상황은 급속히 악화되고 있다. ⑤ 인간 삶과 문화의 번영은 현존 인구가 현격히 줄어도 성취 가능하다. 인간 이외의 생명체의 번영은 바로 그러한 인구의 감소를 요구한다. ⑥ 이상과 같은 삶의 여건을 이뤄내려면 정책상의 변화를 요구한다. 새롭게 변화된 정책은 기본적인 경제적, 기술적, 이념적 구조에도 영향을 미칠 것이다.

심층생태학은 '자아실현'과 '생명 중심적 평등'이라는 두 가지의 궁극적 규범에 기초하고 있다. 자아실현이란 모든 생명체가 자기 고유의 잠재적 가능성을 발현시키는 권리에 관계되는 것으로 인본주의 심리학(20세기 심리학의 한 운동으로 매슬로[Abraham H. Maslow, 1908~1970]가 창설. 인간을 독특한 한 개인으로 인식하지 않고 주체로서의 전체적 인간성을 종합적으로 문제 삼는다)에서 유래한 개념이다. 하지만 윤리 이론으로서의 자아실현설은 그 역사가 철학의 역사 만큼이나 오래되었으며, 전 역사를 통하여 항상 호소력을 지녀 왔다. 윤리 이론으로서의 자아실현설이란, 개인에 있어서의 최고선은 그의 여러 가지 타고난 잠재력과 특수한 재능, 그리고 능력과 함께 그의 본질의 실현을 통하여 달성된다고 주장하는 완성론적 철학이다.

이와 같이 자아실현이란 개념은 철학의 역사 만큼이나 오래되었지만 심층생태학에서는 독특한 의미로 이해된다. 서양철학의 전통에서는 자아실현이 자신만의 분리된, 개인적인 본성을 발전시키기 위한 수단이었다. 심층생태론자들도 자기 이익, 자기 충족 같은 개념들을 전면 부정하는 것은 아니지만 개체주의적 자아관은 거부한다. 심층생태론자들은 개체주의적 자아 모델과 전체주의적·관계적 자아 모델을 구분하면서 자아 또한 자아(self)와 큰 자아(Self)로 나누어 이해한다. 큰 자아는 자연과 함께 있는 자아, 형이상학적 전체주의에서의 자아이며, 큰 자아실현은 자기를 더 큰 전체의 일부로 인식하는 자기 반성 과정을 말한다. 인간과 인간 이외의 존재, 자기와 타자 간에 어

⑦ 이념의 변화는 생활수준의 향상에 대한 집착보다 삶의 질을 지향하는 것이어야 하며, 큰(big) 것과 위대한(great) 것의 차이에 대한 깊은 이해가 있어야 한다.
⑧ 이상의 사항에 동의하는 사람들은 직접적이든 간접적이든 필요한 변화를 이뤄내기 위한 제시도에 참여해야 할 의무가 있다. Arne Naess, "The Deep Ecological Movement: Some Philosophical Aspects," in Michael E. Zimmerman, eds., *Environmental Philosophy*(Englewood Cliffs, N. J.: Prentice-Hall, 1993), 197~99면 참조.

떠한 존재론적 구분도 없음을 이해하는 과정, 자연과 나의 하나됨을 인식하는 과정이다. 그러니까 심층생태학에서 말하는 '자아'란 '주로 쾌락주의적 만족이나 현세 내지 내세에서의 개인주의적 구제를 위하여 분투하는 고립된 자아'라는 통상의 서양적인 의미에선 이해되지 않고, 오히려 '유기적 통일체'로서 이해되어야 하는 것이다. 이렇게 이해할 때 개개의 '자아'는 우주적 '자아'의 일부로 간주되며, 그것은 플로티노스가 '대영(大靈)'을 개별적인 문맥보다도 우주적인 문맥에서 기술했던 것과 같다. 우주적 맥락에서의 자기 인식은 고립된 자아 안에서 생겨나는 것이 아니며, 오히려 자아는 개인을 초월하는 보다 넓은 사회적, 생태학적, 형이상학적 배경과 구별 없이 관련되고 있는 것이다.

더욱이 생태학적 '전체' 그 자체 안에는 근원적인 평등이 존재한다. 존재하는 모든 것은 다른 모든 것과 평등한 조건 아래에 있다는 것이다. 심층생태학의 생명 중심적 평등이라는 원리는 자연계에 존재하는 모든 것을 외경심을 갖고 다루는 것을 윤리적으로 정당화하는 것이고, 동시에 예를 들면 서로 먹고 먹히는 관계처럼 생물종은 서로서로 공생적 관계에 있다는 사실을 고려에 넣는 것이다. 그러므로 식물이나 동물의 생명을 약탈하는 행위는 '생명의 유지를 위한 필요'를 충족시키기 위해서만 정당화되며, 이것은 환경 파괴의 대부분이 순수하게 '인간의 안락한 생활'의 제공에 관계되고 있는 것과는 대조적이다.

심층생태학은 스스로를 이른바 '근대의 지배적인 세계관'에 반대하는 '소수파 전통'의 일부로 간주한다. 이 '소수파 전통'에는 다음과 같은 다양한 역사적, 문화적 조류가 포함된다. 영원(永遠)의 철학(16세기 이후의 신스콜라철학에서 사용되는 개념으로 일부의 형이상학적 명제는 영원히 타당하다고 간주한다), 미국 원주민족 및 그 밖의 '원시적' 문화, 낭만주의와 미국의 초월주의, 전원문학의 전통, 과학적 생태학, '신물리학'(프리초프 카프라 등의 물리학), 성 프란치스코 및 그 밖의 중세 신비주의자, 도교나 불교와 같은 동양의 종교 사상, 간디, 스피노자와 하이데거의 철학, 뮤어나 브라워(David Brower)와 같은 실천가의 저작, 그리고 에코페미니즘 등이다.

네스에 따르면 심층생태학은 궁극적인 전제에서부터 구체적인 도덕률에 이르기까지 일관된 논리 체계를 갖춘 굳건한 이데올로기가 아니라 다양한 조류로부터 도출되어 나온 이론이다. 이들 다양한 조류는 표면적인 불일치에도 불구하고 어느 것이나 전통적인 계몽주의적 가치관에 대한 대안을 제시하고 있다. 즉 심층생태학은 자연에 대한 지배보다는 자연과의 조화를, 자연의 도구적 가치보다는 고유의 가치를, 증가하는 인구를 위한 물질적·경제적 성장보다는 자아실현이라는 보다 큰 목표에 적합한 욕구의 간소화를, 자원이 무한하다는 관점보다도 자원의 유한성에 대한 인식을, 기술 진보에 대한 맹목적인 신앙보다도 적정기술의 중시를, 소비주의보다도 적당한 것으로 끝내는 것(이는 한 번 쓰고 그대로 내다버리는 생활방식의 종말을 의미한다)을, 중앙집권적인 국가 정치적 단위보다도 분권화된 생명 지역을 택할 것을 주장하고 있다.

(2) 사회생태학

사회생태학이란 그 자체만으로도 완성된 철학으로 간주되지만 한편으로는 심층생태학에 대한 비판적인 반응으로도 볼 수 있다. 생태중심주의를 강조하는 심층생태학은 인간의 운명보다도 식물이나 동물의 운명에 더 깊은 관심을 보임으로써 '인간을 혐오하는 사상'으로 비난받는다. 심층생태학의 지지자라고 자인하는 사람들이 지금까지 전개해 온 일부의 극단적인 논의는 이러한 비판에 신빙성을 줄만도 하다. 특히 인구 문제에 관해서 일부의 심층생태학자들은 기근, 전쟁, 에이즈 등의 질병이 과잉 인구에 대한 바람직한 생물학적 교정책이라는 마르크스주의적 결론으로까지 나아갔는데 이는 곧바로 사회생태학자들로부터의 비판을 초래하였다.[20] 그 후의 논쟁 과정에서 극단적으로 인간을 혐오하는 주장의 많은 부분은 완화되거나 철회되었다.

사회생태학자인 머레이 북친(Murray Bookchin, 1921~)은 사회생태학에는 협력과 분화(分化)라는 두 가지의 핵심적 윤리 규범이 있다고 말한다. 소규모의 참여적 공동체에 중심을 두는 협력은 기본적인 윤리 규범으로서 대규모의 비인격화된 사회의 경쟁을 대신하는 것이다. 동시에 분화는 생태학적 및 사회적 안정 상태를 초래한다. 왜냐하면 어떠한 종, 계급, 태도라는 것도 남을 지배하는 일은 사라지기 때문이다. 인간의 자연으로부터의 소외와 개인의 사회로부터의 소외는 모두 주로 전체적인 평형상태의 변화의 결과로서 초래된다. 즉 어느 부분의 다른 부분에 대한 지배에 의해서 유기적 관계가 아닌 계층적 관계가 초래된다는 것이다.

계층구조와 지배에 대한 북친의 비판은 생태학적 문제는 보다 큰 사회적 및 정치적 문제와 분리할 수 없다는 결론으로 이끈다. 이 분석에 의하면 심층생태학은 전체론적 견해를 요구하지만, 실제로는 사회와 자연을 분리함으로써 이원론을 영속화시키고 결국 사회적 지배와 자연의 지배, 양자의 관련성은 깨닫지 못하고 만다. 그러나 북친에 의하면 인간의 자연에 대한 지배는 인간의 다른 인간에 대한 지배를 제거하지 않는 한 없앨 수 없다.[21] 구체적인 예를 들면 이주민

20) 이처럼 심층생태학이 인간혐오주의라는 비난을 받는 데는 '어스퍼스트!'의 대표였던 포먼(Dave Foreman)의 발언이 큰 빌미가 되었다. 예를 들면, '제3세계의 기아 문제를 해결하는 최악의 대안은 선진국들이 원조를 제공하는 것이요, 최선의 대안은 그저 자연이 스스로 치료하도록 방치하는 것, 즉 그냥 굶어죽도록 내버려 두는 것'이라거나 '인간은 자연의 암세포'라는 발언 등이다. 머레이 북친, 《사회생태론의 철학》, 문순홍 옮김(서울: 솔, 1997), 161~62면; 송명규, 《현대생태사상의 이해》(서울: 따님, 2004), 147~48면 참조.

을 열대림으로 밀어내는 사회적, 경제적 빈곤화의 조건에 맞서 우선적으로 싸우지 않는 한 브라질의 열대림 파괴 문제는 해결할 수 없다는 것이다. 브라질의 이주민을 향해서 '자연을 숭배하시오!' 라고 조언하는 것만으로는 불충분하다고 사회생태학자라면 말할 것이다. 오히려 우리는 생태학적으로 지속 가능한 사회를 구축하지 않으면 안 되며 그러한 사회는 현대 자본주의 사회와는 달리, 사람들을 계층 구조적으로 부자와 빈자로 나누는 대신에 모든 사람들에게 최소한의 생활수준을 보장한다. 지배와 계층구조가 없는 사회 질서에 대한 북친의 대안은 리버테리언적(자유 옹호적), 아나키즘적 지역자치주의[22]인데, 이는 국민국가와 다국적 기업이 아니라 지역 공동체를 기초로 설립되는 사회를 말한다.

---

21) 북친은 인간과 인간의 관계, 인간과 자연의 관계 양자는 긴밀한 연관성이 있으며 사회 내부의 인간 지배(계층적 인간관계)가 자연에 대한 인간의 지배를 초래했다고 본다. 따라서 북친은 인간과 자연의 관계만을 중시하고 인간과 사회의 관계를 경시하는 심층생태학자들을 강하게 비판한다. 심층생태학자들이 인간의 의식 개혁을 강조하지만 사회 구조의 변혁 없이는 의식 개혁 또한 불가능하다는 것이다. 또한 심층생태학은 공해문제보다 야생지 보호를, 정치적·경제적 불평등 구조보다 인구문제를 중시하고, 과학이나 이성보다 신비주의적 동양사상이나 종교에 의존하는 경향이 강하여 결국은 인간 혐오의 허무주의로 빠지고 만다고 북친은 비판한다. Murray Bookchin, "What Is Social Ecology?" in Michael E. Zimmerman, eds., *Environmental Philosophy*(Englewood Cliffs, N. J.: Prentice-Hall, 1993), 365면 참조.

22) 현재의 정치체제는 자본주의든 사회주의든 계층과 지배의 기존 패턴을 계속 유지하고자 한다. 그러나 인류를 해방하는 참된 생태사회를 낳으려면 모든 계층과 지배의 형태를 배제해야 한다. 그러기 위한 대안으로 북친이 제시한 것이 리버테리언적 지역자치주의다. 이는 권력을 정치에 대한 직접적 참여가 가능한 지역사회에 부여하는 것으로 현행 의회민주주의체제를 직접민주주의 형태로 바꾸는 것이다. 국가해체론의 차원에서는 마르크스주의와 일치하나 프롤레타리아 계급이 정부와 생산수단을 장악하는 과도기를 인정하지 않고 지역사회가 최종적인 권력을 가져야 한다고 주장하는 점에서 마르크스주의와 다르다. 머레이 북친,《사회생태주의란 무엇인가》, 박홍규 옮김(서울: 민음사, 1998), 280~300면 참조.

(3) 생태여성주의

여성주의 철학자 워렌(Karen J. Warren)에 의하면, "생태여성주의란 여성에 대한 지배와 자연에 대한 지배 사이에는 역사적, 경험적, 상징적, 이론적 측면에서 아주 중요한 연관성이 있기에, 바로 이 연관성을 이해하는 것이 여성주의와 환경윤리 모두에 매우 중요하다고 보는 입장"[23]이다. 다시 말해서 생태여성주의는 환경문제를 남성과 여성 사이에 존재해 왔던 역사적 관계에 입각하여 보려고 하는 것이다.

생태여성주의는 그 모체인 여성주의가 다양한 만큼 워낙 분파가 많아 통일된 입장을 정리하기가 쉽지 않다. 여성주의의 입장이 자유주의적, 마르크스주의적, 급진적, 사회주의적 입장 등으로 나눠지는 것처럼 생태여성주의 입장 또한 그렇게 나눠진다. 그리고 급진적 여성주의 진영 내에서 문화적 여성주의가 일어나면서 문화적 생태여성주의가 나타났고 근래에는 제3세계적 입장, 반인종차별주의적 입장도 등장하고 있다.[24]

그러나 급진적 생태여성주의가 여성주의의 산물이긴 하지만 환경개량주의를 비판하고 여성과 자연을 억압과 착취로부터 동시에 해방시켜야 할 대상으로 파악한다는 점에서 일반적인 여성주의와는 다르다. 일반적인 여성주의자들은 그 정치적 입장이야 어떻든 환경개량주의자들과 마찬가지로 자연을 도구로 보며 여성에 대한 억압과 환경

---

23) Karen J. Warren, "The Power and the Promise of Ecological Feminism," in Michael E. Zimmerman, eds., *Environmental Philosophy*(Englewood Cliffs, N. J.: Prentice-Hall, 1993), 320면.

24) 여성주의 입장 가운데 특히 생태여성주의의 대두에 가장 큰 기여를 한 것은 급진적 여성주의다. 급진적 여성주의란 가부장제는 모든 형태의 억압과 착취의 근원이며, 남성은 공포의 대상인 자연과 죽음으로부터 자신을 보호하기 위해 여성과 자연을 지배하려 한다고 본다. 송명규, 《현대생태사상의 이해》, 128~30면 참조.

위기 문제를 연계시키지 않는다.[25)]

생태여성주의는 심층생태학과 같이 원시적 사회에 대한 관심을 자주 표명한다. 일부의 생태여성주의자들은 고대 모계제 사회야말로 후대의 가부장제 사회에 비하면 보다 많이 '자연과 조화를 이루고' 있고, 환경 파괴적이지 않았다고 본다. 그들은 남성의 여성에 대한 지배에 의해서 특징 지워지는 가부장제 사회의 등장과 함께 정치적 및 경제적 착취를 통해서 인간의 자연에 대한 지배나 인간의 인간에 대한 지배와 같은 형태의 계층구조가 도입되어 왔다고 주장한다. 따라서 환경 위기의 해결은 이와 같은 계층구조 및 남성의 지배 문제 해결과 밀접하게 연관되어 있다는 것이다.

일부의 생태여성주의자들은 여성은 생득적으로 '자연에 보다 가깝고', 사회에 있어서 '양육'이라는 여성적 가치가 '지배'라는 남성적 가치보다 우선되어야 한다고 믿는다. 그렇지만 다른 일부의 논자는 더욱더 자발적으로 모계제 사회를 재구축하는 것이 수세기에 걸친 남성의 지배를 교정하는 데 필요한 대안이라고 본다. 그러나 또 다른 계통의 생태여성주의자들은 여성이 '자연에 보다 가깝다'라는 사고를 거부하며, 모계제 사회가 진정 계층구조 및 지배의 문제를 해결할 수 있을까 하는 의문을 제기한다. 여성이 남성을 지배하는 모계제 사회 역시 이제까지의 가부장제 사회와 같은 정도로 계층 구조적이 될 수 있을 것이기 때문이다. 더욱이 여성을 위해 완전히 평등한 기회를 실현하려고 하는 시도조차도 현대 자본주의 사회의 근본적인 계급적 분열 문제를 해결할 수는 없다고 본다. 일부의 여성은 남성이 전통적으로 독점해 온 권력의 영역에 접근할 수 있겠지만 그 밖의 여성(과 남성)은 여전히 힘을 박탈당한 그대로일 것이기 때문이다. 일부의 생태여성주의자들은 이처럼 문제는 단지 젠더(사회적·문화적 성차)의

---

25) 같은 책, 130면 참조.

문제가 아니라 보다 근원적으로 남성의 여성에 대한 지배와 인간의
자연에 대한 지배, 양자를 포함한 지배 문제라고 논하고 있다.

(4) 생태마르크스주의[26]

공산주의가 위기에 처해지기 전부터 마르크스주의는 환경보호론자
로부터 그 성공도야 어쨌든 경제적 진보에 역점을 두는 점에서는 자
본주의와 다르지 않다는 비판을 받아 왔다. 더욱이 동유럽의 개방은,
사회주의 국가에서의 공업 개발 또한 서방측의 자본주의체제와 같은
정도로 혹은 그 이상으로까지 환경 파괴를 야기해 왔다는 것을 명백
히 보여주었다. 그러나 미국의 급진적인 마르크스주의자 그룹(사회주
의 노동당 등)은, 붕괴한 '공산주의' 체제가 실제로는 '국가자본주
의'(개인 기업 대신 정부에 의해서 운영되는 자본주의)였던 것이고,
'참다운' 사회주의는 아직 시도되지 않았다고 본다. 환경문제는 그것
을 야기한 경제적 착취 문제가 비로소 해소되었을 때에만 해결할 수
있는데, 그 문제가 아직도 해소되지 못하고 있다는 것이다.

최근의 생태마르크스주의는 '마르크스주의의 우월성'에 대한 신화
를 버리고 아나키즘, 제3세계 생태론(인도의 반다나 시바의 주장 등)
등을 비롯한 다양한 사상을 받아들이면서 환경문제 해결을 위한 나
름대로의 주장을 펴고 있다.[27] 그 주장의 내용을 살펴보면 첫째, 생태
마르크스주의는 자본주의체제를 비판한다. 자본주의는 경제성장과
경쟁을 기초로 하고 있고, 자연과 폐기물은 모두 그 이윤을 최대화하
는 외부 경제를 형성한다고 보아 자연보호나 공해 방지를 위한 투자

---

26) 생태학과 마르크스주의의 결합에 대해서는 논란이 있다. 기든스(Anthony
Giddens)와 보비오(Noberto Bobbio) 등은 마르크스주의가 생태 문제를 해소하
는 데 별 도움이 되지 않는다고 보는 반면, 오코너(James O' Connor)와 라일
(Martin Ryle) 등은 양자의 결합은 바람직한 것으로 본다.
27) 북친, 《사회생태주의란 무엇인가》, 298~99면 참조.

는 최대한 억제된다. 따라서 자본주의는 지속 가능한 사회를 보장하지 못한다. 반면에 생태마르크스주의는 경쟁이나 탐욕이 아닌 순수한 필요(욕구) 충족에 기초하고 있고, 따라서 자연과의 지속 가능한 관계를 이룰 수 있다고 주장한다. 둘째, 국가주도형(구소련형) 사회주의는 성장을 중시하는 공업화에 기초를 둠으로써 환경오염을 야기했으나 생태마르크스주의는 인간의 생산과 재생산을 자연의 생산·재생산과 조화를 이루게 할 수 있다고 본다. 자연의 경제와 인간의 경제를 공생과 협력의 관계로 만들 수 있다는 것이다. 셋째, 생태마르크스주의는 미국과 구소련이 모두 경제 성장을 국시로 삼았다고 비판한다. 구소련을 비롯한 동유럽 국가들은 공업화와 완전 고용이라는 수단을 통하여 경제 성장을 이루고자 하였다. 모든 의사 결정은 중앙정부의 계획에 의해 이뤄졌고, 관료들은 총 생산력에 따라 보수를 받았다. 그러나 미국과 구소련 사이에는 환경문제에 중요한 차이가 있었다. 구소련의 환경 파괴가 대부분 소비보다는 공업화의 결과였다면, 미국의 환경 파괴는 소비 지향 사회 특유의 제품들을 과다 사용한 결과라는 것이다. 물론 인간의 복지를 위해서는 재화가 필수적이겠지만, 문제는 복지 증진의 명분으로 조작되는 사이비 재화다. 자동차의 범람, 건강식품이나 불필요한 의약품의 남용 등과 같이 끊임없는 수요 창조 활동에 의해 대량 소비를 지향하는 선진 자본주의국가들은 특히 사이비 재화를 과잉 생산하는 것이 특징이라는 것이다.

(5) 사회적 아나키즘

아나키즘이란 인위적인 법에 의해 구속되지 않는 자유에 기초한 새로운 사회질서를 창출하려는 철학으로, 그 특징을 정리해 보면 다음과 같다. ① 아나키즘은 사회제도와 같은 인위적 체계가 원래는 선했던 인간 본성을 악하게 만들었다고 본다. ② 아나키즘은 자연주의적 사회관을 가진다. 즉 사회란 자연계약에 의해 인위적으로 이루어진 것이 아니라 자연적으로 구성된 결사로 본다는 것이다. ③ 아나키즘은 개인의 자유에 대한 절대 가치를 강조한다. 그러나 이 자유는 방종이 아니라 스스로 규제되는 자유이며 자연공동체 안에서의 자유이기에 연대의 자유다. ④ 아나키즘은 자본주의 체제에서와 같이 욕망의 확대재생산이 없는 협동과 공생에 기초한 소규모 자연공동체를 주장한다. ⑤ 따라서 아나키즘이 강조하는 자연공동체는 욕망에서 해방된 사람들이 아니라 강제된 욕망을 억제할 수 있는 사람들로 구성된다.[28]

아나키즘은 사회생태학에 큰 영향을 주었으며, 북친 또한 사회생태학자임과 동시에 아나키스트 사상가라고 할 수 있다. 스페인 내란[29]은 어쩌면 고전적 아나키즘의 종언을 보여주는 사건이었다고 할 수 있지만, 정치철학으로서의 아나키즘은 발전을 지속하여 1960년대 이래 모종의 르네상스를 누렸다. 세일(Kirkpatrick Sale)은 1985년, 《사회적 아나키즘》지에 게재한 논문 속에서 생태계와 아나키즘이 '결합하여 하나의 운동으로 발전할 수 있는' 가능성에 관해 논했다. 북친과 같이 세일도 안정된 생태계에는 계층구조도 지배도 없다(즉 정부도 권위도 없다)는 사실에 감명을 받았다. 사회 역시 자연처럼, 요컨대 인위적이고 억압적인 사회구조가 전혀 없이 '자연스럽게' 조직되어

---

28) 구승회, "해제: 우리는 왜 엠마 골드만을 읽는가?" 엠마 골드만, 《저주받은 아나키즘》, 김시완 옮김(서울: 우물이있는집, 2001), 20면 참조.

29) 스페인 제2공화국의 인민전선정부에 대항해서 군부를 주축으로 한 국가주의자들이 일으킨 군사 반란. 내란의 양측은 구성 세력부터 달랐다. 국가주의자는 스페인의 가톨릭 교회, 군부, 지주, 기업가 등이었고, 공화파는 도시노동자, 농민, 교육받은 중산층으로 이루어져 있었다. 그리고 이러한 구성 세력의 차이는 정치적으로 파시스트적 팔랑헤당(국가주의자)과 호전적 무정부주의(공화파)라는 극단적이고 격렬한 형태로 표출되었다. 1936년에 시작된 내란은 1939년 2월 공화파 군인들이 국경을 넘어 프랑스로 도망가고, 3월 공화파 정부도 프랑스로 망명하면서 국가주의자들의 승리로 끝났다.

야 한다는 것이다.

아나키스트들의 논평은 상대적으로 포괄적이다. 왜냐하면 그들은 근원적인 대립이 남성과 여성 사이(페미니스트의 견해), 부르주아와 프롤레타리아 사이(마르크스주의자의 견해), 인간과 자연 사이(심층 생태학자의 견해), 혹은 '우리'와 '그들' 사이(다양한 민족주의자나 분리주의자의 견해)에 있는 것이 아니라 오히려 지배하는 자와 지배받는 자의 사이에 있다고 생각하기 때문이다. 아나키즘은 또 환원주의를 꺼린다. 즉 페미니즘이나 마르크스주의, 심층생태학, 민족주의나 분리주의 등의 사상처럼 단일 쟁점에 초점을 맞추는 것이 아니라, 이 모든 운동들이 제거하려 하는 '지배'라는 근원적인 문제와 직접 씨름하려고 한다. 지배하는 자와 지배받는 자와의 근본적인 대립이 제거되게 되면 이 모든 다른 대립들도 동시에 극복될 것으로 보기 때문이다.

(6) 생명지역주의(Bioregionalism)[30]

생명지역주의라는 말은 1970년대 동안 미국의 환경 관련 재단인 '플래닛드럼 재단'(Planet Drum Foundation)에서 활동하던 버그(Peter Berg)와 다스맨(Raymond Dasmann)에 의해 처음으로 만들어졌다. 하지만 이 말이 생태학계에 본격적으로 널리 알려지게 된 것은 1985년에 발간된 세일(Kirkpatrick Sale)의 《대지의 거주자들: 생명지역주의에 대한 전망》(*Dwellers in the Land: The Bioregional Vision*)에 의해서다. 세일에 의하면 생명지역이란 "인위가 배제된, 그곳의 생활양식과 풍토와 생물상으로 정의되는 지역", 혹은 "법률이 아니라 자연에 의해 통치되는 지역"이다.

생명지역주의는 생태 중심적이며 전체주의적 입장을 취한다. 즉

---

30) 송명규, 《현대생태사상의 이해》, 204~20면 참조.

생명지역주의의 궁극적 목적은 생태학적 법칙과 원리에 따라 전체 '생명공동체'를 복원하는 것이며, 이 생명공동체에는 인간뿐만 아니라 동식물, 산, 바다 등과 같은 모든 생태학적 실체가 포함된다. 생명지역주의의 이러한 특성은 생명지역주의가 레오폴드의 대지윤리를 이념적 기초로 하고 있는 데서 연유한다. 생명지역주의는 대지윤리를 지역이라는 실제 공간에서 직접 실천에 옮김으로써 대지윤리의 실현을 꾀하고 있는 것이다.

환경 위기의 극복을 위해선 환경·생태계·자연에 대하여 잘 이해하고 이를 보전 또는 보존해 나가야 한다. 그러나 그러한 노력은 구체적 대상이 아닌 추상적 공간이나 장소에 대해서는 행해지기 어렵다. 그러한 노력은 어디까지나 우리 자신의 삶의 터전에 대해서만 가능한 것이다. "우리는 단지 우리가 보거나, 느끼거나, 이해하거나, 사랑하거나 아니면 믿는 것에 대해서만 윤리적일 수 있다"[31]라는 레오폴드의 말처럼 우리는 우리가 직접 대면하는 장소나 지역을 사랑하거나 보호할 수 있을 뿐, 전체로서의 환경·생태계·자연에 대한 사랑 또는 보호는 이론으로선 가능할지 모르나 실천적 차원에서는 불가능하다. 전체로서의 환경·생태계·자연은 구체적 실체라기보다 하나의 개념에 불과한 것이기 때문이다. 이런 측면에서 생명지역주의는 우리에게 시사하는 바가 크다. 우리가 환경문제에 책임감 있게 대응하려면 문제를 보다 구체적으로 인식하고 그 문제와 자신의 직접적 연관성을 이해해야만 하며, 이런 것은 오직 생명지역과 같은 제한적 규모에서나 가능하기 때문이다. 따라서 생명지역주의자들은 우리가 강한 애착을 보일 수 있는 구체적인 삶의 터전이 곧 생명지역이며, 역으로 생명지역에 대해서만 실질적인 이해와 보호가 가능하다고 본다.

---

31) 레오폴드, 《모래 군의 열두 달》, 257면; 《모래땅의 사계》, 258면.

생명지역주의적 삶을 실현하는 데는 두 가지 과제가 요청된다. 하나는 재정착(reinhabitation)이며, 다른 하나는 지역 자연체계의 복원이다. 재정착이란 과거의 남용으로 손상되고 파괴된 땅을 삶의 터전으로 재인식하고 '그 곳에서 살아가는 법'을 배우는 과정을 의미한다. 이를 레오폴드식으로 표현한다면 오늘날과 같은 산업사회의 시민이 대지공동체의 평범한 생태학적 시민으로 바뀌는 과정이라 할 수 있다. 자연체계의 복원이란 생명지역 단위에서 자연 생태계의 활발한 기능을 유지하고 그 곳의 사회와 경제가 지속 가능하도록 하는 것이다.

제2부
환경윤리학의 쟁점들

VI. 인간중심주의 윤리 문제

    환경문제에 관한 윤리적 입장은 크게 두 가지로 나눠진다. ① 자연환경은 어디까지나 인간의 이익을 위하여 보전되어야 한다는 입장과, ② 인간의 이익과는 상관없이 자연은 고유한 가치를 지니고 있기 때문에 보호되어야 한다는 입장이다. ①의 입장을 우리는 인간중심주의라고 부르는데 여기서 중요한 것은 오직 인간의 복지와 번영뿐이고, 인간 이외의 존재의 가치는 그것이 인간의 복지에 어떠한 영향을 미치는가에 따라 결정된다. ②의 입장은 인간=목적, 자연=수단이라는 인간중심주의에 대한 비판이자 대안으로서 자연도 고유한 가치를 가지고 있는 것으로 본다. 그러나 이 탈인간 중심적 입장도 도덕적 고려 대상을 어디까지 포함하느냐에 따라 몇 가지 상이한 입장으로 다시 나뉘어진다. 쾌고(快苦) 감수 능력이 있는 동물들도 인간과 마찬가지로 보호받아야 한다는 인간·동물 복지주의, 모든 생명체는 인간과 동등한 가치를 가지고 있다는 생명중심주의, 생명체뿐만 아니라 대지와 같은 무생물들도 도덕 공동체의 범위에 포함되어야 한다는 자연중심적·전체론적 환경윤리로 구분된다.

    이 장에서는 인간 이외의 존재의 도덕적 지위와 권리 문제를 중심으로 대립적인 견해를 보이고 있는 인간중심주의 윤리와 이에 대한 비판적 입장(비인간 중심적 입장)에 대해서 논하고, 양 입장의 갈등을 해소하는데 돌파구를 마련할 수 있는 개방적 인간중심주의 입장에 대해 살펴보고자 한다.

1. 인간중심주의 윤리

문명 이전의 사람들은 우주를 하나의 전체로 간주하고 인간계, 자연계, 성스러운 세계의 구별을 하지 않았다. 그들은 인간과 인간 이외의 세계가 단일의 도덕적 질서 속에 결부되어 있고, 그 일원인 자신들이 전체를 보살필 의무가 있다고 믿고 있었다. 반면 문명인들은 다음과 같이 주장한다. 우주는 어떠한 도덕적 성질도 갖지 않으며, 자신들은 우주에 무관심하고 우주에 대해 그 어떤 의무도 지니고 있지 않다. 그리고 자신들은 우주의 일부를 구성하기는커녕 다른 질서에 속하고 있는 존재로서 자연계와 그 모든 자원을 마음대로 착취할 수 있다.[1]

이러한 주장처럼 인간중심주의 윤리에서는 인간을 인간 이외의 모든 존재와 본질적으로, 즉 형이상학적으로 구별되는 것으로 간주한다. 인간 이외의 모든 존재로부터 그렇게 구별되는 인간은 다른 모든 존재에 비해 우월하고, 가장 귀하며 따라서 인간은 다른 모든 존재를 자신의 만족을 위한 도구나 재료로써 지배하며 소유하고 조작하거나 이용할 권리를 갖게 된다. 인간의 자연 지배가 형이상학적으로 정당화된다는 것이다. 이와 같이 인간중심주의는 자연 혹은 존재 전체의 입장에서 인간을 보지 않고, 인간의 입장에서 자연을 자신의 목적 대

---

1) D. H. Strong and E. S. Rosenfield, "Ethics or Expediency: An Environmental Question," in K. S. Shrader-Frechette, ed., *Environmental Ethics*, 2nd ed.(Pacific Grove, CA: Boxwood Press, 1991), 15~16면 참조.

상으로 보는 것을 특징으로 한다.

　이러한 인간중심주의 이념은 서양사를 통해 오랫동안 대중적인 믿음이 되어 왔다. 아리스토텔레스에 따르면, "식물은 동물을 위해 생겨났고 동물은 인간을 위해 만들어졌다. 가축은 일을 부리거나 식량을 목적으로, 들짐승은 그 대부분이 인간의 식량을 위해서 혹은 그 밖의 것을 획득하기 위한 대상으로써 존재한다."[2] 토마스 아퀴나스 역시 이와 비슷한 견해를 피력한다. "우리는 인간이 난폭한 동물을 살해하는 것이 죄악이라고 주장하는 사람들의 견해에 동의하지 않는다. 신의 섭리에 따라 동물은 인간의 이용을 위해 운명지어졌기 때문이다. 따라서 동물을 살해하거나 또는 다른 방법으로 동물을 부린다거나 함으로써 인간이 동물을 이용하는 것은 부정의한 것이 아니다."[3] 칸트 또한 "동물에 관한 한 우리는 아무런 직접적 의무도 없다. 동물은 자기 의식적이지 못하며, 그들은 인간의 목적을 위한 단순한 수단으로만 존재한다"[4]고 하고 있다. 비교해부학과 고생물학의 '아버지'인 퀴비에(G. B. Cuvier)는 "물고기들의 존재 이유가 인간에게 음식을 제공하는 것보다 더 나은 이유를 생각할 수 없다"[5]고 했으며, 19세기의 뛰어난 지질학자인 리엘(C. Lyell)은 가축은 특별히 인간의 이용을 위해 만들어졌다고 믿었다. 이와 관련하여 그는 이렇게 말하고 있다. "말, 개, 황소, 양, 고양이 그리고 많은 종의 가축들에게 부여된 능력은 그들로 하여금 지구 전역에 걸친 인간들에게 서비

---

2) 가토 히사다케, 《환경윤리란 무엇인가》, 김일방 옮김(대구: 중문출판사, 2001), 148면에서 재인용.

3) Joseph R. Des Jardins, *Environmental Ethics*, 2nd ed.(Belmont, CA: Wadsworth Publishing Co., 1997), 91~92면에서 재인용.

4) James Rachels, "Vegetarianism," in Thomas A. Mappes and Jane S. Zembaty, ed., *Social Ethics*(New York: McGraw-Hill, 1982), 390면에서 재인용.

5) W. H. Murdy, "Anthropocentrism: A Modern Version," *Science*, vol. 287(March 1975), 1168면에서 재인용.

130

스를 제공하고 인간의 보호를 받을 수 있도록 하기 위해 주어진 것이다."[6] 심슨(G. G. Simpson)의 다음의 진술은 인간중심주의의 현대적 입장을 잘 표현해주고 있다. "인간은 최고등 동물이다. 인간만이 그러한 판단을 내릴 수 있다는 사실은 본질적으로 이 결정이 옳다는 것을 입증해준다. 그리고 인간 중심적 견해야말로 사물들의 도식적 체계 속에서 인간의 지위를 고려할 때, 그리고 인간의 행동과 그 행동을 평가하는 데 근거가 되는 지침을 구할 때 택할 수 있는 유일하고도 적절한 견해가 될 것이다."[7] 이처럼 인간중심주의는 오랜 역사를 통하여 큰 흐름을 형성해 왔고 오늘날에도 많은 영향을 미치고 있다.

그러나 인간이 모든 가치의 기원과 척도라고 보는 인간 중심적 견해는 사람들로 하여금 자연을 오로지 인간의 욕구를 충족시키기 위한 도구로만 다루는 오만을 낳기도 했다. 그래서 인간중심주의는 모든 녹색 사고와 환경 운동에서 환경 파괴를 초래한 원인으로 비난받는다.

하지만 인간중심주의 입장은, 환경문제의 뿌리는 자연에서의 인간의 위치에 대한 인간 중심적 태도도 아니고 그러한 태도를 구체화하는 정치·경제적 구조도 아니라고 주장한다. 오히려 공기와 물의 오염, 자연 자원의 사치스러운 이용 등은 무지, 탐욕 그리고 근시안적 태도에서 기인하는 것으로 본다. 그리고 그러한 요인들은 법률 제정, 공공 정책의 변경, 교육의 확대, 세법 개정, '공유지'(public lands)의 개인 소유로의 전환, 미래 세대에 대한 도덕적 의무의 강조, 자연에 대한 현명한 '관리'(stewardship)의 증진, 그 밖에 자연 자원의 더 신중한 사용과 더 공평한 할당 등에 의해 처리될 수 있다는 입장을 보인다. 인간중심주의자들에 의하면 자연은 인간의 목적을 위한 수단으

---

6) 같은 글, 같은 면에서 재인용.
7) 같은 글, 같은 면에서 재인용.

로써만 가치가 있으며, 그 목적은 동식물에 의해 제공되는 음식으로 부터 아름다운 야생 경관에 의해 제공되는 심미적 즐거움에까지 걸 쳐 있다. 인간중심주의자들은 또 생태학적 제문제에 대하여 책임이 있는 사회적 태도나 제도의 철저한 변혁을 주장하는 심층생태주의자, 사회생태주의자, 에코페미니스트 등의 견해를 매우 고지식한 것으로 간주한다.[8]

이와 같이 인간중심주의자들은 환경 위기의 근원을 보는 시각뿐만 아니라 권리에 대한 관점도 비인간중심주의자들과는 다르다. 인간 이 외의 존재들에게도 도덕적 지위나 권리를 부여해야 한다는 비인간중 심주의자들의 주장과는 달리, 인간중심주의자들은 인간 이외의 존재 들이란 인간을 위한 수단적 가치만을 가질 뿐, 그 이상의 어떠한 도 덕적 지위나 권리 또는 법적 권리도 지닐 수 없다고 본다. 예를 들어 인간중심주의자인 머디는 만일 모든 종이 '동등한 권리'를 갖는다거 나 인간의 권리가 다른 종의 권리보다 더 높은 가치가 없다면, 우리 의 행동이 자연에 대하여 어떻게 영향을 미칠 수 있겠는가라고 반문

---

8) 심층생태주의자, 사회생태주의자, 에코페미니스트 등은 급진적인 환경철학자들로 분류된다. 이들의 성향이 급진적이라고 평가받는 것은 다음의 두 가지 이유 때문 이다. 첫째, 이들은 자신들의 제분석에 의해 생태학적 위기의 여러 가지 기원들이 다 밝혀질 수 있다고 본다. 둘째, 이들은 혁명이나 문화적 패러다임의 획기적 전 환만이 지구를 더 심한 파괴로부터 구할 수 있다고 주장한다. 급진적 생태론자들 은 현행 습관들을 개혁하는 것(예를 들면, 산업 오염에 대한 통제를 더 강력히 요 구하는 것이라든지, 재생을 고무하는 것 등)은 단기적으로 문제 해결에 도움을 줄 수 있다는 것을 인정하면서도 그러한 개혁들은 생태학적 위기의 뿌리가 아니 라 단지 증상들만을 다루기 때문에 결국은 불충분할 것이라고 주장한다. 이와 같 이 급진적 생태론자들은 인간 중심적 개혁주의의 한계에 대해서는 동의하면서도 생태학적 위기의 뿌리에 대해서는 상이한 사고를 갖고 있다. 심층생태학자들은 생태학적 위기의 뿌리로 인간중심주의를, 에코페미니스트들은 가부장제를, 사회생 태학자들은 사회적 계급제도를 지목한다. Michael Zimmerman, "General Introduction," in Michael Zimmerman, ed., *Environmental Philosophy*(Englewood Cliffs, N. J.: Prentice Hall, 1993), vi~viii면 참조.

한다. 그리고 그는 또 "네가 대접받고자 하는 대로 남 역시 그렇게
대접하라"는 황금률은 도덕적인 존재자들 간에 상호성을 요구하는
도덕 원리로, 그러한 원리가 상호적이지 못한 비도덕적인 생명체들에
게 적용된다는 것은 넌센스라고 주장한다.[9] 냉담하고 방종스런 생명
파괴가 분명히 인간의 정당한 목적은 될 수 없지만, 우리가 건강을
유지하기 위해 발병 원인이 되는 박테리아를 절멸하거나 또는 우리
가 자양분을 얻을 목적으로 동식물의 생명을 파괴하는 것은 정당화
될 수밖에 없다는 입장이다.

　인간중심주의자들이 자연물에 가치를 부여하는 것은 자연물이 인
간에게 이로울 때, 즉 그 자연물을 인간의 생존이나 복지를 위한 도
구로서 이용할 수 있을 때이다. 이처럼 인간 중심적 윤리는 인간 이
외의 자연물을 오로지 도구적 가치만을 갖는 것으로 간주한다. 따라
서 인간 중심적 윤리에서는 인간과 자연과의 관계에 대한 지식이 증
가함에 따라 보다 더 많은 자연물에 도구적 가치를 부여하게 된다.
가령 해양의 식물 플랑크톤은 우리가 이 유기체의 핵심적 역할이 지
구상의 산소를 공급하는 데 있다는 것을 알게 될 때 가치를 지니게
된다. 머디의 다음과 같은 진술은 인간중심주의의 전형적인 입장을
잘 나타내주고 있다.

　나는 모든 종이 본질적 가치를 가진다는 것을 긍정할 수도 있지만, 그러
나 나는 나 자신의 생존과 나의 종의 생존이 다른 동물이나 식물의 생존보
다 더 높은 가치가 있는 것처럼 행동할 것이다. 나는 양상추가 본질적 가치
를 갖는다고 주장할 수도 있겠지만, 그러나 나는 그것이 재생산되기 전에
먹어 치울 것이다. 왜냐하면 나는 양상추의 생존보다 나 자신의 영양을 위
한 복지를 더 높이 평가하기 때문이다.[10]

9) Murdy, "Anthropocentrism," 1168면 참조.

인간 중심적 환경 철학자로 널리 알려진 패스모어(J. Passmore)와 맥클로스키(H. J. McCloskey) 역시 이와 유사한 입장에 있다. 먼저 패스모어의 견해부터 살펴보기로 하자.

> 동물·식물·경관에도 각각 '생존권'이 있다고 주장하는 것은 쓸데없는 혼란을 초래하게 된다. '권리'라는 관념은 단적으로 말해서 인간이 아닌 존재에게는 있을 수 없는 것이다. … 동물을 학대하는 것이 잘못이라는 것과 동물에게도 권리가 있다고 하는 것은 실은 아주 다른 별개의 것이다.[11]

다음은 맥클로스키의 입장이다. 대부분의 사람들이 인간이 전형적인 권리 소유자라는 사실에 대해서는 동의한다. 그러나 정신적 결함을 지닌 인간, 즉 자의식 또는 심지어 의식이 전혀 없는 '식물인간'에 대해서는 의견이 분분해진다. 이에 대하여 맥클로스키는 이렇게 주장한다. 즉 "이러한 인간은 도덕적 권리를 가질 수 없고, 그리고 이들은 현실적으로도 잠재적으로도 자아나 인격성을 지니지 않기에 일반적으로 지니고 있다고 생각되는 그러한 권리를 지닌다고 주장할 수 없다. 또 앞으로도 그렇게 주장할 수 없을 것이다."[12]

맥클로스키에 의하면, 도덕적 권리의 소유가 그 의미를 지니려면 권리의 소유자나 그 소유자의 대리인이 이를 주장하고 행사할 수 있어야만 한다. 그러나 그는 가령 동물에게 권리가 부여된다고 할 경우 동물이 자기의 도덕적 권리를 어떻게 행사할 수 있는지에 대해서 우리는 아무런 지식도 가질 수 없다고 한다. 이유는 동물은 권리를 행

---

10) 같은 글, 1169면.

11) John Passmore, *Man's Responsibility for Nature*, 2nd ed.(London: Duckworth, 1980), 116~17면.

12) H. J. 맥클로스키, 《환경윤리와 환경 정책》, 황경식·김상득 옮김(서울: 법영사, 1995), 122면.

사할 만한 아무런 능력도 갖지 못하기 때문이라는 것이다. 권리를 갖는데 요구되는 가장 기본적인 조건은 도덕적 자율, 도덕적 자기 정향 (self-direction) 및 도덕적 자기 결정의 능력인데 동물은 이러한 조건을 충족시키지 못한다는 것이다.[13] 결국 맥클로스키는 오로지 인격적 존재만이 도덕적 권리를 소유할 수 있다고 주장하는 것이다.

이상에서 살펴본 것처럼 인간중심주의자들에 따르면 도덕적 권리를 부여받을 수 있는 자는 오로지 인간뿐이다. 인간 이외의 존재는 도덕적 권리 소유의 가장 기본적인 조건인 도덕적 자율성, 도덕적 자기 결정의 능력을 지니고 있지 않다는 이유 때문이다. 필자 역시 도덕적 권리에 관한 인간중심주의자들의 주장에 공감하고 싶다. 인간 이외의 존재가 인간이 소유하는 것과 동일한 의미의 도덕적 권리를 소유한다고는 볼 수 없기 때문이다. 그러나 인간 이외의 존재가 권리를 소유하지 않는다고 해서 인간이 그들에게 어떠한 책임이나 의무도 지지 않는다는 것은 아니다. 다시 말해 인간 이외의 존재가 인간과 동등한 도덕적 권리는 소유하지 않는다 하더라도, 도덕적으로 고려 받을 수 있는 지위 정도는 지니고 있다고 생각된다.

2. 인간중심주의 윤리에 대한 비판

인간중심주의 입장에 따르면 인간 이외의 존재들은 인간의 목적을 위한 수단으로써의 도구적 가치밖에 지니지 않는다. 인간만이 내재적 가치, 그 자신의 고유한 가치를 갖는다는 것이다. 이러한 입장의 인간중심주의는 오늘날 생태학적 위기에 대한 비판시 가장 먼저 그 주목 대상이 되고 있다.

---

13) 같은 책, 128면 참조.

먼저 인간중심주의는 환경문제의 가장 근본적인 원인으로 비판받는다. 비인간 중심적 환경주의자들에 의하면 현재의 생태학적 위기는 비인간적 세계, 즉 자연을 순전히 인간의 목적을 위한 수단으로만 간주하는 인간 중심적 사고에 그 근원적 뿌리를 두고 있다. 심지어 어느 철학자는 인간의 전형적인 생활 방식 그 자체가 '범죄 행위', 즉 자연과 다른 인격에 대한 범죄라고까지 주장한다.[14] 생태학적 위기를 초래한 근본적인 원인으로 인간중심주의를 지목하고 이에 대한 신랄한 비판을 가하고 있는 박이문 교수는 다음과 같이 진술하고 있다.

> 인간은 자연의 일부이다. 그럼에도 불구하고 지난 약 반만 년 동안 유독 인류라는 동물만이 다른 어느 생물체에 비할 때 너무나도 기현상적으로 팽창했다. 이처럼 인간이라는 종은 다른 생명체들과 동떨어져 파행적으로 증식함으로써 어느덧 지구를 생태계 파괴, 즉 지구를 죽음으로 몰고 가는 지구의 암으로 변해가고 있다는 것이다. … 지난 반만 년 특히 지난 약 2천 년의 인류 역사는 인간에 의한 자연의 정복사와 지구의 수탈사였고 오늘 지구가 앓고 있는 병은 그러한 역사의 산물로 볼 수 있다. 이러한 인류 역사는 인간의 무한한 욕망, 인간의 지적 능력을 전제하지만 그것만으로는 설명되지 않는다. 그것에 대한 보다 근본적인 설명은 인간이 가져왔던 자연관 및 자신에 대한 이해, 즉 인간관, 한 마디로 세계관, 즉 일종의 형이상학적 신념으로만 가능하다. … 그것은 다름 아닌 바로 인간중심주의로 요약된다.[15]

인간중심주의에 대한 두 번째 비판은 인간중심주의는 그 성립 근

14) K. S. Shrader-Frechette, "Do We Need Environmental Ethics?" in K. S. Shrader-Frechette, ed., *Environmental Ethics*, 2nd ed.(Pacific Grove, CA : Boxwood Press, 1991), 4면 참조.
15) 박이문, "녹색의 윤리," 《녹색평론》, 제15호(1994. 3~4), 46~47면.

136

거가 매우 희박하다는 점이다. 인간중심주의의 가장 기본적 명제는
인간이라는 종이 그 밖의 다른 모든 존재들과는 본질적으로 구별된
다는 신념이다. 물론 지적 능력이라든가 지각적 측면에서 봤을 때는
생물이 무기물과 다르듯이 인간은 그와 가장 유사한 침팬지와도 다
르다. 그러나 인간중심주의에 대한 비판자들은 지각적 차원에서는 그
럴지 모르지만 형이상학적 차원에서는 그렇게 볼 수 없다고 말한
다.[16]

　인간중심주의자들에 따르면 인간이 여타 동물과 근본적으로 다른
이유는 인간이 어떤 신비스러운 형이상학적 존재로서의 이성을 지니
고 있기 때문이다. 그러나 생물학자인 피터 톰킨스와 크리스토퍼 버
드는《식물의 신비 생활》이라는 책에서 "식물도 생각할 줄 안다", 즉
식물에게도 미력하나마 이성적 능력이 있다는 사실을 여러 가지 실
험 결과들을 통해 밝히고 있다.[17] 이들의 연구 결과에 따른다면 인간
만이 지니고 있다고 전제된 그리고 인간의 본질을 결정해주는 '이
성'이라는 것이 의심스러운 허구일지 모른다는 생각을 갖게 만든다.

　생명중심주의자로 널리 알려진 테일러는 아주 노골적으로 인간중
심주의를 비판하는데, 그는 인간이 이성과 자유의지를 지니고 있다면
많은 비인간적 종들은 인간이 소유하지 않은 다른 능력을 지니고 있
다는 점에 주목한다. 예를 들면 새들의 나는 능력, 치타의 뛰는 속도,
식물 잎사귀의 광합성 능력, 거미집을 짓는 거미의 숙련성, 나무 꼭
대기에서의 원숭이의 민첩성 등이다.[18] 테일러는 이 능력들이 우리
인간보다 뛰어난 우월성의 상징으로 간주되어야 함에도, 인간은 자신

16) 같은 글, 49면 참조.
17) 피터 톰킨스·크리스토퍼 버드,《식물의 신비 생활》, 황금용·황정민 옮김(서울:
　　정신세계사, 1992) 참조.
18) Paul W. Taylor, *Respect for Nature*(Princeton, N. J.: Princeton University,
　　1986), 129면 참조.

의 관점에만 사로잡힘으로써 자신의 우월성을 고집한다고 비판하고 있는 것이다. 합리성, 심미적 창조성, 개인적 자율 그리고 자유의지 등과 같은 독특한 인간의 특성들은 동식물의 어떠한 능력들보다 더욱 가치가 있다는 것을 테일러도 인정은 한다. 왜냐하면 이 특성들을 통해 인간은 이제까지 고도 문명의 발전을 이루어 왔고, 다른 생명체들이 누릴 수 있는 것보다 더 높은 생활수준에서 살 수 있도록 해주었기 때문이다. 그러나 이들 특성이 가치가 있는 것은 어디까지나 인간의 관점, 즉 인간의 선(good)이 우월성의 판단 기준으로 작용하는 경우에 한해서라고 한다. 치타의 뛰는 속도는 치타의 관점, 즉 치타의 선이 우월성의 판단 기준으로 작용했을 때는 인간보다 나은 우월성의 상징이 된다. 따라서 그는 다음과 같은 반문을 던지고 있다.

> 인간 존재가 다른 동물들보다 우월하다고 주장되는 것은 어떤 의미에서인가? 우리는 다른 동물들이 결여하고 있는 특정한 능력들을 가지고 있다는 점에서 다른 동물들과 참으로 다르다. 그러나 왜 이들 능력이 동물들에 대한 우리의 우월성의 상징으로서 간주되어야 하는가? 그 능력들이 우월성의 상징으로서 판단되는 것은 도대체 어떤 관점에서이며, 또 그러한 판단의 근거는 무엇인가?[19]

리키(L. S. B. Leakey) 역시 인간이 진화의 마지막 꽃이라고 할 수 있는가라는 문제를 제기하면서 이렇게 묻고 있다. 적응 능력이라는 관점에서 볼 때, "… 나무는 그 화학적 환경에 극히 섬세하게 조율되어 있고, 나방은 바람을 타고 오는 페로몬 분자의 실마리에 의지하여 몇 마일 떨어진 거리에 있는 다른 나방을 자기 짝으로 알아낼 수 있다. 이러한 능력도 평가되어야 하는 것이 아닌가?"[20]

---

19) 같은 책, 130면.

 이상에서와 같이 인간과 여타 동물, 식물들 간의 본질적 차이가 의심됨으로써 인간의 특수성이 부정되어 가고, 그와 상대적으로 인간중심주의는 흔들릴 수밖에 없는 상황이다. 인간은 다른 생명체와 본질적으로 다르지 않으며, 따라서 인간이 다른 생명체들을 지배하고 소유할 특별한 권리 또한 갖지 않는다는 것이다. 박이문 교수는 "인간중심주의가 근거 없는 허구라는 사실은 신경과학, 생화학 그리고 생물리학 등의 영역에서 추진되고 있는 첨단 과학적 연구에 의해서 더욱 엄격한 방법으로 실증되었다고 말해도 지나치지 않다"[21]라고 주장하고 있다.

 인간 중심적 입장에 대한 세 번째 비판은 인간중심주의 윤리가 현대의 환경 위기로부터 벗어나 새로운 자연관을 형성하고 자연과의 새로운 관계를 모색하는 데 장애가 된다는 점이다.

 물론 인간중심주의자들은 인간중심주의 윤리도 환경윤리로 충분히 기능할 수 있다고 주장한다. 프랑케나(William Frankena)나 슈레더-프레체트(K. S. Shrader-Frechette) 등에 따르면 모든 전통적인 인간중심주의 윤리는 환경 파괴를 야기하는 인간의 탐욕, 오만, 둔감성을 비난하고 있고, 따라서 전통윤리로서도 환경 파괴 방지를 위한 이론적 기반을 충분히 제시할 수 있다.[22] 특히 슈레더-프레체트는 환경문제에 대처하기 위해 우리가 '새로운 윤리'를 필요로 하는지의 여부를 결정짓는 데 아주 좋은 방법이 있다고 한다. 그것은 그 동안 인간에 의한 환경 파괴의 이유로 비판받아 온 전통적인 철학 이론들을 재검토하는 일인데, 그녀가 재검토 대상으로 삼고 있는 것은 공리주의, 평등주의 이론으로 이들 이론은 인간의 환경 파괴와는 무관하다는

---

20) 김우창, "인간중심주의를 넘어서," 《녹색평론》, 제43호(1998. 11~12), 4면에서 재인용.

21) 박이문, "녹색의 윤리," 50면.

22) Shrader-Frechette, 'Do We Need Environmental Ethics?' 4면.

것이 그녀의 주장이다.[23]

패스모어의 입장 또한 이와 유사하다고 볼 수 있는데, 이와 관련된 그의 견해를 살펴보면 다음과 같다.

> 레오폴드도 헤아렸던 것처럼 그가 제창하는 도덕, 즉 자연을 적극적으로 소중히 다루는 것을 선으로 간주하고, 아무 이유 없이 자연을 파괴하는 것을 악으로 간주하는 도덕의 '씨앗'이 서구에는 이미 머물고 있다. 도덕에 관한 서구의 전통적인 가르침은 그것이 그리스도교에 의한 것이든 공리주의에 의한 것이든, 오로지 이웃에 대해 해가 되는 행위만은 삼가야 한다는 것이었다. 그리고 오늘날 우리가 발견하고 있는 폐기물의 증가, 생태계 파괴, 인구 증가, 자원 남용 등은 현재와 미래의 우리 이웃들에게 해를 끼치고 있는 것들이다. 이 범위에 한정한다면 어떠한 보충에 의존하지 않고 전통적인 도덕만으로도 우리의 생태학적 관심은 정당화될 수 있다. … 서구가 필요로 하고 있는 것은 대체로 '새로운 윤리'라기보다는 오히려 아주 익숙하게 가까이 해 온 윤리를 한층 더 끝까지 수호하는 것이다.[24]

그러나 이와 같은 인간중심주의자들의 주장과는 달리, 환경 보호를 위해서는 전통윤리학과는 다른 새로운 윤리가 필요하다는 것을 역설하는 학자들도 많다. 특히 실번은 서양의 윤리 체계 속에서 인간과 자연의 관계에 관한 아무리 훌륭한 전통들을 찾아볼 수 있다고 해도 그것들은 어디까지나 자연은 인간의 목적을 위해 이용되어야 한다는 원리 위에 근거하고 있다고 주장한다. 실번은 서양 윤리의 전통을 비판함과 동시에 서양 윤리 체계 내의 핵심적 원리들도 비판한

---

23) K. S. Shrader-Frechette, "Environmental Responsibility and Classical Ethical Theories," in K. S. Shrader-Frechette, ed., *Environmental Ethics*, 2nd ed.(Pacific Grove, CA: Boxwood Press, 1991), 16~21면 참조.

24) Passmore, *Man's Responsibility for Nature*, 186~87면.

다. 그 가운데 한 가지는, 이른바 '자유주의 원리' 이다. "서구 세계의
자유주의 원리는 남에게 해를 끼치지 않는 한 우리가 원하는 것은
무엇이든 할 수 있어야 한다"는 것인데, 실번은 이 원리를 가리켜
'기초적(인간) 쇼비니즘' 이라고 부른다.[25] 왜냐하면 이 원리 하에서
인간은 가장 중시되고 인간 이외의 모든 것은 덜 중시되기 때문이다.
따라서 그는 서구 문명은 지금 새로운 윤리, 즉 레오폴드의 표현에
의하면 '인간과 대지 그리고 그 위에서 성장하고 있는 동식물과의
관계를 다루는 윤리' 가 절실히 요청되는 상황에 처해 있다고 주장한
다.[26]

스트롱과 로젠필드 역시 전통윤리는 자연에 대한 존중을 충분히
고려하고 있지 않으므로, 환경에 영향을 미치는 행동의 옳고 그름을
판단하기 위한 보다 명확하게 정의된 새로운 윤리 원칙이 필요하다
고 본다.[27]

이와 같은 스트롱과 로젠필드의 주장은 요나스의 견해에 의해 더
욱 뒷받침된다. 요나스에 의하면 전통윤리학은 현대의 환경 위기를
극복하는데 다음과 같은 세 가지 측면에서 제한적이다.

첫째, 전통윤리학에서는 비인간적 대상과의 교류는 결코 어떤 의
미에서도 윤리적으로 중요한 영역을 형성하지 않았다. 윤리적 의미는
자기 자신과의 교섭을 포함하여 인간과 인간의 직접적인 교섭에 국
한되었기 때문에 모든 전통윤리학은 '인간 중심적' 이다. 요컨대 전통
윤리는 근본적으로 현재의 인간 상호 간의 관계만을 다룸으로써 미

---

25) Richard Sylvan(Routley), "Is There a Need for a New, an Environmental
    Ethic?" in Michael Zimmerman, ed., *Environmental Philosophy*(Englewood
    Cliffs, N. J.: Prentice Hall, 1993), 15면.
26) 같은 글, 12~20면 참조.
27) 그들은 환경윤리의 발전을 위한 구체적 단계까지 제시하면서 새로운 윤리 원칙
    에 대해서도 설명하고 있다. Strong and Rosenfield, "Ethics or Expediency,"
    10~13면 참조.

래 세대는 물론 자연에는 아예 관심조차 두지 않는다는 것이다. 둘째, 전통윤리학은 인간의 본질을 '불변적'인 것으로 파악함으로써 기술의 대상으로 설정하지 않는다. 그러나 현대인은 세상사 대부분이 기술에 의해 철저하게 규정되며, 인간 자신의 본성마저 기술에 의해 변형시킬 수 있는 기술 시대에 살고 있다. 이제 인간은 기술에 의해 생태계뿐만 아니라 자신까지도 변형시킬 수 있는 절대적 권력을 지니고 있는 것이다. 이와 같이 과학과 기술을 통해 모든 것을 인위적으로 제작할 수 있을 정도로 절대적 권력을 가지고 있는 현대의 '제작인'(homo faber)은 이제 윤리적으로도 완전히 새로운 상황에 처하게 되었다. 바로 여기서 인간의 본성과 인간을 초월하는 자연은 영원 불변하다는 전제에 기초를 두고 있는 전통윤리학은 그 한계가 명백해진다. 셋째, 전통윤리학은 인간 행위의 결과가 시간적 · 공간적으로 예측 가능한 영역 안에 있다고 파악한다. 즉 전통윤리학은 '여기'와 '지금'에 관련된 것이고 인간들 사이에서 생겨나는 용무와 연관이 있으며, 사적인 삶과 공적인 생활에서 늘 반복되는 전형적인 상황들과 관련이 있다는 것이다. 따라서 전통윤리학은 인간적 삶의 전 지구적 조건과 종의 먼 미래와 실존을 고려할 필요가 없었다.[28] 인간 중심적 전통 형이상학은 자연을 윤리적으로 중성화함으로써 인간의 책임 영역으로부터 배척하였던 것이다.

3. 개방적 인간중심주의

(1) 개방적 인간중심주의의 성립 근거와 그 개념

환경문제 해결에 있어서 우리가 가장 고심하는 문제는 인간과 자

---

28) H. Jonas, 《책임의 원칙: 기술시대의 생태학적 윤리》, 이진우 옮김(서울: 서광사, 1994), 29~32면 참조.

142

연의 공생 관계를 이루기 위해 자연을 대하는 인간의 행동 및 태도의 규범을 어떻게 마련할 것인가 하는 점이다. 인간중심주의 대 자연중심주의의 대결 구도 하에서 어느 한 가지 입장만을 중시하고 다른 입장을 부정하고 비판하는 차원에서는 인간과 자연 간의 조화로운 관계를 모색하는 데 실패할 수밖에 없다. 이러한 실패를 극복하기 위해서는 다음과 같은 물음에 대해 먼저 생각해 봐야 한다.

자연계에서 인간의 위치는 어떻게 자리매김 되어야 하는가? 인간은 자연 세계와 동질적 상태에 있는가 아니면 이질적 상태에 놓여 있는가? 창세기의 표현처럼 인간은 흙으로 빚어진 존재이지만 영혼을 소유한, 이 세상에 우뚝 서 있는 존재인가? 그래서 이 세상 어떤 존재보다 고귀한 존재로 이 우주를 지배·관리하는 자인가? 아니면 흙에서 왔다가 흙으로 돌아갈 수밖에 없는 자연 종속적인 존재인가?

인간을 자연 세계와는 근본적으로 다른 이질적인 존재로 보는 입장은 인간으로 하여금 이 세계와의 관계를 지배와 정복의 관계에로 치닫게 한다. 반대로 인간을 자연 세계와 동질적으로 보는 입장은 인간을 자연법칙에 따라 살아가는 자연 종속적인 존재로 인식하게 만든다.

하지만 우리는 인간과 자연의 관계를 어느 한쪽에 치우쳐 생각해서는 안 된다. 왜냐하면 인간과 자연 세계와의 관계는 동질적이지만도 이질적이지만도 않기 때문이다. 인간은 양 입장의 중간에 놓여 있다. 만일 인간이 전적으로 자연 세계와 동질적인 입장에 놓여 있다면, 즉 흙에서 왔다 흙으로 돌아가는 순전히 자연법칙적 존재라면 환경문제는 결코 발생하지 않았을 것이다. 인간의 삶이 생태계의 법칙에 따라 살아가도록 이미 규정되어 있다면 여타 동물의 삶과 인간의 삶은 차이가 없을 것이기 때문이다. 먹고 먹히는 정글의 법칙에 따라 살아가는, 그야말로 한 동물에 불과한 삶을 유지하면 그만인데 도대체 환경문제가 웬말이란 말인가. 반면에 우리는 인간과 자연의 관계를 전적으로 이질적으로만 파악해서도 안 된다고 본다. 인간이 전적으로 자연 위에 우뚝 선 지배적·관리적 존재로 이미 규정되어 있다면 아무런 문제없이 자연 세계를 잘 다듬어 놓았어야 했기 때문이다. 그러나 인간은 다른 동물의 삶과 동일한 삶을 살지도 않았으며 아무런 문제없는 완벽한 자연 세계를 가꾸지도 못했다. 이것은 인간과 자연의 관계가 전적으로 동질적이지도 이질적이지도 않다는 것을 말해 준다.

인간과 자연의 관계는 이처럼 역설적인 면이 있다. 한편으로 인간은 자연의 일부이다. 인간이 육체를 지닌 존재이고 육체의 조건에 따라 살아가는 한 인간은 자연의 일부일 수밖에 없다. 그러나 인간은 자연 위에 군림하기도 한다. 인간은 자연을 '대상'으로 삼아 변형시키며 파괴하기도 한다. 이 점에서 인간과 자연의 관계는 역설적인 면을 포함한다.

여기서 우리는 인간과 자연의 조화로운 관계를 모색하는 데 중요한 시사점을 발견할 수 있다. 그것은 바로 우리 인간은 어디까지나 자연의 일부라는 인식 하에 자연을 존중하며, 자연을 아름답게 관리하는 태도를 지녀야 한다는 것이다. 이러한 태도를 문성학 교수는 '개방적 인간중심주의'라고 부르며[29] 환경문제 해결을 위한 대안으로 제시하고 있는데 필자 역시 이 견해에 동의한다.

문성학 교수는 인간중심주의를 두 가지, 즉 폐쇄적 인간중심주의와 개방적 인간중심주의로 나눈다.[30] 전자는 인간 이외의 존재들은 모두 인간을 위한 수단이라는 인식 하에 제멋대로 다루어져도 된다

---

29) 문성학, 《현대인의 삶과 윤리》(서울: 형설출판사, 1998), 300~302면 참조.
30) 같은 맥락에서 돕슨은 인간중심주의를 소극적 의미와 적극적 의미로, 짐머만은 약한 인간중심주의와 강한 인간중심주의로 구분하고 있다. A. 돕슨, 《녹색정치사상》, 정용화 옮김(서울: 민음사, 1993), 81~82면: Zimmerman, "General Introduction," vii면 참조.

는 태도에서 출발한다. 자연과 인간의 관계에서 인간 그 자체는 본질적 가치를 지니지만 자연은 어디까지나 인간 삶의 목적 달성을 위한 도구적 가치만을 지닌 재료에 불과한 것으로 보는 것이다. 따라서 인간 이외의 존재에게 도덕적 지위라든가 도덕적 권리를 적용한다는 것은 어불성설로 여겨진다. 인간중심주의가 비판받아 온 이유도 바로 이러한 특징에 있다. 사실 인간중심주의를 이러한 시각에서 본다면 생태계 위기와 직·간접적으로 연관되어 있다는 점을 부정하기는 어려울 것이다. 따라서 폐쇄적 인간중심주의의 해체는 생태계 위기를 해소하기 위한 기본적 전제가 된다.

그러나 팀 오라이어단(Tim O'riordan)이 지적했듯이 "인간의 의식적 행동은 정의상으로는 인간 중심적이다. 생물의 관리체계를 세우든 숲을 교외 주거 지역으로 변경시키든 그 행위는 인간의 사회적·정치적·문화적 맥락에서 인간이 구상하기 때문이다."[31] 이러한 지적은 우리에게 인간중심주의에 대한 비판을 새롭게 재고하도록 만든다. 왜냐하면 인간중심주의에 대한 비판이 인간을 중심 무대에서 내려놓는 데 성공하더라도, 만일 생태계의 문제 속에 인간이 추상되어 버린다면 그러한 문제 제기는 아무런 의미가 없을 것이기 때문이다.

이것은 우리가 환경윤리학의 기본적인 성격에 대해서 생각해 보아도 쉽사리 이해될 수 있는 문제이다. 새삼스럽게 들릴지 모르지만 도대체 환경윤리학은 '무엇을 다루는가?' 하는 물음에 대하여 생각해 보자. 자연 환경의 오염이나 파괴가 우리 인간의 생존을 위협하고 있다지만, 그러한 자연 환경의 오염이나 파괴는 자연 그 자체에서 유래하는 경향이나 변화가 아니라 우리 인간의 생산과 소비의 다양한 활동의 결과 야기된 것이다. 이와 같이 만일 자연 환경이 우리 인간에게 해악을 미치고 생존을 소멸시키는 위험까지 가지고 있다면, 그 해

---

31) 최종욱, "환경(생태계) 문제의 철학적 의미에 관한 비판적 소론," 국민대학교 《어문학논총》, 제13집(1994), 339면에서 재인용.

악을 개선한다든지 위험을 회피한다든지 하는 것은 그 원인을 제공한 우리 인간의 행동 여하에 달려 있다. 요컨대 환경윤리학이 문제삼는 것이 환경과 인간 간의 관계라고 해도 그것은 환경 그 자체와인간과의 관계가 아니라 현재의 자연 환경 안에서 인간이 어떻게 행동해야 하는가 하는 점이다. 이리하여 환경윤리학은 본질적으로 어디까지나 인간의 행동에 대해서 고찰하는 것이고, '환경'이라는 문제영역에 있어서의 '윤리학'인 것이다.

이런 의미에서 녹색운동을 포함하여 생태계에 대한 문제 제기나문제 해결을 위한 어떠한 작업도 인간적 또는 인간 중심적일 수밖에없다는 주장은 설득력을 갖는다. 이런 이유로 필자는 인간중심주의를폐쇄적 의미와 개방적 의미로 구분하면서 개방적 의미의 인간중심주의는 피할 수 없다는 문성학 교수의 견해에 찬성하는 것이다.

개방적 인간중심주의는 우리 인간이 역설적 존재임을 인식하는데서 성립한다. 먼저 인간은 자신의 자연 종속성을 인식해야 한다. 인간은 어디까지나 자연의 일부이다. 이성을 통해 아무리 훌륭한 과학문명을 건설할 수 있는 능력이 있다고 하더라도 인간은 결코 자연법칙의 영향 속에서 벗어날 수 없다. 가령 이 세상의 최고 선진국들도지진, 홍수, 태풍 등의 영향으로부터 벗어날 수 없는 것이 현실이 아닌가. 데비스의 다음의 글은 인간의 자연 종속성에 관하여 잘 말해주고 있다.

살아 있는 모든 것은 평등하게 창조되었고 서로 상호의존 관계에 있다. 고기는 모름지기 풀이다. 식물만이 식량을 만들어낼 수가 있다. 인간도 인간 이외의 모든 동물도 완벽하게 식물에 의존하고 있다. 그 식물들을 우리는 대도시의 끊임없는 증식을 위해 너무나도 부주의하게 밀어내고 있다. 동물은 식물이 내보내는 산소를 필요로 하고 식물은 동물이 배출하는 이산화탄소를 필요로 한다. 또한 동물과 식물 양자는 아미노산과 비타민을 만들고, 음식물을 소화하며, 우리들이 이용할 수 있도록 질소를 고정하고, 우리가 죽으면 또 질소를 공중으로 돌려보내는 작용을 하고 있는 무수한 종들의 미생물에 의존하고 있다. 그리고 모든 존재는 생존에 필요한 것을 공급하기 위해 생산자와 소비자, 포식자와 피식자, 초식동물과 육식동물, 기생충과 질병 등으로 이루어지는 지극히 복잡한 생태계에 의존하고 있다. 인간은 혼자서만 생존할 수 없다.[32)]

　이러한 인간의 자연 종속성에 대한 인식은 우리로 하여금 자연에 대해 겸손해질 것을 요청한다. 자연의 모든 것은 인간을 위한 단순한 수단적 가치로만 인식하는 것이 아니라, 그들 자신의 고유한 가치를 갖는다는 인식을 심어줄 것이다. 그러나 인간은 자연 종속적이면서도 자연 초월적인 존재이다. 인간만이 동식물을 포함한 생태계에 대해 연구할 수 있고, 또 불충분하게나마 그 연관 구조를 이해할 수 있기 때문이다.

　이와 같은 자연계에서의 인간의 본래적 지위를 고려할 때 자연에 대한 연구는 이제 자연을 착취하기 위해서가 아니라 자연을 올바로 관리하기 위해 행해져야 한다. 자연에 대한 연구는 자연의 통합성, 안정성, 아름다움을 가능한 한 유지한 상태에서의 관리, 즉 자연친화적인 자연 관리를 하기 위해서 이루어져야 한다는 것이다.

　요컨대 개방적 인간중심주의는 인간 존재가 인간 이외의 존재들보다 본질적으로 더 가치가 있다고 주장하지만, 또 이 입장은 적어도 비인간적 존재들이 단순히 도구적으로 다루어져서는 안 된다고 본다. 인간 이외의 존재들에게도 도덕적 권리까지는 아니더라도 도덕적 지위 정도는 부여되어야 한다는 입장이다. 그리고 때로는 어떤 종이 멸종 위기에 처해 있다면 법적 권리를 부여해서라도 보호해야 한다는

---

32) Wayne H. Davis, "The Land Must Live," in K. S. Shrader-Frechette, ed., *Environmental Ethics*, 2nd ed.(Pacific Grove, CA: Boxwood Press, 1991), 88면.

입장이다. 이처럼 개방적 인간중심주의는 자연친화적인 자연 관리를 하는 입장, 폐쇄적 인간중심주의와 자연중심주의 사이의 변증법적 일치를 도모하는 입장이라고 할 수 있다.

문성학 교수는 개방적 인간중심주의를 폐쇄적 인간중심주의와 구분지으면서 다음과 같이 그 개념을 제시하고 있다.

> 폐쇄적 인간중심주의는 인간을 자연 초월적인 것으로 착각하는 데서 성립한다. 이러한 관점에 서면 자연이 파괴되어도 인간이 생존하는 데는 아무런 지장이 없다. 자연은 인간에게 필요한 것을 제공하는 거대한 창고같은 것이 된다. 폐쇄적 인간중심주의는 인간이 자신의 이성을 육신의 욕구를 위해 육신에 종속시키는 태도를 취한다. … 이제 인간은 인간 이외의 모든 것을 고려하는 개방적 인간중심주의를 채택해야 할 것으로 여겨진다. 개방적 인간중심주의는 역설적으로 인간이 자신의 자연 종속성을 인식하는 데서 성립한다. … 개방적 인간중심주의는 세계 개방성을 그 본질로 하는 인간이 자연과 세계 속에서의 인간의 위치를 개방적 안목에서 파악하고 그에 따라 인간이 자연을 초월하는 방향으로 나아가되 환경친화적인 자연 관리를 하는 인간중심주의이다.[33]

근대 이후의 인간은 자연 초월적인 이성의 도움으로 과학과 기술 문명을 발전시켜 왔으나 그것을 욕망 충족의 도구로 만들면서 자연계에 대한 인간의 우월성에 도취된다. 이와 같이 인간이 자신의 자연 초월성에 도취함으로써 초래된 것이 폐쇄적 인간중심주의이다. 폐쇄적 인간중심주의는 자연계에서의 인간의 본래적 지위, 즉 인간은 자연 초월적이면서 자연 종속적 존재라는 특징 가운데 한쪽 측면에만 치중함으로써 자연을 파괴하는 방향으로 인간을 이끌었다. 따라서 폐

---

33) 문성학, 《현대인의 삶과 윤리》, 300~302면.

쇄적 인간중심주의는 우리가 택할 바가 못된다.

이처럼 폐쇄적 인간중심주의가 자연 파괴의 원인으로 작용했음을 깨닫게 되면서 일부 학자들은 이를 포기하고 자연중심주의를 택할 것을 권고한다. 그러나 자연중심주의는 인간으로 하여금 자신의 자연 종속성에 도취하게 만든다. 우리가 만일 자연중심주의를 채택한다면 우리는 자연에 대한 어떠한 연구도 포기해야 하고, 철두철미 야생 상 태의 들소처럼 살아가야 할 것이다. 그러나 이는 자연계에서의 인간 의 본래적 지위를 고려할 때 설득력이 없음은 너무도 당연하다. 따라 서 우리는 폐쇄적 인간중심주의와 자연중심주의의 변증법적 일치를 도모하는 입장인 개방적 인간중심주의를 택하는 것이 타당함을 알 수 있다.

인간중심주의에 대한 비인간 중심적 환경윤리학의 비판이 저지르 는 실수 가운데 하나는 그것이 실천적 측면을 간과한다는 점이다. 환 경 철학이 '근본적 비판'으로서만 존재하려 하고, 또 그것으로 만족 하려 한다면 아무런 문제는 없을 것이다. 하지만 환경문제가 단순한 이론적 문제가 아니라 해결되어야만 할 실천적 과제라는 점을 고려 한다면, 실천적 입장에서 피할 수 없는 개방적 인간중심주의에 대한 재고가 반드시 필요하다고 본다. 개방적 인간중심주의를 택함으로써 우리는 폐쇄적 인간중심주의 대 자연중심주의의 끝없는 대결 구도에 서 벗어나 자연과의 공생을 위한 윤리학을 정립해 나갈 수 있을 것 이기 때문이다.

(2) 개방적 인간중심주의 하에서의 도덕적 지위

전통윤리학에서는 도덕적 지위에 관한 물음이 제기되지 않았었다. 도덕적 지위, 도덕적 권리, 도덕적 의무 등의 표현에서처럼 '도덕적' 이라는 수식어가 적용될 수 있는 대상은 인간밖에 없는 것으로 보았 기 때문이다. 그러나 최근 환경문제가 제기되고 의학 기술이 크게 발달하면서 도덕공동체의 외연 설정 문제가 응용윤리학자들 사이에서 꾸준히 논의되어 오고 있다. 논의의 핵심은 도덕적 지위를 어떤 존재에게까지 확대·부여할 것인가 하는 점이다. 개방적 인간중심주의 입장 또한 도덕적 지위의 확대·부여를 주장하고 있는 만큼 이 입장의 성격이 보다 분명해지려면, 도덕적 지위란 무엇이며, 도덕적 지위가 부여될 수 있는 범위는 어디까지인지에 대해서 밝혀져야 한다. 따라서 여기서는 이 문제에 관하여 살펴보기로 한다.

일반적으로 정상적인 성인은 도덕적 의무와 권리를 지닌 도덕주체로 간주된다. 그런데 우리 주변에는 도덕주체로 간주되지 않으나 도덕적으로 고려해야 할 대상들도 있다. 이들을 우리는 도덕객체라고 부를 수 있는데, 이는 다시 제1객체, 제2객체로 나눠볼 수 있다. 전자는 그 자체가 지닌 속성으로 인해 도덕적으로 고려되는 존재이고, 후자는 도덕주체나 제1객체와의 관계에 의해 도덕적으로 고려되는 존재이다.[34]

도덕주체와 도덕객체 간의 관계를 좀더 분명하게 이해하려면 먼저 이 양자의 구분 기준이 무엇인지를 파악해야 한다. 그 기준은 학자에 따라 여러 가지로 제시되겠지만 적어도 분명한 것은 자율적 존재가 아닌 이상 도덕적 의무를 수행할 수 없다는 점이다. 따라서 도덕적 자율성은 도덕주체와 도덕객체 사이를 구분하는 하나의 기준이 될 수 있다고 생각한다.

그렇다면 도덕적 지위란 무엇인가? 섬너(L. W. Sumner)에 따르면 도덕적 지위란 도덕주체가 아니면서도 제1도덕객체가 될 수 있게 하는 그 무엇을 말한다.[35] 그러니까 도덕적 자율성을 결여한 관계로 도덕적 의무 수행은 불가하지만 그 자체의 속성으로 인해 도덕적으로

---

34) L. W. Sumner, *Abortion and Moral Theory*(New Jersey: Princeton University Press, 1981), 196면 참조.

35) 같은 책, 26면 참조.

고려 받을 수 있는 권리를 지닌 존재에게 적용되는 개념이다.

그렇다면 여기서 문제가 되는 것은 어떤 존재까지 도덕적 지위를 부여할 것이며, 그 기준은 무엇인가 하는 점이다. 환경윤리학자들의 입장이 다양한 만큼 이 문제에 관해서도 다양한 견해들이 있다. 인간·동물복지론자들은 도덕적 지위의 부여 대상으로 인간을 포함한 쾌고 감수성이 있는 동물들을, 생명중심주의자들은 모든 생명체들을, 자연중심주의자들은 생명체뿐만 아니라 무생물까지도 포함시킨다. 도덕적 지위의 부여 기준이 다른 관계로 도덕공동체의 외연 설정이 다양하게 이루어지고 있는 것이다.

도덕적 지위의 부여 기준을 우리는 두 가지 기준, 즉 포섭기준과 비교기준으로 나누어 살펴보는 것이 이를 이해하는 데 도움이 된다. 포섭기준이란 어떤 존재가 도덕적 지위를 갖는지를 결정하는 기준, 즉 도덕적 영역의 경계를 설정해주는 기준을 말하며, 비교기준이란 존재가 지닌 자연적 속성의 정도에 따라 도덕적 지위를 차등적으로 부여하게 해주는 기준을 말한다.[36]

필자는 포섭기준으로는 생명을, 비교기준으로는 유정성을 삼고자 한다. 환경 위기는 곧 생태계 위기이다. 생태계를 구성하는 생명체들을 도덕적 영역 안으로 포섭시켜 그들에게도 도덕적 지위를 부여하는 것이 생태계 위기 극복에 도움이 될 수 있다는 생각이 든다. 우리는 이제까지 인간 이외의 생명체들을 삶의 수단으로만 간주해 왔던 폐쇄적인 인간 중심적 사고를 넘어서 다른 생명체들도 우리와 더불어 공존해야 할 가치가 있는 존재로 인정해야 한다. 그러나 생명이 있는 존재라고 해서 다 같이 동등한 도덕적 지위를 가진 것으로 볼 수는 없다. 우리는 다른 어떤 생명체들보다 우리 자신을, 하등동물보다 고등동물을, 식물보다 모든 동물을 더 중요하게 여긴다. 때문에

---

36) 같은 책, 133면 참조.

여기서 요청되는 것이 바로 비교기준이다. 비교기준이 있어야만 우리는 차등적으로 도덕적 지위를 부여할 수 있게 된다. 그 비교기준으로 유정성을 삼는 이유는 유정성의 정도에 따라 동식물의 세계를 차등화할 수 있기 때문이다.

김상득 교수에 의하면 생물학적으로 볼 때 유정성은 전뇌 척추동물(인간 뇌반구의 원시적 형태)이 처음 출현한 표징으로 가장 단순한 쾌고 감수 능력도 무척추동물은 지니지 못한다. 따라서 김 교수는 도덕적 지위의 계통발생적인 경계는 척추동물과 무척추동물 사이에서 그어진다고 한다. 이렇게 되면 모든 식물과 척추동물 이외의 동물들은 어떠한 감수성도 지니지 않기 때문에 아무런 도덕적 중요성도 지니지 못한다. 도덕적 지위가 부여될 수 있는 것은 척추동물에 한하는 것이다. 척추동물들 가운데서도 감수성의 정도가 다른데, 고등동물일수록 더 높은 수준의 감수성을 보이므로 이들은 상대적으로 더 높은 도덕적 비중을 지니게 된다. 당연히 정상적인 성인이 가장 높은 도덕적 지위를 지니게 되고, 인간보다 감수성의 정도가 낮은 존재는 인간만큼 충분한 도덕적 지위를 지니지 못한다. 이와 같이 감수성은 정도를 허용하기 때문에 김상득 교수는 이를 도덕적 지위의 포섭기준이면서 동시에 비교기준이 될 수 있다고 주장한다.[37]

그러나 필자는 이 주장에 대해서 이러한 의문이 든다. 도덕적 지위의 소유 여부를 결정짓는 기준으로 김 교수는 쾌고 감수성을 들고 있는데, 이 기준이 자의적이지 않은가 하는 것이다. 피터 싱어는 쾌고 감수 능력이 있다고 판단되는 갑각류 생물까지 도덕적 지위의 소유 대상으로 간주한다. 더욱이 생물학자인 톰킨스와 버드는 식물들도 감수성뿐만 아니라 사유 능력까지 지니고 있으므로 이들 역시 도덕적 지위의 소유 대상으로 간주돼야 한다고 주장한다. 따라서 모든 식

37) 김상득, "응용윤리학 방법론 연구"(철학박사학위논문, 서울대학교, 1996), 111~12면 참조.

152

물과 대부분의 동물은 유정적이지 않으므로 도덕적으로 고려 대상이 되지 못한다는 김상득 교수의 주장에 우리는 선뜻 동의하지 못한다.

그렇다면 포섭기준으로는 생명을, 비교기준으로는 유정성을 택하는 필자의 주장은 어떠한가? 여기에도 의문 사항이 없지 않을 것이다. 다음과 같은 의문들이 제기될 수 있을 것이라는 생각이 든다. 모든 생명체에 도덕적 지위를 부여하게 된다면 존재론적으로 동식물의 희생에 의존할 수밖에 없는 우리 인간의 삶은 어떻게 정당화 가능한가? 모든 식물과 동물들에게까지 도덕적 지위가 부여된다면 인간에게 해로운 존재자들에게까지도 동등한 도덕적 지위가 주어지는 것일까?

필자는 이러한 의문 사항들을 해결하려면 위의 두 가지 기준 적용이 좀더 신축성이 있어야 한다고 본다. 첫째는 이 기준들이 어디까지나 동식물은 종에게, 인간은 개체에게 적용되어야 한다는 것이다. 이렇게 할 경우 동식물의 종을 멸종으로 몰고가지 않는 한 우리가 특정 동식물을 식용으로 삼는 행위는 정당화된다. 둘째, 이러한 기준은 우리 인간에게 유익하거나 무해한 동식물에게 적용되어야 한다. 생태계를 구성하는 종과 개체들은 우리에게 유익하고, 유해하고, 무해한 것들 중의 하나로 분류될 수 있다.[38] 우리가 생존해 나가기 위해서는 의식적이건 무의식적이건 유해한 종들과 싸워야 한다. 따라서 유해한 종들까지 도덕공동체 안에 포섭할 수는 없다. 물론 종의 기능과 가치는 헤아릴 수 없을 만큼 난해하므로 유해한 종이라 하더라도 보존될 가치가 있다고 주장할 수도 있을 것이다. 그러나 모든 종의 기능과 가치에 대한 완벽한 정보를 얻기는 불가능하다. 그 '불가능하다'는 이유로 현재 우리에게 해로운 종들까지 계속 보존해 나가야 한다는 주장은 너무나 감상적이라는 생각이 든다.

---

38) Boris Zeide, "알도 레오폴드의 토지윤리를 보는 새로운 시각," 탁광일 옮김,《숲과 문화》제39호(1998년 5~6월), 8~16면 참조.

　　요컨대 필자의 주장은 우리에게 유익하거나 무해한 동식물의 개체
가 아니라 종들을 도덕공동체 안에 포섭하면서 유정성의 정도에 비
추어 차등적으로 도덕적 지위를 부여해야 한다는 것이다. 현세대에게
유익하거나 무해한 동식물의 종은 미래 세대에게도 비슷한 영향을
끼칠 것으로 판단된다. 따라서 우리는 미래 세대를 위해서도 그러한
종들에게는 일정한 도덕적 지위를 부여함으로써 지속적으로 보존시
켜 나갈 필요성이 있다. 동식물의 종이 도덕적 지위를 갖는다는 것은
곧 그들이 자기 보존을 위한 생명권을 지닌다는 의미이다. 따라서 도
덕공동체란 도덕 행위자, 즉 도덕적 의무와 도덕적 권리 담지자들뿐
만 아니라 도덕 행위자가 의무를 갖는 유익하거나 무해한 존재의 종,
즉 도덕적 지위를 지니고 있는 유익하거나 무해한 존재의 종들까지
도 포함하는 집합체라고 할 수 있다.

VII. 미래 세대의 권리 문제

　　환경윤리학의 기본적인 쟁점들 가운데 하나는 세대 간 윤리 문제이다. 환경윤리학자들의 주장에 따르면 현재 세대는 미래 세대에 대하여 그 생존 조건을 보장해야 할 의무를 지고 있다. 하지만 이 양세대 간에 의무를 거론할 만큼 상호관계가 성립된다고 보기는 어려울 것이다. 서로 간에 대화를 나눈다거나 약속을 한다거나 합의에 이른다는 것이 그 가능성조차 없어 보이기 때문이다. 그러므로 세대 간 윤리가 정말 성립할 수 있을까 하는 물음이 제기되는 것은 당연하다. 만일 현재 세대가 미래 세대에 대하여 의무라든가 책임을 지니고 있다면 우리는 그것을 어떻게 확인할 수 있을까? 어째서 우리는 아직 존재하지도 않는 사람들과의 사이에 약속이라든가 계약이라든가 하는 관계를 맺을 수 있단 말인가? 그 관계는 만약 성립된다고 하더라도 쌍무적·상호적인 것이 아닌 일방적인 책무가 되는데 거기에 어떻게 구속력이 성립할 수 있는가? 세대 간 윤리가 성립하려면 이러한 문제들에 대답할 수 있어야 한다. 이 장에서는 바로 이들 문제를 놓고 전개되고 있는 논쟁에 대하여 살펴보고, 그 쟁점을 비교·해석할 것이다.

156

1. 미래 세대의 권리에 관한 논쟁

세대 간 윤리의 정립에 있어서 가장 기본적으로 요구되는 전제조
건은 미래 세대가 현재 세대와 동등한 권리를 지니고 현재 세대가
속한 도덕 공동체의 구성원들로 간주되는 것이다. 과연 미래 세대도
현재 세대와 마찬가지의 권리를 지닐 수 있을까? 정녕 미래 세대도
우리와 동일한 도덕 공동체의 구성원이 될 자격이 있는가? 만일 그
러한 권리와 자격을 지닐 수 있다면 그 근거는 어디서 찾을 수 있을
까?

일부 학자들은 미래 사람들은 결코 권리를 지니지 못한다고 주장
한다. '권리 접근'에 대한 이들의 반대는 이른바 현재 사람들과 미래
사람들 간의 몇 가지 본질적인 차이에 근거하고 있다. 미래 사람들은
시간적으로 멀리 떨어져 있다는 사실, 그들은 무능하고 현재 존재하
고 있지 않으며, 불확정적이라는 이유로 미래 세대의 권리 소유 가능
성을 부정하고 있는 것이다. 그러나 이러한 주장과는 정반대로 미래
세대도 권리를 소유할 수 있다는 주장을 펴는 학자들도 만만찮다. 미
래 세대의 권리 소유 문제를 놓고 벌이는 논쟁을 살펴봄으로써 우리
는 이에 관한 입장을 좀더 분명히 할 수 있을 것이다.

(1) 비상호관계 논증: 미래 세대가 권리를 소유할 수 있다는 주장
에 대한 첫번째 반론은 '비상호관계 논증'(the nonreciprocity
argument)을 통해 이루어진다. 이는 미래 세대의 권리 문제에 관한
논의에서 가장 많이 제기되는 주장으로 현재 세대와 미래 세대 간에
는 명백한 상호관계가 성립되지 않으므로 미래 세대가 권리를 소유
한다는 것은 넌센스라는 입장이다. 이러한 입장의 대표적인 학자로는
쉬워츠(Thomas Schwartz)를 들 수 있는데, 그는 미래 세대의 권리 문
제에 대해 다음과 같이 진술한다.

먼 미래의 생활 여건을 개선하기 위한 효과적인 어떠한 시도도 미래의
만남이나 결혼 그리고 출생에까지 영향을 끼침으로써 유전학적인 조직 재
구성(genetic shuffle)을 초래한다. 그것은 결국 상이한 개인들로 이루어지
는 미래를 재구성할 것이다. 따라서 A라는 미래의 개인들 가운데 개선된 B
라는 미래에 존속할 사람은 아무도 없기 때문에 이러한 정책의 결과로서
혜택을 입게 될 개인은 한 사람도 없을 것이다. 미래를 개선시키려는 어떠
한 시도도 엄밀히 말하면 누구에게도 혜택을 베풀지 못하게 되므로 미래
세대에 대한 책무는 존재하지 않는다. 미래에 대한 아무런 의무도 없다면
미래 세대는 아무런 권리도 지니지 않게 된다.[1]

그러나 이와 같은 쉬워츠의 주장은 카브카(Gregory Kavka), 파핏
(Derek Parfit), 패트리지(Ernest Patridge), 슈레더-프레체트(K. S.
Shrader-Frechette)와 같은 저명한 철학자들의 반론을 야기해 왔다. 이
들은 쉬워츠의 주장처럼 세대 간의 모든 도덕적 교류가 단절된다고
보지 않는다. 이들 가운데 패트리지는 쉬워츠의 주장을 이렇게 해석
한다. 즉 그는 ① 장기적인 정책이 실제로 미래를 재구성할 수 있다
는 쉬워츠의 주장은 수락하지만, ② 그로부터 우리는 미래에 대해 아
무런 의무도 없다는 그의 추론은 결코 받아들일 수 없다는 것이다.
이를 간단히 정리하면, '급진적인 유전학적 우발사건'에 의해 우리가
개인으로서 미래 사람들의 이익을 위해 행동해야 하는 의무는 면제
될 수도 있지만, 이러한 도덕적 면제가 우리의 정책이 먼 미래에까지
미치는 결과를 고려하지 않아도 좋다는 뜻은 아니라는 것이다.[2] 현재

1) Thomas Schwartz, "Obligation to Posterity," in Brian Barry and R. I. Sikora,
  ed., *Obligation to Future Generations*(Philadelphia: Temple University Press,
  1978), 3면.
2) Ernest Partridge, "On the Rights of Future Generations," in Donald Scherer,
  ed., *Upstream/Downstream*(Philadelphia: Temple University Press, 1990), 45면
  참조.

158

세대의 여러 가지 정책적 결정들은 현재 세대 자신에게뿐만 아니라 미래 세대에게도 영향을 끼칠 수 있고 따라서 양 세대 간에는 상호 관계가 형성될 수 있다는 의미이다.

슈레더-프레체트는 "우리 선조들이 여러 가지 방법으로 우리에게 도움이 되어 왔으므로 우리 역시 먼 미래의 자손들을 도와 줄 의무를 갖는다"는 의견에 기초하여 세대 간의 상호성을 정당화한다. 세대 간의 상호성은 세대 간의 의존성으로 해석될 수도 있다는 것이다. 바꿔 말해 사회 계약의 전제 조건은 A세대가 B세대에게 유익하면 그 역도 성립하는 상호성이 아니라, A는 B에게 유익하고 B는 C에게 유익하며 C는 D에게 유익하게 되는 것과 같은 의존성에 있다는 것이다.[3]

슈레더-프레체트는 또한 세대 간의 상호성이라는 개념은 옹(恩: 은덕)이라는 일본어의 개념에 의해 더욱 분명하게 정식화되어 왔다고 한다. 그녀에 의하면 이 개념의 의미는 '의무'(obligation)라는 서양의 개념에 가까운 것이다. "사람은 선조의 옛 은덕에 대해서 자손에게 꼭 같은 만큼, 혹은 그 이상을 베풂으로써 답례를 한다." 따라서 과거 세대에 대해서 빚지고 있는 의무는 미래 세대에 대한 "은덕에 포섭될 뿐이다."[4] 바꿔 말하면 미래 사람들은 우리가 빚을 진 과거 사람들의 대리인으로 간주된다는 것이다. 그리고 우리는 선조들에게 진 빚을 선조가 우리를 위해서 베풀어 주었던 것만큼 자손들에게 베풂으로써 되갚아야 한다는 것이다.

(2) 시간 거리 논증: 미래 세대의 권리 소유에 대해 반대하는 두 번째 주장은 '시간 거리 논증'(the time-span argument)을 통해 전개

---

3) K. S. Shrader-Frechette, "Technology, the Environment, and Intergenerational Equity," in K. S. Shrader-Frechette, ed., *Environmental Ethics*, 2nd ed.(Pacific Grove, CA: Boxwood Press, 1991), 70면 참조.
4) 같은 글, 71면 참조.

된다. 미래 세대가 권리 주장을 할 수 없는 것은 그들이 현 시점에서 시간적으로 아주 멀리 떨어져 있기 때문이라는 것이다. 의무나 권리란 오랜 기간에 걸쳐 서로 간에 커뮤니케이션과 상호작용이 없는, 즉 비공시적인(nonconcurrent) 삶을 영위하는 사람들 간에는 적용될 수 없다는 입장이다.

과연 시간이 오랫동안 흐르면 도덕적 책임 또한 희박해져 가는가? 유력한 과학적 견해에 따르면 지난 몇십 년 동안 시행되어 온 일부의 기술혁신과 사회 정책이 현재 세대에게는 단기간의 이득을 가져오지만, 우리 후손들에게는 재난적인 장기적 영향을 초래할지도 모른다고 한다. 이와 같이 조용하게 지속적인 축적 과정을 통해 먼 원인에까지 연결되는 장기적인 영향을 가리켜 생태학자들은 '타임-래그 영향'(time-lag effects)이라고 부른다. 가령 수많은 핵무기 제조, 핵분열 에너지에 대한 막대한 투자 결정이 아주 유독하고 장기적으로 지속되는 방사성 폐기물의 산출을 가져왔다는 점을 생각해 보면 이를 잘 이해할 수 있다. 이들 물질 가운데 일부는 수십만 년 동안 지구의 생물권으로부터 격리되어야만 한다. 만일 중간에 어떤 지질학적 사건에 의해 이 물질이 생물권으로 방출된다면 그 결과는 엄청난 재앙을 초래하게 된다. 대기권에서의 염화불화탄소의 축적도 이와 비슷하다. 지난 40년 동안 수백만 톤의 염화불화탄소가 대기권으로 방출되었는데 지금은 그 제거가 불가능할 정도다. 그리고 대기권에서의 염화불화탄소의 축적은 지금도 계속되고 있는데, 이로 인해 해로운 자외선으로부터 생물권을 보호하는 오존층이 파괴되고 있다는 분명한 증거들 또한 제시되고 있다. 이러한 경고 때문에 염화불화탄소의 방출은 법에 의해 크게 삭감되어 왔다. 그럼에도 불구하고 오존층 파괴라는 부정적 결과는 21세기까지 영향을 끼치게 될 것임이 아주 분명해 보인다. 오존층 파괴로 인한 치명적인 결과가 타임-래그 영향 때문에 이 원인을 제공한 현재 세대보다는 오히려 후손들에게 더 크게 나타

160

난다는 것이다.[5]

위에 열거한 내용들이 시사하는 바는 분명하다. 현재 세대가 생존하는 동안에 이루어진 사건들이 현재 세대 그리고 바로 다음 세대에게는 이익을 가져올 수도 있으나, 타임-래그 영향을 통해 그것은 지금부터 1세기나 그 이후에 태어나게 될 사람들에게는 엄청난 파국이라는 대가를 지불하게 만든다는 것이다. 이러한 사실에 기초하여 패트리지는 다음과 같은 물음을 제기하고 있다.

> 우리의 활동이나 정책이 장기적인 타임-래그 영향으로 인해 후손들의 삶의 환경에 심각한 변화를 야기할 정도로 큰 영향을 미치고, 더구나 우리가 이를 알고 그 대안을 선택할 수 있음에도 우리가 후손들에게 아무 의무도 없다는 것을 어떻게 계속 주장할 수 있는가? 만일 미래 세대에게 심각한 해를 야기하거나 방지할 수 있는 지식과 능력이 우리에게 있음에도 미래 세대에게 그러한 해를 입지 않을 권리가 없다고 어찌 우리가 계속 주장할 수 있는가? 요컨대 우리의 예견, 능력, 그리고 선택이 미래 세대의 삶의 조건에 중대한 영향을 끼칠 수 있다는 것을 인정하고서도 미래 세대에 대한 도덕적 책임을 부인할 수 있는가?[6]

후대 사람들의 삶에 우리의 능력이 영향을 끼칠 수 있고, 그로부터 초래되는 결과를 우리가 과학적으로 예견할 수 있다는 것은 우리로 하여금 우리 자신의 도덕적 책임을 이 예견이나 능력 그리고 선택의 한계까지 확장할 것을 요구한다는 것이다. 따라서 패트리지는 "'시간거리'(time-span) 그 자체가 의무와 권리에 대항하는 한 논증으로서 구성될 수는 없다"[7]고 주장한다.

---

5) Partridge, "On the Rights of Future Generations," 46면 참조.
6) 같은 책, 47면.
7) 같은 글, 같은 면.

(3) 권리 주장·청구의 불가능성 논증: 미래 세대의 권리 소유에 대한 세 번째 반론은 미래 세대는 '권리 주장·청구가 불가능하다는 논증'(the no-claims argument)을 통해 이루어진다. 미래 사람들은 단지 '잠재적'(potential)으로밖에 존재하지 않기 때문에 권리를 주장할 수 없고, 따라서 아무런 권리도 주어지지 않는다는 것이다. 이 입장의 대표적인 논자로는 밴드맨(Bertram Bandman)을 들 수 있는데 그의 견해를 살펴보면 다음과 같다.

> 사용할 수 있는 권리(usable right)를 소유한다는 것은 사람이 자기의 권리를 위해 효과적인 주장을 할 수 있는 위치에 있다는 것이다. … 만일 미래 세대가 신선한 공기를 들이마실 권리를 주장할 준비가 되어 있기만 하다면 그들도 그러한 권리를 갖는다고 말해질 수 있다.[8]

미래 세대는 자신들의 권리를 주장할 수 있는 위치에도 있지 않으며, 그럴 만한 준비도 되어 있지 않다는 주장이다. 그리고 밴드맨은 권리를 일차적 권리와 이차적 권리로 나누는데 전자는 행위 그 자체에 대한 권리이고, 후자는 전자가 침해받았을 경우에 그것을 구제하는 권리를 말한다.[9] 이 구분에 따르면 미래 사람들을 위해서는 설령 그들이 권리를 침해받았다 하더라도 제재 수단이 없으면 구제 방법도 없는 이상, 그것을 구제하는 권리도 법적으로 주장할 수 없게 된다.

이러한 주장에 대해 패트리지는 스톤과 같은 대행자 이론(representative principle)에 근거하여 반론을 편다. 즉 그는 자신의 권리를 주장할 수 없는 개인이라면 그를 위해 대리하는 다른 사람들에

---

8) Bertram Bandman, "Do Future Generations Have the Right to Breathe Clean Air?" *Political Theory*, 10, no. 1(February 1982), 96면.
9) 같은 글, 같은 면 참조.

162

의해 보호받음으로써 권리를 가질 수도 있다는 것이다. 예를 들면 동물의 권리는 '동물 학대를 저지하기 위한 미국 협회'(ASPCA)와 같은 사적인 기관에 의해서 법적으로 대변될 수 있으며, 유아의 권리는 지정된 변호사라든가 공공기관에 의해서 청구되거나 보호받을 수가 있다. 따라서 그는 우리에게 필요한 것은 '미래 사람들의 권리에 대한 명확한 법적 보호'라고 말한다. 그는 또 이에 관한 실제적인 예로써 "미래 세대가 향유하는 데 손상받지 않도록" 국토를 보호하고 보전하는 것을 명기하고 있는 1916년의 국립공원법(National Park Act)을 든다.[10] 스스로 권리를 주장할 수 없다 하더라도 동물이나 유아의 권리가 '만인의 대리인인 법정이나 공공기관에 의해서 보호받을 수 있는 것처럼, 미래 세대에 대해서도 당연히 그러해야 한다'는 것이 패트리지의 입장이다.

슈레더-프레체트는 현재 사람들이 미래 사람들에게 가한 것(예를 들면 영속적인 발암 물질)에 대한 손해배상금을 청구하는 것이 미래 사람들로서는 불가능하다는 점을 인정한다. 우리의 후손들로서는 완벽하고도 정당한 절차를 준비하는 것이 불가능하기 때문에, 적어도 이 의미에 있어서 그들은 정말이지 의지할 것 없는 완전한 무력 상태에 있다는 것이다. 그러나 슈레더-프레체트는 요나스가 지적하는 것처럼 "의지할 곳 하나 없는 완전한 무력함은 완전한 보호를 요구하며, 이것은 굽힐 수 없는 원리"(inflexible principle)라고 말한다. 따라서 미래 세대가 비록 권리 주장을 할 수 없다 하더라도 우리는 그들에게 '완전한 보호'를 제공할 의무가 있다는 것이다.[11]

(4) 비현존성 논증: 미래 세대의 권리 소유에 대한 네 번째 반론은 '비현존성 논증'(the nonactuality argument)을 통해 전개된다. 이

---

10) Partridge, "On the Rights of Future Generations," 49면 참조.
11) Shrader-Frechette, "Technology, the Environment, and Intergenerational Equity," 75면 참조.

논증의 요체는 미래 사람들이 현 단계에서 존재하고 있지 않은 이상, 그들이 현재 권리를 가지고 있다고 이야기하는 것은 넌센스라는 것이다. 오직 현존하는 실체만이 권리를 가지며 현존하지 않는 실체들은 권리의 주체이거나 소유자가 될 수 없다는 입장이다. 이러한 입장의 대표적인 맥클린(Ruth Macklin)은 다음과 같이 말하고 있다.

> 권리의 귀속은 잠재적으로 가능한 상태에 있는 사람들(possible persons)이 아니라 현실적으로 실재하는 사람들에 대해서 이루어져야 할 성질의 것이다. 미래 세대는 오로지 잠재적인 사람들로만 구성되는 것으로 간주될 수 있기 때문에 … 미래 세대에게는 권리가 적절히 귀속될 수 없다.[12]

미래 사람들은 현실적인 존재가 아닌 잠재적인 존재이고, 따라서 우리는 이 잠재적인 인격에 대해서 아무런 의무도 갖지 않는다는 것이다. 특히 로젠바움(Stuart Rosenbaum)은 이 점에 관하여 대단한 자신감을 가지고 다음과 같이 주장한다.

> 단지 잠재적일 뿐인 사람들에게 지게 되는 의무는 있을 수 없다는 일반적 원리를 나는 아주 명백한 것으로 받아들인다. 만일 미래 세대를 이 일반적인 원리로부터 면제시켜 주는 무엇인가 독특한 면이 있다면 그것이 무엇인지 나는 발견할 수 없다. 결과적으로 나는 미래 세대가 권리를 갖는다는 주장에 대한 이 반대안을 수용한다.[13]

---

12) Ruth Macklin, "Can Future Generations Correctly Be Said to Have Rights?" in Ernest Partridge, ed., *Responsibilities to Future Generations*(Buffalo: Prometheus Books, 1991), 151~52면.

13) Sturt E. Rosenbaum, "Do Future Generations Have Rights?" in Donald Scherer, ed., *Upstream/Downstream*(Philadelphia: Temple University Press, 1990), 52면에서 재인용.

그러나 패트리지는 "미래 세대가 상상 속의 존재일지라도 엄청난 파국이 초래되지 않는 한 그들은 필연적이라고 말해도 좋을 만큼 존재하게 된다. 그리고 파국이나 핵전쟁으로 인한 파멸도 대개 우리 자신의 선택 사항인 이상 인류의 생존이 불확실하다고 하여 미래에 대한 책임이 면제되는 것은 아니다"[14]라고 하며 로젠바움의 추론을 거부한다.

파인버그도 이 점에서는 패트리지와 비슷한 입장에 있다. 파인버그는 미래 사람들이 "현재로서는 얼굴도 모르고 이름도 없지만 지금부터 500년이 경과한 후에도 우리와 고스란히 닮은 모습으로 우리가 거처하던 이 곳에 반드시 정착하고 있을 것"[15]이라고 한다. 그는 또 "인류의 미래상이 분명치 않다 하더라도 어쨌든 그들이 살아 있는 몸을 지닌 인간인 것은 거의 확실하기 때문에 미래의 그들이 우리에게 무엇인가를 요구하고 있다는 사실에도 아무 변함이 없다"고 한다.[16] 파인버그는 미래 사람들이 도래한다는 사실을 확신하고 있으며 그들에게 권리 또한 부여하고 있는 것이다.

(5) 불확정성 논증: 미래 세대의 권리 소유에 관한 다섯 번째 반론은 '불확정성 논증'(the indeterminacy argument)을 통해 전개된다. 맥클린이 그러한 입장을 아주 솔직하게 다음과 같이 표현하고 있다.

> 권리를 인간의 어떤 계층에 귀속시키는 것은 적절하지만 그 해당 계층이 자신이 누구인지를 확인할 수 없는(no identifiable) 구성원들로 이루어졌을 경우는 그러한 귀속이 부적절하다. 지금 '미래 세대'로 기술될 수 있

---

14) Partridge, "On the Rights of Future Generations," 53면.
15) Joel Feinberg, "The Rights of Animals and Unborn Generations," in T. A. Mappes and J. S. Zembaty, ed., *Social Ethics*, 2nd ed.(New York: McGraw-Hill, 1982), 402면.
16) 같은 글, 139면.

는 계층에는 자신이 누구인지를 확인할 수 있는 구성원이 포함되고 있지
않다.[17]

    하지만 패트리지는 이 견해야말로 지금까지의 모든 반대 입장 가
운데 가장 기묘하다고 한다. 그 이유는 '자신이 누구인지를 확인할
수 없는 사람들에 대한 의무라든가 그들의 권리에 관한 사례', 그리
고 '불확실한 미래에 있어서의 잠재적인 사람들에 대한 의무'는 쉽
사리 제시할 수 있기 때문이라는 것이다. 예를 들면 육체적으로 폭행
당하지 않을 나의 권리는 불확실한 미래에 언제라도 폭행할 수 있는
좋은 기회를 가질 수도 있는 불특정한 다른 모든 사람들의 의무도
수반한다. 내일 아무도 '나를 폭행하지 않는다'는 생각을 하게 되면,
설령 누군가가 20년 후에 나를 폭행할지 모른다고 해도 나는 여전히
폭행당하지 않을 권리를 갖는다는 것이다.[18]
    더욱이 패트리지는 "불특정한 사람에 대한 의무나 그러한 사람의
권리는 그 '불특정한 사람'이 아직 생존하고 있지 않더라도 이미 도
덕적으로 유효한가?"라는 문제를 검증하면서 플레처(Galen Pletcher)
가 제시한 '캠프장의 예'(paradigm of the campsite)를 든다.

    만일 내가 며칠 동안 어떤 장소에서 캠핑을 했다면 그곳에서 캠핑을 할
  다음 사람을 위해 그 장소를 깨끗이 할 의무를 진다는 것은 상식적인 얘기
  다. 물론 우리는 다음에 그 장소를 이용할 사람이 어딘가에 현존하고 있다
  는 것을 당연하게 여기고 있다. 그러나 이것을 당연시할 필요는 없다. 그것
  은 마치 다음 사람이 남자인지 여자인지를 또는 그 사람이 그 장소를 언제
  이용할지를 알 필요가 없는 것과 마찬가지다…"[19]

---

17) Macklin, "Can Future Generations Have Rights?" 152면.
18) Partridge, "On the Rights of Future Generations," 56면 참조.
19) Galen Pletcher, "The Rights of Future Generations," in Ernest Partridge, ed.,

패트리지에 의하면 여기서 중요한 것은 다음에 캠핑하는 사람이 소유하는 아이덴티티이다. 아이덴티티, 즉 정체성을 패트리지는 이렇게 설명한다. "다음에 캠핑하는 사람은 깨끗한 캠프장에 대한 권리를 가진다. 그런데 그것은 그가 누구인지 또는 언제 그가 존재하게 될지 하는 것에 관계없이, 오히려 … 그가 캠프장 이용을 즐기는 데에 관심을 가질 수도 있는 감각과 의식을 갖춘 이성적인 사람(즉 우리의 도덕 공동체에 속하는 사람, person of our moral community)이기 때문인 것이다."[20] 패트리지는 이 시점에서 그가 존재하지 않을 수도 있다는 것은 도덕적 견지에서 볼 때 당면한 문제와 아무 상관이 없다고 한다. 그는 더구나 캠프장에 대해서가 아니라 다음 세대 그리고 그 다음 세대가 살지 않으면 안 될 행성에 대해서 우리가 이야기할 때, 이 논의는 더욱더 절박해진다고 한다.

(6) 무지 논증: 이제 미래 세대의 권리 소유에 대해서 반대하는 마지막 입장인 '무지 논증'(the ignorance argument)에 관해서 살펴보기로 하자. 이 논증의 핵심은 미래 사람들이 우리와 동일한 '좋은 삶(the good life)'의 개념, '이상적 사회상(social ideal)'의 개념을 공유할지 안 할지를 안다는 것은 불가능하므로, 그들이 우리와 동일한 권리를 소유한다고 볼 수 없다는 것이다. 이러한 입장에 있는 골딩에 따르면 우리는 단지 미래 사람들이 바라는 것이 무엇인지를 아는 경우에만 그들을 우리 도덕 공동체의 성원으로 간주할 수 있다. 하지만 우리는 먼 미래 세대가 말하는 '좋은 삶'의 개념이 무엇인지를 알지 못하는 것처럼 그들이 바라는 것 또한 알 수 없다고 그는 주장한다.[21] 구딘(Robert E. Goodin) 역시 "우리는 미래 사람들에게 필요한

Responsibilities to Future Generations(Buffalo: Prometheus Books, 1991), 168면.

20) Partridge, "On the Rights of Future Generations," 58면.

21) M. P. Golding, "Obligations to Future Generations," The Monist, 56, no. 1(January 1972), 98면 참조.

물건이나 그들의 욕구가 어떤 것인지를 모르며 그러므로 그들에 대해서 우리는 아무런 의무를 갖지 않는다"[22]고 말한다.

그러나 파인버그는 미래 사람들도 "주택 공간, 비옥한 토양, 신선한 공기, 그 밖의 여러 가지에 대하여 이해관심(interest)을 갖는다"고 주장한다.[23] 이에 관한 그의 견해를 더 자세히 살펴보기로 하자. "미래 사람들이 어떠한 형상으로 출현하건, 그리고 그들이 어떠한 사람이기를 이성적으로 기대되건 간에, 거기에 여러 가지 문제가 있더라도 그들은 우리가 영향을 끼칠 수 있는 다양한 이해관심을 가질 것이다. … 그들이 이해관심의 소유자라는 사실은 아주 명백하다."[24] 그러므로 그는 미래 사람들의 '좋은 삶'의 개념이 지니고 있는 정확한 성격을 아는 것이 그들에게 권리를 부여하는 데 필요한 것은 아니라고 본다. 오히려 필요한 것은 우리가 영향을 끼칠 수 있는 '이상적 사회상'의 개념을 그들도 공유할 것이라는 사실을 우리가 알고 있다는 이 한 가지 사항이라고 한다.[25] 이어서 파인버그는 이렇게 결론짓는다. "최근 수 세기에 걸쳐 인간은 이 지구상에서 군림해 왔다. 마치 거기에 서식하고 있는 동물들과 장차 미래에 정착하게 될 인류에게는 아무런 청구권도 없다고 말하는 것처럼 보였다. 철학자들이 지금까지 논의해 온 것은 그들(동물, 미래 사람들)이 현재 시점에서는 권리가 없으므로, 우리가 속하고 있는 도덕 공동체의 구성원이 될 자격이 없다는 오로지 이 한 가지 주장인데 그것으로는 사태 해결에 이르지 못하였다. … 미래 사람들의 권리를 인정하는 것은 위기에 직면해 있는 종(우리 인류를 포함해서)에게 보답하는 우리들의 최소한의

---

22) Robin Attfield, *The Ethics of Environmental Concern*(Athens, Georgia: University of Georgia Press, 1991), 93면에서 재인용.

23) Feinberg, "The Rights of Animals and Unborn Generations," 408면.

24) 같은 글, 408~9면.

25) Shrader-Frechette, "Technology, the Environment, and Intergenerational Equity," 72면 참조.

임무이다."[26] 파인버그는 미래 사람들도 우리와 똑같은 이해관심을 가지며 따라서 그들에게도 우리와 동일한 권리가 주어져야 함을 말하고 있는 것이다.

이러한 견해에 따를 때 미래 사람들이 우리와 동일한 좋은 삶의 개념을 공유할지 어떨지 우리는 모르기 때문에, 그들은 우리와 동일한 도덕 공동체에 속하지 않으며 결과적으로 권리를 소유할 수 없다는 것은 결코 옳은 주장이 될 수 없다.

이에 관해 슈레더-프레체트는 다음과 같은 주장을 펴고 있다. "미래 세대가 바라는 이상적인 사회의 모습을 알 수 없는 상황에서 우리가 도덕적으로 확실하게 따를 수 있는 자세는, 미래 세대의 이상적 사회상이 우리들 자신의 것과 크게 다르지 않을 것이라고 추정하는 것이다. 만일 우리가 미래 사람들에게 극단적으로 위험한 무슨 일인가를 현재 행할 경우, 설령 그들이 우리와 동일한 좋은 삶의 개념을 공유한다 할지라도 우리의 행동이 온전히 받아들여질 수 있을 것이라고 여기는 것은 도덕적으로 무책임하다. 그것은 숲의 움직임을 모르고 있는 상황, 즉 그 원인이 자신들의 사냥 동료인지, 표적이 되는 동물인지를 확인하지 않은 상황에서 그 움직이고 있는 숲을 향해 총

---

26) 가토 히사다케, 《환경윤리란 무엇인가》, 김일방 옮김(대구: 중문출판사, 2001), 171면에서 재인용. "어떤 존재가 논리적으로 권리의 적절한 주체가 되려면 그는 반드시 이해관심(interests)을 가져야 한다"라는 파인버그의 말에서처럼 그는 권리의 주체가 될 수 있는 기준을 이해관심의 소유 여부에 두고 있다. 이러한 관점에서 그는 하등동물, 식물, 죽은 인간, 모든 종(whole species) 등은 권리의 주체로부터 제외시켰고, 식물인간(회복 가능한 경우만), 태아, 미래 사람들은 권리의 주체에 포함시켰다. 그가 권리를 인정한 범위는 현재와 미래의 인간이고 인간 이외의 존재(고등동물은 제외됨)에게는 권리가 인정되지 않는다. 그는 "만일 인간이 식물, 동물, 경관 등을 마치 하나의 인격체처럼 다루기로 결정한다면 세계의 문명화, 인간의 행동, 생존을 불가능하게 만든다"고 주장하는 패스모어와 유사한 입장에 있다고 볼 수 있다. 파인버그의 권리에 관한 논변에 대해서는 같은 책, 147~72면 참조.

을 쏘는 것과 다름 없다.[27] 바꿔 말하면 무지의 상황이 존재할 때 우리가 도덕적으로 책임질 수 있는 자세는 가능한 한 권리를 침해하지 않도록 행위해야 한다는 것이다. 미래 세대의 이상적 사회상이 어떠한지를 우리는 알 수 없기 때문에 "우리는 그것이 우리들 자신의 것과 크게 다르지 않을 것이라는 추정하에서 행위해야 한다"는 주장이다.

이상으로 우리는 "미래 세대도 과연 권리를 소유할 수 있는가" 하는 물음에 대한 찬반 견해를 살펴보았다. 미래 세대의 권리 소유에 대해 반대하는 사람들의 논증은 여섯 가지 문제를 가지고 이루어지고 있었다. 즉, 그것은 '현재 세대와 미래 세대 간에는 상호관계가 성립하지 않는다', '양 세대는 시간적으로 아주 멀리 떨어져 있다', '미래 세대는 직접적인 권리 주장을 할 수 없다', '미래 세대는 비실재적인 존재들이다', '미래 세대는 자신이 누구인지를 확인할 수 없는 존재들이다', '미래 사람들이 우리와 동일한 좋은 삶의 개념을 공유할지 어떨지 우리는 전혀 모른다' 라는 것들이었다. 하지만 이 여섯 가지 논점은 그 어느 것이나 반론의 여지를 많이 남겨 두고 있는데, 그러한 반론을 간단히 정리해 보면 다음과 같다. "미래 사람들이 우리와 도덕을 공유하는 도덕 공동체에 속할 자격이 없다고는 할 수 없다." 미래 세대의 성원들도 현재 세대에게 권리를 청구할 수 있는 자격을 갖는다는 것이다. 미래 세대가 권리를 소유한다는 것은 '자선을 수혜 받을' 권리를 소유한다는 의미 이상으로, 그들의 '권리를 존중해야 할 현재 사람들의 의무' 도 포함한다. 요컨대 '권리라는 것은 우리의 주의를 모아 우리의 응답(response)을 요구한다' 는 것이다.

---

27) Shrader-Frechette, "Technology, the Environment, and Intergenerational Equity," 75면.

170

2. 쟁점의 비교 및 해석

(1) 쟁점의 비교

앞에서 우리는 환경문제의 해결을 위해서는 세대 간 윤리가 필요하다는 것을 주장하였다. 그러나 세대 간 윤리가 형성되려면 현재 세대와 미래 세대 간에 상호적인 관계가 성립돼야 한다. 미래 세대 역시 현재 세대와 동등한 권리를 지니고 현재 세대가 속한 도덕 공동체의 구성원들로 간주되어야 한다. 하지만 현실적으로 미래 세대는 현재 세대의 무차별적인 자연 환경 파괴 행위에 대하여 그 중단을 요청할 수 없다. 미래 세대는 현재 세대에게 미래 세대 자신들의 생존권을 염두에 둔 보다 신중한 개발을 요구할 수 없다. 때문에 일부 학자들은 세대 간 윤리의 성립은 아예 불가능하다고 주장한다. 양 세대 간의 상호적 관계는 결코 성립될 수 없는 것으로 보기 때문이다. 따라서 그들은 미래 세대가 현재 세대에게 어떠한 권리도 요청할 수 없으며 양 세대가 동일한 도덕 공동체의 구성원으로 간주될 수도 없다고 주장한다. "인간은 현재 이 순간의 일을 추구해야 하며 미래는 신의 섭리에 맡겨야 한다"는 베이컨의 말처럼 이들은 미래의 문제는 현재 세대와 어떤 관계도 없다는 입장을 취한다.[28] 아직 발생하지 않은 것에 대해서는 우리가 아는 바 전혀 없기 때문에 우리의 관심과 걱정의 적법한 대상이 될 수 없다는 것이다.

반면에 다른 학자들은 현재 세대와 미래 세대 사이에 권리와 의무가 존재할 수 있으며, 가령 현재 세대는 과거 세대가 자신들에게 베풀었던 것과 유사한 혜택을 미래 세대에게 베풀 도덕적 의무를 가진다고 주장한다. 이들은 미래에 발생하는 일은 '신의 섭리' 문제라기

---

28) Barry S. Gower, "What do we owe future generations?" in David E. Cooper & Joy A. Palmer, ed., *The Environment in Questions*(New York: Routledge, 1992), 1~2면 참조.

보다 오히려 현재의 우리의 행동에 더 많은 영향을 받는 것으로 본다. 현재 세대가 미래를 알 수 없다고 하더라도 미래에 영향을 미칠수는 있다는 것이다. 그것은 우리가 지금 아주 다양한 방법으로 미래사람들의 삶에 영향을 미칠 수 있는 전에 없던 힘을 가졌기 때문이다. 따라서 이들은 아직 태어나지 않은 세대들의 이해관심이 지금 살아 있는 사람들의 이해관심만큼 중요시되어야 한다고 주장한다.

이상에서 보듯이 미래 세대의 권리 문제를 놓고 전개되고 있는 논쟁의 핵심은 "과연 미래 세대도 현재 세대와 동등한 권리를 지닐 수있을까? 정녕 미래 세대도 우리와 동일한 도덕 공동체의 구성원에포함될 자격이 있는가?"라는 물음에 집약된다고 할 수 있다.

(2) 쟁점에 대한 해석

지구가 현재 세대의 전유물이 아님에도 현재 세대는 마치 자신의전유물인 양 정복의 대상으로 여겨 왔고, 지상의 모든 피조물 역시자신들을 위해 존재한다는 생각을 해 왔다. 이러한 믿음 하에 현재세대는 지나친 자원 소비, 생물의 멸종, 폐기물의 대량 투기 등의 죄를 범해 왔는데 그것은 사실상 미래 세대의 생존 가능성을 파괴하는것이었다. 미래 세대 역시 지금 우리가 살고 있는 이 땅 위에 발을딛고 살아갈 것으로 간주한다면 현재 세대는 미래 세대의 입장에서자연 환경을 생각하는 자세를 가져야 한다. 현재 세대의 물질적 풍요도 중요하지만 미래 세대의 생존 가능성도 배려하는 생활 자세가 필요하다.

위와 같은 사고와 생활 자세의 형성을 위해 우리는 세대 간 윤리를 정립해 나가야 한다. 그러나 현재 세대와 미래 세대 간의 관계는'대등할 수 없는' 존재자 간의 관계이며, '상호적일 수 없는' 관계이다. 미래 세대는 자연 환경의 오염이나 파괴를 방지하기 위한 회의에출석해서 자기들의 생존권을 주장할 수가 없다. 또한 자원이나 에너지 소비에 대해 현 세계에 찾아와서 무계획적인 낭비를 비난한다는 것도 불가능하다. 바로 이 점이 일부 학자들로 하여금 세대 간 윤리는 성립 불가능하다는 주장을 하게 만들고 있다. 세대 간 윤리가 성립되려면 양 세대 간에 상호적 교호 작용이 있어야 하는데 그렇지 못한 점이 한계라는 것이다.

그렇다면 과연 세대 간 윤리는 성립될 수 없는 것일까? 미래 세대는 현재 세대에게 자신들의 권리를 요구할 수 없는 것일까? 정녕 미래 세대는 우리와 동일한 도덕공동체의 구성원이 될 자격이 없는가? 필자는 이제 개방적 인간중심주의 입장에서 바로 이러한 문제들에 접근해 보고자 한다.

환경과 인간의 관계는 인간이 환경을 어떻게 이용할 것인가 하는 문제로 집약된다. 그러나 인간의 물질적 풍요의 추구가 자연에 대해 돌이킬 수 없는 파괴로 이어져서는 안 된다. 왜냐하면 현재 세대의 이기주의적 욕망의 충족을 위한 자연 파괴는 미래 세대의 생존을 위협하는 결과를 낳게 되기 때문이다. 미래 세대의 생존을 위한다면 우리는 더 이상 자연을 우리 자신의 과다한 욕망 충족의 도구로 삼아서는 안 된다. 현재 세대와 미래 세대를 포함한 모든 인간의 영구적 존속을 위해 우리는 자연을 현명하게 관리해야 한다. 자연을 현명하게 관리해야 한다는 주장은 자연계에서의 인간의 위치를 올바르게 인식할 때 우러나올 수 있다.

앞에서 살펴보았듯이 인간은 자연 초월적이면서 동시에 자연 종속적인 존재이다. 이처럼 이중적 존재이기 때문에 인간은 자연을 과도하게 개발해서도 그냥 방치해서도 안 된다고 본다. 인간이 자연을 파괴하면서까지 지나치게 개발하는 것은 인간 자신의 자연 초월성에 도취한 결과로써 그것은 결코 바람직한 것이 못된다. 반대로 인간이 자연을 그냥 방치하는 것은 인간 자신의 자연 종속성에 도취한 결과로써 이것은 더더욱 불가능한 얘기이다. 인간이 생존을 위해서는 자연에 간섭하고 자연을 이용할 수밖에 없기 때문이다. 따라서 인간은 자연을 개발하긴 하되 자신의 자연 종속성을 인식한 바탕 위에서의 개발, 곧 신중한 개발, 현명한 관리가 요청된다는 것이다.

바로 이러한 개방적 인간중심주의 입장에 설 때 우리는 현재 세대 뿐만 아니라 미래 세대도 자원을 이용할 수 있는 권리가 있다는 사실을 발견하게 된다. 자연에 대한 신중한 개발, 현명한 관리는 결국 현재 세대는 물론 미래 세대까지 포함한 전 인류의 영구적 존속을 위한 것이기 때문이다. 그리고 미래 세대도 현재 세대와 같이 자원을 이용할 수 있다는 사실을 인정할 때 우리는 결코 무한정의 자연 파괴를 옹호하지 못할 것이다. 따라서 김형철 교수는 자연에 대한 적절한 개발의 정도는 현재 세대와 미래 세대 간의 자원을 둘러싼 분배 정의의 문제로 환원해서 생각해야 한다고 주장한다.[29] 환경을 이용할 수 있는 권리 문제는 현재 세대와 미래 세대에게 공정하게 배분하는 방식으로 논의될 수 있다는 것이다.

그러나 환경윤리를 세대 간 분배 정의의 문제로 설정하는 것에 대해 반대 의견이 제시될 수 있다. 세대 간 분배 정의는 먼저 세대 간에 권리와 의무가 존재한다는 것을 논리적으로 전제하기 때문이다. 세대 간 분배 정의가 가능하려면 현재 세대가 미래 세대에 대하여 이행해야 할 의무와 권리가 무엇인지 결정되어야 한다. 문제는 미래 세대가 아직 현존하지도 않고 또 존재할지도, 안 할지도 모르는데 어떻게 그들이 현재 세대에게 권리를 요구할 수 있겠는가 하는 것이다. 바로 이 점이 일부 학자들로 하여금 현재 세대와 미래 세대 간에 권리와 의무를 설정한다는 것은 불가능하다는 주장을 하도록 만들고 있다. 현재 세대와 미래 세대 간의 관계가 '대등할 수 없는' 존재자 간의 관계이며 '비상호적인' 관계이기 때문에 양 세대 간의 권리와

---

29) 김형철, 《한국사회의 도덕개혁》(서울: 철학과현실사, 1996), 68면 참조.

174

의무 따위는 논의될 수 없다는 것이다.

물론 미래 세대가 존재하지 못할지도 모른다는 가정이 불가능한 것은 아니다. 그러나 지금 우리가 환경윤리를 문제 삼는 이유는 미래 세대 존재 자체가 불가능해진다든지, 혹은 존재하더라도 매우 불행한 삶을 살게 될지도 모른다는 우려가 현실로 등장하지 않도록 하는 데에 있기 때문에 크게 문제되지 않는다. 즉 환경윤리에서 미래 세대가 존재하지 않을지도 모른다는 것은 논의의 고려 대상에서 제외되어야 한다는 것이다.[30]

바로 이러한 믿음 하에 필자는 현재 세대와 미래 세대 간에도 권리와 의무를 설정할 수 있다는 것을 주장하고자 하며, 그 근거를 다음과 같이 들고자 한다.

첫째는 상호성의 개념을 좀더 확장해서 해석할 경우 현재 세대와 미래 세대 간에는 상호적 관계가 성립될 수 있다는 점이다. 상호성의 개념을 확대 해석한다는 것은 대등한 양자 간의 관계에서 이루어지는 상호성의 개념과는 달리 세대 간의 의존성이라는 개념으로 해석하는 것을 말한다. 가령 나의 부모가 조부모의 도움으로 성장했듯이 나는 나의 생존과 성장을 위해 부모에게 의존할 수밖에 없고, 나의 아들, 딸 또한 정상적인 성장을 위해 나에게 의존할 수밖에 없다. 바

30) 슈레더-프레체트 역시 '미래 세대의 권리 문제'에 관한 논의에 있어서 '미래 사람들'(future persons)이란 결국은 생존할 수 있는(viable) 인간으로서 태어나게 될 모든 사람들을 의미하는 것으로 간주한다. 존재 자체에 대하여 논쟁의 여지가 있거나 단지 가능성이 있을 뿐인(possible) 사람들은 고찰 대상이 될 수 없다는 것이다. Shrader-Frechette, "Technology, the Environment, and Intergenerational Equity," 68면 참조; 요나스 또한 후세의 인간은 어쨌든 실존할 것으로 믿고 논의를 전개한다. 미래 사람들은 반드시 출현할 것이기 때문에 만약 현재 세대가 피할 수도 있는 경망스러운 행위를 통해 세계를 타락시켰다면 불행의 창시자로서 우리를 비난할 수 있는 권리가 미래 사람들에게 주어진다고 한다. H. 요나스, 《책임의 원칙: 기술시대의 생태학적 윤리》, 이진우 옮김(서울: 서광사, 1994), 87면 참조.

로 이러한 관계에서처럼 '상호성'이라는 개념을 A가 B에게 도움을 주면 B는 다시 A에게 보답한다는 의미의 상호성이 아니라, A세대는 B세대에게, B세대는 C세대에게, C세대는 D세대에게 도움을 주는 방식으로 해석한다면 세대 간에 상호적 관계가 성립할 수도 있다는 것이다.

이와 관련하여 가토 히사다케 교수는 "선조는 나무를 심고 후손은 그 밑에서 휴식을 취한다"는 표현을 예로 든다. 그에 의하면 이 표현 속에는 '일방적이고 자발적인 자기희생의 상호성'이라는 관계가 포함되어 있다. 선조가 후손을 위해 나무를 심는 것은 자기에게 이익이 되돌아오는 것을 기대하기 때문이 아니라는 것이다. 그 차원에 있어서 선조는 상호성을 단념하고 있다. 그러나 그 은혜를 입은 후손은 또 다른 자기 후손에게 은혜를 되갚는다. 배턴 터치형의 세대 교체 도중에 "은혜를 입는다"와 "은혜를 갚는다"라는 상호성이 성립하는데 여기서의 각 세대의 행위는 자발적인 자기희생이라는 형태로 이뤄지고 있는 것이지 상호 감시에 의거한 강제력을 배경으로 하는 것은 아니라는 것이다.[31] 이처럼 각 세대는 과거 세대로부터 은혜를 입었던 것처럼 다음 세대에게 그 은혜를 베푸는 방식으로 세대 간의 상호 관계가 자발적으로 성립하고 있는 것이다.

둘째는 미래 세대를 염두에 두지 않는 현재 세대의 기술 개발이 단기적으로는 현재 세대에게 도움을 줄지 모르지만 미래 세대에게는 지대한 부정적 영향을 끼칠 수 있다는 점이다. 가령 DDT와 플루토늄의 경우를 생각해 보기로 하자. 1942년 뮐러(Paul Müller)가 DDT의 발견으로 특허를 받은 이후, 이 유독 화학물질은 44억 파운드 이상이나 지구 전역으로 살포되어 갔다. 그것은 말라리아나 장티푸스에 의한 죽음으로부터 수만 명의 사람들을 구조했고, 해충의 맹위로부터

---

31) 가토 히사다케, 《환경윤리란 무엇인가》, 135면 참조.

다량의 식량 공급을 가능케 해주었다. 같은 해에 페르미(Enrico Fermi)와 그의 연구팀은 세계 최초의 핵분열 연쇄 반응을 실현시켰는데 이 기술의 발전 덕분으로 미국은 제2차 세계대전에서 사용되었던 두 개의 원폭 제조에 필요한 플루토늄을 얻을 수 있었고, 핵에너지의 상업적 이용 또한 촉진시킬 수 있었다. 그러나 오늘날 이 두 가지의 테크놀러지에 관한 여러 가지 의문이 제기되고 있다. DDT는 극지방의 만년빙 속에서도 발견되었고, 방사능은 모유 속에서도 검출되었기 때문이다. 이 두 가지 기술이 초래하는 가장 중대한 문제는 그 위험의 지속성이다. DDT 및 핵분열 부산물인 플루토늄은 본질적으로 영속적인 독성을 가지고 있어 미래 세대에게까지 영향을 미칠 수 있다고 한다. 그것들은 유전적 장애의 원인이 될 수 있고, 지금부터 수십만 년 후 지구에 거처할 인간들 사이에 죽음의 원인으로 작용할 수도 있다는 것이다.[32] 이와 같이 미래 세대를 염두에 두지 않는 기술 개발과 이용은 미래 세대의 생존에까지 위협을 가하고 있고, 더구나 이 사실을 알고 있는 이상 현재 세대는 당연히 그러한 기술 개발과 이용을 중단해야 할 의무가 있다.

셋째는 미래 세대가 추구할 '좋은 삶(the good life)'의 개념에 관해 현재 세대가 정확하게 알지는 못하지만, 미래 세대도 현재 세대와 동일한 인간인 이상 현재 세대와 다름없이 삶의 유지에 기본적으로 필요한 조건을 요구할 것이라는 점은 알 수 있다는 것이다. 미래 세대도 현재 세대와 마찬가지의 이해관심을 소유하게 될 잠재적 존재인 이상 주택, 비옥한 토양, 신선한 물과 공기, 에너지 등에 대하여 이해관심을 갖는다는 것이다. 따라서 현재 세대는 당연히 그와 같은 삶의 유지에 필요한 조건들을 잘 보존하고 관리해야 할 의무를 지니게 된다. 왜냐하면 어느 세대도 자연 자원에 대해서 영구적이고 절대

---

32) Shrader-Frechette, "Technology, the Environment, and Intergenerational Equity," 67면 참조.

적인 소유권을 가지고 있지 않기 때문이다. 이와 관련하여 데 쟈르댕은 현재 세대는 미래 세대에게 다음과 같은 의무를 지닌다고 주장한다.[33] 첫째, 현재 세대는 대체에너지 자원을 개발하기 위하여 성실하고 진지한 노력을 기울여야 할 의무를 갖는다. 화석 연료와 핵무기에 지속적인 의존의 위험은 실제적이고 심각하다. 현재 세대는 이들 에너지 자원으로부터 수반되는 위험을 합리적으로 예견할 수 있고 그 위험을 최소화하는 것은 우리 능력 내에 있다. 그 위험을 회피하기 위한 조처를 취하지 못하는 것은 형사상의 과실과 다름없다. 둘째, 현재 세대는 에너지 자원을 보존해야 할 의무가 있다. 우리의 편리함을 희생시켜서라도 자원을 보존함으로써 미래 사람들에게 우리와 상응하는 생활양식을 달성할 수 있는 공평한 기회를 부여해야 한다. 셋째, 현재 세대는 미래 세대에게 행복에 대한 합리적 기회를 보장해 줄 의무가 있다. 지구는 폭발적 인구 증가를 계속 지탱할 수 없다. 미래 세대 역시 현재 세대와 같은 수준의 삶을 누릴 수 있도록 현재 세대는 인구 증가를 제한할 필요가 있다.

이상에서 살펴본 것처럼 우리는 현재 세대와 미래 세대 간에는 상호관계가 성립할 수 있으며, 미래 세대는 현재 세대에게 권리를 요구할 수 있고, 현재 세대는 또 미래 세대에 대한 의무를 지니고 있음을 알 수 있다. 그렇다면 이제 남는 문제는 현재 세대와 미래 세대를 포함한 전 인류가 동일한 도덕 공동체의 성원들로 어떻게 포함될 수 있느냐 하는 것이다. 만약 전 인류가 하나의 도덕 공동체의 성원이 아니라면 현재 세대와 미래 세대 간에는 권리와 의무 관계가 성립되지 않고, 따라서 세대 간 윤리의 관점에서 환경에 대한 논의도 할 수 없게 된다. 이처럼 모든 세대를 하나의 도덕 공동체 성원으로 간주할 수 있다는 것은 무척 어려운 문제이지만 나름대로 그 근거를 제시해

---

33) Joseph R. Des Jardins, *Environmental Ethics*, 2nd ed.(Belmont, CA : Wadsworth Publishing Co., 1997), 81~82면 참조.

보고자 한다.

첫째, 현재 세대의 출현은 과거 세대의 도움 없이는 불가능하다. 우리가 현재 알고 있는 지식으로는 가장 원초적인 의미에서 인간은 인간으로부터만 출현될 수 있다. 현재 세대가 과거 세대에게 절대적으로 의존할 수밖에 없듯이 미래 세대도 현재 세대에게 절대적으로 의존할 수밖에 없다. 각 세대의 존립이 과거 세대의 도움 없이는 절대적으로 불가능하다는 사실은 인간의 기본 조건에 속하는 일이다.[34]

둘째, 현재 세대와 미래 세대 간에는 공통의 가치관이 존재할 수 있다. 세대 간 윤리의 정립에 반대하는 사람들은 현재 세대와 미래 세대는 가치관이 다르기 때문에 세대 간의 이해관계를 조정하는 윤리 시스템을 형성할 수 없다고 주장한다. "그러한 시스템을 만드는 것은 무리다. 두 세대는 가치관이 다른데 어떻게 공통의 척도가 존재할 수 있겠는가?"라는 식의 반론을 제기하고 있는 것이다. 현재 세대와 미래 세대 사이에 공통의 가치관이 존재하지 않는다는 관점에 서 있는 사람들은 세대 간 윤리에 대하여 비판적 태도를 취하게 마련이다. 이들의 입장을 정리해 보면 대체로 다음과 같다. "미래 사람들의 가치관과 현재 사람들의 그것은 다르다. 현재 사람들의 가치관을 그들에게 강요해서는 안 된다. 따라서 현재 사람들이 화석 연료를 다 고갈시켜 버리거나 방사성 폐기물을 남기더라도 그 결과에 대해서는 미래 사람들이 그들 자신의 가치관에 따라서 선택·결정하면 되는 것이므로 서로 간섭적인 관계를 만들어 내서는 안 된다."[35]

여기에 대해서는 다음과 같은 반론을 펼 수 있다. 현재 세대와 미래 세대의 가치관이 비록 다르더라도 공통의 척도는 존재할 수 있으며, 예를 들면 종교가 다른 사람들, 정치적 신념이 다른 사람들이 공존하는 세계는 많은 것이다. 남쪽 사람은 삼베를 내고 북쪽 사람은

---

34) 김형철, 《한국사회의 도덕개혁》, 77면 참조.
35) 가토 히사다케, 《환경윤리란 무엇인가》, 131면.

루비를 내서 교환할 때, 남쪽 사람에게는 삼베보다도 루비 쪽이 더 가치가 있고 북쪽 사람에게는 루비보다도 삼베 쪽이 더 가치가 있다. 즉 서로의 가치관이 다르기 때문에 교환이 가능해지는 것이다.

'가치관이 다르기 때문에 공통의 척도가 없다'고 말할 수 있는 것은 취미나 미각(味覺)의 경우다. 쇼(G. B. Shaw)가 '네가 원하는 바를 남에게 베풀어서는 안 된다. 타인과는 취미가 다르기 때문에'라고 진술한 것은 황금률의 뛰어난 패러디이긴 하지만 취미와 정의는 같은 구조가 아니다. '취미에 이유는 없다'(오이를 거꾸로 먹어도 제 멋, 갓 쓰고 박치기해도 제 멋), '10인 10색'과 같은 표현에서처럼 그 취미나 성격이 다른 사람들 사이에도 정의라는 공통의 척도는 있을 것으로 본다. 문제는 취미의 상대성이 정의의 상대성에까지 확장된 점이다. 취미의 상대성에는 위험이 없다. 그 이유는 누구든지 취미가 없어도 살아갈 수 있기 때문이다. 선택의 필연성도 없다. 또한 타인과 취미를 교류하지 않더라도 각자 독립적으로 살아갈 수가 있다. 취미에 대해서 개인과 개인은 서로 원자일 수 있고 또한 서로가 그 점을 인정하고 있다.[36] 그러나 취미에 대해서 성립하는 상대성을 정의에까지 확장하는 것은 불가능하다.

아무리 시대가 변한다 하더라도 변하지 않는 가치관이 있을 수 있다. 방사성 물질의 위험이나 인간에게 필요한 최저한도의 칼로리, 인간의 수명 등 미래에도 그다지 변하지 않을 것으로 보이는 생활 조건이나 생활 형태는 많다. 물론 화성인과 지구인 사이에는 공통의 가치가 아무것도 없기 때문에 공통의 룰이나 척도를 만드는 것이 불가능할 것이다. 그러나 단순히 가치관이 다르다는 것과 모든 가치관이 다르다는 것은 완전히 상이한 사태로 현재인과 미래인이 지구인과 화성인 정도로 다르다고는 말할 수 없다.[37] 취미에 대해서는 10인 10

---

36) 加藤尙武,《現代倫理學入門》(東京: 講談社, 1997), 208~9면 참조.
37) 같은 책, 210면 참조.

색일지라도 생존의 기초적인 조건에 대해서는 인간이라는 생물들 간
에 많은 공통점이 발견되기 때문이다.

셋째, 미래 세대의 존재는 현재 세대에게 도움을 줄 수 있다. 인류
의 마지막 세대가 된다는 생각은 어떤 세대도 하고 싶지 않을 것이
다. 인간을 비롯한 모든 생물은 종족 보존의 본능을 가지고 있기 때
문에 지금 우리 세대가 인류의 마지막 세대가 된다는 생각은 본능적
으로도 거부하고 싶을 것이다. 자손이 없는 사람들이 불행감을 노년
기에 더 많이 느끼듯이 어느 세대든지 인류의 최후 세대가 되기를
원치 않기를 바란다고 가정하는 데는 무리가 없어 보인다. 즉 우리는
미래 세대가 우리 세대의 뒤를 이어 영속적으로 존재하기를 바라고
있는 것이다. 자신의 바로 다음 세대에 대해 애정을 가지고 그 복지
의 향상을 바라는 마음을 우리 인간은 본능적으로 가지고 있다. 따라
서 자신이 인류의 최후 세대가 되지 않기 위해서는 미래 세대의 계
속적인 출현이 있어야 하고, 이러한 의미에서 미래 세대의 존재는 현
재 세대에게 도움을 줄 수 있을 것이다.[38]

이상의 내용을 볼 때 모든 세대는 하나의 밧줄처럼 연결되어 있다
고 할 수 있다. 물론 모든 세대가 대등한 관계에서 상호적 교호 작용
을 하는 집합처럼 강력한 도덕 공동체를 형성하고 있다고는 볼 수
없다. 그러나 밧줄의 시작과 끝이 서로 맞닿아 있지 않다고 해서 그
것을 밧줄이 아니라고 할 수 없듯이 상호성이 약하다고 해서 하나의
공동체가 아니라고는 할 수 없다.[39] 상호성의 개념을 좀더 확장해서
사용하면 모든 세대는 하나의 도덕 공동체의 성원에 포함되는 것으
로 간주할 수 있는 것이다.

세대 간 윤리를 정립하는 데 필요한 조건은 ① 현재 세대와 미래
세대 간에 권리와 의무를 설정할 수 있어야 한다는 것과 ② 모든 세

---

38) 김형철, 《한국사회의 도덕개혁》, 77~78면 참조.
39) 같은 책, 78면 참조.

대를 하나의 도덕 공동체의 성원들로 간주될 수 있어야 한다는 것이었다. 앞에서 이러한 조건들이 달성된 것을 보면 이제 우리는 세대 간 윤리의 정립에 필요한 기초를 마련하였다고 볼 수 있다.

VIII. 환경 위기의 정신사적 근원 문제

1. 머리말

　인간의 생존마저 위협하고 있는 생태학적 위기 상황으로부터 벗어나기 위해 우리가 가장 먼저 해결해야 할 과제는 무엇일까? 그것은 무엇보다도 그러한 위기를 초래한 정신사적 근원에 대한 탐색이라고 본다. 어떤 문제건 간에 그 해결을 위해서는 원인에 대한 진단부터 선행되어야 하기 때문이다.

　많은 학자들은 오늘날의 생태학적 위기에 대한 원인으로 먼저 유대·그리스도교적 자연관과 기계론적 자연관을 주목한다. 그들의 주장에 의하면 그리스도교는 유대교로부터 창조 신앙을 받아들였고, 이 창조 신앙은 철저히 인간 중심의 자연관을 가르쳤다. 그리스도교는 로마제국의 국교가 되면서 인간 중심의 자연관을 서구의 모든 민족에게 주입시켰으며, 이리하여 생태계의 위기를 초래할 수 있는 기초를 마련했다는 것이다. 기계론적 자연관에 의하면 자연은 거대한 기계이며, 인간에 의해 소유되고 지배받을 수밖에 없는 생기 없는 사물의 집적체에 지나지 않게 된다. 자연은 어디까지나 인간의 절대적 지배 하에 복종할 수밖에 없다고 보는 기계론적 자연관 역시 생태학적 위기의 원인으로 작용했다고 비판받고 있는 것이다.

물론 이러한 비판에 대해서 반론을 펴는 학자들도 없지 않다. 그들은 이 자연관들이 생태학적 위기를 초래하는 데 아무런 연관이 없거나 부분적으로만 작용했다고 주장한다. 이와 같이 이 두 자연관을 둘러싸고 많은 논쟁을 벌임으로써 생태학적 위기의 원인 문제에 관하여 우리는 매우 혼란스러워질 수밖에 없는 상황이다.

과연 이 두 자연관을 생태학적 위기를 초래한 정신사적 뿌리로 간주할 수 있는가? 이 두 자연관들보다 생태학적 위기를 초래하는 데 더 근원적으로 작용한 요인은 없는가? 바로 이러한 문제의식에서 이 장은 출발한다. 논의의 절차는 이 두 자연관이 환경 위기의 정신사적 근원으로 작용했다고 비판하는 사람들의 근거는 무엇이며, 또 이에 반대하는 학자들의 논리는 무엇인지에 대하여 우선 기술한 다음, 어느 쪽의 극단적 입장에도 기울지 않는 중도적 입장에서 각 쟁점을 고찰하는 순으로 전개된다.

2. 유대 · 그리스도교적 자연관

생태학계에서는 그리스도교 신앙이 생태계 위기의 주범이라는 비판을 많이 한다. 그리스도교가 생태계 악화의 주된 요인이거나 적어도 중대한 책임이 있다는 것이다. 이러한 비난은 아직까지도 널리 퍼져 있고 꾸준히 지속되고 있다. 사람들은 그 비난을 종종 '린 화이트 명제'(the Lynn White thesis)라고 부르는데, 그렇게 부르는 것은 화이트가 그러한 비판의 가장 대표적인 인물이기 때문이다.

그렇다고 해서 화이트가 그러한 비판을 처음으로 제기한 사람인 것은 물론 아니다. 화이트보다 훨씬 앞서서 그와 유사한 주장을 피력한 사람들이 많기 때문이다. 예를 들어 1세기도 훨씬 이전에 독일의 철학자 쇼펜하우어(Arthur Schopenhauer)는 '동물에 대해서 인간은 아무런 의무도 없다는 견해'를 '가슴이 메슥거리는 듯한 야비함', '유대교를 원천으로 하는 서구의 야만성'이라 부르며 공공연히 비난하였다. 블런트(Wilfred Scawen Blunt) 또한 마찬가지다. 그는 조수(鳥獸)가 인간의 효용과 안일을 위해서만 만들어졌고, 인간은 이들에 대해 하등의 의무를 질 필요가 없다는 그리스도교의 교의야말로 참혹함 그 자체라고 맹비난하였다. 옥스포드의 신학자 래쉬달(Hastings Rashdall)도 철학자들이 동물 학대 문제에 무관심한 것은 '신학적 기원에 의한 편견'에 그 원인이 있다고 본다.[1] 앨런 왓츠(Alan W. Watts) 역시 그리스도교가 본질적으로 자연에 반하는 종교는 아니지만 자연과는 잘 안 맞는 '도시풍'의 종교이기에 과학기술을 통해 자연을 변형시키도록 부추겨 왔다고 주장하였다. 아놀드 토인비(Arnold Toynbee) 또한 위기의 원천은 무조건 자연을 비신성화하는 유대 · 그리스도교의 유일신관에 있다고 비난하면서, 그 신관은 한때 보편적으로 받아들여졌던 자연을 경외하는 범신론(animism)으로 대체되어야 한다고 역설했다.[2]

이와 같이 많은 비판자들이 있음에도 불구하고 화이트(Lynn White, Jr., 그리스도교 신자였음)가 특별히 주목받는 것은 '그리스도교가 환경 위기의 주 원인이라는 주장'이 그에 의해 비로소 대중화되었기 때문이다. 그러한 주장을 대중화하는 데 결정적 영향을 끼친 것은 그의 "생태학적 위기의 역사적 근원"[3]이라는 논문인데, 이 논문은 레오폴드(Aldo Leopold)의 《샌드 카운티 연감》(*A Sand County*

---

1) Keith Thomas, 《人間と自然界》, 山內 昶 監譯(東京: 法政大學出版局, 1989), 22면 참조.
2) James A. Nash, 《기독교 생태윤리》, 이문균 옮김(서울: 한국장로교출판사, 1997), 104~5면 참조.
3) Lynn White Jr., "The Historical Roots of Our Ecological Crisis," *Science*, 155(March 1967), 1203~7면 참조.

186

Almanac) 만큼이나 잘 알려진 환경 관련 문헌의 고전으로 간주되고 있다. 화이트는 이 논문에서 서양의 그리스도교는 "세계에서 그 유례를 찾아볼 수 없을 만큼 인간 중심적인 종교"[4]라고 기술하면서, 오늘날 많은 환경문제의 근원은 자연에 대한 인간의 오만함을 강조하는 그리스도교에 있다고 주장하였다. 그의 주장은 유대·그리스도교 전통이야말로 이방 종교의 물활론(animism)을 배격하고 자연은 인간의 사용 목적 외에 다른 어떤 존재 이유도 없다는 새로운 원리를 소개함으로써 인간의 자연 착취에의 길을 열어 놓았다는 것이다.

　화이트의 주장에 따르면 유대·그리스도교는 인간 중심적이어서 기술의 적절한 사용을 위한 기반에 대해서는 아무런 관심도 두지 않았다. 신은 세계를 초월하고 있고, 인간은 신의 모사로서 자연을 지배하는 절대적 권리를 갖는다고 믿기 때문이다. 이 두 신앙의 귀결로써 유대·그리스도교도들은 '인간의 재산을 안전하고 무사한 것으로 확보하기 위한 자연 정복'을 목표로 하는 기술 개발을 시인해 왔던 것이다. 자연이란 인간과는 별도로 존재하며, 인간이 이용하기 위해 창조된 것이라는 그리스도교의 가르침이야말로 과학기술을 멋대로 발전시켜 왔고, 그럼으로써 환경 파괴가 가속화되었다는 것이다. 또한 화이트는 서양 사회가 그 기본적인 그리스도교의 제가치 — '자연은 인간에게 봉사한다는 것 이외의 존재 이유를 갖지 않는다는 그리스도교의 공리' 등 —를 유지하는 한 우리는 '점점 더 악화되는 생태학적 위기'로 인해 더 많이 괴로워하게 될 것이라고 말한다.[5] 따라서 그는 생태계 문제가 과학기술의 힘으로는 해결될 수 있다고 보지 않는다. 그는 서구의 과학기술은 자연과 인간의 관계에 대한 그리스도교적 태도에서 나왔다고 보기 때문에 인간 중심적인 그리스도교적 자연관을 변혁시키지 않고서는 생태계 위기가 결코 해결될 수 없다

---

4) Thomas, 《人間と自然界》, 22면에서 재인용.
5) White Jr., "The Historical Roots of Our Ecological Crisis," 1207면 참조.

고 보는 것이다.

이러한 화이트의 주장은 환경보호주의자나 역사가뿐만 아니라 철학자들 사이에서도 널리 받아들여져 왔다. 대표적인 예로 시카고 대학의 철학 교수 도너건(Alan Donagan)을 들 수 있다. 그는 유대·그리스도교가 인간에게 자연 지배권을 부여함으로써 환경 위기의 원인으로 작용했다는 화이트의 견해에 찬성한다. 그리고 도너건에 의하면 이러한 해석의 토대는 창세기 1장 26절이다. "그리고 하느님께서 말씀하시길, 우리의 형상을 따라 우리의 모습대로 우리가 사람을 만들자. 그들에게 바다의 고기와 공중의 새와 집짐승과 온 땅과 땅 위를 기어 다니는 모든 것을 다스리게 하자." 도너건은 이를 '인간과 지구와의 관계를 통합하는 기본 원리'라고 부른다. 즉 이 구절은 "지구와 지구상에 존재하는 모든 것은 지구상에서 살아가는 이성적 존재자를 위해 존재한다"는 것을 천명하고 있다는 것이다.[6]

가장 영향력 있는 그리스도교 사상가들 중의 한 사람인 토마스 아퀴나스는 이러한 사고를 가장 일관성 있게 그리고 논리적으로 요약해냈다. 그는 《신학대전》에서 신께서 모든 동식물을 창조하신 것은 인간을 위한 것이며, 이것은 창세기에 나타난 하느님의 명령과도 일치한다고 말했다. 그는 또 죄를 분류할 때 하느님, 우리 자신 그리고 우리 이웃들에 대한 죄의 가능성만을 인정함으로써 인간이 아닌 동물이나 자연 세계에 대한 죄의 가능성은 인정하지 않았다.[7]

16세기의 종교개혁도 이러한 견해를 크게 바꾸지는 못했다. 오히려 《성서》의 중요성을 재차 강조함으로써 그러한 경향을 강화시켜

---

6) K. S. Shrader-Frechette, "Environmental Responsibility and Classical Ethical Theories," in K. S. Shrader-Frechette, ed., *Environmental Ethics*, 2nd ed.(Pacific Grove, CA: Boxwood Press, 1991), 19면.

7) Peter Singer, *Practical Ethics*, 2nd ed.(New York: Cambridge University Press, 1993), 267면 참조.

188

놓았다. 종교개혁자인 칼뱅은 신께서 인간이 등장하기에 완벽한 세계를 만드는 데 6일이나 걸렸고, 신이 '만물을 창조한 것은 인간을 위한 것'이라는 점을 강조하였다.[8] 인간에게 자연 지배의 유일한 지위를 부여해준 유대교 전통에 따라 그리스도교 교리는 매우 인간 중심적인 세계관을 만들어 냈으며, 이것은 이후 유럽인의 사고에 지속적인 영향을 끼쳐 왔다.

하지만 이상과 같은 견해는 많은 비판의 대상이 되기도 하였다. 먼저 화이트의 주장에 대한 비판자들은 화이트가 자연에 대한 우리의 신념과 우리가 환경을 다루는 방식에 대한 종교의 영향을 지나치게 강조하고 있다고 주장한다. 특히 신학자들은 창세기 1장 26절에 대한 화이트의 견해에 대해 이의를 제기해 왔다. 그들 가운데 일부는 성서의 이 구절은 자연에 대한 목자 정신(stewardship, 집사·관리자의 정신)을 지지하는 것이며, '지배'나 '정복'에 해당하는 히브리어는 환경에 대해서 책임과 자애를 갖고 행동하는 것을 배제하고 있지 않다고 주장하였다. 더욱이 피츠버그 대학의 엥겔(D. E. Engel)은 성서적 인간은 자기 환경의 농부인 동시에 보호자로서 살아가도록 신으로부터 명령받은 의존적인 생명체임을 지적하고 있다. 그는 화이트나 도너건과 같은 해석은 인간과 자연의 원시적 관계가 하인과 주인의 관계였음을 잊고 있기 때문에 잘못이라고 말한다.[9]

성서 해석학자인 크라운필드(David Crownfield)에 따르면 원죄 이전의 에덴동산은 식물과 동물의 안정된 공동체였다. 그곳의 사람들은 자급자족의 환경에서 다른 모든 생물과 협력하는 과실 채집자였으며, 사과나무와 다른 모든 열매를 맺는 식물들은 스스로 다시 씨를 뿌려서 자생하고 그들의 풍요로움을 에덴동산의 다른 거주자들과 공유하였다. 유대인은 물론이고 초기 그리스도교인들도 토지에 밀착된 단순

8) Clive Ponting, 《녹색세계사 I》, 이진아 옮김(서울: 심지, 1995), 228~29면 참조.
9) Shrader-Frechette, "Environmental Responsibility," 19면

한 삶을 살았고, 그들은 또 지구와 모든 생물과의 친밀한 관계를 권고하였다.[10] 신학자인 시틀러(J. Sittler) 또한 이와 비슷한 방식으로 말하면서 환경 위기의 해결은 '우리들의 자매인 지구와의 즐겁고 지적인 친교'를 통해서 찾아내져야 한다고 주장하였다.[11]

생물학자인 라이트(Richard Wright)는 그리스도교가 과학기술의 초기 성장에 힘이 되어 주었다는 점에서는 화이트와 같은 의견이지만, 과학기술의 발전과 새로운 발견에 의해서 파괴를 야기한 책임은 그리스도교가 아니라 과학자 자신에 있다고 주장하였다. 사회과학자인 몽크리프(Lewis Moncrief) 역시 종교의 영향을 무시하고 있지는 않지만, 그는 오늘날의 환경 악화의 원인으로 18, 19세기의 민주주의 혁명과 과학기술 혁명의 충격을 강조하였다. 지리학자인 이 푸 투안(Yi-Fu-Tuan)은 그리스도교적인 서양만이 파괴적이지 않다는 점을 지적한다. 자연에 대해 순응적인 태도를 취하는 전통적인 중국에서도 삼림 벌채와 그로 인한 침식 작용으로 자연 환경이 많이 파손되었다는 것이다. 화이트에 대해서 한층 더 비판적인 듀보(Rene Dubos)는 오늘날의 생태학적 위기가 '유대·그리스도교적 전통과는 어떤 관계도 없고', 단기적인 경제적 사리사욕 추구가 그 원인이라고 주장한다.[12]

요컨대 유대·그리스도교적 교의에 최종적인 환경문제의 책임이 있다든가, 이 교의가 인간이 원하는 것은 무엇이든 자연에 대해서 행해도 된다는 인간의 절대적 권리를 시인하고 있다든가 말해서는 안 된다는 것이다.

---

10) D. H. Strong and E. S. Rosenfield, "Ethics or Expediency: An Environmental Question," in K. S. Shrader-Frechette, ed., *Environmental Ethics*, 2nd ed.(Pacific Grove, CA: Boxwood Press, 1991), 7면 참조.
11) 같은 글, 7면 참조.
12) 같은 글, 6면 참조.

  슈레더-프레체트는 화이트 주장의 전제가 되고 있는 성서 해석상의 타당성과는 별도로 이 주장에는 또 하나의 문제가 있다고 지적한다. 그것은 화이트의 주장이 성 프란치스코의 사상에서 실현된 환경에 대한 목자 정신(stewardship)을 전혀 고려하고 있지 않은 점이다.[13] 또한 슈레더-프레체트에 의하면 베네딕트 수도원도 유대·그리스도교의 오래된 전통 안에는 환경보호 정신의 훌륭한 사례가 있음을 보여 준다. 예를 들어 수 세기 전 그 수도원의 어느 수도사의 문서에 의하면 "전나무(fir-tree)를 심는 자는 누구나 비록 그가 아무리 젊음이 차고 넘치더라도, 그 나무가 충분히 성장했을 때 그것을 베어 쓰러뜨려야겠다고 생각해서는 안 된다. 우리에게 가장 신성한 의무는 이 솔숲(pine forests)을 옮겨 심고 소중히 보존하는 일이다." 슈레더-프레체트는 이러한 예들을 볼 때 유대·그리스도교가 화이트와 그 동조자들이 주장하는 것처럼 단순히 반자연적이지만은 않다는 사실을 잘 알 수 있다고 말한다. 슈레더-프레체트는 환경 악화나 자원 고갈의 책임이 종교적 전통보다는 오히려 탐욕이나 이기주의, 근시안적 태도 등에 있다고 본다. 설령 유대·그리스도교가 자연에 대한 완전한 지배를 인간에게 허용했다 하더라도 유대·그리스도교 신앙이 탐욕 등과 같은 악덕을 결코 시인해 오지 않았으며, 유대·그리스도교인들이 탐욕을 창안해낸 것도 아니라는 것이다. 따라서 그녀는 유대·그리스도교인들이 탐욕을 창안해낸 것이 아닌 이상, 환경문제에 대한 최종적인 '책임'은 종교가 아니라 인간의 행동에 있는 것으로

---

13) 슈레더-프레체트의 이 주장은 린 화이트의 견해를 제대로 파악하지 못한 데서 제기되는 것으로 본다. 왜냐하면 린 화이트는 오늘날의 환경 위기의 근원을 그리스도교의 자연관에 있다고 보면서도 그에 대한 해결책 역시 종교에서 찾고 있기 때문이다. 특히 그는 자연에 대한 프란치스코의 의식은 우리가 나아가야 할 방향을 제시하고 있으며, 따라서 프란치스코를 생태론자들의 보호 성자라고 부른다. White Jr., "The Historical Roots of Our Ecological Crisis," 1207면 참조.

봐야 한다고 주장한다.[14]

3. 기계론적 자연관

고대 그리스의 자연관을 신랄하게 공격함으로써 기계론적 자연관의 초석을 다져 놓은 사람은 베이컨(Francis Bacon)이다. 1620년에 발간된 그의 《노붐 오르가눔(*Novum Organum*)》은 새로운 과학관을 주창하는 강력한 선전물이었다. 베이컨은 여기에서 플라톤, 아리스토텔레스, 호메로스의 업적을 가리켜 '논쟁을 일삼는 지식'일 따름이라고 일축해 버렸다.[15] 예컨대 그는 기술은 오직 '자연'의 시녀이며, '자연'이 이미 시작해 놓은 일을 완성하도록 도와줄 수 있을 뿐이라는 아리스토텔레스의 견해를 강하게 거부하였다. 그는 오히려 기술이 자연을 기초로 하여 자연이 자력으로 생산할 수 있는 것과 똑같은 것을 만들 수 있도록 인간이 물체의 운동을 이끌어 갈 수 있다고 주장했다.

그에 따르면 과학기술의 '도약(clan)'은 자연에 대한 지식과 함께 자연의 지배가 동시에 이루어질 때 가능해진다. 그는 자연의 신비를 발견하고 벗겨내는 방법은 실험을 통한 지식이며, 인간은 실험을 통해 지식을 증가시키는 한편 자연에 대한 인간의 영역을 확장시킬 수 있다고 보았다.[16] 자연에 대한 인간의 간섭이 성공적이기 위해서는 자연에 대한 신뢰할 만한 지식에 기초를 두어야 한다는 것이다. "그

---

14) Shrader-Frechette, "Environmental Responsibility," 20면 참조.

15) Jeremy Rifkin, 《엔트로피》, 김명자 · 김건 옮김(서울: 동아출판사, 1995), 28면: R. 호이카스, 《근대과학의 출현과 종교》, 손봉호 · 김영식 옮김(서울: 정음사, 1987), 75면 참조.

16) 정화열, "자연과 인간: 포스트 모던의 지형," 제8회 한국철학자연합대회, 《대회보 1: 인간다운 삶과 철학의 역할》, 117면 참조.

러므로 인간의 지식과 인간의 능력, 이 두 가지는 실제로 하나로 만난다. 그리고 조작이 실패하는 것은 그 원인들에 대한 무지에 기인한다."[17]

베이컨은 《뉴 애틀랜티스》(New Atlantis)에서도 자연적 화합물들이 인공적으로 만들어질 수 있고, 새로운 금속이 생산될 수 있으며, 식물의 종이 변이의 과정을 겪고 새로운 동물의 종이 번식되며 기후의 인공적 변화도 일으킬 수 있는데 이 모든 것이 "우연이 아니라 지식에 의해, 계획에 따라" 그렇게 될 것이라고 말했다.[18]

이처럼 베이컨은 지식의 목적을 유용성에서 찾고, '인간의 생필품과 빈곤 문제를 해결하기 위해' 인간의 유용성과 자연적 지배력의 토대를 마련하고자 했다. 그에 있어서 지식의 '존귀성'은 '유용성과 지배력의 작용'에 의해서 유지되는 것이었다. 나아가 그는 인간의 지식과 자연 지배력을 합일시키고 자연의 자궁에서 더 많은 비밀을 찾아내야 한다고 주장하였다.[19]

베이컨의 담론 중에서 중요한 또 한 가지는 '박애'(philanthropia)라는 부분이다. 베이컨에게 있어 '박애'란 신의 숭배를 뜻하며 나아가 그리스도교적 의무와 자선 행위의 실행을 의미한다. 그리스도교적 의무 및 자선 행위란 생명 없는 물질 덩어리에 불과한 자연을 인간이 원하는 대로 요리하고 이용하는 것이며, 또 이렇게 하는 것이 신의 명령에 부합한다는 것이다. 따라서 베이컨은 '인류가 곤경에 처해 있는 것'에 무관심한 지식인들을 향해 '신앙심이 없고 경건하지 못한' 사람들, 즉 박애심이 없고 염세적인 사람들이라고 비난하였다. 그는 자기 나름대로의 성서 독해에 의거하여 자연에 대한 인간의 절대적 지식과 지배를 정당화하고 있다.[20] "자연은 마녀와 같아서 온갖

---

17) 호이카스, 《근대과학의 출현과 종교》, 76면.
18) 같은 책, 76~77면.
19) 정화열, "자연과 인간: 포스트 모던의 지형," 117~18면 참조.

수단과 방법으로 고문하고 괴롭힐수록 그 비밀을 토해낸다"[21]는 그의 말에서 보듯이 베이컨에게 자연은 통제의 대상에 불과했고, 그는 자연을 통제하기 위하여 그 구체적인 방법을 탐구하는 데 관심을 기울였던 것이다.

이러한 물질주의적 자연관에 대한 반발로 초기 낭만주의 시인들은 물질적 자연관이 인간의 기쁨, 감성, 상상력을 말살하고 자연과 인간의 분열을 초래했다고 맹렬히 비판하였다. 영국의 낭만주의 시인인 블레이크(William Blake)는 계몽주의 시대의 과학 정신을 주도한 베이컨, 뉴턴, 로크를 근대 물질주의 세 원흉으로 보고 이들을 '지옥의 3위 일체'로 규정한다. 더 나아가 블레이크는 "영국 땅에서 베이컨과 로크와 뉴턴을 벗어 던지자"고 주장하면서, 이 3인은 "인간의 양심과 성자 및 천사들의 영적 교섭을 부인하며, 신의 현시와 실현을 경멸하고 이교도의 신과 현세의 신과 자연의 여신과 … 숨은 매춘부를 숭배한다"고 통렬하게 비난하였다.[22]

이러한 비난에도 불구하고, 새로운 세계관의 문을 열기 시작한 베이컨의 뒤를 이어 데카르트 역시 자연을 통제의 대상으로 규정하면서 그 기틀을 잡아 나갔다. 곧이어 뉴턴이 데카르트를 뒤따랐고 뉴턴과 더불어 새로운 세계라는 만물상을 여는 데 소용되는 모든 도구들이 갖추어졌다.

우주를 거대한 기계로 이해한 데카르트의 기계적 관념은 자연에 대한 갈릴레오적 수학에 근거한다. 일찍이 갈릴레오가 철학의 대상으로서의 우주는 수학의 언어로 쓰여져 있고, 그러므로 그것을 이해하기 위해서는 수학의 언어가 필요하다고 말한 것은 유명하다. "수학이

20) 같은 글, 118면 참조.
21) 방건웅, 《신과학이 세상을 바꾼다》(서울: 정신세계사, 1997), 40면에서 재인용.
22) 윤효녕·최문국·고갑희, 《19세기 자연과학과 자연관》(서울: 서울대학교출판부, 1997), 74~81면 참조.

란 우리들의 눈앞에 늘 열려져 있는 우주라는 거대한 책에 쓰여져
있는 것이다. 그러나 그것을 이해하는 데는 우선 그 쓰여져 있는 언
어를 이해하고 문자를 모르면 안 된다. 이 책은 수학의 언어로 쓰여
져 있고 그 문자는 3각형, 원, 그 밖의 기하학적 도식으로 이루어져
있다. 이러한 수단이 없으면 인간은 한 마디도 이해할 수 없다."[23]

데카르트 역시 "나는 그것(수학)이 모든 것의 원천으로서 인류 역
사가 우리에게 남긴 그 어느 것보다도 더 막강한 지식의 도구임을
확신한다"[24]고 말하였다. 이 말의 의미는 자연계의 모든 현상을 숫자
와 도식으로 표현할 수 있다는 것으로 그는 모든 물체의 움직임은
결정론적 인과관계 속에 있다고 보았다. 데카르트에 의하면 자연은
'톱니바퀴와 피댓줄(벨트)로 움직이는 거대한 기계'로서 신이 만든
정교한 장치였다. 그에게 있어서 자연은 단순한 기계에 지나지 않으
며, 인간이 지식을 넓혀감에 따라 인간에 의해 소유되고 지배받을 수
밖에 없는, 생기 없는 사물의 집적체에 불과했던 것이다. 이처럼 데
카르트는 자연을 어디까지나 인간과 확연히 구별되는 실체로 파악하
였다. 그리고 이러한 이분법적 구별은 인간 자신에게서 극단적으로
표현된다. 데카르트에게 있어서 인간의 육체는 기계적 자연법칙의 지
배 대상인 물질이요, 사유하는 정신만이 참 실재로 파악되었기 때문
이다. 정신=참 실재, 육체=물질이라는 등식에 기초하여 데카르트는
자연으로부터 참 실재성을 박탈할 수 있었다. 따라서 자연이란 참 실
재성이 없는 단순한 기계에 지나지 않게 된다. 반면에 사유를 본질로
하는 인간은 연장된 사물인 자연을 이용할 수 있는, 즉 '자연의 주인
이자 소유자'가 된다.

---

23) 藤原保信, 《自然觀の構造と環境倫理學》(東京: 御茶の水書房, 1991), 67면에서
　　재인용.
24) 데카르트, 《방법서설》, 김붕구 역, 세계의 대사상 제4권(서울: 휘문출판사,
　　1972), 58면.

이처럼 인간과 자연, 정신과 육체를 별개의 존재로 보는 이원론에 근거하여 데카르트는 측정할 수도 없고 '내성'(introspection)에 의해서도 파악될 수 없는 타자의 내면세계에 대한 이론적 난문제를 간단히 해결하였다. 데카르트에 의하면 이제 자연 속에서 수학적으로 파악할 수 없는 어떤 여지를 더 이상 가정할 필요가 없게 되었다. 이리하여 수학화 될 수 없는 질적 영역으로서의 '내적 세계'는 자연에서 추방되었다. 식물과 동물도 생명이 없는 단순한 연장으로서의 물질에 불과할 뿐이다.[25] 자연은 인간과는 전혀 다른 대상이 되었고 인간의 절대적인 지배 하에 복종하지 않으면 안 되는 그런 존재로 전락하고 말았던 것이다. 이런 상태에서 인간과 자연 간의 상호교통, 사귐의 관계, 인간과 자연의 연대성은 철저히 단절되게 마련이다. 한편으로는 인간과 인간 사이의 상호연관성, 다른 한편으로는 인간과 지구 사이의 상호연관성을 부정하였다는 점이 데카르트의 이분법적 사고가 초래한 가장 심각한 결과였다.[26] 근대 이후의 자연과학은 이러한 입장에서 주관·객관의 이분법적 인식론에 근거해 왔고, 이러한 이분법적 사고는 결과적으로 자연 파괴와 생태학적 위기의 원인이 되었다.

뎀보스키(H. Dembowski)의 주장이 바로 이러한 견해를 뒷받침해 준다. 그에 의하면 생태학적 위기는 '인간을 자연의 주인과 지배자'로 본 데카르트의 세계관과 함께 시작되었다. 또 일리에(J. Illies)는 인간과 자연을 분리시키는 과학은 인간의 생존 세계를 조작하여 인간으로 하여금 냉담, 교만, 무경외를 낳게 하였다고 비판했다. 슈바이처(A. Schweitzer) 역시 데카르트의 유명한 명제 'cogito ergo sum'은 그 이후의 자연관에 중대한 타격을 주었다고 지적하면서, 이 명제는

---

25) 최종욱, "환경(생태계) 문제의 철학적 의미에 관한 비판적 소론," 국민대학교 《어문학논총》 제13집(1994), 342~43면 참조.

26) 정화열, "생태철학과 보살핌의 윤리," 《녹색평론》, 제29호(1996. 7~8), 12~13면 참조.

196

'빈곤하고 자의적으로 선택한 사고의 출발'이라고 비난하였다.[27]

이러한 맥락에서 카프라(Fritjof Capra) 역시 근대의 기계론적 자연관을 생태학적 위기의 근원으로 간주한다. 동시에 그는 데카르트의 기계론적 자연관에 대항하여 현대 물리학의 성과를 토대로 유기체적이고 전체론적이며 생태학적인 자연관을 정초하려고 시도한다.

20세기 과학 이론에 나타난 가장 근본적인 변혁은 무엇보다 상대성 이론과 양자 이론의 등장이다. 이 두 이론이 고전 물리학을 대체하게 되면서 철학과 사상 전반에 걸쳐 인과론적·결정론적 시각은 비인과론적·비결정론적 세계관으로 바뀌었다. 하이젠베르크의 '불확정성 원리(Uncertainty Principle)'는 실험자가 아무리 정밀한 기기로 정확하게 실험을 하더라도, 운동하는 전자의 속도와 위치를 둘 다 정확히 알 수는 없다고 하는 관측의 한계를 밝혀냈다. 그 결과 초기 조건이 주어지면 그로부터 최종 결과가 도출된다는 고전 물리학의 인과율과 결정론적 시각은 붕괴되었고, 20세기는 '불확실성의 시대'로 탈바꿈했다. 그리고 그러한 불확실성은 실험의 부정확성 때문이 아니라 자연의 본질이 그러하기 때문인 것으로 드러났다.[28] 이로써 과학은 자연의 여러 불확실성 현상을 간단히 이해할 수 없게 된 한계에 부딪친 것이다. 이와 같은 과학적 발견을 토대로 카프라는 "정신과 물질은 더 이상 두 개의 분리된 카테고리가 아니라 동일한 우주적 사건의 상이한 관점으로 봐야 한다"고 주장한다.[29]

우주는 독립적으로 분리되어 있지 않고 서로 연결된 전체를 구성하므로 기계론적 자연관은 유기체적 자연관으로 대체되어야 한다는

27) 황종환, "생태윤리의 근거 정립을 위한 자연관 연구," (교육학박사학위논문, 서울대학교, 1993), 11~12면 참조.
28) 김명자, "자연-인간-기술의 과학사적 이해," 한국동양철학회 편, 《기술정보화 시대의 인간 문제》(서울: 현암사, 1994), 236면 참조.
29) 최종욱, "환경(생태계) 문제의 철학적 의미에 관한 비판적 소론," 344면.

주장이다. 유기체적 자연관에 의하면 자연은 물질과 에너지의 순환 체계에서 출발하는 하나의 유기체이다. 자연의 부분들은 하나의 유기체로 밀접히 상호의존적이며 하나의 '존재 그물망'으로 연결되어 있다. 만약 그 어떤 존재가 이 '존재 그물망'으로부터 분리된다면 그것은 그 자신의 동일성을 상실하고 만다.

카프라는 이처럼 어떤 현상을 보다 큰 전체라는 맥락 속에서 이해하는 것을 '시스템적 사고'라고 부른다. 데카르트적 패러다임에서 가장 핵심적인 것은, 모든 복잡계에서 전체의 움직임은 그 부분들의 특성들을 통해서 완전히 이해될 수 있다는 믿음이었다. 분석적 · 환원적 접근 방식에서 부분들은 더 작은 부분으로 환원되지 않고는 더 이상 분석될 수 없다. 반면에 '시스템적 사고'에서는 시스템이 분석에 의해 이해될 수 없는 것으로 간주된다. 여러 부분의 특성들은 본질적인 특성이 아니라 보다 큰 전체의 맥락 속에서만 이해될 수 있다는 것이다. 따라서 '시스템적 사고'는 '맥락적 사고(contextual thinking)' 또는 '연결망 사고(network thinking)'라고도 부를 수 있다. 그리고 그 맥락 속에서 사물을 설명한다는 것은 그 환경 속에서 설명한다는 것을 뜻하기 때문에 카프라는 모든 시스템적 사고를 환경적 사고라고도 말할 수 있다고 한다.[30]

카프라에 따르면 '시스템적 사고'를 토대로 하는 유기체적 자연관은 동양의 종교 철학에 표명된 여러 아이디어들과도 놀라운 유사성을 보여 준다. 동양의 종교는 각각의 종파에 따라 세세한 면에서는 다른 점도 많지만 그들은 모두 한결같이 우주의 근본적인 전일성을 강조한다는 점에서 공통적이다. 힌두교도건, 불교도건, 도가건 간에 그들의 지상의 목적은 모든 사물의 전일성과 상호연관성을 깨달아 고립된 개별아(個別我)라는 관념을 초극하여 궁극적 실재와 합일시

---

30) Fritjof Capra, 《생명의 그물》, 김용정 · 김동광 옮김(서울: 범양사, 1998), 46~59면 참조.

198

키는 일이다. 카프라는 동양 철학의 이 같은 유기적 · 생태학적 세계
관이야말로 동양 철학이 최근 서양의 젊은이들에게 대단한 인기를
끌게 된 가장 중요한 이유 중의 하나라고 말한다. 따라서 그는 동양
적 지혜와 서양의 과학 사이에 본질적인 조화가 존재한다는 것을 보
여줌으로써 과학의 이미지를 개선하고자 시도한다.[31] 요컨대 카프라
의 자연과학과 기술 그리고 기계론적 자연관에 대한 비판은 동양 철
학으로 방향 전환을 하면서 새로운 대안 과학을 정초하려는 시도로
발전하고 있는 것이다.

4. 쟁점의 비교 및 해석

(1) 쟁점의 비교

이상에서 우리는 유대 · 그리스도교적 자연관과 기계론적 자연관이
환경 위기를 초래하는 데 정신사적 원인으로 작용했다는 주장과 이
주장에 대해 반대하는 학자들의 주장을 살펴보았다. 먼저 유대 · 그리
스도교적 자연관을 중심으로 전개되고 있는 논쟁의 내용을 간추려보
면 다음과 같다.

일부 학자들은 오늘날의 생태계 위기에 대한 책임이 그리스도교에
있다고 비판한다. 그들의 비판에 의하면 그리스도교는 유대교로부터
창조 신앙을 받아들였고, 이 창조 신앙은 철저히 인간 중심의 자연관
을 가르쳤다. 그리스도교는 로마제국의 국교가 되면서 인간 중심의
자연관을 서구의 모든 민족에게 주입시켰으며, 이리하여 생태계의 위
기를 초래할 수 있는 기초를 마련하였다는 것이다. 이러한 주장을 펴
는 학자들 가운데 가장 대표적인 이는 린 화이트였다. 린 화이트에

---

31) Fritjof Capra, 《현대물리학과 동양사상》, 이성범 · 김용정 옮김(서울: 범양사,
    1994), 27~36면 참조.

따르면 그리스도교는 인간과 자연의 이원론을 확립했을 뿐만 아니라 인간이 자연을 착취하고 이용하는 것은 신의 의지와 어긋나는 것이 아니다. 그의 이러한 설명은 창세기 1장 26절~28절에 나오는 '다스리고', '정복하라'는 구절에 근거하고 있다.

그러나 이러한 견해에 대하여 반대하는 학자들의 입장도 만만찮다. 그들은 화이트와 같은 주장은 성서를 전체적으로 조망하지 못하는 데서 오는 과장된 이론이며, 성서의 일부를 지나치게 확대 해석하는 오류를 범하고 있다고 주장한다.

유대 · 그리스도교적 자연관은 과연 생태계 위기의 원인으로 작용했는가? 아니면 그러한 견해는 성서 내의 자연관을 잘못 해석하는 데서 오는 오류에 불과한 것인가? 바로 이러한 물음이 논쟁의 핵심이다.

다음은 기계론적 자연관을 둘러싸고 전개되는 논쟁의 핵심을 비교해 보자. 기계론적 자연관에 의하면 자연은 물질로 구성되어 있고 결정론적 인과율에 따라 운동한다. 자연은 인간에 의해 소유되고 지배받을 수밖에 없는 생기 없는 사물의 집적체로만 간주되는 것이다. 따라서 일부 학자들은 자연을 죽은 물질로 간주하는 기계론적 자연관이야말로 생태계 위기의 주범이라고 주장한다. 예를 들어 카프라는 이러한 기계론적 자연관은 이미 붕괴되기 시작했고, 따라서 이 자연관은 유기체적 · 전체론적 자연관으로 대체되어야 한다고 주장한다. 유기체적 · 전체론적 자연관에 의하면 우주는 하나의 유기체이고 독립적으로 분리되어 있는 것이 아니라 서로 연결되어 전체를 구성한다. 따라서 전체의 유기적 관계를 도외시하고 부분만 분리해서 볼 수는 없게 된다.

기계론적 자연관이 인간 중심적 요소가 강한 반면, 유기체적 자연관은 비인간 중심적 요소가 강하다. 후자는 근대적 자연관을 비판하면서 등장한 것이므로 극단적인 자연 보존주의와 연결되는 수가 많다.

과연 기계론적 자연관은 더 이상 가치 없는 대상으로 전락하고 말았는가? 유기체적·전체론적 자연관은 기계론적 자연관의 단점을 극복할 수 있을까? 바로 이러한 물음들에 대한 답변을 구하는 것이 이 논쟁을 해결하는 관건이 된다.

(2) 쟁점에 대한 해석

㈎ 유대·그리스도교적 자연관

일부 학자들은 유대·그리스도교적 자연관을 환경 위기의 정신사적 근원으로 지목하여 비판하는 반면에, 또 다른 일부 학자들은 환경위기의 근원과 유대·그리스도교적 자연관과는 아무 상관이 없으며 전자와 같은 견해는 성서의 일부만을 확대 해석하는 데서 오는 오류라고 주장한다.

이와 같은 논쟁을 해결하기 위해서는 무엇보다 자연에 관한 성서내의 여러 진술들을 좀더 객관적인 입장에서 검토해야 한다고 본다. 자연에 대한 성서의 사상을 철저하게 객관적으로 해석하는 데서 이논쟁 해결의 실마리를 찾아야 한다는 것이다.

그리스도교의 이른바 인간 중심적 자연관에 대한 비판에 있어서 확실한 근거가 되는 것은 창세기의 창조 설화이다. 이 창조 설화는 창세기 1장과 2장에 걸쳐 두 가지의 상이한 이야기로 구성되어 있다. 첫번째 설화는 창세기 1장 1절부터 2장 4상반절까지의 기록이고, 두번째 설화는 창세기 2장 4하반절부터 2장 24절까지의 기록이다. 첫번째 설화는 하느님을 엘로힘(Elohim)이라 부르는 제사장 문헌(priestly source)에 속하며, 기원전 6세기 혹은 5세기 경 이스라엘 민족의 바빌론 포로 시대에 제사장들에 의해 기록된 것으로 추정된다. 두 번째 설화는 하느님을 야훼(Jahwe)라고 부른 야휘스트 문헌(Jahwist source)에 속하며, 첫번째 설화보다 3~4세기 이전인 다윗이나 솔로몬의 통치 시대 곧 기원전 950년경에 기술된 것으로 간주된다.[32]

천지창조에 관한 이 두 가지 문헌들은 문체와 표현에 있어서는 물론 정신적 배경과 내용에 있어서도 여러 가지 차이를 가지고 있다. 가령 제사장 문헌의 문체는 하느님을 엘로힘이라 부르며 성전에 모인 많은 군중들 앞에서 아름답고 장엄하게 낭송할 수 있는 시적 운율을 가지고 있음에 반하여, 야휘스트 문헌의 문체는 하느님을 야훼라 부르며 매우 소박하고 운율이 전혀 없는 옛날이야기의 문체를 가지고 있다. 제사장 문헌에서의 물은 세계의 존속을 위협하는 요소로 나타나는 반면, 야휘스트 문헌에서의 물은 자연 세계의 생명을 위해 필요한 것으로 나타난다.

두 설화는 이러한 차이점도 가지고 있지만 공통점도 가지고 있다. 그것은 사람이 우주의 모든 것을 다스려야 할 특권과 책임을 부여받은 존재로 나타나며, 자연의 만물은 사람을 위하여 주어져 있는 것으로 나타난다는 점이다.[33]

그리스도교를 생태계 위기의 원인으로 보는 학자들은 이러한 창조 설화의 공통점에 근거하여 그리스도교는 인간 중심의 세계관을 가르쳤다고 비판한다. 하지만 위에서 보는 것처럼 창세기의 두 가지 창조 설화에는 공통점도 있지만 차이점 또한 있다는 점에 우리는 주목해야 한다고 본다. 우리는 그 동안 두 창조 설화의 공통점에만 치중함으로써 성서의 자연관을 왜곡되게 이해해 온 측면이 있다. 따라서 필자는 창조 설화에서 발견되는 차이점과 공통점 양쪽에 주목하면서 균형 잡힌 성서 안의 자연관을 찾아보고자 한다.

위에서 지적한 것처럼 두 창조 설화에서는 물에 관한 내용이 나오는데 양측의 입장이 아주 다르게 기술되고 있다. 먼저 제사장 문헌에

---

32) 김균진, 《생태계의 위기와 신학》(서울: 대한기독교서회, 1997), 22면 참조.
33) 같은 책, 22~23면 참조.

의하면 큰 물을 처리하는 작업이 창조 활동의 주요 내용을 이루었다. 둘째 날의 창조 활동은 물 한가운데 궁창이 생기게 하여 위에 있는 물과 아래에 있는 물로 가르는 일이었으며, 셋째 날에 일어난 창조 활동의 하나는 아래에 있는 물을 한 곳으로 모아 바다가 되게 하는 일이었다. 김창락 교수는 이러한 사실을 미루어 추론한다면, 이 창조 설화가 생성된 지리적 장소는 큰 물이 있는 곳, 즉 큰 물과 싸우는 것이 인간의 가장 중대한 과제가 되어 있는 곳임을 반영한다고 말한다. 이에 비하여 야휘스트 문헌에 나타난 창조 당시의 상황은 전혀 다르다. 하느님이 땅과 하늘을 만드실 때에 땅 위에는 비가 내리지 않았으며 땅에는 나무가 없고 들에는 풀 한 포기도 아직 돋아나지 않은 상황으로 묘사되었다. 그러므로 김창락 교수는 이 창조 설화가 생성된 지리적 장소는 한발(旱魃)과 싸우는 것이 인간의 가장 큰 과제로 되어 있는 곳임을 추론할 수 있다고 한다.[34] 결국 두 창조 설화는 모두 자연 환경과의 관계에서 인간이 자연으로부터 끊임없이 위협을 당하고 있는 처지에 놓여 있음을 나타낸다는 것이다.

첫번째 설화에서는 물을 막아 인간의 거주 공간을 확보하는 것이 바람직한 일로 묘사되어 있고, 두 번째 설화에서는 오아시스와 같은 삶의 공간을 확보하는 것이 이상적인 일로 묘사되어 있다. 김창락 교수에 따르면 이 두 설화에 공통적으로 반영된 인간의 삶의 정황은 무력한 인간이 거대한 적대적인 자연 세력과 맞서 싸워야 하는 각박하고도 처절한 처지였다. 당시 상황에서 인간이 자연에 해를 끼친다거나 자연을 파괴한다는 관념은 있을 수 없었다는 것이다. 필자 역시 이러한 견해에 동의하고자 한다. 창세기의 창조 설화가 쓰여진 시기 상황으로 미루어 볼 때, 자연의 세력 앞에서 인간의 힘은 너무나 미약했다고 보기 때문이다. 창조 설화가 생성되던 그 당시의 인간의 지

---

34) 김창락, "생태계의 위기와 성서신학적 반성," 이삼열 편, 《생명의 신학과 윤리》 (서울: 열린문화, 1997), 111면 참조.

식 수준을 고려해 볼 때 전염병, 화산, 지진, 태풍, 홍수와 같은 자연의 불가항력적 위력이나 또는 일식이나 월식과 같은 기이한 자연 현상 앞에서 인간은 너무나 무력한 존재였다.

이러한 상황 속에서 인간이 자연에 대해서 취할 수 있는 태도는 다음 두 가지 중의 하나이다. 하나는 자연의 세력에 위압을 당하여 자연을 신으로 숭배함으로써 인간의 주권을 포기하는 패배주의적 태도요, 다른 하나는 자연을 자연 본연의 자리에 위치시킴으로써 인간의 고유한 권리를 확보하는 적극적 태도이다. 성서에서 발견되는 인간의 태도는 이 두 가지 가운데 후자의 입장이다. 창조 설화는 자연이 아무리 위협적이라 해도 자연은 신이 아니고 피조물에 지나지 않은 존재로 규정짓는다. 해·달·별 등은 더 이상 인간의 운명을 좌우하는 신으로 숭배해야 할 대상이 아니라 땅에 빛을 비추고 때와 절기를 구분하기 위한 목적으로 창조된 피조물에 지나지 않는다. 창조 설화를 통한 자연의 탈신성화, 탈마법화는 자연 정복, 자연 파괴에 역점이 놓인 것이 아니라 자연의 위력으로부터 쟁취해야 할 인간 해방, 인간의 존엄성 회복에 역점이 놓여 있다.[35]

이상에서 살펴본 것처럼 두 창조 설화의 차이점에 주목할 때 그리스도교가 생태계 위기의 주범이라는 주장은 성서의 창조 설화 가운데 일부분의 입장만을 강조하는 데서 오는 오류임이 드러난다.

그렇다면 생태계 위기의 정신사적 원인을 제공했다는 식으로 해석되는 두 창조 설화의 공통점에 관하여 살펴보기로 하자. 두 창조 설화에서 발견되는 공통점은 자연 만물은 인간을 위해 주어졌다는 인간 중심적 자연관이다.

첫번째 설화인 제사장 문헌에서는 인간이 '하느님의 형상' 대로 창조되었으며, 하느님이 그 인간에게 자연 세계를 '다스리고', '정복하

---

35) 같은 글, 112면 참조.

라'고 맡겨 주었다는 기록(창세기 1장 26~28절)이 나온다. 인간만이 하느님의 형상대로 창조되었다는 것은 인간이 나머지 모든 피조물과 구별되는 특별한 존재임을 말해준다. 그리고 인간은 하느님의 대리자로서 다른 모든 피조물들을 다스릴 사명을 부여받고 있다. 따라서 바로 이 구절에 근거하여 일부 학자들은 그리스도교는 자연에 대한 무제한의 지배권을 주장하였고, 결국 생태계의 파괴와 위기를 초래하는 장본인이 되었다고 비판한다.

그렇다면 과연 창세기 1장 26절의 '다스리라'는 표현과 28절의 '정복하라'는 표현이 자연에 대한 인간의 무제한적인 지배의 의미로 쓰여졌는지, 아니면 그 밖의 다른 어떤 의미로 쓰여졌는지에 대한 정확한 해석이 요청된다. 적어도 이 구절들을 표현 그대로만 해석할 경우 우리는 그리스도교가 생태계 파괴의 한 원인을 제공한 것으로 생각될 수도 있다. '다스리고', '정복하라'는 표현 속에서는 자연 존중과 관련된 어떤 의미도 발견하기 어렵기 때문이다. 그러나 성서가 쓰여진 시대적 상황과 성서 앞뒤의 문맥을 고려해 볼 때 '다스림'과 '정복'의 의미를 그렇게 해석하는 것은 너무나 단순해 보인다.

바로 이러한 시각에서 김균진 교수는 '다스리라'는 표현은 본래 억압하고 파괴하는 것이 아니라 다스림을 받는 자의 행복을 위하여 '돌본다'는 것을 뜻한다고 주장한다. 창세기 1장을 기록한 사람은 '돌본다'는 의미에서 '다스린다'는 말을 사용했다는 것이다. 인간이 하느님으로부터 '자연을 다스리는 자'로 위임받았다는 것은 자연을 짓밟고 파괴해도 좋은 폭군이 아니라 자연의 행복과 평화를 위해 자연 세계를 돌보고 가꾸어야 할 사명을 부여받았음을 의미한다는 것이다. 김균진 교수에 따르면 창세기 1장 28절의 '정복하라'는 표현 역시 자연을 파괴해도 좋다는 부정적인 의미로서가 아니라 인간에 대한 하느님의 축복의 한 형식으로 쓰여졌다. 그는 이 '정복하라'는 말의 올바른 해석을 위해 성서 앞뒤의 문맥을 고려할 것을 권고한다.

즉 "하느님이 그들에게 복을 주시며 … 땅을 정복하라 …"는 28절의 앞뒤 문맥을 고려할 때 '땅을 정복하라'는 것은 인간에 대한 하느님의 축복이라고 주장한다.[36] 결국 '땅을 정복하라'는 것이 인간을 위한 하느님의 축복이라면 이 '정복'은 자연의 착취와 파괴를 의미할 수 없게 된다. 자연을 착취하고 파괴하면서 인간은 축복을 받을 수 없기 때문이다. 오히려 여기서 말하는 '정복'은 인간이 자연을 잘 관리하며 자연과 더불어 행복하게 살아간다는 것을 의미한다.

두 번째 설화인 야휘스트 문헌에서도 첫번째 설화에서와 마찬가지로 인간의 창조는 특별하게 묘사되었다. 여기서는 하느님이 흙으로 사람을 지으시고 그의 코에 생명의 기운을 불어넣음으로써 생명체를 탄생케 한 것으로 그려졌다. 그리고 하느님은 인간에게 동산을 '경작하고' 보살피는 사명을 맡기셨다. 여기서 '경작하다'는 말은 '노역을 투여하는 것'을 의미하는데 농부로서 일하는 것을 나타낸다. 이 점에서 인간과 다른 동물은 확연히 구별된다. 다른 동물들은 단순히 본능의 지배 하에 살아가는 자연 종속적 존재로서 전혀 환경을 변화시킬 줄 모른다. 반면에 인간은 전적으로 자연 종속적 존재가 아니기에 자연에 노동을 가하여 환경을 변화시키기도 한다. 그 노동의 결과로 가공되어 생겨난 것이 이른바 문화이다. 인간은 순전히 자연 종속적 존재에 머물지 않고 자연을 변화시켜 문화를 창조하며 살아가는 자연 초월적 존재이기도 한 것이다.

이상에서 살펴본 것처럼 두 가지 창조 설화에는 자연과 인간의 이분법적 관계가 잘 드러나 있다. 그러나 이것은 오늘날의 생태론자들이 주장하는 것처럼 자연의 존재 의미를 부정하거나 자연 파괴를 정당화하려는 논증이 아니다. 이것은 오히려 인간이 자연의 적대적인 위협 속에서 자신의 정체성을 잃지 아니하고 생존하려는 몸부림의

---

36) 김균진, 《생태계의 위기와 신학》, 101~3면 참조.

206

반영이다. 인간이 자연을 숭배하는 것은 인간의 존엄성을 상실하는 것이다. 인간이 단지 자연의 일부로서 자연에 귀속되어 살아가는 것은 인간의 특성을 포기하는 것이다. 인간은 자연의 일부이면서도 문화를 창조함으로써 자연을 초월하면서 살아가야 하는 존재이다. 성서의 창조 설화가 말하고자 하는 핵심은 바로 이것이다.[37]

사실 인간은 전적으로 자연 종속적이지만도 자연 초월적이지만도 않다. 만일 인간이 자연 종속적이기만 한 존재라면 다른 동물들처럼 자연의 법칙에 따르는 삶을 살게 될 것이고, 따라서 오늘날과 같은 환경문제를 유발하지 않았을 것이다. 반대로 만일 인간이 자연 초월적이기만 한 존재라고 해도 결과는 마찬가지다. 인간이 전적으로 자연 초월적 존재라면 그것은 신과 같은 존재를 의미하므로 역시 환경문제가 발생할 여지는 없게 된다. 인간은 자연 종속적이면서도 문화를 창조할 줄 아는 자연 초월적 존재인 것이다. 문화란 인간이 자연 종속적인 상태에서 자연 초월적인 상태로 이행해 가는 과정에서 만들어낸 소산의 총체를 말한다. 그러나 인간은 자연 종속성을 망각한 채 자연 초월성에 도취함으로써 자연을 착취와 파괴의 대상으로 간주해 왔다. 그리스도교의 창조 설화 역시 자연을 파괴의 대상으로 삼기 위한 이론적 무기로 활용됐던 것이다. 창세기 1장의 '지배'와 '정복'은 지금까지 야휘스트의 전승사적 맥락과 성서 전체의 연관성을 떠나서 해석되었고, 그리하여 자연을 지배하고 착취하고자 하는 인간의 관심을 정당화하는 데 봉사하였다. 그것은 보다 더 많은 소유와 풍요를 얻고자 하는 인간의 관심을 정당화시키는 근거로 이용되었던 것이다.

창조 설화의 인간 중심적 자연관과 자연의 탈신성화가 자연 세계에 대한 인간의 접근을 자유롭게 만들었고 또한 자연 파괴의 가능성

---

37) 김창락, "생태계의 위기와 성서신학적 반성," 112~13면 참조.

을 마련하는 데에 기여했음을 그리스도교는 부인하지 못할 것이다. 그러나 앞에서 살펴본 것처럼 오늘날의 생태계 위기에 대한 원인을 유대·그리스도교의 창조 설화에서만 찾는 것은 옳지 못하다. 창세기의 구절들을 성서의 전체적 연관 속에서 해석하지 않고 근대 인간 중심의 자연관에 맞도록 해석한 인간의 이기심이 생태계 위기의 더 큰 원인으로 판단되기 때문이다.

(나) 기계론적 자연관

근대 자연과학과 기술 그리고 그 기초로서의 기계론적 자연관 역시 유대·그리스도교적 자연관과 더불어 환경 위기의 원인으로 비판 대상이 되어 왔다. 그렇다면 과연 기계론적 자연관은 환경 위기의 한 원인으로 작용함으로써 이제는 우리가 포기해야 할 가치 없는 대상으로 전락하고 말았는지 아니면 앞으로도 계속 견지할 만한 가치가 있는 대상인지 점검해 보기로 하자.

사실 기계론적 자연관에는 자연 파괴에 대한 윤리적 불감증을 초래하게 만든 측면이 없지 않다. 근대 이후의 자연과학은 기계론적 자연관에 근거하여 인간에게 많은 번영과 풍요를 안겨다 주었다. 그러나 그 많은 번영과 풍요는 인간이 자연을 오로지 이용물로만 간주함으로써 정복과 약탈의 대상으로 삼아 온 대가였다. 자연은 신이 만든 거대한 기계로써 인간에 의해 소유되고 지배받을 수밖에 없는 죽은 물질로 간주되어 온 것이다.

그러나 우리는 자연이 기계적이면서 동시에 유기체적이라는 사실을 알아야 한다. 그리고 이 사실은 인간 존재가 전적으로 자연 종속적이지도 자연 초월적이지도 않다는 사실에서 잘 설명된다. 인간이 자연 초월적이라면 인간의 생존은 자연이 파괴되더라도 아무런 영향을 받지 않을 것이다. 그러나 자연이 파괴되면 인간의 생존도 영향을 받는다는 사실은 인간 역시 거대한 유기체로서의 자연의 일부라는 사실을 말해준다. 그리고 자연이 기계적인 측면을 갖고 있지 않다면 인간은 자연을 초월하는 측면을 가질 수가 없다. 기계론적 자연관에 입각한 근대 과학의 발전 덕분으로 인간은 자신을 자연으로부터 보다 더 자유롭게 만들어 왔다. 인간은 자연을 대상화하고 자연의 질서로부터 자신을 분리함으로써 자연을 지배하는 메커니즘을 발견할 수 있었다.[38]

그러나 근대 과학은 자연의 기계적 측면과 유기체적 측면 가운데 기계적 측면에만 관심을 쏟음으로써 자연 파괴를 초래하였다. 근대 과학은 자신의 성공에 도취되어 자연의 유기체적 측면을 의도적으로 무시했던 것이다. 따라서 오늘날 우리가 겪고 있는 환경 위기의 한 원인 제공자가 근대 과학이라는 주장은 일리가 있다.

오늘날과 같은 생태학적 위기 시대에 자연의 온갖 요소를 개별적으로 분리해서 다루고 조정할 수 있다고 믿는 기계론적 자연관은 더 이상 문명을 지탱시키는 바탕이 될 수 없다. 따라서 기계론적 자연관의 한계를 지적하면서 자연을 구성하는 갖가지 요소 간의 복잡 미묘한 작용을 중시하는 '상호작용적'인 자연관에 관심을 보이는 것은 자발적인 경향이라고 할 것이다. 그러나 생태학적 과학의 정립은 과학기술이 긍정적·부정적 측면을 동시에 지니고 있음을 인정하는 데서 출발해야 한다고 본다. 오늘날과 같은 문명의 발전을 이룩할 수 있었던 것은 근대 자연과학의 덕분이며, 자연에 대한 수학의 적용이 근본적으로 불가능한 것도 아니다. 그리고 현대의 환경 위기를 극복하는 데도 자연과학과 기술의 도움을 필요로 하는 부분이 많다. 이러한 사실을 고려할 때 자연과학과 기술 그리고 기계론적 자연관을 비판만 하는 태도는 옳지 못하다. 그렇다고 동양 철학으로 회귀한다고 해서 문제가 해결되는 것도 아니다. 동양 철학 자체에도 증명되지 않

---

38) 문성학, 《현대인의 삶과 윤리》(서울: 형설출판사, 1998), 302~3면 참조.

은 형이상학적 가정들로 얽혀 있기 때문이다.[39]

　과학기술을 환경문제 해결의 열쇠로 보는 기술 지향적 믿음도 물론 잘못이지만, 환경문제 발생과 관련된 측면만을 강조한 나머지 과학기술을 환경 파괴의 원흉으로 보는 태도 역시 극단적이라는 평가를 면하기 어렵다고 본다. 우리가 유의해야 할 점은 과학기술과 환경문제의 관계를 풀어나갈 때 극단주의로 흘러서는 안 된다는 점이다. 따라서 앞으로 우리가 이루어야 할 과제는 생태학적 관점을 내포하면서도 자연과학의 장점을 잃지 않는 새로운 녹색 과학을 정초하는 것이라고 할 수 있다

5. 맺음말

　이상에서 우리는 일반적으로 환경 위기의 정신사적 근원으로 지목받는 유대·그리스도교적 자연관과 기계론적 자연관에 관하여 고찰하였다. 일부 학자들은 이 두 자연관을 환경 위기의 정신사적 근원으로 간주하면서 신랄하게 비판해 왔는데 그 비판 내용을 요약하면 다음과 같다.

　유대·그리스도교적 전통에 따르면 신은 세계를 초월하고 있고, 인간은 신의 모사로서 자연을 지배하는 절대적 권리를 가지고 있다. 이러한 두 신앙의 귀결로써 유대·그리스도교도들은 '인간을 위한 자연 정복'을 목표로 하는 기술 개발을 추구해 왔고 이것이 생태학적 위기의 원인으로 작용하였다. 이러한 유대·그리스도교적 사상의 영향으로 17세기에 들어오면서 근대인들은 이른바 기계론적 자연관을 형성하게 된다. 자연 세계를 하나의 기계요, 메커니즘으로 간주함

---

39) 최종욱, "환경(생태계) 문제의 철학적 의미에 관한 비판적 소론", 344면 참조.

으로써 한편으로 인간 영역의 무한한 확장을 가져왔지만, 다른 한편으로는 자연의 황폐화를 야기하였다.

그러나 이러한 견해에 대하여 반대하는 사람들의 입장도 만만치 않다. 이들은 유대·그리스도교적 자연관이 환경 위기의 원인으로 작용했다는 주장은 성서 내의 자연관을 잘못 해석하는 데서 오는 오류라고 주장한다. 이들은 또 기계론적 자연관이 환경 위기의 원인이 되었다는 주장 역시 과학 기술의 부정적 측면만을 지나치게 부각시키는 데서 오는 오류라고 주장한다.

그러나 이와 같은 상반된 주장들을 검토해 본 결과 유대·그리스도교적 자연관이 환경 위기의 정신사적 원인으로 작용했다는 일부 학자들의 주장은 타당하지 않은 것으로 드러났다. 그러한 주장을 펴는 학자들은 창세기 1~2장에 나오는 구절들('다스리고 정복하라')에 근거하여 자신들의 주장을 정당화하고 있었다. 그러나 그들은 창세기의 그 구절들을 성서의 전체적 연관 속에서 파악하지 않고 근대 인간 중심의 자연관에 맞도록 해석한 것으로 드러났다. 창세기의 일부 구절들을 자신들의 자연 파괴를 정당화하기 위한 방식으로 해석한 이기심이 오늘날 환경 위기의 더 큰 원인으로 작용했다는 것이다.

기계론적 자연관이 환경 위기의 원인으로 작용했고, 따라서 이제 더 이상 이 자연관은 소용 가치가 없다는 주장 역시 편협한 견해임이 드러났다. 물론 기계론적 자연관이 자연을 인간에 의해 지배될 수밖에 없는 죽은 물질로 간주하게 만듦으로써 자연 파괴를 초래하는 데 기여했음은 사실이다. 자연은 기계적이면서 동시에 유기체적임에도 불구하고 기계론적 자연관은 전자에만 치중함으로써 자연에 대한 윤리적 불감증을 초래했던 것이다. 그러나 아무리 그렇다 하더라도 기계론적 자연관을 포기하고 유기체적 자연관으로 나아가야 한다는 주장 역시 극단적인 자연관임이 분명하다. 따라서 우리는 기계론적 자연관의 부정적인 점을 반성하고 수정하는 것은 바람직하지만 이를 폐기 처분해야 한다는 주장은 설득력이 없음을 알 수 있다.

　이상에서 살펴본 것처럼 환경 위기의 정신사적 근원을 중세의 그리스도교 문명이나 기계론적 자연관에서 찾는 것은 바람직하지 못하다. 필자는 현대 환경 위기의 정신사적 근원을 고대 세계, 특히 그리스, 로마 문명에서 찾아야 한다고 본다. 인간은 이미 문명 초기 단계에서부터 자연 환경과 함께 살아가는 방법을 모색하는 데에 여념이 없었다. 때문에 그러한 모색의 결과가 어떤 총체적 삶의 방식으로 정형화되기 시작하였던 그리스, 로마 문명에서부터 자연과 인간 사회 사이의 관계에 대한 문제의 출발점을 찾아야 한다는 것이다. 고대 그리스 철학자들의 탈애니즘적 태도, 로마인들의 실용주의적 태도 등이 고대 문명 초기의 물활론적 사고를 인간 중심적 사고방식으로 탈바꿈시키는 데 중요한 요인으로 작용했기 때문이다.

IX. 동물해방의 문제: 피터 싱어

1. 머리말

우리는 동물[1]을 어떠한 대상으로 간주해야 할지 매우 혼란스런 상황에 처해 있다. 한쪽에선 동물을 보호해야 한다는 주장이 일고 있는 반면, 다른 한쪽에선 동물은 여전히 종전과 다름없이 우리의 건강, 영리, 즐거움의 수단으로 이용해도 무방하다는 주장이 공존하고 있기 때문이다. 가령 우리 나라의 '보신탕' 문제를 놓고 프랑스의 동물보호론자 브리지트 바르도가 신랄하게 비난하는가 하면, 독일의 한 언론에선 한국의 '보신탕' 식사 습관은 그 나라의 고유한 전통으로 다른 나라의 비난 대상이 될 수 없다고 보도하였다. 국내에서도 보신탕 논쟁은 계속되고 있다. 최근 수도권 보신탕 식당 업주 100여명이 개고기를 세계적인 식문화로 만들겠다며 '전국 개고기 식당 연합회'를 결성한다는 소식이 전해지자 이번에는 애완동물협회 측에서의 반대로 그 연합회 결성이 무산되었다는 소식이다. 국내의 한 TV에서는 동물을 주제로 삼아 동물의 생태에 관한 보고와 더불어 생태계에서

---

[1] 이 글에서의 '동물'이란 인간을 제외한 나머지의 동물들을 가리킨다.

동물이 차지하는 역할을 알려줌으로써 동물 보호를 홍보하는가 하면, 다른 프로에선 동물 고기를 이용한 요리 방법에 관해 알려준다. 환경 운동가들 쪽에선 동물 보호 차원에서 모피 반대를 위해 알몸 시위까지 벌이는가 하면, 모피업계에서는 다양한 색상으로 다양하게 디자인된 모피 제품들을 선보이며 '우아한 겨울맞이'를 하라고 선전한다. 경상남도에선 농작물에 많은 피해를 준다는 이유로 멧돼지, 꿩, 까치 등을 효율적으로 잡기 위해 경찰과 협조하여 야간에도 포획을 허용키로 했다고 한다. 환경부 역시 다람쥐, 꿩 등의 야생동물과 농작물을 해치고 있는 들고양이를 덫이나 총으로 포획하도록 각 지자체에 요청했다는 보도도. 동물은 보호의 대상인가, 아니면 인간의 건강이나 영리를 위한 수단에 불과한 존재인가? 그리고 인간에게 해를 끼치는 동물은 모두 다 인간의 마음대로 처리해도 좋은가? 동물을 어떻게 대해야 할지에 대한 우리의 분명한 태도 정립이 요구되는 시점이다.

전통적으로 동물은 도덕 공동체의 구성원으로 간주되어 오지 않았고, 적어도 그러한 믿음 하에서는 동물을 어떻게 다뤄야 하는지에 관한 문제는 제기되지 않았다. 동물은 어디까지나 인간을 위한 수단으로 쓰여지면 그만이었기 때문이다. 그러나 이러한 고정관념에 의문을 제기하면서 동물 보호를 주장하는 움직임이 유럽을 중심으로 서서히 제기되고 있다. 무엇보다 일반 대중에까지 동물 보호의 중요성을 인식시키면서 사회 운동의 차원으로까지 발전시키는 데 결정적인 역할을 한 것은 피터 싱어라 할 수 있다. 1975년에 그가 펴낸 《동물해방》이 그 기폭제 역할을 했으며, 바로 이 책으로 인해 그의 명성 또한 널리 알려지게 된다.

이 장의 목적은 싱어의 동물해방론에 대해 비판적으로 고찰해 봄으로써 동물에 대한 우리의 분명한 태도 정립에 조금이나마 도움이 되고자 하는 데 있다. 이를 위해 필자는 먼저 싱어의 동물해방론에

대해 개괄적인 고찰을 할 것이고, 그 후 이 이론의 문제점을 지적하
면서 필자 나름대로의 대안을 제시해 볼 것이다.

2. 싱어의 동물해방론

(1) 이익평등고려 원칙의 확대 적용

예전부터 윤리학에서의 제일 큰 과제는 윤리의 보편성을 확보해
줄 수 있는 기초를 마련하는 것이었다. 이를 위해 스토아학파에서부
터 헤어와 롤스에 이르기까지 많은 철학자들은 여러 가지 다양한 대
안들을 제시해 왔지만, 아직까지 어떠한 이론도 보편적 동의를 얻어
내는 데 성공하지 못하고 있다.

한편 싱어는 이러한 실패를 인정하는 가운데 자신의 윤리 이론을
공리주의 입장에 기초하여 전개함으로써 보편성을 확보하고자 시도
한다. 비록 이렇게 하는 것이 결정적이지는 않다 해도 설득력 있는
이유를 제공할 수 있다는 것이다. 이러한 관점에서 그는 이렇게 말한
다.

> 윤리적 판단이 보편적 관점에서 내려져야만 한다는 것을 받아들이게 되
> 면, 이익(interests)이 단지 그것이 나의 이익이라는 이유만으로 어떤 다른
> 사람의 이익보다 더 중요한 것으로 간주될 수 없다는 것을 또한 받아들이
> 게 된다. 그러므로 나 자신의 이익이 돌보아져야 한다는 나의 아주 자연스
> 런 관심은 내가 윤리적으로 사고하는 한, 다른 사람의 이익에까지 확장되
> 어야 한다.[2]

---

2) Peter Singer, *Practical Ethics*, 2nd ed.(NY: Cambridge University Press, 1993), 12~13면.

　우리가 어떤 결정을 내릴 때, 나 자신의 이익만을 고려할 것이 아니라 그 결정에 의해 영향을 받을 다른 모든 사람들의 이익도 동등하게 고려해야 한다는 것이다. 이러한 윤리적 원칙을 그는 '이익평등고려의 원칙'이라 부른다.[3] 이는 우리가 이익을 측정할 때, 이익을 단순한 일반 이익으로 고려해야지, 나의 이익이나 어떤 특정한 사람들의 이익으로 고려해서는 안 된다는 것을 의미한다. 이러한 고려는 나로 하여금 나에 의해 영향을 받는 모든 사람들에게 최선의 결과를 가져오도록 이끄는 행동을 채택하도록 요구할 것이다.

　싱어에 따르면 이러한 원칙만이 인간 사이의 많은 차이에도 불구하고 모든 인간을 포괄하는 평등을 보장할 수 있게 해준다. 그런데 싱어는 한 걸음 더 나아가 이 원칙이 인간의 평등을 위한 적합한 근거일 뿐만 아니라 인간 종의 구성원이 아닌 존재들에게도 적용되어야 한다고 주장한다. 그렇다면 우리 자신의 종족 바깥으로까지 평등의 원칙을 확장하는 그 근거는 어디에 있는가? 싱어에 따르면 그것은 '이익평등고려의 원칙'의 성격을 명백히 이해하는 데 있다. 이 원칙은 타인에 대한 우리의 관심이 그의 생김새나 능력 등에 따라 좌우돼서는 안 된다는 것을 함축하고 있다. 바로 이 원칙에 의거하여 우리는 우리 인종에 속하지 않는 사람들을 착취하는 권리가 우리에게 있다거나 지능 지수가 낮은 사람들의 이익을 무시해도 좋다는 주장을 할 수 없게 된다. 싱어에 의하면 이 원칙은 더 나아가 종족이 우리와 다르다거나 지능이 우리보다 못한 다른 동물들이라는 이유로 그들을 착취하거나 그들의 이익을 무시해서는 안 된다는 점 또한 내포하고 있다.

　그럼에도 이 원칙이 우리 인간 종족 외부에까지 적용되어야 함을 인정한 사람은 별로 없었다. 하지만 그러한 와중에서도 벤담(J.

---

3) 같은 책, 21면 참조.

Bentham)은 이를 인정함으로써 싱어의 특별한 주목을 받는다. 벤담은 한 존재가 평등한 고려를 받을 권리를 갖게 하는 결정적 특징으로 고통 감수 능력을 들었던 것이다. 싱어는 이러한 벤담의 견해에 전적으로 동의하면서 고통이나 즐거움을 느끼는 능력이야말로 이익을 가지기 위한 전제이며, 우리가 이익을 의미 있게 논하기 앞서 충족되어야만 하는 조건이라고 주장한다.

만일 한 존재가 고통 감수 능력이 있다면, 그러한 고통을 고려하지 말아야 할 도덕적 이유는 있을 수 없게 된다. 그 존재가 어떤 성질을 가졌든 평등의 원칙은 그 존재의 고통을 그러한 존재들의 비슷한 고통과 동등하게 볼 것을 요구한다. 만약 한 존재가 고통이나 행복을 느낄 수 없다면 고려해야 할 것은 아무것도 없다. 이러한 쾌고 감수 능력을 싱어는 더욱 편리하고 간단하다는 이유로 감각성(sentience)이라는 한 단어로 표현하기도 한다.[4] 타자의 이익을 고려할 때 감각성이 유일하게 옹호 가능한 경계선이 되는 까닭이다.

인종주의자들은 자신들과 다른 인종 간에 이익 충돌이 발생했을 때, 전자의 이익을 더 중시함으로써 평등의 원칙을 위배한다. 마찬가지로 종족주의자들은 자기 종족의 구성원들과 다른 종족에 속하는 존재들 간에 이익 충돌이 있을 때 전자의 이익을 보다 중시함으로써 평등의 원칙을 위배한다. 종족주의자들은 돼지나 쥐의 고통을 인간의 고통과 같이 나쁜 것으로 받아들이지 않는다. 따라서 우리가 종족주의자들과 같은 잘못을 범하지 않으려면 동물에게도 평등의 원칙을 당연히 확대 적용해야 한다는 것이 싱어의 주장이다.

그럼에도 불구하고 현실은 싱어의 주장과 많이 떨어져 있다. 아직도 우리는 동물을 우리 삶의 수단으로 간주하는 수가 많은 것이다. 싱어의 표현대로라면 우리는 아직도 종족주의자로서의 한계를 벗어

---

4) 같은 책, 58면 참조.

나지 못하고 있는 것이다. 이와 같은 종족주의를 극명하게 보여주고 있는 사례로써 싱어는 동물 실험과 식용 동물 사육을 들어 그 실태를 신랄하게 고발한다.

(2) 종차별주의의 사례

싱어에 따르면 이 두 사례는 종차별주의의 중심에 위치하고 있는 것으로, 인간이 야기하는 그 어떤 고통보다도 커다란 고통을 많은 숫자의 동물들에게 가하고 있다.[5] 싱어는 이의 중단을 위해선 정부의 시책을 바꿔야 하며, 우리 자신들의 식사 방식을 바꾸는 데까지 삶을 변화시켜 나가야 한다고 주장한다. 이에 관한 싱어의 주장을 살펴보기로 하자.

(가) 음식물로서의 동물 이용

산업화된 사회의 시민들은 동물의 고기를 이용하지 않고서도 적합한 음식을 얻을 수 있다. 의학적 증거들 역시 동물 고기가 건강 유지나 장수를 위해 필수적이 아님을 강력히 시사해주고 있다. 또한 동물 고기는 음식을 생산하는 효과적인 방식에 의해 얻어진 것도 아니다. 산업화된 사회에서 소비되는 대부분의 동물들은 우리가 직접 먹을 수 있는 곡물이나 다른 음식을 먹여서 살찌워지기 때문이다. 우리가 곡물을 동물에게 먹일 때, 단지 영양가의 10% 정도만 고기로서 남게 된다. 그래서 곡물을 심기에 부적합한 방목지에서 동물을 키우는 경우를 제외하고, 동물을 먹는다는 것은 건강을 위해서도, 식량 증산을 위해서도 적합하지 않다. 동물 고기는 사람들이 그 맛을 좋아하기 때문에 먹는 사치품에 불과한 것이다. 산업사회에서 인간이 동물 고기를 음식으로 이용하는 것은 윤리적으로도 옳지 못하다. 상대적으로

---

5) 이에 관해서는 피터 싱어, 《동물해방》, 김성한 옮김(경기도: 인간사랑, 1999) 제2장과 제3장 참조.

보잘 것 없는 인간의 이익이 먹혀지는 동물의 생명과 복지보다 더 중시됨으로써 이익평등고려의 원칙에 어긋나고 있기 때문이다.

동물을 음식으로 이용하는 것이 더더욱 바람직하지 못한 이유는 동물 사육 방식에 있다. 우리 사회는 사람들이 사먹을 수 있는 가격으로 식탁에 고기를 올리기 위해 동물들을 평생동안 답답하고 부적합한 환경 속에 감금하는 육류 생산 방식을 허용하고 있다. 동물들은 사료를 고기로 전환시키는 기계와 같이 다뤄지는 것이다. 보다 높은 전환율을 가져오기 위하여 별의별 과학기술이 응용되고 있기도 하다.

종족주의를 피하기 위해선 이러한 관행을 중단해야 한다. 이러한 관행의 중단을 위해서 싱어는 우리로 하여금 식사 습관을 바꾸라고 강력히 요구한다. 식사 습관의 변화 요구는 특히 공장식 농장에서 길러지는 동물들에게 적용된다. 이는 우리가 먹는 고기가 공장식 농장에서 생산된 것이 아니라는 것을 알지 못하는 한 닭, 돼지, 송아지 등의 고기를 먹지 말아야 한다는 것을 의미한다.

㈏ 실험 대상으로서의 동물 이용

싱어에 따르면 종족주의가 가장 명백하게 드러나는 사례는 실험 대상으로서의 동물 이용이다. 실험자들은 인간에 대한 어떤 새로운 사실을 발견케 해준다고 주장함으로써 이를 정당화하려 한다. 사람들은 모든 동물 실험이 중요한 의학적 목표에 기여하고 있으며, 실험에 의해 산출되는 고통보다 삭감되는 고통이 더욱 크기 때문에 실험은 정당화될 수 있다고 여긴다. 그러나 싱어는 그러한 주장과 생각은 안이한 것이며 잘못된 것이라고 한다. 대부분의 동물 실험에서 인간의 이익이란 없거나 매우 불확실한 반면, 다른 종의 구성원들이 잃게 되는 것은 확실하고 실제적이기 때문이다. 따라서 이러한 실험들은 종에 상관없이 모든 존재의 이익을 평등하게 고려하고 있지 않음을 보여준다.

이에 대해 동물 실험 찬성론자들은 이러한 물음을 제기한다. "동물 실험 반대론자들은 한 마리의 동물에 실험을 행함으로써 치유할 수 있을 무서운 질병으로 수천 명의 사람이 죽도록 내버려두려고 하는가?" 싱어는 이 질문이 순전히 가설적이라고 한다. 왜냐하면 실험은 그와 같은 극적인 결과를 가져오지 않기 때문이라는 것이다. 그러면서도 싱어는 그러한 질문의 가설적 성격이 명백하게 인정되는 한도 내에서는 긍정적인 답변이 주어져야 한다고 본다. 다시 말해서 하나 혹은 몇몇의 동물이 수천 명의 사람을 구하기 위하여 실험의 고통을 겪어야 한다면, 그렇게 하는 것이 이익평등고려 원칙에도 부합한다는 것이다.

그런데 싱어는 하나의 동물 실험으로 수천의 사람들을 구한다는 가설적 질문에 대해 반종족주의자들 역시 그들 나름의 가설적 질문으로 답할 수 있다고 지적한다. "실험을 하는 것이 수천 명을 구하는 유일한 방법이라 할 때, 실험자들은 회복 불가능할 정도의 뇌 손상을 입은 고아에게도 그러한 실험을 행할 수 있을까?" 실험자들이 고아들을 사용하지 않고 동물만을 사용하려 한다면, 그들은 종족만을 이유로 동물을 차별하는 셈이 된다. 따라서 종족주의로부터 벗어나려면 동물뿐만 아니라 중증의 뇌 손상을 입은 고아들도 동등하게 실험 대상으로 이용할 수 있어야 한다는 것이다. 그러나 실험자들 가운데 이러한 주장을 받아들여 인간을 실험 대상으로 이용하는 경우는 없을 것이다. 동물과 동등하거나 더 낮은 감각, 의식, 감수성 등을 갖는 인간을 실험에 이용하는 것이 정당화될 수 없는 경우에, 동물에게 그러한 실험을 하는 것은 언제나 자기 종족의 선호라는 편견을 드러내게 된다. 따라서 싱어는 이러한 편견으로부터 벗어나려면 동물 또한 인간과 같이 동등하게 대우해야 한다고 주장하는 것이다.

(3) 반대 의견들에 대한 논변

동물해방운동이 활발히 전개됨으로써 여러 선진국들에서는 동물해방을 위한 다양한 조치들이 취해지고 있고, 더디긴 하지만 확실한 진보가 동물들을 위하여 이루어지고 있다. 하지만 반대 의견이나 의문들 또한 제기되고 있는데, 싱어는 그 중 매우 중요하다고 판단되는 것들에 대해서 답변을 제시해 놓고 있다. 자신의 주장에 대한 반대 의견들에 대해 논박을 가함으로써 자신의 주장이 타당함을 입증하려는 것이다.

㈎ 먼저 제기되는 물음은 "동물이 고통을 느낀다는 것을 어떻게 알 수 있는가?" 하는 것이다.[6] 이 물음에 대해 싱어는 두 가지 증거를 제시함으로써 동물도 고통을 느끼는 존재임을 입증한다. 두 가지 증거 가운데 하나는 행위방식이다. 어린아이가 넘어져서 무릎에 상처가 났을 때, 우리는 그 아이의 행위방식을 보고 그가 고통을 느끼고 있음을 알 수 있다. 아이는 울거나, 다친 부위를 어루만지거나, 다리를 절거나 할 것이다. 우리 어른들도 그와 같은 고통을 느낄 경우 그보다 자제된 방식이기는 하겠지만 그와 다소 유사한 방식으로 행위할 것임을 안다.

동물이 고통을 느낀다고 보는 근거도 앞에 말한 아이가 고통을 느낀다고 보는 근거와 비슷하다. 고통을 당하고 있는 동물도 고통을 당하고 있는 인간과 같은 방식으로 행동한다. 동물들의 행동은 고통을 느끼고 있다고 믿기에 충분한 이유가 된다. 다른 하나의 증거는 동물들의 신경체계가 인간과 유사하다는 점이다. 싱어는 인간의 신경체계 중에 고통 감수 능력과 관계된 부분은 진화론적으로 볼 때, 비교적 오래된 것이라 한다. 이와 같은 기본적인 신경체계는 인간과 다른 고

---

6) Singer, *Practical Ethics*, 69~70면 참조.

등동물 모두가 보다 먼 같은 조상으로부터 진화되었다는 것이다. 이러한 해부학적 유사성이 동물의 감각 능력이 인간과 유사하다는 주장을 뒷받침해준다. 즉 동물들 또한 혈압이 오르고, 동공이 팽창하며, 맥박이 빨리 뛰고, 자극이 계속되면 혈압이 떨어져버리는 신경체계를 가지고 있는 것이다.[7]

(나) "정상적인 성인들은 동일한 상황에서 동물들이 느끼는 것 이상으로 고통을 느끼는 정신적 능력을 소유하고 있지 않은가?" 하는 반문도 제기된다.[8] 이러한 반문의 의미는 동물을 대상으로 하는 실험이 상대적으로 적은 고통을 야기할 것이고, 따라서 굳이 실험이 행해져야 한다면 정상적인 성인보다 동물을 이용하는 것이 더 낫다는 것이다. 그러나 싱어에 따르면 이 주장은 어른들보다 아기나 심각한 정신지체장애인을 실험 대상으로 이용하는 것이 낫다고 말할 수 있는 빌미를 제공한다. 그들 역시 동물들보다 더 나은 정신 능력을 소유하고 있다고 볼 수 없기 때문이다. 이 주장에 관한 한, 동물과 유아, 정신지체장애인들은 동일한 범주에 속해 있다는 것이다.

물론 싱어도 정상적인 성인의 다른 존재들과 구분되는 우월한 정신력, 즉 기대감, 기억력, 많은 지식 등의 가치를 인정은 한다. 그러나 그는 이 모든 차이가 정상적 인간이 항상 더 큰 고통을 느낀다는 사실을 보여준다고 할 수는 없다고 한다. 그러한 능력의 결여로 인해 동물들은 오히려 더욱 큰 고통을 느낄 수도 있기 때문이라는 것이다.

(다) "서로 다른 종 간의 고통 비교는 불가능하며, 때문에 동물과 인간의 이익 상충시 평등의 원리는 아무런 지침도 될 수 없다"는 비판이다.[9] 이에 대해 싱어는 서로 다른 종 구성원들 간의 고통에 대한 정확한 비교는 불가능함을 인정하면서도 그 정확성만이 본질적인 것

7) 싱어, 《동물해방》, 46면 참조.
8) 같은 책, 55면 참조.
9) 같은 책, 57면 참조.

은 아니라고 응수한다. 인간이 침해받는 이익보다 동물이 침해받는 이익이 아주 명백하게 클 경우에만 동물에게 가해지는 고통을 방지하려 한다 해도 우리는 기존의 동물에 대한 태도에서 근본적인 변화가 요구되고, 이로 인해 동물들은 상당한 양의 고통으로부터 벗어날 수 있다는 것이다.

㈜ "종차별주의에 반대하는 것은 결국 모든 생명에 동등한 가치가 있음을 함축하는 것인가?" 하는 물음이다.[10] 종차별주의를 피하고자 한다면 우리는 모든 점에서 유사한 존재들은 유사한 생명권을 갖는다는 것을 인정해야 한다. 단순히 우리 자신이 속해 있는 호모 사피엔스의 구성원이라는 사실은 생명권을 갖는 것에 대한 도덕적으로 적합한 기준이 되지 못한다. 그런데 싱어는 유사한 존재들은 유사한 생명권을 갖는다는 것을 인정하면서도 우리는 가령 정상적 성인을 살해하는 것이 쥐를 죽이는 것보다 나쁘다는 입장을 계속 견지할 수 있다고 주장한다.

싱어에 따르면 자기 인식, 장래를 내다볼 수 있는 능력, 타인과 관계 맺는 능력 등은 고통과 별다른 관계가 없다. 왜냐하면 설령 어떤 존재가 고통 감수 능력 외의 다른 능력을 지녔다 해도 고통은 고통이기 때문이라는 것이다. 그러나 싱어는 위 능력들이 죽음의 문제를 따져볼 경우에는 고려 대상이 된다고 본다. 고통을 가하는 문제와 목숨을 앗아가는 문제 사이에는 차이가 있다는 것이다. 만약 정상인의 목숨과 지적 결함이 있는 자의 목숨을 구하는 것 중에 하나를 택해야 한다면, 아마도 우리는 전자를 택할 것이다. 그러나 정상인과 지적 결함이 있는 자, 둘 중 어느 한쪽의 고통을 방지한다는 요구를 받게 되면, 어느 쪽을 택해야 할지 분명하지가 않다. 싱어에 의하면 이러한 논변은 다른 종을 고려할 때에도 그대로 적용 가능하다. "고통

---

10) 같은 책, 57~64면 참조.

224

은 고통을 느끼는 존재의 다른 특징의 영향을 받아서 해악이 되지 않지만, 생명의 가치는 다른 특징들의 영향을 받는다."[11] 이러한 차이가 나는 이유는, 지금까지 미래의 희망, 계획, 목표를 향해 노력해 오던 존재의 목숨을 앗아가는 것은 그 존재의 전 목표 달성을 불가능하게 만드는 반면 미래를 설계할 능력이 없는 존재의 목숨을 앗아갈 경우, 거기에는 그와 같은 손실이 포함되지 않기 때문이다. 따라서 싱어는 정상적인 인간의 생명과 동물의 생명 가운데 어느 하나를 택해야 한다면 전자를 구해야 한다고 주장하는 것이다.

㈐ "인간과 동물의 이익이 심각하게 충돌될 경우는 어떻게 할 것인가?"[12] 가령 우리가 식용으로 채소나 곡식을 재배해 두었는데 쥐나 까치와 같은 해로운 동물의 위협에 놓일 수 있다. 만약 이익평등 고려 원칙에 따를 경우 어떻게 대처하는 것이 좋은가? 이 경우에 아마 우리는 최소 비용으로 해를 주는 동물을 없애려 할 것이다. 덫을 놓거나 그냥 때려잡거나 극약을 이용하는 방법 등이 등장할 것이고, 어느 경우든지 동물의 이익은 전혀 고려되지 않는다. 이 동물들 역시 고통 감수 능력이 있기에 당연히 도덕적 고려 대상으로서의 자격이 있음에도 무시당하는 것이다. 따라서 여기서 우리가 고민해야 할 문제는 가능한 한 그러한 동물의 이익을 최대한 존중하면서 생활에 필수적인 식량을 빼앗기지 않을 방법이 무엇인가 하는 점이다. 그 방법으로 싱어는 불임을 야기하는 미끼 사용을 제안한다. 이러한 미끼 사용은 동물이 느끼게 될 고통을 최소화하면서 인간에게도 피해를 주지 않게 된다는 것이다. 우리의 복지를 위협하는 동물들조차도 잔인하게 죽여서는 안 되며, 그 동물들의 숫자를 제한하는 더욱 인도적인 방식을 개발하고 거기에 따라야 한다는 주장이다.

㈑ "동물은 쾌고를 느낄 수 있음에 반해 식물은 그렇지 못하다. 그

11) 같은 책, 63면.
12) 같은 책, 389~92면 참조.

렇다면 식물이 고통을 느끼지 못한다는 것을 어떻게 아는가? 만약 식물이 고통을 느낀다면 우리는 굶어 죽어야 하는가?"[13] 이러한 이의를 제기하는 사람들에게 싱어는 식물이 고통을 당하는지를 심각하게 고려해 보지 않고서 식물에까지 고려의 범위를 확장하려 한다고 공격한다. 싱어에 따르면 이와 같은 문제 제기는 근거가 매우 취약하다. 식물들로부터 고통을 느낀다는 사실을 암시하는 관찰 가능한 행위방식이라든지, 동물에서 발견되는 중앙신경체계 같은 것을 발견할 수 없다는 것이다. 반면에 만일 식물이 고통을 느낄 수 있다는 증거가 발견된다면, 채식도 못하게 되어 결국 우리는 굶어 죽게 되는 것일까? 그러나 싱어는 식물이 고통을 느낄 수 있다 해도, 채식을 할 수 있으며, 그것이 육식보다 더 낫다고 한다. 식물이 동물에 비해 고통을 덜 느끼므로 육식보다 채식이 상대적으로 적은 악이 산출된다는 것이다.

(사) "동물들은 서로 잡아먹는데 인간은 왜 동물을 잡아먹어선 안 되는가?" 하는 반문이 제기되기도 한다.[14] 이에 대해서 싱어는 동물들이 다른 동물들을 죽이는 것은 생존을 위한 불가피한 선택인 반면, 인간에게는 동물 고기가 생존을 위한 필수품이 아니라고 한다.

일반적으로 동물의 행위를 '야만적'이라고 생각하는 인간이 자신들의 야만스런 행위를 정당화하고자 할 때, 동물들로부터 도덕적 지침을 구하는 그러한 논변은 앞뒤가 맞지 않는다. 동물에게는 여러 가지 대안을 고려할 능력이나 자신들의 식사의 윤리성을 반성할 능력이 없다. 그러므로 동물들에게 그들이 하는 일에 대해 책임을 지우거나, 그들이 다른 동물을 죽인다고 해서 그들 역시 죽임을 당해야 한다고 판정하는 것은 옳지 못하다는 것이다.

---

13) 같은 책, 392~94면 참조.

14) Singer, *Practical Ethics*, 70~72면 참조.

3. 비판적 고찰

이제 이상에서 살펴본 싱어의 동물해방론에 대해 비판적으로 고찰해 볼 차례이다. 싱어는 물론 자신의 이론이 승리한 이론이라고 자부하고 있지만,[15] 어떤 이론이건 완벽하지는 않다고 본다. 지면이 한정된 관계로 싱어의 주장에 대해 세부적으로 비판하는 데는 한계가 있지만, 그의 주장의 큰 골격을 중심으로 비판에 임해 볼 것이다.

(1) 이익평등고려 원칙에 대한 비판

이익평등고려 원칙에서의 이익이라는 말의 개념을 싱어는 '어떤 존재가 욕구하는 모든 것'[16]이라고 규정하는데, 이 개념 규정이 너무 단순하다는 생각이 든다. 욕구하는 모든 것이 이익을 가져다준다고 할 수는 없기 때문이다. 가령 폐암 환자가 담배를 피우고 싶어하는 욕구, 알콜중독자가 독주를 마시고 싶어하는 욕구 등과 같이 어떤 욕구는 우리에게 해악을 가져다주는 경우도 있는 것이다. 그래서 필자는 이익의 개념을 '어떤 존재가 욕구하는 것', 또는 '그가 필요로 하는 것'이라기보다 '그에게 좋은 것'이라고 규정하고 싶다. 여기서 '그에게 좋은 것'은 그가 어떤 존재인지, 그가 차지하고 있는 지위가 무엇인지, 그리고 그가 지닌 포부가 어떠한지에 따라서 결정될 것이다.

이익은 어떤 존재들만이 가질 수 있는가? 싱어에 따르면 어떤 존재가 이익을 가질 수 있으려면 쾌고 감수 능력이 있어야(필요충분조건) 한다. 그리고 이러한 능력을 지닌 존재들로는 조류, 포유류, 어류, 파충류, 갑각류로 한정된다. 이러한 능력을 결여하고 있는 갑각류 이하단계의 동물은 물론 식물 역시 이익을 가질 수 없게 된다. 필자는

---

15) 싱어, 《동물해방》, 22면 참조.
16) Singer, *Practical Ethics*, 13면.

여기서 "과연 식물은 고통을 느끼지 못하는가?" 하는 물음을 제기하고 싶다. 《식물의 신비생활》에서 밝혀진 연구 결과에 따르면 식물도 쾌고 감수 능력을 얼마든지 갖는다. 물론 식물이 고통을 느낀다는 것을 우리의 육안으로 볼 수는 없지만 실험 기구를 통해 그 증거가 명백하게 포착되고 있다는 것이다.[17] 생명체가 고통을 느낀다는 증거로 싱어는 행위방식과 신경체계를 봐야 한다고 하지만 그 두 가지 기준은 인간과 동물에 적용될 뿐 그 이외의 생명체에는 적용되지 않는 아주 제한적인 기준이라고 생각한다. 이처럼 식물이 쾌고 감수 능력을 갖는다면 연체동물을 비롯한 하등 동물도 동능력을 지니고 있다는 추론이 가능해진다. 그리고 이들이 고통을 느낄 수 있다면 이익 또한 갖는다고 볼 수 있다. 그러나 필자는 식물이 설령 쾌고 감수 능력을 지니지 않는다 해도 이익은 가질 수 있다고 생각한다. 개구리가 살고 있는 연못의 물을 고갈시키는 것은 개구리의 이익에 반하는 것처럼, 물을 주지 않거나 뿌리를 자르는 행위 등은 대부분의 식물의 이익에도 분명히 반하는 것이기 때문이다. 이렇게 되면 쾌고 감수 능력이 이익을 갖기 위한 필요충분조건이라는 주장은 물론 이익평등고려의 원칙 자체도 지지 받기 어렵게 된다.

싱어에 따르면 쾌고 감수 능력을 지닌 존재들은 이익을 평등하게 고려 받을 권리를 갖는다. 이익을 평등하게 고려 받는 권리란 일종의 도덕적 권리이다. 법에 의해 규정되고 부여되는 권리가 아니라 쾌고 감수 능력이 있는 존재들이라면 마땅히 승인 받아야 할 권리인 것이

---

17) 피터 톰킨스·크리스토퍼 버드, 《식물의 신비생활》, 황금용·황정민 옮김(서울: 정신세계사, 1992) 참조: 싱어는 이 책에서 인용된 실험들이 전문적인 연구 기관이 행한 것이 아니기 때문에 믿을 수 없다고 주장하지만(《동물해방》, 393면 참조), 자신의 주장에 어긋난다고 하여 다른 학자들의 주장을 부정적으로 보는 것은 옳지 못하다고 본다. 필자가 이 책을 읽은 바에 의하면 싱어의 주장을 반박하기에 충분하다고 생각된다.

다.[18] 물론 동물이 쾌고 감정을 느낀다는 것은 틀림없는 사실인 것 같다. 따라서 이러한 동물들을 잔혹하게 다뤄서는 결코 안 될 것이다. 우리는 동물의 복지와 착취에 대해서도 마땅히 관심을 가져야 한다. 그런데 동물이 쾌고 감정을 느낀다는 것이 분명하다고 해서, 그것이 동물에게 이익을 평등하게 고려 받을 수 있는 권리 부여를 정당화할 수 있는가?

도덕적 권리의 소유가 의미 있으려면 그 권리의 소유자나 혹은 그 소유자의 대리인이 이를 주장하고 행사할 수 있어야 한다. 아무도 정당하게 행사할 수 없는, 그리고 그 권리 소유자를 대신하여 누구도 주장하거나 행사할 수 없는 권리라면(이 경우는 법적 권리도 마찬가지임) 그것은 권리가 존재한다고 말할 수 없다. 동물에게도 권리가 부여된다고 하면, 흔히 존재할 수 있는 그러한 상황이다. 물론 우리는 동물에게 이익이 되는 것이 무엇인지에 대해 알 수는 있다. 그러나 동물에게 권리가 부여된다고 할 경우, 동물이 자기의 도덕적 권리를 어떻게 행사하는지에 대해 우리는 아무런 지식도 가질 수 없다. 동물은 권리를 행사할 아무런 능력도 없기 때문이다. 단순히 쾌고 감수 능력이 있다는 것만으로 동물들에게 도덕적 권리가 부여된다는 것을 정당화할 수 없다는 것이다. 그렇다면 누가 도덕적 권리의 소유

---

18) 리건에 의하면 법적 권리와 도덕적 권리의 차이점은 다음 네 가지로 제시될 수 있다. ① 도덕적 권리는 보편적인 반면, 법적 권리는 특수적이다. 우리가 무엇에 대해 법적 권리를 갖느냐 하는 것은 우리가 어떤 국가에 살고 있느냐에 달려 있는 반면, 도덕적 권리는 우리가 무엇에 대해 도덕적으로 자격이 있느냐에 달려 있다. ② 법적 권리는 도덕적 권리와 달리 동등하다. 법적 권리에는 차별이 있을 수 있으나 도덕적 권리에는 차별이 있을 수 없다는 것이다. ③ 법적 권리는 양도될 수 있으나 도덕적 권리는 양도될 수 없다. ④ 도덕적 권리는 평범한 인간의 손에 의해 만들어지는 법적 권리와 달리 '자연적인' 권리이다. Tom Regan, "Intorduction," in Tom Regan, ed., *Earthbound*(Prospect Heights, Illinois: Waveland Press, 1990), 30~31면 참조.

자일 수 있는가? 정상적인 성인들이 도덕적 권리를 소유한다는 것은 의심의 여지가 없다. 문제는 정신적 결함을 지닌 인간, 즉 자의식은 물론 의식조차 없는 '식물인간'이나 '뇌사자' 등에게서 발생한다. 이러한 존재들이 어떠한 법적 권리를 가질 수는 있겠지만 도덕적 권리를 소유한다고 볼 수는 없을 것이다. 이러한 입장을 취하고 있는 맥클로스키도 이와 같이 말하고 있다. "이러한 인간은 도덕적 권리를 가질 수 없고, 이들은 현실적이건 잠재적이건 자아나 인격성을 지니지 않기 때문에, 일반적으로 지니고 있다고 생각되는 그러한 권리를 지닌다고 주장할 수도 없으며, 또 앞으로도 그렇게 주장할 수 없을 것이다."[19] 도덕적 권리를 가지려면 적어도 다음과 같은 특징들을 포함해야 한다. 즉 그것들은 비판적인 자기 인식 능력, 개념 조작 능력, 고도로 발달되고 복잡한 언어사용 능력, 반성 · 계획 수립 · 숙고 · 선택 · 자기 행위에 대해 책임지는 능력 등이다.[20]

　이상의 능력은 행위자의 자율을 촉구하고 행위자 스스로 자율적 존재임을 천명하거나 표현하는 데 불가결한 도구 혹은 매체라고 볼 수 있다. 따라서 이들 능력은 자율적 존재가 되는데 필요한 전제조건이 된다. 왜냐하면 자율이란 자기 인식을 수반한 자발적이고 숙고에 의거한 행위를 하는 능력이기 때문이다. 이와 같이 모종의 인식 능력을 필연적으로 수반하는 자율은 도덕적 권리를 갖기 위한 필요조건이 된다. 어떤 존재가 도덕적 권리를 부여받으려면 위에서 기술된 것과 같은 능력을 가져야 함에도 싱어는 이상의 능력들의 의의를 근본적으로 오해하여 과소평가하고 있다. 싱어가 동물을 인도적으로 다루

---

19) 맥클로스키, 《환경윤리와 환경정책》, 황경식 · 김상득 옮김(서울: 법영사, 1995), 122면.

20) M. A. Fox, "'Animal Liberation': A Critique," in K. S. Shrader-Frechette, ed., *Environmental Ethics*, 2nd ed.(Pacific Grove, CA: Boxwood Press, 1991), 117면 참조.

지 않으면 안 되는 이유로써 동물의 쾌고 감수 능력을 문제 삼는 것은 확실히 옳다. 그러나 이것이 왜 동물에게 이익평등고려의 권리를 부여하는 근거로 작용하는지는 분명하지 않다.[21]

동물이 도덕적 권리를 소유하지 않고 있고, 또 소유할 수 없다는 것은 우리가 동물에 대해 어떠한 의무도 지니지 않는다는 것인가? 결코 그렇지 않다. 우리는 동물을 다루고 돌보는 데 있어서 중요한 많은 의무를 지닌다. 그런데 우리가 동물에 대해 갖고 있는 의무는 동물이 지닌 권리에 그 토대를 두고 있지 않으며, 그것에 근거하지도 않음을 알아야 한다. 그 의무는 어디까지나 간접적 의무이지 직접적 의무가 아니라는 것이다. 바꿔 말하면 그 의무는 동물에 관한 (regarding) 의무이지 동물에 대한(to) 의무가 아니다.

간접적 의무의 입장에서는 우리가 직접적 의무를 져야 하는 대상이 도덕 행위자들에 국한된다. 동물을 포함한 정신박약자, 극심한 정신병자와 같은 도덕 무능력자들은 쾌고 감수 능력이 있고 모호하게나마 미래에 대한 의식 능력이 있다 하더라도 합리성과 자율성의 능력을 결여하고 있기 때문에 도덕 행위자로 볼 수는 없다. 도덕 무능력자와 관련해서 의무를 수행한다는 것은 그들에 대한 직접적 의무의 수행이 아니라 그들과 관련된 도덕 행위자들에 대한 의무를 '간접적으로' 수행하는 것이다. 이렇게 본다면 실질적으로 동물에 대한 의무는 존재하지 않게 된다.

그렇다고 해서 동물과 같은 도덕 무능력자들을 우리가 논의할 필요조차 없는 대상에 불과한 것으로 간주해서는 안 된다. 우리의 행위는 도덕 무능력자와 관련된 경우가 자주 있는 만큼, 우리 행위의 옳고 그름을 따질 때 그들에 대한 고려가 완전히 배제될 수는 없기 때문이다. 도덕 행위자의 행위가 도덕 무능력자들과 관련이 있을 경우,

---

21) 같은 글, 118면 참조.

후자는 그러한 행위에 의해 전자와 유사한 영향을 받는다는 의미에서 전자와 유사하게 여겨져야 한다. 또한 우리는 어떤 도덕 행위자들이 도덕 무능력자들을 어떻게 대하는가에 따라 그들에 대한 도덕적 평가를 내릴 수 있다. 예컨대 K라는 사람이 자신의 개를 잔혹하게 다룸으로써 그 개가 고통을 겪는다면, 우리는 K의 행위가 부도덕하다 할 것이요, 역으로 K라는 자가 고통 받고 있는 개를 정성껏 치료해주었다면 그의 행위는 도덕적으로 옳다고 평가할 수 있을 것이다. 여기에서 개가 한 역할은 K가 행위를 함에 있어서 도덕률에 따르거나 따르지 않도록 하는 하나의 계기를 마련한 것이며, 따라서 K의 행위를 평가하는 데 있어서 중요한 매개 역할을 한 것으로 볼 수 있다. 이처럼 도덕 무능력자들은 그들이 도덕 원리에 따라 행위할 수 없다는 점에서 우리의 도덕적 평가의 직접적 대상은 될 수 없다 해도, 그들이 도덕 행위자들의 행위에 의해 영향을 받게 될 경우 그 도덕 행위자들에 대한 평가가 이루어지게 하는 매개가 된다는 점에서 일종의 도덕적 역할을 수행하게 된다.[22]

　이렇게 볼 때 우리는 동물에 대한 직접적 의무를 인정하지 않으면서도 그들에 대한 도덕적 대우를 정당화할 수 있다. 우리가 동물의 삶의 조건을 개선해주고 그들의 생존 욕구를 존중해주어야 하는 이유는 그들이 우리에 대해 그러한 권리를 갖고 있기 때문이 아니라, 우리가 우리 자신에 대해 도덕적 삶을 살아야 할 의무가 있고, 동물들과 관련된 다른 도덕 행위자들에 대한 의무가 있기 때문이다.

(2) 종차별주의 사례에 대한 비판

　싱어는 종차별주의의 가장 기본적인 사례 가운데 하나인 동물 실험의 실태를 아주 소상하면서도 생생하게 묘사하고 있다. 동물이 처

---

22) 허란주, "동물은 도덕적 고려에 포함될 수 있는가?"《철학과 현실》(1994 여름), 266~67면 참조.

232

해 있는 상황이 진실로 그러하다면 우리는 매우 부끄럽게 여겨야 할 것이다. 또 그러한 상황을 개선시켜 나가도록 노력도 해야 할 것이다.

그런데 싱어는 여러 가지 동물 실험에 관해 기술하면서도 유익성이 판명된 실험에 대해서는 언급하지 않고 있다. 또 어떤 실험이 차지하고 있는 의의에 대해서는 기술을 생략한 채, 동물의 권리와 거기에서 도출되는 원칙, 요컨대 고통이 초래되는 경우에는 인간의 목적을 위해 동물을 이용하는 것이 정당화되지 않는다는 원칙을 옹호하기 위한 기술로 일관하고 있다. 이에 관해 폭스는 이렇게 비판한다. "동물 실험에 대한 싱어의 반론의 근거는 모두 교묘하게 가려 뽑혀진 일방적인 기술, 부분적인 정보, 그리고 완전히 잘못된 정보이다."[23] 고통에 대해서 무감각해진 연구자가 동물의 고통을 충분히 고려하지 않고 실험에 임하는 경우도 물론 있을 것이다. 그러나 그렇다고 해서 그러한 실험이 전형적인 동물 실험의 예로 간주되어서는 안 된다. 오늘날 연구자들은 실험용 동물이라 하지만 그 동물의 사육 환경에 많은 신경을 쓰고 있고, 또 그 사육 환경이 자연 상태에 가까우면 가까울수록 보다 나은 실험 결과가 얻어진다는 사실을 잘 알고 있다. 그리고 제도적으로도 이러한 흐름을 반영해가고 있는 추세이다. '동물의 권리에 관한 캐나다 국가위원회'의 규정, 온타리오 주의 동물 학대 방지에 관한 여러 가지 조항이 그 예라 할 수 있다.[24] 최근 들어 우리 나라에서도 이 문제에 관한 관심을 보여주고 있는데, 2001년 5월 과학기술부가 내놓은 생명윤리기본법 시안이 그 예이다. 이 시안 중 '동물의 유전자 변형 연구와 활용'에 관한 조항을 보면 인간과 생태계에 유해할 가능성이 있는 유전자 변형 연구라든지, 유전자 변형 동물로부터 생산된 식품이나 의약품 이용에 대해서는 비교적 엄

23) Fox, "'Animal Liberation': A Critique," 119면.
24) 이에 관한 자세한 내용은 같은 글, 120면 참조.

격하게 세부 규정을 두도록 함으로써 방만한 동물 실험을 억제토록 하고 있다.

필자는 동물 실험 문제에 대해서도 간접적 의무론에 근거하여 대처해 나가야 한다고 본다. 간접적 의무론에 근거할 때, 우리는 불가피한 동물 실험에 한해서는 허용할 수 있다. 그러나 그 동물 실험을 통해 동물에게 가해지는 고통이 최소화될 수 있도록 연구자의 노력과 제도적인 뒷받침이 동시에 필요하다. 더 나아가 사소하거나 불가피하지 않은 실험이라면 중단되거나 다른 실험 방법을 고안해내야 한다.

싱어는 종차별주의의 대표적인 사례로써 동물 실험과 더불어 음식물로서의 동물 이용의 중단 또한 요구한다. 음식물로서의 동물 이용의 중단은 곧 채식을 하라는 말이다. 육식을 반대하고 채식을 권장하는 싱어의 논리 가운데 설득력이 강한 부분도 있다고 본다. 그러나 싱어의 주장처럼 고기는 전부가 비경제적인 사치품이며, 채식주의자는 육식하는 사람들보다 모두가 건강한가? 고기는 그 자체가 결코 비경제적인 사치품만으로 볼 수는 없다. 반추동물은 셀룰로오스로부터 탄수화물을 생산할 수가 있다(인간은 불가능함). 그리고 그 탄수화물로부터 단백질의 구성 요소인 모종의 필수 아미노산을 합성할 수가 있다. 그뿐만 아니라 싱어 자신이 지적하고 있듯이 "음식으로서의 동물은 … 지극히 균형이 잘 잡힌 아미노산 합성물이다"(동물로부터 만들어지는 모든 식품을 배제한 식사에는 대체로 그것이 결여되어 있다). 음식으로서의 동물은 비타민 B_{12}의 자연 공급원이기도 하며, 완전채식주의자[25]는 충분한 영양 섭취를 위해 비타민 B_{12}를 포

---

25) '채식주의자(vegetarian)'라는 용어는 1847년 '영국채식주의모임'의 형성과 더불어 그 사용이 일반화되었다. 그런데 이 모임은 계란, 우유와 같은 동물 제품의 이용을 허용하였고, 때문에 이러한 제품을 먹는 사람들까지도 채식주의자에 포함되었다. 반면에 계란, 우유 또는 유제품마저 먹지 않는 자들은 '채식주의자'라는

함하는 보조식품을 섭취하지 않으면 안 된다.[26] 또한 싱어가 자신의 주장에 이로운 여러 가지 실증적 사례들을 통해 채식주의자가 육식을 하는 사람들보다 더욱 건강하다고 주장하지만 채식주의자가 본래적으로 건강하다고 단언할 수는 없다. 많은 영양학자들은 육식과 채식을 골고루 배합한 식사가 영양 공급과 건강 유지에 최상의 여건을 제공한다고 말한다.

또한 채식주의로의 식생활의 전환은 싱어가 우리로 하여금 믿게 한 것보다 훨씬 더 많은 제한 조건이 충족된 후에라야 가능한 일이다. 먼저 채식주의로의 전환은 모든 혹은 어느 정도의 목축지를 농작물 재배에 맞도록 전환하는 희생을 치르고 나서야 가능하다. 그리고 살충제와 비료 사용으로 인한 환경오염, 토지 이용법의 변환에 따른 생태계의 변화 등의 측면에서 볼 때 채식주의로의 전환이 지니고 있는 생태학적 손실은 지대하다. 따라서 채식주의로의 전환이 아주 주의 깊게 이뤄지고 통제되지 않는 한 육류 섭취의 식생활을 계속 유지하는 경우에 비해 이용 가능한 식량이 결국에는 적어질 것이다.[27]

육식이 필요하다고 해서 물론 현재와 같은 육식 위주의 식사 습관에 전적으로 동의하는 것은 아니다. 예전엔 고기를 먹는 것이 흔치 않은 일이었지만, 지금은 고기가 우리 식사에서 차지하는 정도가 매우 높아졌다. 과도한 육식 위주의 식사 습관은 분명히 우리 각자가 반성해야 할 부분이라고 생각된다. 이와 더불어 중요한 것은 육식을 권장하는 산업 구조의 개선이다. 현재 육식 대신에 채식을 권장하고

용어가 그러한 제품들을 먹는 것을 함축하게 되었다는 사실을 유감으로 여기면서, 자신들을 차별화하여 '완전채식주의자(vegans)'라고 불렀다. 싱어는 유제품마저 먹지 말아야 한다는 완전채식주의자들의 주장이 옳다고 하면서 모든 유제품을 식물성 음식으로 대체하라고 주장한다. 싱어, 《동물해방》, 300~304면 참조.
26) Fox, "'Animal Liberation': A Critique," 121~22면 참조.
27) 맥클로스키, 《환경윤리와 환경정책》, 132~33면 참조.

있는 주도적인 나라들은 대체로 선진국들이다. 그들은 채식을 권장하면서도 여전히 육식 문화의 틀을 벗어나지 못하고 있고, 한편으로는 육식을 권장하는 수출 산업에까지 몰두하고 있다. 수출 산업을 강화하기 위해 선진국들은 인간의 입맛을 돋굴 목적으로 유전자 조작 동물들까지 생산해내고 있는 실정이다. 적은 양의 사료를 먹으면서도 단기간에 성장하고 지금보다 2~3배 많은 우유를 생산하는 젖소, 비계가 적은 돼지, 시금치 돼지(일본의 한 연구팀이 돼지의 수정란에 시금치 유전자를 투입해 건강에 좋은 육질을 지니도록 만들어낸 돼지), 광우병에 걸리지 않는 소 등과 같은 유전자 조작을 이용한 착취적인 축산 방식, 상업적 이용을 목적으로 하는 각종 동물 특허 등에 몰두하고 있는 선진국들의 동물에 대한 착취적 사고 구조의 변화가 무엇보다 필요하다. 가능한 한 고통이 최소화된 환경, 즉 목초지에 방목된 상태에서 길러진 동물들을, 그것도 우리의 건강에 꼭 필요한 만큼만 섭취하는 식사 문화로 개선이 이루어져야 한다.

(3) '고통은 악'이라는 주장과 개체주의 입장에 대한 비판

싱어는 고통과 괴로움은 그 자체가 나쁘므로, 이는 최소화되거나 억제되어야 한다고 주장한다. 그러나 필자는 "고통은 과연 그 자체가 나쁘며 악인가?" 하는 의문이 든다. 외과 의사, 치과 의사뿐만 아니라 레슬링 선수, 권투 선수 등도 고통을 야기한다. 그러나 고통을 야기한다는 이 사실이 그들이 잔혹한 사람들이라거나 나쁜 사람들이라는 것을 의미하지는 않는다.[28] 또 캘리코트에 의하면 고통과 쾌락은 선·악과 아무런 관계가 없어 보인다. 그에 따르면 고통은 본래 정보이다. 동물들에게서 고통은 중앙신경체계에 스트레스, 화, 정신적 충격 등을 알려줌으로써 거기에 적절히 대응하도록 도와준다. 순록을

28) Tom Regan, "Animal Rights, Human Wrongs," in Michael Zimmerman ed., *Environmental Philosophy*(Englewood Cliffs, N. J.: Prentice Hall), 35면 참조.

236

추격하는 북극 늑대는 그 추격 과정에서 발이나 가슴에서 고통을 경험할 수도 있다. 그러나 거기에 악이란 전혀 없다. 어떤 사람이 소풍을 가다 발목을 삐었다고 해 보자. 고통은 그에게 그 손상을 알려주어 그 상처를 치유하도록 안내해줄 것이다. 삶이 고통으로부터 자유로우면 자유로울수록 더 행복하며, 가장 행복한 삶은 고통에 의해 침해받지 않는 지속적인 즐거움이라는 교리는 터무니없는 것이다. 고통을 경험하지 못하는 살아있는 포유동물은 신경 체계에 치명적인 기능 장애를 가지고 있음을 말해준다. "고통은 악이고 따라서 최소화되거나 제거되어야 한다는 관념은, 나쁜 소식을 전하는 사자는 사형에 처해야 자신의 복지와 안전이 증진된다고 여기는 폭군의 신념 만큼이나 원시적인 관념이다."[29]

    싱어의 주장에 대한 마지막 비판은 개체주의 문제이다. 싱어에게 있어서 중요한 것은 고통 감수 능력과 고통의 양에 의해 특수한 도덕적 요구 조건들이 결정된다는 점이다. 이러한 그의 입장에 따르면 강도 높은 사육 기술에 의해 발생할 수 있는 고통의 총량을 감안할 경우 멸종 위기에 처한 동물의 종을 구제하는 것보다 수십억 마리의 닭의 고통을 우선적으로 구제해야 한다. 하지만 환경윤리학자들은 수십억 마리의 닭과 멸종 위기에 처한 동물의 종 가운데 후자의 보존 가치를 더 높이 평가한다. 그런데 고통의 양만을 놓고 볼 때는 사정이 역전되므로 싱어의 주장은 환경 보호 운동과 역행하는 측면이 있다. 이와 같이 개체주의 입장에 서게 될 때, 우리는 멸종 위기에 처한 종에 대해서 특별한 가치를 부여할 수 없게 되고, 따라서 그러한 종의 보존을 도모할 수 없게 된다.

    우리는 동물 또한 인간과 다름없이 복잡한 생명 공동체의 일부라

---

29) J. Baird Callicott, "Animal Liberation: A Triangular Affair," in Robert Elliot, ed., *Environmental Ethics* (New York: Oxford University Press, 1996), 52~53면.

는 점을 잘 인식해야 한다. 끊임없이 변하긴 하지만 생명 공동체는 섬세한 상호의존의 균형을 필요로 한다. 개체 동물에 대해 특별한 윤리적 보호를 요구하는 것은 균형을 위협하며 그 체제 내의 다른 곳에 손상을 야기할 수 있다. 만약 우리가 생명 공동체를 구성하는 개체들의 권리만을 존중한다면 종이나 생명 공동체의 보존을 결코 보장하지 못하게 된다.

4. 맺음말

이상의 고찰에 기초하여 싱어의 동물해방론이 우리에게 끼치고 있는 공과를 다음과 같이 평가해 보고자 한다. 먼저 긍정적인 측면에 대해서 살펴보면 이러하다. 첫째, 싱어는 공리주의적 입장에 기초하여 동물을 도덕적으로 대우해야 한다는 주장을 일관성 있게 전개하고 있다. 이익평등고려의 원칙에 입각하여 싱어는 동물의 이익도 인간의 이익과 똑같이 보호받을 권리가 있다는 주장을 체계적으로 전개하고 있는데, 이 점은 높이 평가할 만하다. 둘째, 싱어의 동물해방에 관한 주장은 현실적으로 많은 영향을 미치고 있다는 점이다. 자타가 공인하듯 20세기 일반 대중의 동물해방운동은 1975년에 처음 출간된 《동물해방》이 그 기폭제 역할을 하였다. 이미 고정관념화 되어버린 일반 사람들의 동물에 대한 사고에 큰 경종을 울림으로써 동물해방운동에 실천적인 기여를 한 것이다.[30] 셋째, 싱어는 최초로 채식의 합리적 근거를 제시하고 있다는 점이다. 싱어에 따르면 종차별주의의 본질을 이해하고 난 후, 그 다음 단계로 해야 할 일은 종차별주의의 극복을 위한 실천이다. 그 실천 방법에는 여러 가지가 있지만

---

30) 이에 관한 구체적 사례는 싱어, 《동물해방》, 25면 참조.

그 가운데 특별히 그가 강조하고 있는 것은 채식주의자가 되는 것이다. 우리 주변에서도 채식을 선호하는 사람들을 종종 만날 수 있다. 하지만 그들이 채식을 선호하는 이유는 어떤 윤리적 태도 때문이 아니라 단순히 건강 때문이라고 말한다. 반면에 싱어는 채식을 왜 도덕적 의무로 받아들여야 하는지에 대한 보다 근본적인 이유와 그 구체적 실천 방침까지 제시함으로써 큰 설득력을 얻고 있다.

　이상과 같은 긍정적인 측면에도 불구하고 싱어의 이론은 문제점 또한 안고 있는 것으로 판단된다. 첫째는 그의 윤리학 전체를 관통하고 있는 핵심 원리인 이익평등고려 원칙에 관련된 문제이다. 그에 따르면 이 원칙을 어떤 존재에게까지 적용할 것인가 하는 것은 쾌고 감수능력의 존재 여부에 따라 결정된다. 그런데 여기서 문제가 되는 것은 쾌고 감수능력이 이익을 갖기 위한 필요충분조건으로 작용하지 않는다는 점이다. 그리고 싱어는 이익평등고려 원칙의 적용 대상으로 인간을 비롯한 조류, 포유류, 어류, 파충류, 갑각류까지 포함시킴으로써 그 이외의 동물이나 식물에 대해서는 어떻게 대해야 할지 명확하게 그 윤리를 제시하지 못한다. 더구나 식물은 고통을 느끼지 못한다고 단언하고 있으나 톰킨스와 버드에 의하면 식물 또한 고통 감수능력이 있음을 알 수 있다. 식물이 고통을 느낀다면 싱어의 윤리 체계의 핵심 원리인 이익평등고려 원칙은 더 이상 지지 받기 어려워진다. 이에 필자는 동물에 대한 우리의 태도는 간접적 의무론에 근거하여 도출해야 한다고 보았다. 동물을 우리의 직접적 의무 대상으로 간주하지 않는다 해도 동물에 대한 도덕적 대우를 정당화할 수 있기 때문이다.

　둘째, 싱어는 동물 실험과 식용 동물 사육 행위를 중단해야 한다고 주장하지만 현실적으로 이 두 사례를 완전히 중단하는 데 대한 사회적 합의 도출은 그렇게 쉬운 일이 아니다. 이 문제를 둘러싸고 선진국과 후진국 간에, 그리고 각 국가 내부에서도 이해관계를 달리하는 사람들 간에 입장이 매우 다양하기 때문이다. 이에 필자는 다음과 같은 취지의 타협점을 제시하였다. 동물 실험의 경우 인간의 심각한 질병 치료와 같은 긴급한 경우에는 허용하고, 그 이외에는 불허하는 것이다. 화장품과 같은 상업적 목적이나 인간의 사치를 위한 유전자 조작 실험 등은 결코 허용해서는 안 된다. 그러나 현실적으로 모든 동물 실험에 대해서 반대하는 것은 무리라는 생각이 든다. 가령 내 가족 가운데 한 사람이 어떤 불치병으로 극심하게 시달리고 있다고 가정해 보자. 이 경우 누구든지 동물 실험은 물론 그 밖의 어떤 방법을 써서라도 환자를 구해내고자 할 것이다. 이러한 생각은 인간이면 누구나 비슷하리라 본다. 따라서 심각한 질병 치유와 같은 경우에 한해서는 실험을 허용하는 것이 우리 상식에도 부합하는 처사이다. 사람들은 대개 자기 자신과 관계없는 일에 대해선 비교적 객관적인 입장에 서기 쉽지만, 자기 자신과 관계되는 일에 대해선 자기 입장을 먼저 고려하는 경향이 강하다. 그 동물 실험이 나를 또는 나와 가장 가까운 사람들을 위해 불가피하다고 가정했을 때, 이를 반대할 사람은 거의 없으리라 여겨진다. 식용으로서의 동물 이용의 경우에는 우리의 건강을 유지하는 데 필요한 만큼만 고기 섭취를 허용하는 것이다. 영양학자들에 따르면, 뇌와 적혈구 생성에 중요한 비타민 B_{12}와 오메가-3계열의 불포화지방산은 육식을 통해서만 얻을 수 있다. 우리는 동물 고기를 먹는 관습을 완전히 포기하지 않는다 해도, 동물에 대한 종전의 우리의 잘못된 태도를 반성, 수정함으로써 동물을 도덕적으로 대우할 수 있다고 본다.

셋째, 싱어는 개체주의 입장에서 동물 보호를 주장함으로써 생태계 보호라고 하는 보다 큰 과제를 놓치고 있다. 생태계의 한 구성원으로서 건강한 삶을 유지하려면 어떤 구성원이든지 자신을 둘러싸고 있는 생태계 전체의 안정과 온전성을 유지하는 데 소홀해서는 안 된다. 생태계의 안정과 온전성은 그 구성원들 간의 균형적인 상호의존

에 달려 있는 만큼, 개체 동물 보호에 특별한 도덕적 가치를 부여하
는 것은 생태계의 균형을 위협하게 마련이다.

X. 생명중심주의 윤리 문제: 폴 테일러

1. 머리말

생명중심주의 윤리는 인간중심주의 윤리의 폐쇄성을 탈피하여 모든 생물들에게 윤리 공동체의 문호를 개방하고, 그들을 그 공동체에 포함시켜야 한다고 주장한다. 공동체의 영역을 확장함과 동시에 도덕적으로 고려되어야 할 대상의 영역도 확대하고 있는 것이다. 이러한 입장의 철학자들은 인간의 전형적인 생활방식 그 자체가 '범죄 행위', 즉 자연과 다른 인격에 대한 범죄라고까지 주장하고 있다. 따라서 이들은 지구와 우리의 생명 유지 시스템의 파괴를 피하기 위해서는 인간중심주의 윤리를 포기하고 생명중심주의 윤리를 받아들여야 한다는 것을 강조해 왔다. 이들의 주장에 의하면 인간 이외의 존재들은 인간을 위한 단순한 도구적 가치가 아니라 인간과 동등한 내재적 가치를 지니고 있다.[1]

이러한 생명중심주의 윤리를 가장 잘 체계화하여 제시하고 있는

---

1) K. S. Shrader-Frechette, "Do We Need Environmental Ethics?" in K. S. Shrader-Frechette, ed., *Environmental Ethics*, 2nd ed.(Pacific Grove, CA: Boxwood Press, 1991), 3면 참조.

이는 다름 아닌 테일러(Paul Taylor)이다. 그에 따르면 모든 생명체는 '목적론적 삶의 중심'으로서 자기 자신의 번영과 복지 실현을 위한 고유의 선을 갖는다. 그리고 그 고유한 선을 갖는 생명체는 인격체와 다름없는 내재적 존엄성을 지니므로 우리 인간은 인간 자신에 대한 존중의 태도뿐만 아니라 자연에 대한 존중의 태도 또한 지녀야 한다. 그러나 이러한 주장이 인간중심주의 윤리학자들에게는 결코 받아들여질 수 없는 것으로 여겨진다. 인간 이외의 생명체가 인간과는 독립적인 내재적 존엄성을 소유한다는 것은 있을 수 없으며, 설령 어떠한 가치·권리를 지닌다 하더라도 그것은 어디까지나 인간에 의해 부과되고 평가된다는 것이다.

　이처럼 인간 이외의 생명체에 대한 가치·권리 부여 문제는 환경윤리학에서 매우 첨예하게 논란이 되고 있는 쟁점 가운데 하나이다. 이러한 쟁점을 해소하고 보다 진전된 환경윤리학의 정립을 위해서는 생명중심주의 윤리가 주장하는 바는 무엇이며, 그에 대한 문제점은 없는지를 검토해 보는 것도 중요한 의미가 있다고 본다. 이에 필자는 테일러의 생명중심주의 윤리를 세 가지 항목, 즉 자연에 대한 존중, 권리론, 실천규범으로 나누어 논하고 난 후, 각 주장의 타당성 여부를 검토하는 순으로 본 장을 전개하고자 한다. 글을 시작하기에 앞서, 지면이 한정된 관계로 필자의 테일러에 대한 비판이 어쩌면 허수아비 공격의 오류를 범할지도 모른다는 우려가 든다. 하지만 필자는 비판을 위한 비판이 아니라 좀더 나은 환경윤리 이론을 모색해 보고자 하는 긍정적인 의도에서 비판에 임하고자 한다.

2. 테일러의 생명중심주의 윤리

(1) 자연에 대한 존중

생명중심주의의 기원은 널리 알려진 이른바 슈바이처(Albert Schweitzer)의 생명 외경 사상에서 찾아볼 수 있는데, 그는 자신의 생명 외경 사상을 다음과 같이 표현하고 있다.

> 인간은 도와줄 수 있는 모든 생명을 도와주라는 명령에 따르고, 살아 있는 것은 어떤 것이건 해치지 않을 때에만 진정으로 윤리적이 된다. 그는 이 생명, 저 생명이 귀중한 존재로서 우리의 동정심을 얼마나 받을 만한가를 묻지 않는다. … 생명은 그 자체로서 그에게 신성한 것이다.[2]

슈바이처의 생명 사상은 생명체의 여타 능력과 상관없이 생명 그 자체에 신성함을 부여하고 있음을 알 수 있다. 그에게 있어서 생명은 그 자체로 선이며 존중받을 만한 가치가 있는 것이다. 그렇다면 우리가 왜 생명은 신성하다고 느껴야 하는가, 그리고 이 느낌은 우리의 결정과 행동에 어떠한 영향을 주는가? 불행하게도 이 물음에 대하여 슈바이처는 만족할 만한 답변을 제시하지 못한다. 아마도 그것은 그의 윤리학이 신비주의, 즉 살아 있는 모든 유기체에 내재하는 삶의 의지와 함께 인간이 갖는 신비적이고 비합리적인 동료 감정에 기초하고 있기 때문인 듯싶다. 그의 윤리적 입장에 따르면 우리는 나뭇잎을 뜯거나 꽃을 꺾거나 곤충을 짓밟아서는 결코 안 된다. 하지만 슈바이처는 사실 생명에 대한 무차별적인 손상을 가할 때도 있었다. 만일 생명에 대한 손상이 '필요하다면' 허락되기도 한다는 것이다. 한

---

2) Edward Johnson, "Treating the Dirt: Environmental Ethics and Moral Theory," in Tom Regan, ed., *Earthbound*(Prospect Heights, Illinois: Waveland Press, 1990), 345~46면에서 재인용.

244

예로 그는 인간 이외의 동물에 대한 실험의 필요성을 주장한다. 그러한 실험은 동물과 우리 사이에 '새롭고 특별한 유대관계'를 수립하며, 그것은 분명히 우리로 하여금 동물을 위한 선한 생동을 요구하기 때문이라는 것이다. 슈바이처는 생명 존중에 관하여 상당히 많은 이야기를 했고, 그의 견해는 이상하리만치 많은 인기도 끌어 왔지만 결국 그의 주장은 그렇게 중요한 것이 못되었다. 그가 주장하는 이론의 토대가 애매하고 일관성이 없었기 때문이다.[3]

이러한 슈바이처의 생명 사상을 체계적인 생명중심주의 윤리로 발전시킨 사람이 바로 테일러다. 테일러는 "어떤 존재가 도덕적 지위를 갖는 것으로 볼 수 있는 특징은 그 존재의 쾌고 감수 능력이 아니라 도덕 행위자들에 의해 촉진되거나 손상 받을 수 있는 고유한 선을 가지고 있는지의 여부"에 의거한다고 말한다. 테일러에 따르면 자연 내의 존재는 지각력(sentience)이 없어도 그 자신의 고유한 선을 가질 수 있는데 그것은 반드시 살아 있지 않으면 안 된다. 가령 나무와 꽃은 그 자신들의 선을 가질 수 있으나 바위와 물은 그렇지 못하다. 도덕 행위자들은 쾌고 감정을 느끼는 존재(인간과 인간 이외의 동물)의 선에 대하여 관심을 기울여야 할 뿐만 아니라 쾌고 감정을 느끼지 못하는 살아 있는 존재(식물과 그 밖의 다양한 낮은 단계의 유기체)의 선에 대해서도 관심을 가져야 한다.[4] 그렇다면 생명체의 무엇이 우리로 하여금 자연 생명체에 대한 도덕적 관심을 갖도록 만드는가?

테일러에 의하면 우리의 도덕적 관심을 요구하게 만드는 것은 살아 있는 유기체가 지니고 있는 자연적인 목적 추구 능력(a natural goal-seeking ability)이다. 이러한 목적 추구 또는 목적 지향적 성격은 동식물들이 그들 환경의 어떤 요소는 추구하고 다른 요소는 거부하

3) 같은 글, 346면 참조.
4) 같은 글, 346~47면 참조.

는 방식에서 잘 드러난다. 개가 불을 보고 도망치는 것이나 식물이 늘 태양을 향하는 것 등이 그 예이다. 이와 관련하여 테일러는 "의식이 있든 없든 모든 존재는 자기 보존과 행복을 향하여 움직이는 목적 지향적 활동의 단일화된 체계라는 점에서 동등한 목적론적 삶의 중심(teleological centers of life)"[5]이라고 말한다. 모든 생명체는 생존, 성장, 발전, 번식 등의 목적을 가지고 있고, 이러한 목적을 지향한다는 점에서 목적 지향적 삶의 중심이라는 것이다.

모든 생명체가 고유의 선을 갖는 이유는 그것이 성장, 발전, 번식을 지향하는 '목적론적 삶의 중심'이기 때문이다. 그런데 모든 생명체가 자기 고유의 선을 갖는다는 것이 객관적 사실이긴 하지만 이러한 사실이 우리에게 생명체에 대한 윤리적 의무를 부과하지는 못한다. 즉 생명체가 자기 고유의 선을 갖는다는 사실 자체가 그 생명체에게 도덕적 지위를 부여하게 하지는 못한다는 것이다. 모든 생명체는 도덕적 지위를 가지며, 따라서 우리는 생명체에 대한 의무가 있다는 규범적 주장을 테일러는 내재적 존엄성(inherent worth)[6]이라는 개

---

5) Paul Taylor, "The Ethics of Respect for Nature," in Michael E. Zimmerman, ed., *Environmental Philosophy*(Englewood Cliffs, NJ: Prentice Hall, 1993), 74면.

6) 테일러는 목적적 가치(intrinsic value), 내재적 가치(inherent value), 내재적 존엄성(inherent worth)이란 용어를 구분해서 쓰고 있기 때문에 이에 대한 세밀한 이해가 필요하다. 먼저 목적적 가치란 인간이나 다른 의식적 존재가 추구하는 목적과 관심이 성취되었을 때 누릴 수 있는 가치다. 어떤 행위가 그 자체를 위해서 또는 그것 내에 있는 목적을 위해서 수행되는 한 결과에 관계없이 그 행위는 그것에서 만족감을 얻는 이들에게 목적적 가치를 지니게 된다. 내재적 가치란 어떤 대상이나 장소(예술 작품, 역사적 건물, 전적지, 고고학적 유적지)에 주어지는 가치로서 이것은 유용성이나 상업적 가치 때문이 아니라 오직 아름다움, 역사적 중요성, 문화적 훌륭함 때문에 부여되는 가치다. 이 두 가지는 인간에 의해서 부여되는 주관적 가치라고 할 수 있다. 반면에 내재적 존엄성이란 인간에 의해 부여되고 평가되는 주관적 가치가 아니라 인간과 상관없이 주어지는 객관적 가치다.

념을 통해 설명한다. 테일러는 이 개념으로부터 두 가지 규범적 판단, 즉 ① '내재적 존엄성을 지닌 존재들은 마땅히 도덕적 고려를 받아야 한다'는 것과 ② '모든 도덕 행위자는 내재적 존엄성을 지닌 존재들의 선을 존중할 의무가 있다'는 것을 도출해낸다.

여기서의 문제는 어떤 생명체가 자기 고유의 선을 갖는다는 것과 내재적 존엄성을 갖는다는 것은 어떤 관계에 있는가 하는 점이다. 테일러에 의하면 생명체가 자기 고유의 선을 갖는다는 것은 내재적 존엄성을 인정받을 수 있는 필요조건은 되지만 충분조건은 되지 못한다. 이 충분조건에 해당하는 것으로 테일러는 '생명 중심적 관점'을 제시한다. 다시 말하면 생명체가 내재적 존엄성을 지닌 것으로 인정받으려면 자기 고유의 선(필요조건)과 생명 중심적 관점(충분조건)이 요청된다는 것이다.

테일러에 따르면 생명 중심적 관점은 다음 네 가지 핵심적 신념으로 구성된다. ① 인간은 다른 생명체와 동일한 의미에서의 지구생명 공동체의 구성원이다. ② 인간 종은 다른 모든 종과 함께 상호의존 체계의 통합적 구성 요소이다. ③ 모든 유기체는 자신의 선을 자신의 방식대로 추구하는 독특한 개체라는 의미에서 목적론적 삶의 중심이다. ④ 인간은 내재적으로 다른 생명체보다 우월하지 않다.[7]

테일러는 생명 중심적 관점이야말로 합리적·과학적 근거에 기초하고 있기 때문에 합리적인 사람이라면 반드시 채택해야 할 자연관이라고 주장한다. 그리고 우리가 생명 중심적 관점에 기초하여 생명체를 내재적 존엄성의 담지자로 인정하게 되면 그것은 곧 자연 존중의 태도를 취하는 것과 다름없다고 본다. 자연 존중의 태도란 자기

Paul Taylor, *Respect for Nature*(Princeton, NJ: Princeton University Press, 1986), 71~77면 참조 : 그리고 여기서의 '도덕주체'와 '도덕행위자'에 대해서는 다음 절에서 논의된다.

7) 같은 책, 99~100면 참조.

고유의 선을 갖는다는 이유에서 다른 생명체의 선을 증진하고 보호하는 성향을 갖는다는 것을 의미한다.

(2) 권리론

㈎ 도덕 행위자와 도덕주체

테일러의 도덕적 권리에 관한 논변을 고찰하기에 앞서 우리는 먼저 그가 말하는 도덕 행위자(moral agents)와 도덕주체(moral subjects)의 개념에 관하여 살펴볼 필요가 있다. 이 개념에 관한 선행 지식이 그의 권리론을 이해하는 데 도움을 주기 때문이다.

일반적으로 우리는 이 두 가지 개념을 구분 없이 사용하는 경우가 많다. 우리가 보통 도덕주체라고 하면 도덕적으로 행위할 수 있는 능력을 지니고 자신의 행동에 대해서 책임을 질 줄 아는 존재로 이해한다. 그리고 이런 능력을 지닌 존재로는 오로지 정상적인 이성 능력을 갖춘 인간밖에 없는 것으로 간주한다. 그러나 테일러는 도덕 행위자와 도덕주체라는 개념을 구분하여 통상적인 의미의 도덕주체를 도덕 행위자로 표현한다. 이와 관련된 테일러의 견해를 직접 살펴보기로 하자.

> 도덕 행위자는 도덕적으로 또는 반도덕적으로 행동할 수 있고, 의무와 책임을 지닐 수 있으며, 자신의 행위에 대해 설명할 수 있는 능력 등을 소유하는 모든 존재이다. 이들 능력 가운데 가장 중요한 것은 옳고 그름에 대한 판단 능력이다. 그것은 도덕적 숙고 능력, 즉 자유로운 선택 행위의 다양한 과정에 찬성하거나 반대하는 도덕적 이유들을 고려하고 심사숙고하는 능력, 그 이유들을 근거로 결정 내리는 능력, 그 결정들을 이행하는 데 필요한 결의와 의지력을 행사할 수 있는 능력, 그리고 그 결정들을 이행하지 못하는 이유를 타인들에게 스스로 대답할 수 있는 능력이다.[8]

　사람들은 대개 위의 능력들을 모두 인간적 능력으로 여긴다. 그래
서 우리는 단순하게 도덕 행위자 계층과 인간 존재자 계층을 구분하
지 않고 동등시하는 수가 많다. 그러나 테일러는 그렇게 생각하는 것
은 오류라고 지적하며, 그 이유로 다음 두 가지를 들고 있다. 첫째는
모든 인간들이 다 도덕 행위자인 것은 아니라는 점이고, 둘째는 인간
이 아닌 도덕 행위자들도 존재할 수 있다는 점이다.[9]

　첫번째 범주에 포함되는 인간 존재자가 도덕 행위자가 되지 못하
는 것은 그들이 일시적으로 또는 영구적으로 위에 열거한 능력들을
지니지 못하기 때문이다. 테일러는 생후 3일된 유아, 뇌에 손상을 입
은 어린이, 치료 불가능할 정도로 미친 남성이나 여성 그리고 심리
적·정신적으로 과도하게 지체된 사람들을 그 예로 들고 있다. 이들
은 모두 생물학적 의미에서는 인간 존재들이고, 또 모두가 Homo
sapiens 종에 속한다. 그러나 그들이 일상의 도덕 규칙들을 위반할 때
우리가 그들에게 책임을 묻거나 비난하지 않는 사실에서 드러나는
것처럼 그들은 분명히 도덕 행위자는 아니다. 그들을 심판하는 데 있
어서 우리는 다른 사람들의 행위를 심판할 때 사용하는 도덕 규범을
적용하지 않는다. 그것은 우리가 그들의 제행동이 단순하게 그 규범
들의 적용 범위 밖에 있다고 믿기 때문이다.

　두 번째 범주는 단지 인간 종의 구성원이 아닌 도덕 행위자인 존
재들을 포함한다. 지구상의 비인간적 존재들 가운데는 충분히 발달된
자아 정체감을 지니고 있는 동물들도 있고, 자신이 속한 집단의 다른
성원들과 자신과의 관계를 충분히 이해하고 있는 존재들도 있을 수
있다. 인간만이 도덕 행위자에 포함되는 것이 아니라 인간 이외의 존
재들도 도덕 행위자로 간주될 만한 경우가 있다는 것이다. 테일러는
아마 돌고래, 고래, 코끼리 그리고 영장류들이 그러한 경우에 포함될

---

8) 같은 책, 14면.
9) 같은 책, 14~16면 참조.

수 있을 것이라고 말한다.

다음은 테일러가 말하는 도덕주체 개념에 관해서 살펴보기로 하자.[10] 테일러는 도덕 행위자인 인간은 동시에 도덕주체일 수도 있다고 말한다. 인간은 타인에 대해 의무와 책임을 가질 수도 있지만, 타인들이 의무와 책임을 지는 대상이 될 수도 있기 때문이다. 즉 인간은 도덕 행위자의 역할 면에서는 타인들을 옳거나 부당하게 다룰 수 있지만, 도덕주체의 역할 면에서는 타인들에 의해 옳거나 부당하게 다뤄질 수 있는 것이다. 따라서 인간은 도덕 행위자와 도덕주체 양쪽 모두가 될 수 있다.

그러나 도덕주체 계층은 도덕 행위자 계층보다 더 크다고 테일러는 말한다. 모든 도덕 행위자들이 도덕주체이긴 하지만, 모든 도덕주체가 도덕 행위자인 것은 아니라는 것이다. 이것은 도덕주체가 도덕 행위자의 제능력을 결여할 수도 있기 때문이다. 그럼에도 불구하고 여기서 우리가 주목해야 할 점은, 도덕주체는 도덕 행위자가 의무를 져야 할 실체의 지위를 갖는다는 점이다. 예를 들면 우리는 미치광이나 심각한 정신박약자를 해치거나 학대해서는 안 될 의무를 가질 수도 있다. 바로 이때 그들은 우리에게 도덕주체가 되는 위치에 있는 것이다.

따라서 테일러는 옳거나 부당하게 다뤄질 수 있는 존재, 그리고 도덕 행위자가 의무와 책임을 질 수 있는 존재는 모두 도덕주체로 정의 내릴 수 있다고 주장한다. 그러면 그러한 존재들은 행위자들의 제 행동에 의해 더 나은 또는 더 악화된 생활 조건을 갖는 것이 가능할 것임에 틀림없다. 그들은 도덕 행위자에 의해 만족스럽게도 불만족스럽게도 다뤄질 수 있는 실체이기 때문이다.

테일러는 또 도덕주체들은 그들 자신의 선을 가지고 있는 실체들

---

10) 같은 책, 16~19면 참조.

이라고 말한다. 그러한 실체들에는 유기체의 특정 집단(인간)뿐만 아니라 살아 있는 모든 유기체들도 포함된다. 그러나 생명이 없는 대상들(돌, 모래알, 물웅덩이, 눈, 불, 얼음, 공기)은 도덕주체에 포함되지 않는다. 그들은 그들 자신의 선을 가지고 있지 않고 따라서 옳거나 부당하게, 호의적이거나 악의적으로 다뤄질 수 없기 때문이다.

이상에서 살펴본 내용을 토대로 이제 테일러의 도덕적 권리론에 관하여 검토해 보기로 하자. 그는 도덕적 권리에 관한 논변을 좀더 선명히 제시하고자 법적 권리와 비교해 가며 논술하고 있는데, 먼저 법적 권리에 관한 그의 주장부터 살펴보기로 하겠다.[11]

(나) 법적 권리와 도덕적 권리

테일러는 자신이 권리 보유자라는 사실을 이해할 수 없는 존재들에게도 권리를 부여하는 것이 가능할 수 있으며, 또 그것이 실제로 이루어지고 있다고 말한다. 그는 그 예로써 유아, 심각한 정신지체자, 그리고 미치광이 등을 든다. 다른 모든 법적 권리 보유자의 경우처럼, 이들 역시 합법적으로 자신들의 권리를 주장할 수 있고, 보호 받을 수 있다는 것이다. 그러나 이들이 자신들의 법적 청구권을 직접 주장할 수는 없다. 자신의 권리를 이해하지 못하는 이들은 자신들에게 부여된 자격을 승인해주도록 요구하거나 주장할 수 없기 때문이다. 따라서 테일러는 대리인과 보호자, 친구와 친척들이 이들을 위해 대행해야 한다고 말한다. 물론 권리가 대행된다고 해서 이들의 권리

---

11) 맥클로스키는 많은 생명중심주의자들이 인간이 아닌 존재, 즉 동식물, 숲, 산 등에 법적 권리를 부여하는 논거와 도덕적 권리를 부여하는 논거를 혼동하고 있으며, 이러한 혼동으로 인해 이에 관련된 많은 논증들은 그 설득력을 상당히 잃어 버렸다고 주장한다. 하지만 그의 주장을 불식시키기라도 하듯이 테일러는 법적 권리와 도덕적 권리를 엄격히 구분해서 논하고 있는데 이 점은 특별히 주목할 만하다고 본다.

소유에 변화가 오는 것은 아니다. 왜냐하면 법이 그들의 권리 소유 사실을 명기하고 있고, 그 공동체의 모든 이가 그들을 대하는 방법에 관한 강제까지 설정하고 있기 때문이다. 테일러는 법적 권리에 관한 이러한 개념이 동식물에게도 아주 쉽게 적용될 수 있다고 주장한다.[12]

> 유아, 정신병자, 심각한 정신지체자들이 권리보유자가 된다는 말의 의미를 이해조차 하지 못하거나, 자신들로부터 권리를 박탈하고 싶어하는 타인들에게 자신들도 엄연히 권리를 갖는다는 사실을 주장할 수 없다고 해도 그들은 법적 권리를 갖는 것으로 간주된다. 바로 이 점을 상기한다면 우리가 동식물을 인간 행위자의 행동에 의해 도움이 되거나 손상을 입을 수도 있는 그들 자신의 선을 갖는 실체들로 간주되는 한, 그들이 일정한 사회에서 권리 보유자로서의 법적 지위를 소유하는 것은 필연적이라고 할 수 있다.[13]

유아, 정신병자, 심각한 정신지체자들과 같이 동식물 역시 도덕 행위자에 의해 옳거나 부당하게 다뤄질 수 있는 자기 고유의 선을 갖고 있기에 법적 권리를 가질 수 있다는 주장이다.

이와 같이 동식물에게 법적 권리가 주어질 때, 동식물의 선은 동식물로 하여금 법적으로 유효한 청구권을 행사할 수 있도록 해주며, 사람들은 그 청구권의 합법성을 승인하도록 법에 따라 요구받는다. 그러한 사회에서는 동식물의 권리에 대한 존중이 인간의 권리에 대한 존중 만큼이나 동등한 의의를 가지고 있는 것으로 여겨진다.

이제 테일러가 말하는 도덕적 권리의 개념을 살펴보자. 동식물도 권리를 가질 수 있다는 점에 대해 동의하지 않는 사람들 간에 쟁점이 되는 핵심 사항은 법적 권리보다는 도덕적 권리와 관련된 것이다.

12) 같은 책, 219~20면 참조.
13) 같은 책, 222면.

동식물이 도덕적 권리를 갖지 않는다는 것을 입증하기 위해 가장 빈
번하게 제기된 주장은, 그들이 청구권을 갖는다는 것은 상상도 할 수
없기 때문에 그들은 결코 도덕적 권리를 가질 수 없다는 것이다. 이
입장에 따르면 동식물이 도덕적 권리를 갖는다고 말하는 것은 개념
적으로 혼란을 초래하며, 논리적으로도 불합리한 것으로 여겨진다.[14]
'도덕적 권리'라는 용어의 참다운 의미는 동식물이 권리의 소유자가
되는 것을 논리적으로 불가능하게 만든다고 주장하는 것이다. 그러나
테일러에 따르면 이것은 도덕적 권리의 개념을 전통적인 방식으로
이해했을 경우이다. 전통적인 방식으로 도덕적 권리를 이해할 경우
동식물이 도덕적 권리의 소유자가 될 수 있는 류에 포함되지 않는다
는 것을 테일러도 인정하는 것이다. 그렇다면 전통적인 방식에서 이
해되는 도덕적 권리의 개념은 어떻게 진술될 수 있을까?

이에 관해 테일러는 네 가지 특징을 제시한다.[15]

① 도덕적 권리의 소유자는 도덕 행위자들로 이루어지는 공동체의
구성원으로 추정해야 한다. ② 도덕적 권리의 소유자가 되는 것과 자
존심을 갖는 것 사이에는 밀접한 연관이 있다. 어떤 존재가 자존심을
갖는 것이 상상조차 할 수 없다면 도덕적 권리의 소유자가 되는 것
도 상상할 수 없는 것이다. ③ 어떤 존재가 권리를 선택하거나 행사
하는 것 또는 누릴 수 있다고 말하는 것이 반드시 이치에 닿아야 한
다. ④ 도덕적 권리의 소유자는 자신의 그 권리에 의해 제2순위의 권
리[16]도 갖는다.

---

14) 같은 책, 224~25면 참조.
15) 같은 책, 246~51면 참조.
16) 다른 사람들이 누군가의 제1순위의 권리(생존권과 보호권, 자유권, 자율권)를
위반하거나 존중하지 않을 때, 그 당사자는 정당화된 불만 또는 '불평할 권리'를
가지며, 따라서 불평으로부터 구제받을 수 있는 자격 또한 갖게 된다. 이처럼 다
른 사람들이 누군가의 권리에 대한 침해에 대해 피해자가 그들로부터 보상을 요
구하도록 하는 것이 제2순위의 권리이다. 같은 책, 250~51면 참조.

　도덕적 권리를 이와 같은 의미대로 해석한다면 동식물은 결코 그러한 권리의 소유자에 포함되지 못한다. 그렇다면 동식물은 영원히 도덕적 권리를 소유하지 못하는가? 테일러는 도덕적 권리의 개념을 확대 수정하여 제시함으로써 동식물도 도덕적 권리의 소유자가 될 수 있음을 주장한다. 불합리하거나 혼란됨이 없이 동식물에 적용될 수 있는 또 다른 도덕적 권리 개념이 있다는 것이다. 이에 관한 테일러의 주장을 직접 살펴보기로 하자.

　　도덕적 권리의 또 다른 수정된 개념이 있는데 그것은 동식물이 그러한 권리를 갖는다는 것을 믿을 수 있도록 만드는 개념이다. 이 수정된 개념에 대한 접근방식으로서 제3장의 주장(자연에 대한 생명 중심적 관점)을 고려해 보자.[17] 만일 그 주장이 확고하다면 합리적인 인격체들은 생명 중심적 관점을 구성하는 신념 체계를 수용할 것이다. 그들은 따라서 자연에 관한 존중의 태도를 취할 것이고 야생 생명체들을 내재적 존엄성을 소유하는 것으로 간주할 것이다. 이러한 방식으로 동식물을 이해한다면 합리적인 인격체들은 그들을 도덕적 관심과 고려를 받을 만한 가치가 있는 것으로 판단할 것이다. 합리적 인격체들은 또한 그들 자신을 야생 생명체의 선이 목적 그 자체로서 그리고 그들의 이익을 위해 보호되어야 한다는 도덕 원리에 인도될 것이다. 이 원리는 행위 규칙과 품성 기준의 전 윤리 체계를 위한 기초이다. 이들 규범에 따라 생활함으로써 도덕 행위자들은 자신의 행위와 품성에 있어서 자연에 대한 존중의 태도를 표현한다.[18]

　우리는 앞에서 테일러가 몇몇 포유동물을 제외한 비인간적 유기체들은 모두 도덕 행위자가 아니라 도덕주체로 규정짓고 있는 것을 살

---

17) 여기서의 제3장은 같은 책, 제3장(The Biocentric Outlook on Nature)을 말한다.
18) 같은 책, 251~52면.

254

펴보았다. 비인간적 유기체들에게는 의무와 책임을 부과할 수 없고, 시비선악의 판단 능력도 없기 때문이다. 그런데 우리가 여기서 동식물을 도덕적 권리의 소유자로 간주하게 되면 동식물은 도덕주체가 아니라 도덕 행위자가 되는 것이 아닌가 하는 의문이 제기될 수 있다. 그러나 이러한 의문은 테일러의 수정된 도덕적 권리 개념을 이해하면 곧 풀린다.

이 수정된 도덕적 권리 개념은 전통적인 인간 중심적 관점에서는 결코 이해될 수 없다. 위 인용문에서 보다시피 수정된 도덕적 권리 개념의 이해를 위해 테일러가 우리에게 요청하고 있는 가장 기본적인 자세는 자연에 대한 존중의 태도이다. 우리가 자연 존중의 태도 하에 생명체를 내재적 존엄성의 소유자로 간주하게 될 때, 동식물은 도덕적 권리를 소유할 수 있다는 것이다. 그러나 그 도덕적 권리의 소유가 곧 도덕 행위자로 이어진다고 생각해서는 안 될 것 같다. 동식물이 도덕적 권리를 갖는다는 것은 인간이 순전히 자신의 이익을 위해 동식물을 옳거나 부당하게 다루는 것이 아니라 동식물의 이익과 선을 위해 행동해야 한다는 의미로 해석되기 때문이다. 동식물은 자신들의 고유한 이익과 선을 고려 받을 만한 내재적 존엄성을 소유하고 있고 인간은 그 점을 고려해야 할 도덕적 의무가 있다는 것이다.

이처럼 테일러는 동식물에게 법적 권리뿐만 아니라 도덕적 지위 더 나아가 수정된 도덕적 권리까지 부여할 정도로 생명중심주의 윤리를 매우 치밀하게 전개하고 있음을 알 수 있다.

(3) 실천 규범

"만일 우리가 생명 중심적 관점을 수용하고, 자연에 대한 존중의 태도를 우리의 궁극적인 도덕적 태도로 채택하게 되면, 인간 윤리학의 영역에서의 인간에 대한 존중과 환경윤리학의 영역에서의 자연에 대한 존중으로부터 제기되는 갈등은 어떻게 해결할 수 있을까?"[19] 이러한 물음을 제기하면서 테일러는 이론적 주장과 더불어 실천적인 문제에 대해서도 관심을 기울인다. 그의 생명중심주의 윤리의 실천 규범은 두 가지 문제에 초점을 두고 있다. 첫째는 자연 존중의 기본적 태도에서 파생되는 네 가지 의무이고, 둘째는 인간과 다른 생명체들의 권리 주장이 상충될 경우 이를 해결해주는 우선성의 원리들이다.

먼저 자연 존중의 기본적 태도에서 파생되어 나오는 의무에는 불침해(nonmaleficence), 불간섭(noninterference), 성실(fidelity), 보상적 정의(restitutive justice) 네 가지가 있다.[20]

불침해란 자신의 고유한 선을 가지고 있는 자연 환경 내의 모든 실체들에 대해 해를 끼쳐서는 안 된다는 의무이다. 이것은 생명체에 대해 해를 끼쳐서도 안 되지만 우리가 야기하지 않은 해를 방지할 의무까지 부과되는 것은 아니므로 테일러는 이를 소극적 의무로 받아들인다. 불간섭 역시 소극적 의무인데 이는 두 가지로 나눠진다. 하나는 개별 유기체의 자유를 제한하지 않는 것이고, 다른 하나는 개별 유기체에 대해서뿐만 아니라 전 생태계와 생명공동체에 대하여 "간섭하지 말라(hands off)"는 일반적인 정책을 취하는 것이다. 성실의 의무는 오직 야생 상태에 있는 개별 동물과 관련된 인간의 행동에만 적용되는 것으로, 야생동물은 도덕 행위자에 의해 속임을 당하거나 기만당해서는 안 된다는 것이다. 이 의무의 위반 사례 가운데 가장 분명하고 가장 흔한 것들이 사냥, 덫, 낚시이다. 테일러는 성공적인 사냥, 덫, 낚시야말로 인간과 동물 사이의 신뢰를 깨는 핵심이며, 이와 같이 어떤 해를 끼칠 의도 하에서 이루어지는 속임이야말로 성실의 의무를 깨는 정수(essence)라고 한다. 보상적 정의란 도덕주체

19) Johnson, "Treating the Dirt," 348면에서 재인용.
20) Taylor, *Respect for Nature*, 169~92면 참조.

256

가 행위자에 의해 부당한 취급을 받았을 때, 그 양자 사이에 정의의 균형을 회복하는 의무를 말한다. 인간이 다른 생명체에게 손해를 입혔을 경우 인간은 그것을 당연히 보상해야 한다는 것이다.

그런데 이 네 가지 의무들이 서로 갈등을 일으킬 가능성도 배제하지 못하므로 테일러는 이들 네 가지 의무들 간의 우선성의 관계에 대해서 논한다. 그는 먼저 불침해의 의무를 '자연에 대한 가장 기본적인 의무'로 간주한다. 그는 또한 세심하게 대처한다면 나머지 세 가지 의무 사이의 갈등을 최소화할 수 있다고 믿는다. 그러나 갈등을 피할 수 없다면 보상적 정의의 의무가 가장 우선적이고, 다음에 성실의 의무, 불간섭의 의무 순으로 우선성이 부여된다고 한다.

생명중심주의 윤리에 대한 가장 큰 도전은 인간의 이익과 비인간적 존재들의 이익 간에 충돌이 일어날 때일 것이다. 이러한 갈등은 인간의 이익을 증진하거나 인간의 권리를 충족시키는 것이 인간 이외의 유기체나 생명공동체의 복리에 해를 끼칠 때, 또는 야생 생명체의 선을 보호하는 것이 인간의 이익에 해를 끼칠 때 늘 발생하게 마련이다. 이러한 갈등이 발생하는 상황에 관한 예를 들면, 병원을 건립하기 위해 삼림을 베어 없애는 경우, 호숫가의 휴양지 건설을 위해 신선한 물 생태계를 파괴하는 경우, 선인장이 자라는 넓은 불모지를 교외 주택 개발지대로 바꾸는 경우 등이다.

이러한 갈등은 생명체의 내재적 존엄성을 인정하기 때문에 발생하는 것이다. 과연 인간의 이익을 우선시키지 않고서도 이 갈등을 해소할 수 있을까? 테일러는 이의 해결책으로 다섯 가지 원리를 제시한다.[21] 그것은 ① 자기 방어(self-defense), ② 비례(proportionality), ③ 최소 악(minimum wrong), ④ 분배 정의(distributive justice), ⑤ 보상적 정의(restitutive justice)의 원리 등이다.

---

21) 같은 책, 263면 이하 참조.

'자기 방어'는 비인간적 존재의 이익이 인간의 건강이나 생명을 위협하거나 위태롭게 할 때, 인간의 이익을 먼저 정당화시켜 주는 것이다. 따라서 우리는 당연히 인간에 대해 공격적인 회색곰을 죽이거나 전염성 유기체나 해충을 근절시킬 수가 있다. 그런데 이 원리는 인간의 자기 방어 경우처럼 최후 수단으로만 적용되어야 한다.

나머지 네 원리들은 인간을 위협하는 심각한 해가 없을 때 작동하는데, 이 원리들 모두는 기본적 이익과 비기본적 이익의 구분에 의존한다. 비례의 원리와 최소악의 원리는 비인간적 존재의 기본적 이익과 인간의 비기본적 이익이 갈등을 빚을 경우 그 갈등들을 다룬다. 만일 인간의 비기본적 이익이 비인간적 존재의 기본적 이익과 양립하지 않으면 비례의 원리가 우리로 하여금 비인간적 존재의 기본적 이익을 희생시키면서 인간의 이익을 만족시키지 못하도록 한다. 예를 들면 유행하는 구두와 핸드백을 만들기 위해 파충류를 죽이는 인간의 행위는 비례의 원리에 의하여 금지된다.

인간의 비기본적 이익이 비인간적 존재의 기본적 이익과 양립 가능해졌을 때는, 전자가 후자를 위협하거나 위태롭게 하더라도 최소악의 원리가 인간의 이익을 만족시키는 여건을 설정해준다. 따라서 비록 다른 생명체에게 불리한 영향을 미치더라도 수력발전소 건설을 위해 강에 해를 입히는 것은 허락될 수도 있다.

분배 정의의 원리는 인간의 기본적 이익과 비인간적 존재의 기본적 이익 간의 갈등을 해결하기 위한 여건을 제공한다. 이 원리는 이익과 부담의 분배가 공정하게 이뤄지도록 하는 것이다. 그러나 때때로 양 이익 간에 충돌이 불가피하여 분배 정의의 원리 적용이 어려운 경우도 있을 수 있다. 가령 아주 가혹한 환경 조건 때문에 우리 인간의 생존을 위해선 야생동물을 식품으로 이용할 수밖에 없는 경우 어떻게 하는 것이 좋은가? 테일러는 이 경우 야생동물을 식품으로 활용하기 위해 죽이는 것이 도덕적으로 허용된다고 말한다. 그것은 불가피한 상황에서 동물을 먹지 않으면 결과적으로 인간의 삶이 희생되게 되고, 또한 동물이 자신들의 기본적 이익을 위해 인간의 기본적 이익을 희생시킬 만큼 더 높은 가치를 지니고 있지 않기 때문이다. 식물 또한 동물과 마찬가지로 내재적 존엄성을 갖기 때문에 먹이로 삼기 위해 죽이는 것은 나쁜 행위가 되지만, 인간의 생존을 위해서라면 허용된다. 그리고 동물과 식물 모두는 동등한 내재적 존엄성을 갖지만 고통의 감정이 감정적 존재에게는 본래적으로 나쁜 일이기 때문에 육식보다 채식이 더 바람직하다고 주장한다.

마지막으로 보상적 정의란 갈등 해결이 최소 악이나 분배 정의의 원리에 의해 설정된 여건을 충족시키지 못했을 때 그 보상이 이뤄지도록 하는 것이다.

3. 비판적 고찰

테일러의 생명중심주의 윤리는 '생명은 왜 존중받아야 하는가?' 라는 물음을 중심으로 전개되고 있다. 모든 생명체는 자기 보존과 행복을 위해 움직이는 '목적론적 삶의 중심'으로서 인간과 마찬가지의 자기 실현을 위한 고유의 선을 가지며, 이러한 선을 갖는 실체들에게는 내재적 존엄성 또한 주어진다. 그러기에 인간은 인간 자신에 대한 존중의 태도뿐만 아니라 자연에 대한 존중의 태도 또한 마땅히 지녀야 한다는 것이 테일러의 주장이다. 이제 테일러의 생명중심주의 윤리가 갖고 있는 문제점을 몇 가지 지적해 보고자 한다.

(1) 내재적 존엄성의 문제

먼저 테일러의 주장 가운데 문제를 제기하고 싶은 부분은 '내재적 존엄성'에 대해서이다. 테일러에 의하면 이는 인간에 의해 부여되는 주관적 가치가 아니라 인간과는 상관없이 주어지는 객관적 가치이다. 또한 그는 이러한 가치를 인정하게 될 때, 인간은 타생명체보다 우월하지 않은 동등한 입장, 바꿔 말하면 생명평등주의 입장에 서게 된다고 말한다. 이러한 주장은 인간중심주의자들을 강력하게 비판하기 위해 제시하고 있는 논거라고 본다. 인간중심주의 입장에서는 인간을 제외한 여타의 생명체에게 어떠한 가치·존엄성이 부여되건 그것은 인간에 의해 부여될 수밖에 없다고 본다. 인간 이외의 모든 존재는 인간에 의해 그 가치가 인정되고 측정된다는 것이다.

물론 테일러의 주장과 같이 인간 이외의 생명체에게도 독자적인 절대적 존엄성이 주어지게 된다면 우리는 이제까지의 인간 중심적 태도를 포기하고 자연 환경을 소중히 대함으로써 아주 이상적인 생태계를 복원할 수 있을지 모른다. 그러나 이는 어디까지나 이상일 뿐 현실적으로 실현 가능성이 매우 희박하다고 본다. 이처럼 생명중심주의를 포함한 비인간 중심적 환경윤리가 인간중심주의에 대한 비판을 제기할 때 곧잘 범하는 실수 가운데 하나는 실천적 측면을 간과한다는 점이다. 환경윤리가 '근본적 비판'으로서만 존재하려 하고, 또 그것으로 만족하려 한다면 아무런 문제는 없을 것이다. 하지만 환경문제가 단순히 이론적 문제가 아니라 해결되어야만 할 실천적 과제라는 점을 고려한다면 인간중심주의에 대한 재고가 반드시 필요하다고 본다.

테일러의 주장처럼 인간 이외의 존재들이 고유한 가치(인간의 주관과는 상관없는 객관적 가치)를 지나치게 강조하는 생명중심주의는 환경문제를 해결하는 데 적절한 대응책을 마련할 수 없다는 치명적인 한계를 안고 있다. 따라서 작금의 환경 위기를 초래하는 데 인간중심주의가 한 원인으로 작용했음을 인정한다고 해도 결국 환경 위기를 극복하기 위한 실천적 노력은 인간 중심적일 수밖에 없는 것이다. 인간을 추상해 버린 뒤의 환경문제 논의는 아무런 의미도 없을

260

것이기 때문이다. 그렇다고 해서 종전의 인간중심주의로 회귀해야 함을 말하는 것은 아니다. 바로 여기서 인간중심주의에 대한 재고가 요청된다. 종전처럼 자연을 단지 인간을 위한 수단적 존재로 보는 입장, 자연을 '도구적 이성'의 관점에서만 보는 근대 자연과학의 입장을 폐쇄적 인간중심주의라 한다면 인간의 우월성을 인정하면서도 인간 이외의 존재들을 단순한 수단이 아니라 그들의 도덕적 지위를 인정함으로써 자연 친화적인 자연 관리를 하는 입장을 개방적 인간중심주의라 할 수 있다. 이는 인간 이외의 존재들에게 도덕적 권리까지는 아니더라도 도덕적 지위 정도는 부여되어야 하며,[22] 때로는 어떤 종이 멸종 위기에 처해 있다면 법적 권리를 부여해서라도 보호해야 한다는 입장이다. 요컨대 개방적 인간중심주의란 폐쇄적 인간중심주의와 생명·자연중심주의 사이의 변증법적 일치를 도모하는 입장인 것이다.

(2) 권리론에 관한 문제

권리론의 문제를 살펴보기에 앞서 도덕주체와 도덕 행위자의 구분에 관련된 문제점부터 지적해 보기로 하겠다. 테일러에 따르면 도덕주체에는 정신병자, 정신박약자, 신생아를 비롯한 살아 있는 모든 유기체가 포함되고, 도덕 행위자에는 정상적인 인간과 인간 이외의 몇몇 포유동물들이 포함된다. 그러면서 그는 인간 이외의 포유동물들 가운데 돌고래, 고래, 코끼리 등을 예로 들었다. 그런데 도덕 행위자의 범위에 인간이 포함된다는 것은 의심의 여지가 없겠지만, 이 범위

---

22) '도덕적 지위'는 어떤 행위를 할 때 도덕 행위자에 의해 도덕적으로 고려 받는 (morally considered) 자격이라 할 수 있는 반면, '도덕적 권리'는 도덕적 고려를 받을 수 있을 뿐만 아니라 그것을 요청할 수 있는 자격이라 할 수 있다. Tom Regan, *All That Dwell Therein*(Berkeley and Los Angeles, CA: University of California Press, 1982), 203면 참조.

에 인간 이외의 존재들을 포함시킬 수 있을지는 어려워 보인다. 그에 따르면 도덕 행위자는 옳고 그름에 대한 판단을 할 수 있고, 어떠한 의무나 책임을 지니며, 도덕적으로도 책임을 질 줄 알아야 한다. 인간 이외의 몇몇 동물들도 도덕 행위자가 된다면 당연히 이러한 능력을 소유해야 할 터인데, 가령 돌고래가 이들 능력을 갖고 있다고 말하기는 어렵다고 생각한다.

이제 테일러의 권리론으로 가 보자. 테일러에 따르면 정신지체자, 미치광이 등을 비롯한 모든 동식물은 법적 권리를 소유할 수 있다. 물론 그들은 법적 청구권을 직접 주장할 수 없기 때문에 대리인이 대행자로 나서야 한다고 주장한다. 그리고 테일러는 다른 학자들이 논의하기를 꺼려하는 도덕적 권리에 대해서도 자기 나름의 논의를 펴고 있다. 그에 따르면 도덕적 권리를 전통적인 방식으로 해석할 경우 인간만이 이를 소유할 수 있고 동식물은 이를 소유할 수 없게 된다. 그러나 테일러는 동식물에게도 도덕적 권리를 부여하기 위해 기존의 도덕적 권리의 개념을 수정하여 제시한다. 그에 따르면 누군가가 무엇인가에 대해 도덕적 권리를 갖는다는 것은 그가 무엇인가에 대해 법적 권리를 주장하는 것과 서로 유사한데, 차이점이 있다면 그것은 단지 그 근거이다. 즉 법적 권리의 근거가 법률에 있다면, 도덕적 권리의 근거는 도덕 원리에 있다는 것이다. 따라서 테일러는 동식물에게도 도덕적 권리를 부여하기 위한 근거를 마련키 위해 도덕 원리를 제시한다. 그 도덕 원리란 자연에 대한 존중의 태도 하에 생명체들을 내재적 존엄성의 소유자로 간주하고, 그들의 선이 목적 그 자체로서 보호되어야 한다는 것이다. 이 원리에 따라 동식물들을 이해한다면 합리적 인격체들은 그들을 도덕적 권리의 소유자로 받아들일 수 있게 된다는 것이 테일러의 입장이다.

그러나 우리는 테일러의 이러한 주장에 대해 중대한 의문을 제기할 수밖에 없다. 필자는 자연의 보존과 유지를 위해 자연물에 법적 권리 정도는 경우에 따라 부여할 수 있어야 한다고 본다. 그러나 동식물에 도덕적 권리까지 부여해야 한다는 주장에 대해서는 아무리 그 권리 개념을 확대 수정한다 하더라도 받아들여질 수 없을 것으로 본다.

이에 대한 이유를 두 가지로 나누어 제시하고자 한다. 첫째는 법적 권리와 도덕적 권리의 차이점에 대해 올바른 인식이 필요하다는 점이다. 도덕적 권리는 인간의 손에 의해 제정되는 법적 권리와 달리 천부적으로 주어진다는 의미에서 '자연적인' 권리이다.[23] 도덕적 권리는 원래 인위적으로 그 개념을 수정하여 제시할 수 있는 것이 아니라는 것이다. 인간 이외의 생명체에 절대적 · 객관적 존엄성을 부여하려는 테일러의 극단적 시도가 권리론에서도 극단적 주장을 하게 만들고 있지 않나 생각된다. 둘째는 동식물에게 법적 권리는 물론 도덕적 권리까지 부여한다는 것이 현실적으로 실현되기 어렵다는 점을 들고자 한다. 테일러는 모든 생명체에게는 도덕적 관심을 요구하게 만드는 자연적인 목적 추구 능력이 있다고 했다. 그렇다면 인간의 자연적인 목적 추구 능력은 어떻게 설명될 수 있을까? 인간에게 자연적인 목적 추구 능력이 있다면 그것은 인간의 고유한 능력을 발휘하며 살아가는 것이 아닐까 한다. 식물이 늘 태양을 향하려고 하는 것

---

23) 리건에 의하면 법적 권리와 도덕적 권리의 차이점은 다음 네 가지로 나눠 제시될 수 있다. ① 도덕적 권리는 보편적인 반면, 법적 권리는 특수적이다. 우리가 무엇에 대해 법적 권리를 갖느냐 하는 것은 우리가 어떤 국가에 살고 있느냐에 달려 있는 반면, 도덕적 권리는 우리가 무엇에 대해 도덕적으로 자격이 있느냐에 달려 있다. ② 법적 권리와 달리 도덕적 권리는 동등하다. 법적 권리에는 차별이 있을 수 있으나 도덕적 권리에는 차별이 있을 수 없다는 것이다. ③ 법적 권리는 양도될 수 있으나 도덕적 권리는 양도될 수 없다. ④ 도덕적 권리는 평범한 인간의 손에 의해 만들어지는 법적 권리와 달리 '자연적인' 권리이다. Tom Regan, "Introduction," in Tom Regan, ed., *Earthbound*(Prospect Heights, Illinois: Waveland Press, 1990), 30∼31 면 참조.

은 광합성 작용을 통해 생존하고자 하는 본능에서 비롯되는 것이다. 바로 이 식물처럼 인간도 자연의 일부인 이상 이 자연법칙에 따라 살 권리가 있을 터이고, 그 삶을 위해 인간은 인간 자신의 고유한 능력을 발휘할 수밖에 없다. 그렇다면 자연법칙에 따른다는 것은 무엇을 말하며, 인간 자신의 고유한 능력을 발휘한다는 것은 무엇을 의미하는가?

동식물 세계의 자연법칙은 포식자와 피식자 간의 치열한 생존 투쟁의 순환적 고리를 이루고 있다. 그렇다면 인간에게도 그 생태계적 고리의 하나로 살아남아야 하고, 살아남기 위해서 다른 동식물을 먹는 것이 자연의 큰 법칙에 순응하는 행동으로 볼 수 있다. 그리고 그 법칙에 따를 수 있는 것은 인간 자신의 고유한 능력 덕분이다. 그런데 테일러의 주장처럼 다른 동식물에게까지 도덕적 권리를 부여하게 되면 우리는 그들을 먹이로 이용할 수 없게 되고, 또 이것은 오히려 생태계 법칙에도 역행하는 결과를 초래하고 만다. 따라서 동식물에게까지 도덕적 권리를 부여한다는 것은 현실적 적용 가능성 면에서 큰 벽에 부딪치게 되는 것이다. 이에 필자는 이러한 난점으로부터 벗어나기 위해 인간에 대해서는 개체에게, 인간 이외의 생명체에 대해서는 종에게 생존권을 부여하는 방안을 제시하고 싶다. 가령 회색기러기라든가 줄풀이라든가 하는 생물종이 멸종 위기에 처했을 때 우리는 한 인간을 구하는 것과 같이 희생을 치르더라도 그것을 구해내야만 한다. 우리가 인간 이외의 생명체들을 자원으로 이용하긴 하되, 그것은 어디까지나 생태계의 안정성을 가능한 한 파괴하지 않는 범위에서 이루어져야 하기 때문이다.[24]

24) 이와 관련하여 가토 히사다케는 자연물 이용 방식을 4단계, 즉 ① 취미라든가 사치를 위한 이용, ② 생활을 위한 이용, ③ 개인의 생존을 위한 이용, ④ 인류의 존속을 위한 이용 등으로 나누어 설명하고 있다. 그에 따르면 지금까지의 사고방식으로는 어느 단계의 이용도 만물의 영장인 인간의 존엄성이라는 명분 하에 허

(3) 실천규범의 문제

다음은 테일러의 실천규범에 대한 비판이다. 테일러는 자기 이론의 실천적 적용을 위해 실천규범까지 제시하는 치밀함을 보여주었다. 그리고 그가 제시한 네 가지 의무들은 그의 이론이 전제하고 있는 생명평등주의와 양립 가능한 것으로 판단된다. 그러나 네 가지 의무 가운데 불간섭의 의무를 우리가 받아들여 과연 실행에 옮길 수 있을까 하는 의문이 든다. 인간은 존재론적으로 자연과 하나 되어 살 수 없는 존재이기에 자연에 대한 간섭은 불가피하다고 여겨진다. 인간은 자연의 일부이기도 하지만 자연 위에 군림하기도 하는 존재이다. 인간이 육체를 지닌 존재이고 육체의 조건에 따라 살아가는 한 인간은 자연의 일부일 수밖에 없다. 그러나 인간은 자연을 '대상'으로 삼아 변형하거나 파괴하는 능력 또한 지니고 있다. 여기서 우리는 인간과 자연의 조화로운 관계를 모색하는 데 중요한 시사점을 발견하게 된다. 그것은 바로 우리 인간이 어디까지나 자연의 일부라는 인식 하에 생태계의 원리에 따라 자연에 간섭하는 태도를 갖는 것이다. 물론 자연에 대한 간섭이 불가피하다고 하여 생태계의 원리마저 무시한 폐쇄적 인간중심주의 차원의 간섭을 말하는 것은 아니다.

다음은 인간의 이익과 타생명체의 이익 사이에 발생하는 갈등 해결을 위해 제시한 우선성의 원리에 대한 문제이다. 이 가운데 특히 문제가 되는 것은 분배 정의의 원리와 관련된 부분이다. 테일러는 이 원리의 적용이 불가할 경우를 염두에 두면서 인간이 자신의 불가피한 생존을 위해서라면 동식물 모두를 식용으로 활용할 수 있다고 보

락되어 왔다. 하지만 이제부터는 무조건적인 이용을 허락하는 경우가 ④ 인류의 존속을 위해서만 이용되어야 하는 방식으로 세계의 여론이 나아갈 것으로 그는 전망하고 있다. 현재의 세계 여론은 제1의 기준은 부정되고 제2의 기준과 제3의 기준 중간 근처를 맴돌고 있는 상황이라고 한다. 가토 히사다케, 《환경윤리란 무엇인가》, 김일방 옮김(대구: 중문출판사, 2001), 제2장 참조.

았다. 그런데 이 주장은 생명평등주의와 어긋나는 자기 모순적 주장으로 보인다. 그에 따르면 동식물을 포함한 모든 생명체는 동등한 내재적 존엄성을 소유하고 있는 존재들이다. 그런데 인간의 삶을 위해 동식물을 먹이로 활용 가능하다는 주장은 생명평등주의를 위반하게 된다. 그리고 동물보다 식물을 먹는 것이 더 바람직하다는 주장 역시 생명평등주의를 거스르는 주장이다.

(4) 개체주의의 문제

마지막으로 테일러의 주장 가운데 가장 많은 비판이 가해지는 개체주의 문제에 관해 살펴보기로 하자. 테일러가 강조하는 내재적 존엄성은 개별 유기체에게만 주어진다. 따라서 우리는 생태계, 무생물, 종에 대해서는 직접적인 의무가 전혀 없게 된다. 이로부터 제기될 수 있는 문제를 다음의 예를 통해 살펴보기로 하자.

가령 내가 앞마당 일부를 파 잔디를 갈아엎고 거기에 작은 분수대를 만들 계획을 세웠다고 해 보자. 그 과정에서 나는 잔디와 그 주변의 수많은 미생물 유기체들을 파괴하게 될 것이다.[25] 앞에서 살펴보았듯이 테일러는 자신의 생명평등주의를 포기하지 않고서는 인간의 이익에 우선권을 부여할 수 없다. 그렇다면 나는 분수대를 만들어야 하는가? 아니면 그만둬야 하는가?

테일러의 논리에 따를 경우 나는 분수대를 만들 수 없게 된다. 분수대를 만드는 것은 인간의 비기본적 이익을 위해 타생명체의 기본적 이익을 해치는 행위이기 때문이다. 분수대는 인간의 생명 유지에 필수적이지 않은 비기본적 이익이나 분수대 건설 과정에서 파괴되는 것은 잔디와 미생물의 생명 그 자체, 곧 기본적 이익이다. 테일러에게 있어 한 생명체의 비기본적 이익을 위해 타생명체들의 기본적 이

---

25) Joseph R. Des Jardins, *Environmental Ethics*, 2nd ed.(Belmont, CA: Wadsworth Publishing Co., 1997), 141~42면 참조.

익을 희생시키는 행위는 생명평등주의에 어긋나는 행위로 받아들여질 수 없게 된다. 그러나 현실적으로 이러한 논리에 따라 분수대를 만들지 못한다면 정당화될 수 있는 인간의 행위는 찾아보기 어려워진다.

이와 같은 반직관적인 상황을 참작하여 테일러가 분수대 만드는 것을 허용했다고 해 보자. 이럴 경우 테일러는 왜 분수대와 같은 인간의 비기본적 이익이 잔디와 미생물의 기본적 이익보다 우선시될 수 있는지, 그 이유를 설명할 수 있어야 한다. 이 경우 테일러는 보상적 정의의 원리에 호소할 수 있을 것 같다. 나와 잔디 사이에 정의의 균형을 회복할 수 있는 한 나는 분수대를 만들 수 있다는 것이다. 그런데 불행히도 분수대를 만드는 과정에서 내가 파괴시킨 바로 그 잔디와의 균형을 회복할 수는 없기 때문에 이 대안은 내 의무가 잔디의 종에 대한 것임을 함축하게 된다. 따라서 나는 내 마당 다른 곳에 내가 파괴시킨 만큼의 잔디를 다시 심어야 할 것이다. 그러나 이는 나에게 테일러의 윤리가 의존하고 있는 개체주의를 포기하도록 요구한다. 이처럼 테일러의 윤리는 개별 생명체에 대해서 특별한 관심을 보이지만 현실 상황에서는 자기모순에 빠지고 마는 우를 범하고 있다.

4. 맺음말

이상의 논의를 기초로 테일러의 생명중심주의 윤리가 우리에게 끼치고 있는 공과를 필자는 다음과 같이 평가해 보고자 한다.

먼저 테일러의 긍정적인 업적은 이렇게 말할 수 있을 것이다. 첫째는 테일러가 생명평등주의 관점에 의거하여 생명중심주의 윤리를 아주 체계적으로 제시하고 있다는 점이다. 사실 비인간 중심적 환경윤리는 단지 산발적인 주장으로만 머물고 있을 뿐, 체계적으로 어떠한 주장이나 대안도 제시하지는 못하고 있다는 비판을 받아 왔다. 이는 그만큼 비인간 중심적 환경윤리의 체계적 정립이 어렵다는 것을 말해준다. 그런데 테일러는 생명체가 왜 존중받아야 하는지를 중심으로, 그와 관련해서 우리가 어떻게 행위해야 하는가 하는 문제까지 일관되게 잘 설명하고 있는 것이다. 둘째, 테일러의 윤리는 윤리적 사고에서의 혁신, 즉 인간 중심적 사고로부터의 탈피를 강조한다. 인간=목적, 자연=수단이라는 폐쇄적 인간 중심적 사고에서 벗어나 자연에 대한 외경심을 일깨워 주고 있다는 점에서 큰 의의가 있다고 하겠다. 인간 이외의 생명체에 고유한 선의 인정뿐만 아니라 인간과 동등한 내재적 존엄성을 부여함으로써 생명과 자연의 소중함을 재인식시켜 주고 있다는 점에서 크게 평가할 만하다고 하겠다.

  그러나 이상의 긍정적인 업적에도 불구하고 테일러의 윤리는 나름대로의 난점 또한 가지고 있었다. 무엇보다 가장 큰 난점은 실행 가능성 측면이다. 테일러의 생명중심주의 윤리는 환경과 관련하여 제기되는 실천적 문제에 대해 그 대안을 나름대로 제시하지만 현실성이 없다는 점이 한계였다. 모든 생명체는 인간과 다름없는 목적으로 대우하면서 삶을 유지한다는 것이 인간에게는 불가능하기 때문이다. 따라서 테일러가 주장하고 있는 생명평등주의를 우리는 부정할 수밖에 없게 된다. 만일 우리가 인간과 인간 이외의 생명체의 종차를 부정하는 생명평등주의에 따른다면 우리의 생존은 물론 작금의 환경문제에 대해 어떠한 도덕적 책임도 부과될 수 없을 것이다. 그러기에 밀러 (Peter Miller)는 자연에 대한 존중과 인간에 대한 존중이라는 양면 가치의 공존 가능성은 없다는 비판을 가하고 있다.[26]

  필자는 우리가 인간중심주의 윤리와 생명·자연중심주의 윤리 중

---

26) Johnson, "Treating the Dirt," 349면 참조.

어느 하나에만 집착하는 것은 작금의 환경 위기를 개선해 나가는 데 효과적인 대안을 찾을 수 없게 만든다고 본다. 따라서 필자는 인간＝목적, 자연＝수단이라는 인간중심주의 윤리와, 인간＝인간 이외의 생명체＝목적이라는 생명중심주의 윤리의 변증법적 일치를 도모하는 개방적 인간중심주의가 환경문제를 해결해 나가는 데 중요한 단초를 제공해줄 수 있다고 보았다. 개방적 인간중심주의는 실현 가능성이 희박한 생명중심주의에도 반대하지만 자연 환경을 어디까지나 인간 삶의 수단으로만 보는 폐쇄적 인간중심주의에 대해서도 반대한다. 인간이 생존하기 위해서는 자연에 대한 개발과 간섭이 불가피하지만 개발에 앞서 그것이 자연에 미치는 영향을 먼저 심사숙고한 연후에 자연의 통합성, 안정성, 아름다움을 유지한 상태에서의 개발을 해나가야 한다는 것이다.

XI. 대지윤리의 문제: 알도 레오폴드

1. 머리말

'대지윤리'라는 용어는 삼림학과 수렵조수관리의 전문가인 레오폴드의 저서 《모래 마을 연감》(*A Sand County Almanac*)에서 유래한다. 레오폴드의 주장에 따르면 대지윤리란 공동체의 경계를 확대하여 흙, 물, 식물, 동물, 이를 일괄해서 말하면 대지(생명공동체)까지 포함하여 다루는 것이다. 인간만을 도덕공동체의 구성원으로 간주해 왔던 전통윤리에서와는 달리 대지윤리에서는 인간을 포함한 그 밖의 생명체, 무생명체까지도 도덕공동체의 구성원으로 받아들일 것을 권고하는, 당시로서는 매우 급진적인 주장이었다. 환경문제에 대한 일반 사람들의 관심이 거의 전무하던 시기인 1940년대에 레오폴드가 이러한 주장을 했다는 것은 그의 통찰력이 얼마나 진보적인지를 잘 입증해 준다. 아마 그런 이유로 캘리코트는 레오폴드를 '환경윤리의 아버지'로 아주 높이 평가하지 않았나 생각된다.[1]

---

1) 캘리코트에 의하면 레오폴드의 대지윤리는 현대의 고전이 되었으며, 환경윤리학의 표준적인 예로써 다루어질 수도 있다. 캘리코트는 따라서 모든 환경윤리학이 레오폴드의 패러다임을 반드시 따를 필요는 없지만 모범적인 유형으로 활용으

270

그런데 사실 대지윤리는 긍정적 · 부정적 평가를 동시에 받아왔다. 가령 스테그너(Wallace Stegner)는 《모래 마을 연감》을 '환경보전운 동계에서 거의 성스러운 책'으로 평하고, 레오폴드를 선지자인 '미국 의 이사야'에 비유한다. 마이네(Curt Meine)는 '대지윤리'를 《모래 마을 연감》의 절정의 엣세이로 '귀결 중의 귀결'이라고 극찬하였다. 하지만 이와 같은 긍정적인 평가들은 소수에 불과하고, 대체로 대지 윤리는 현대 철학자들로부터 호의를 받지 못했다. 오히려 그것을 무 시했으며, 그렇지 않은 사람들 가운데서도 대부분은 난처해하거나 적 대적 입장을 보였다. 예를 들어 저명한 호주의 철학자 패스모어(John Passmore)는 《자연에 대한 인간의 책임》이라는 저서에서 대지윤리를 곧바로 무시해버렸다. 역시 저명한 호주의 철학자 맥클로스키(H. J. MacClosky)도 레오폴드에게 선심 쓰는 체하면서 '대지윤리'에 부자 연스러운 다양한 '해석들'을 짊어지웠다. 그는 또한 "레오폴드의 진 술에 일관된 의미가 있다고 보는 데에는 실질적인 문제가 있다"고 결론짓는다. 영국의 철학자 애트필드(Robin Attfield)는 맥클로스키를 그대로 흉내 내면서 대지윤리의 철학적 가치를 의도적으로 비난하였 고, 캐나다의 철학자 섬너(L. W. Sumner)는 대지윤리를 '위험한 넌센 스'라고까지 불렀다. 보다 호의적 성향의 철학자들 가운데서도 대지 윤리는 대개 단순하게, 즉 '대지윤리'가 고결하긴 하지만 마치 순진 한 도덕적 탄원인 것처럼, 전체적으로 이론적 틀을 뒷받침하지 못한 채 인용되어 왔다.[2]

캘리코트에 의하면 대지윤리에 대한 이와 같은 철학자들의 무시,

로써 환경윤리학은 보다 명시적으로 규정될 수 있다고 한다. J. Baird Callicott, "Animal Liberation: A Triangular Affair," in Robert Elliot, ed., *Environmental Ethics*(New York: Oxford University Press, 1996), 30~31면 참조.

2) J. Baird Callicott, "The Conceptual Foundations of the Land Ethic," in Michael Zimmerman, ed., *Environmental Philosophy*(Englewood Cliffs, N. J.: Prentice Hall, 1993), 110~11면 참조.

혼란 그리고 경멸은 다음 세 가지 요인에 기인한다. ① 레오폴드의 과도하게 압축적인 산문 스타일의 문장, ② 당대의 윤리학의 가정과 패러다임으로부터의 이탈, 그리고 ③ 불안정한 실천적 의미의 내포. 요컨대 대지윤리는 철학적 관점에서 볼 때 생략되어 있고, 낯설고, 급진적이라는 것이다.[3] 그러나 대지윤리에 대한 여러 가지 부정적 평가에도 불구하고 일각에서는 여전히 대지윤리를 생태 중심적, 전체주의적 환경철학의 사상적 기초로써 널리 활용하고 있다. 그렇다면 우리는 레오폴드의 주장 가운데 어떤 점을 둘러싸고 긍정적, 부정적 평가가 동시에 주어지고 있는지 궁금해진다. 레오폴드의 주장이 안고 있는 긍정적 요소, 부정적 요소를 가려내어 수용할 만한 점이 있다면 적극 수용하고, 그렇지 못한 점이 있다면 적극 비판해 보는 것은 의미 있는 일일 것이다. 좀더 현실성이 있고 실현 가능한 환경윤리를 모색해 나가는 데 있어서 이러한 과정은 하나의 필요한 절차라고 생각되기 때문이다. 이에 필자는 먼저 대지윤리의 내용을 레오폴드의 논리 전개에 따라 살펴보고, 그 다음에는 이를 토대로 대지윤리가 안고 있는 문제점을 비판적으로 고찰해 보는 순으로 이 장을 전개하고자 한다.

2. 레오폴드의 대지윤리론

(1) 윤리 범위의 확대

먼저 레오폴드는 오디세우스의 이야기를 시작으로 대지윤리론을 전개한다. 오디세우스가 트로이 전쟁에서 돌아온 후 자신이 집을 비운 동안 부정을 저지른 12명의 노예 소녀들을 한 밧줄에 목을 매어

---

3) 같은 글, 111면 참조.

272

죽게 하였다는 이야기이다. 당시 이러한 처치는 아무런 의문도 제기 되지 않았을 만큼 당연한 일로 받아들여졌다. 노예 소녀들은 하나의 재산으로 간주됨으로써 언제나 주인의 필요에 따라 처분될 수 있는 대상에 불과했기 때문이다.[4] 오디세우스 시대의 그리스에 시비선악 의 개념이 없었던 것은 아니지만 당시의 노예들은 도덕공동체의 구 성원으로 간주되지 않았던 것이다.

그러나 그 이후 많은 세월이 흐르면서 도덕공동체의 구성원의 범 위는 확대되어 왔다. 인종, 성별, 신분 등에 구애받지 않고 지상의 모 든 인류는 이제 도덕공동체의 동등한 구성원으로 인정받고 있으며, 그 범위는 더욱더 확대되어야 한다는 주장들이 제기되고 있다.

레오폴드 역시 이러한 주장을 펴고 있는 사람들 중의 하나이다. 그 에 따르면 윤리는 ① 개인과 개인 간의 관계, ② 개인과 사회 간의 관계로 발전되어 왔고, 앞으로는 ③ 인간과 대지 간의 관계, 그리고 거기서 발전되는 인간과 동식물 간의 관계로 전개되어야 한다.[5] 인간 만을 도덕공동체의 범위에 포함시켰던 전통윤리와는 달리, 동식물은 물론 대지까지 그 범위에 포함시킴으로써 동식물 및 대지에 대한 인 간의 약탈은 정당하지 않으며 잘못된 일이라는 사실을 깨달아야 한 다는 것이다.

더욱이 레오폴드는 윤리가 인간과 대지 간의 관계로까지 확대되는 것은 진화론적으로 가능한 일이며 생태학적으로는 필연적이라고 한 다.[6] 진화론적으로 가능한 일이라는 말은 대지윤리가 자신에 의해 주 장되지 않았다 해도 누군가에 의해 언젠가는 주장되게 마련이며 현 재의 인간중심주의 윤리가 그러하듯 대지윤리가 보편적으로 수용될

---

4) Aldo Leopold, "The Land Ethic," in Michael Zimmerman, ed., *Environmental Philosophy*(Englewood Cliffs, N. J.: Prentice Hall, 1993), 95면 참조.
5) 같은 글, 96면 참조.
6) 같은 글, 같은 면 참조.

수 있는 날이 다가온다는 것이다. 그리고 생태학적으로 필연적이란 말은 현재의 생태계 위기는 인간의 생태학적 무지에서 기인하고 있으므로 생태학에 대한 충분한 이해가 이루어질 경우 인간 이외의 요소들까지 윤리공동체의 구성원으로 포함시킬 수 있게 된다는 의미이다.

레오폴드처럼 윤리 범위의 확대를 주장해 온 사람들은 많다. 피터 싱어는 갑각류 동물까지, 톰 리건은 정상적인 1년 이상의 포유동물까지, 폴 테일러는 모든 생명체를 도덕공동체의 범위에 포함시킬 것을 주장해 왔다. 하지만 레오폴드는 동식물을 포함한 생명체뿐만 아니라 대지까지 포함되어야 한다고 함으로써, 가히 생태중심윤리 또는 자연중심윤리의 원조라 할 만큼 매우 진보적인 주장을 펴고 있다.

(2) 공동체 개념과 전체주의 입장

대지윤리를 구성하고 있는 핵심적 개념들 가운데 하나는 공동체이다.[7] 레오폴드에 따르면 대지윤리에서의 공동체의 범위는 토양, 물, 식물, 동물로 이를 일괄해서 말하면 대지까지 포함한다. 레오폴드에게 있어서 공동체란 수많은 먹이사슬을 매개로 긴밀한 상호의존 체계 하에 있는 생물과 무생물로 이루어지는 집합체라고 볼 수 있다.

그리고 대지윤리에서는 인간의 지위 역시 기존 윤리에서의 그것과는 다르게 인식된다. 기존 윤리에서는 인간이 대지의 관리자, 정복자로 인식되었으나 대지윤리에서는 대지의 관리자, 정복자가 아니라 다른 구성원들과 같이 평범한 하나의 존재로 파악될 뿐이다.

---

7) 존슨은 대지윤리를 구성하는 핵심 개념들로 대지, 공동체, 그리고 건강 이 세 가지를 들고 있다; Edward Johnson, "Treating the Dirt: Environmental Ethics and Moral Theory," in Tom Regan, ed., *Earthbound*(Prospect Heights, Illinois: Waveland Press, 1990), 352면 참조.

274

한마디로 대지윤리는 우리 호모 사피엔스라는 존재를 대지 공동체의 정복자로부터 그 구성원으로 변화시키는 것이다. 공동체의 구성원은 동료나 전체 공동체에 대해 존경심을 가져야 한다.[8]

레오폴드가 인간을 이렇게 보는 것은 그의 역사관에 근거하고 있다. 그에 따르면 많은 역사적 사실들이 이제까지 인간의 일로서만 설명되어 왔지만, 실제로 그것은 인간과 대지의 생물적 상호작용의 결과였다.[9] 대지의 특성은 그 위에 사는 인간의 특성 만큼이나 강력한 영향을 끼치면서 역사적 사실들을 결정해 왔다는 것이다.

그렇다면 다음과 같은 물음을 제기할 수 있다. "흙, 물, 동식물, 대지 등이 인간과 동등한 도덕공동체의 구성원으로 간주된다면 인간은 과연 무엇을 먹고 살아야 할 것인가? 그리고 환경문제의 극복을 위해 인간이 할 수 있는 역할은 무엇인가?" 인간은 존재론적으로 삶을 유지하기 위해서는 동식물의 희생에 의존하게 되어 있다. 그리고 우리가 지금 환경문제를 걱정하고 염려하는 근본적인 이유는 상처 입은 또 입고 있는 이 지구 환경을 어떻게 복원시켜 나갈 것인가 하는 문제 때문이다. 인간이 여타 존재들처럼 평범한 존재로 여겨질 때 인간의 삶의 유지는 물론, 이 지구 환경문제를 개선시켜 나간다는 것은 불가능할 수밖에 없을 것이다.

이런 궁금증에 대해 레오폴드는 인간과 다른 구성원들 간의 관계를 생태학적 시각에서 파악함으로써 풀어간다.

물론 대지윤리가 인간에게 이 '자원들'(흙, 물, 식물, 동물 등)의 사용과 관리, 혹은 변화를 금하지는 않는다. 그러나 그들이 계속 존재할 권리, 비록 일부 지역에 국한되더라도 자연상태 그대로 생존할 권리는 보장되어야 한

8) Leopold, "The Land Ethic," 97면.
9) 같은 글, 97~98면 참조.

다.[10]

레오폴드는 우리 인간이 대지 공동체의 다른 구성원들을 삶의 수단으로 이용할 수 있다는 점을 인정하고 있다. 그러나 그러한 인정은 하되 흙의 황폐화, 물의 고갈, 동식물의 멸종으로 이어질 정도의 이용, 즉 생태계의 손상, 대지 공동체의 질서를 파괴하는 정도의 이용은 허락해선 안 된다는 것이다. 여기서 우리는 레오폴드가 개체주의 입장과 전체주의 입장을 동시에 채택하고 있음을 알 수 있다. 개체주의 입장은 인간으로 하여금 생명공동체의 다른 구성원들을 자원으로 이용할 수 있도록 허용하고 있으면서도 그 구성원들의 생존권 보장을 주장하고 있는 점에서 드러난다. 반면 전체주의 입장은 "공동체의 구성원은 동료뿐만 아니라 전체 공동체에 대해서도 존경심을 가져야 한다"[11]는 표현에서 드러난다. 그런데 사실 이 두 입장은 서로 조화를 이루기 어려운 대립적 입장이다. 전체공동체(생명공동체)의 존경을 위해서는 때때로 그 공동체의 개별 구성원의 희생이 불가피할 수 있고, 또한 개별 구성원의 생존권 보장을 위해서는 생명공동체에 해를 입힐 수 있기 때문이다. 가령 우리 나라의 하천 생태계의 보전을 위해서라면 황소개구리의 희생이 불가피하지만 역으로 황소개구리의 생존권 인정은 하천 생태계의 파괴를 가져오는 것과 마찬가지 논리이다.

이처럼 두 입장이 상충될 때 레오폴드는 궁극적으로 후자의 입장을 택한다. "어떤 것이 생명공동체의 온전성, 안정성, 아름다움을 보전하는 경향에 있으면 옳고, 그렇지 않으면 그르다."[12] 바로 이 표현에서처럼 레오폴드는 생명공동체의 개별 구성원들을 존중하면서도,

---

10) 같은 글, 97면.
11) 같은 글, 같은 면.
12) 같은 글, 108면.

그러한 존중을 공동체 전체의 온전성, 안정성, 아름다움의 보전에 종속시키고 있는 것이다. 개별 생명체의 존속이라는 가치가 공동체 전체의 온전성, 안정성, 아름다움의 보전과 상충되면 후자가 전자에 앞서는 것이다.

(3) 대지윤리를 위한 대안

자연보호는 인간과 대지가 조화롭게 공존하기 위한 노력이다. 레오폴드는 근 1세기 동안 이러한 노력을 전개해 왔음에도 불구하고 자연보호는 별다른 성과를 보이지 않았다고 말한다. 그에 따르면, 그 이유는 이제까지의 자연보호 정책이 대지에 대한 자발적 의무를 강조하기보다 대지를 어디까지나 경제적 가치의 대상으로만 여기는 종전의 관행에 대한 근본적인 전환 없이 이루어져 왔기 때문이다.[13] 대지윤리는 아직도 경제적인 이기주의에 완전히 억눌려 있다는 주장이다.

이러한 문제를 개선하고자 레오폴드는 경제적인 동기에 기반한 환경보호정책을 신랄하게 비판함과 동시에 그 대안을 제시한다.

그 대안들 중의 첫째는 생태계 또는 대지 공동체의 구성원들을 바라보는 관점의 변화이다. 경제적 동기에 기초한 환경보호정책은 레오폴드 시대뿐만 아니라 현재까지도 대부분의 국가에서 지속되고 있는 것이 사실이다. 그리고 이러한 정책의 이면에는 생태계 또는 대지 공동체에 대한 개체주의적 관점이 깔려 있다. 생태계의 구성원들 중 우리에게 경제적 효용 가치가 높은 대상들은 소중히 관리하는 한편, 그렇지 않은 구성원들은 아무 쓸모도 없는 것처럼 다뤄지고 있는 것이다.

레오폴드에 의하면, 물론 미국의 위스콘신 주에 한정된 사례이지

---

13) 같은 글, 99~100면 참조.

만, 그 주의 토박이 고등 동식물 중 경제적 가치를 지닌 것은 5% 정도에 불과하다.[14] 나머지 동식물들은 생태계의 한 구성원으로서 생존이라는 생태적 권리를 전혀 인정받지 못하고 있는 것이다. 레오폴드는 이와 같이 경제적 동기에서만 생태계를 이해하는 개체주의 입장에서 벗어나 전체주의 입장에서 생태계에 대한 이해를 강조한다.

> 생명체 모두가 생태계의 구성원이고, 생태계의 안정은 전체의 구성이 유지된 바탕 위에서만 가능하다는 내 생각이 맞다면 그들 모두가 최소한 생존은 보장받아야 한다.[15]

그리고 레오폴드는 개체주의 입장에서 경제적 효용이 있는 대상들만 중시하고, 그렇지 않은 대상들은 무시하고 파괴하는 자연보호정책은 결국 실패할 수밖에 없다고 주장한다.

> 경제적 타산에만 기초를 둔 자연보호정책은 장기적으로 보아 절망적일 뿐이다. 그런 정책들은 비록 상업적인 가치는 없어도 전체 생태계를 건강하게 유지하기 위해서는 필수 불가결한 공동체의 많은 구성원들을 무시하고 더 나아가서는 파괴하기 때문이다. 거기에는 경제적인 부분은 비경제적인 부분 없이도 잘 굴러갈 것이라는 잘못된 사고방식이 깔려 있다.[16]

생태계의 구성원들 중 경제적 부분, 비경제적 부분이라는 구분은 인간의 이익 관점에서 구분하는 것일 뿐, 생태계 전체주의 입장에서 볼 때 그런 구분은 무의미하며 양쪽 전부가 다 소중하고 필수적인 요소들이라는 것이다. 레오폴드는 생태계 전체주의 입장에서 생태계

---

14) 같은 글, 100면 참조.
15) 같은 글, 같은 면.
16) 같은 글, 102면.

의 구성원들을 인식함으로써만 생태계의 온전성을 유지해 나갈 수 있다는 주장을 펴고 있다.

두 번째 대안은 대지에 대한 관점의 변화이다. 우리는 대지를 경제적 가치의 대상으로 보는 경향이 강하다. 생명공동체의 한 구성원이 아니라 우리의 부를 재는 척도요, 더 많은 부를 위해서 사고 팔 수 있는 거래의 대상으로 여겨지고 있는 것이다. 마치 오디세우스 시대의 그리스의 여성 노예가 소유물이었던 것처럼, 현대인들 역시 대지를 하나의 소유물로만 대하고 있는 것이다. 이와 관련하여 데비스는 이렇게 말하고 있다. "황금 같은 곡식 물결에 아낌없는 찬사를 보내면서도 우리는 곡식이 자라는 대지를 그냥 흙덩이에 지나지 않는 것으로 여길 뿐이다. 대지는 매매를 통하여 이익금이 예상되는 대로 조각조각 나뉘어져 파는 이와 사는 이의 이익만을 위해 금전으로 교환된다. 교수형 집행인의 로프에 묶여진 대지의 운명은 대지가 인류 모두에게 있어서 가치 있다는 사실에도 불구하고 어느 누구에게도 관심이 없는 것으로 간주되고 있는 것이다."[17]

레오폴드 역시 이와 같은 현실을 질타한다. "우리는 더 이상 대지의 존재조차 의식하지 못한다. 오늘날 우리의 삶과 대지 사이에는 셀 수조차 없이 많은 중개인과 물리적 장비들이 있다. 그래서 대지 자체는 전혀 중요하게 여겨지지 않는다. 흙은 도시와 도시 사이에 있는 농작물이 자라나는 공간일 뿐이다."[18]

---

17) Wayne H. Davis, "The Land Must Live," in K. S. Shrader-Frechette, ed., *Environmental Ethics*, 2nd ed.(Pacific Grove, CA: Boxwood Press, 1991), 87 면; 생물학자인 데비스는 레오폴드를 강력하게 옹호하는 주장을 펴고 있다. 그에 따르면 살아 있는 모든 존재는 생태학적으로 상호의존관계에 있기 때문에 전부 평등하고, 도덕적·법적 권리의 보유자로서도 평등하다. 또한 물이나 땅과 같은 살아 있지 않은 존재도 우리에게 존중받을 만한 가치를 지닌다. 이들 존재는 설령 우리 인간들과 동등하지는 않다 하더라도 우리의 생명유지시스템의 일부로서 기능하기 때문이다.

대지에 대한 이러한 인식의 전환을 위해 레오폴드는 '대지 피라미드'라는 개념을 도입한다. 대지 피라미드는 태양에너지가 흐르는 생명적 요소와 무생명적 요소로 이루어진 고도의 유기적 구조이다. 이구조는 맨 아래층에 흙, 그 위에 식물, 곤충, 새, 설치류, 그 위에 동물들이 층을 이루다가 제일 위에는 다른 동물들의 고기를 먹는 맹수류가 놓인다. 한편 인간은 고기와 야채를 모두 먹는 종류로 중간층에 곰, 너구리, 다람쥐와 함께 위치한다. 층별 개체 수는 아래에서 위로 올라갈수록 점점 줄어드는 반면, 위에서 내려올수록 산술급수적으로 늘어나 피라미드 형태를 갖추게 된다. 피라미드의 위 아래층 간에는 수많은 먹이사슬에 의해 긴밀하게 연결되고 있으며, 그 사슬이 복잡하게 얽히고설킨 모습은 일견 무질서하게 보일 수도 있으나 체제의 안정을 향해 늘 유기적으로 작동한다. 대지 피라미드의 모든 작동은 무엇보다 대지를 바탕으로 대지 위에서 이루어지고 있다. 대지가 병들면 에너지를 위층으로 올리는 통로인 먹이사슬이 원활한 작동을 할 수 없게 된다. 그러므로 대지는 생명이 없는 단순한 흙이 아니라 그 이상의 것을 의미한다. 우리는 더 이상 대지를 인간이 요구하는 방식대로 이용하고, 인간이 원하는 방식대로 형체가 이루어지는 단순한 물건이나 죽은 물질로 다뤄서는 안 된다. 대지는 건강할 수도 건강하지 못할 수도 있고, 상처받거나 죽임을 당할 수도 있는 살아있는 유기체로 간주되기 때문이다. 그러기에 레오폴드는 "대지란 단순한 흙이 아니라 흙, 식물, 동물을 순회하며 흐르는 에너지의 원천"[19]이라고 기술하고 있다.

대지윤리의 정립을 위한 세 번째 대안은 대지에 대한 생태학적 이해이다. 대지윤리가 성립하려면 대지를 바라보는 관점의 변화가 전제되어야 한다. 그러한 관점의 변화는 감정에 호소하는 것만으로는 이

---

18) Leopold, "The Land Ethic," 108면.
19) 같은 글, 103면.

루어지기 어렵다. 체계적인 생태학적 지식의 뒷받침이 있어야 한다는 것이다. 레오폴드에 의하면 이러한 과제는 교육을 통해 가능하다. 선한 의도로 시작된 많은 자연보호정책들이 아무 성과도 거두지 못하고, 심지어 상황을 더욱 악화시키기까지 한 것은 대지 자체와 대지 사용에 대한 지식과 이해가 부족했기 때문이다. 그래서 레오폴드는 "윤리가 개인을 넘어 공동체로 확대되는 과정은 지식의 증가 없이는 불가능하다"[20]라고 말한다.

3. 비판적 고찰

필자는 대지윤리의 내용을 세 가지 항목으로 나누어 살펴보았다. 아직 환경윤리라는 용어조차 생소했던 1940년대에 레오폴드가 이러한 주장을 했다는 것은 미래를 내다볼 줄 아는 그의 탁월한 통찰력에 기인한다. 그런 측면에서 레오폴드는 훌륭하다. 그러나 레오폴드의 주장에 문제가 없는 것은 아니다. 그 문제점을 지적하고 비판적으로 고찰해 보는 것은 더 나은 환경윤리를 모색해 나가는 데 하나의 주춧돌로 작용할 수 있을 것이다.

(1) 윤리 범위의 확대에 관한 문제

환경윤리학이 기존윤리학과 크게 다른 점 중의 하나는 권리 또는 윤리의 관념을 자연물에까지 확장시키려는 데 있다. 권리나 윤리의 범위를 확대하는 발상은 레오폴드뿐만 아니라 거의 모든 환경윤리학자들이 채택하고 있는 것이다. 가령 내쉬 같은 학자를 그 대표적인 사례로 들 수 있을 것 같다. 그에 따르면 권리는 영국 귀족→아메리

---

20) 같은 글, 109면.

카 이주민→노예→여성→아메리카 원주민→노동자→흑인→자연 순으로 확장되어 왔다.[21] 환경윤리학자들이 이러한 발상을 채택하는 이면에는 '권리나 윤리의 범위가 확장되어 온 것은 변함없는 역사적 추세'라는 공통된 신념이 깔려 있다.

그러나 이러한 신념은 과연 정당한 것일까? 이와 같은 역사적 추세가 실지로 존재한다고 주장하기는 어렵다고 생각된다. 레오폴드의 ① 개인과 개인, ② 개인과 사회, ③ 개인과 대지(생태계)라는 3단계 설정에는 아무런 근거도 찾아볼 수 없다. 진화론적으로 가능한 일이고, 생태학적으로 필연적이라고 할 뿐 이에 관한 상세한 설명은 없는 것이다. 윤리 범위의 확대가 개인에게서 사회로, 더욱이 생태계로까지 나아간다는 3단계의 구상은 '요소로부터 전체로'라는 도식을 끼워 맞추고 있을 뿐 사실도 아니고 필연적 과정도 아니다.[22]

그리고 레오폴드는 윤리의 발전 과정을 설명하면서 "최초의 윤리는 개인과 개인 간의 관계를 다루고 있다. 모세의 십계명이 그 한 예이다"[23]라고 말하고 있는데 여기에서도 비판의 여지가 발견된다. 십계명 가운데 앞의 3계명은 하느님을 공경하라는 것이고, 나머지 7계명은 우리가 서로 사랑하며 살도록 가르친 것이다. 그런데 이 7계명, 즉 효도, 살인, 간음, 도둑질, 거짓 증언, 탐욕 등을 금하고 있는 것은 피상적으로는 인간 사이의 관계를 다루고 있지만, 내면적으로는 이 계명들을 어길 때 저주를 받는다는 인간과 신의 관계를 전제하고 있는 것이다. 십계명이 인간과 인간 간의 관계를 다루고 있다는 단정은 옳지 못하다.

---

21) 가토 히사다케, 《환경윤리란 무엇인가》, 김일방 옮김(대구: 중문출판사, 2001), 144~45면 참조.
22) 같은 책, 176~79면 참조.
23) Leopold, "The Land Ethic," 96면.

(2) 레오폴드의 명제에서의 '어떤 것(a thing)'의 문제

레오폴드의 명제―"어떤 것이 생명공동체의 온전성, 안정성, 아름다움을 보전하는 경향에 있으면 옳고, 그렇지 않으면 그르다."―는 레오폴드가 주장하는 대지윤리의 핵심적 내용을 잘 간추리고 있는 것으로 평가된다. 그러나 안타깝게도 레오폴드는 이 명제에 대한 보다 자세한 설명을 해 놓지 않음으로써 여러 학자들로 하여금 갖가지 의문을 낳게 하고 있다. 이 의문들 가운데 대표적인 것은 "'어떤 것'이란 과연 무엇을 의미하는가?" 하는 것이다. 이 의문에 대한 응답은 대체로 두 가지로 제시되고 있다. 하나는 '어떤 것'이 '개별 행위'를 의미한다는 것이고, 다른 하나는 '어떤 것'이 '행위 유형'이나 '태도', '성품'을 의미한다는 것이다. '어떤 것'이 개별 행위를 의미한다고 할 경우 레오폴드는 행위론적 전체주의자로 간주되고, '어떤 것'이 행위 유형이나 태도, 성품 등을 의미한다고 할 경우 레오폴드는 태도론적 전체주의자로 간주된다.

이에 대한 올바른 해석을 위해선 무엇보다 '대지윤리'를 잘 살펴봐야 할 것 같다. '대지윤리'를 잘 살펴보면 우리는 레오폴드를 전자보다 후자의 의미로 파악해야 함을 알 수 있다. 만약 우리가 개별 행위의 시비를 오로지 생명공동체의 선에 비추어 판단하려 한다면 생명공동체에 대한 완벽한 지식이 전제되어야 한다. 그러나 레오폴드에 따르면 생명공동체에 대한 완벽한 지식을 갖기란 불가능하다. "어떤 사람들은 과학이야말로 무엇이 생명공동체의 시각을 째깍이게 하는지 알고 있다고 단언한다. 그러나 과학자는 자신이 그것을 모르고 있다는 것을 인정한다. 과학자는 생태계의 구조가 너무 복잡해서 그 작동방식을 완전하게 이해하기가 불가능하다는 것을 안다."[24] 과학자들조차 어떤 것이 생명공동체의 선을 보전하는지 정확히 모르는 상황

---

24) 같은 글, 97면.

에서 일반 사람들이 자신의 개별 행위의 시비를 생명공동체의 선에 비추어 판단하기는 불가능할 것이다. 따라서 '어떤 것'이 '개별 행위'를 의미한다기보다 '행위 유형'이나 '태도', '성품' 등을 의미한다고 보는 것이 옳은 것으로 간주된다.

존 몰린 또한 이와 동일한 견해를 피력한다. "레오폴드는 전체주의적 기준을 행위에 직접 적용시키는 것이 아니라 관습, 규칙, 지침, 태도에 대한 비판을 통해서 간접적으로만 행위에 적용시킨다."[25] 레오폴드의 전체주의적 기준, 즉 생명공동체의 '온전성, 안정성, 아름다움'은 인간의 태도, 성품, 성향에 대한 규범적 지침으로 간주되어야 한다는 것이다. 다시 말하면 그 기준은 우리가 어떤 행위 유형, 태도, 성품을 지닌 사람이 되어야 하는지에 대한 것이지, 어떤 행위를 해야 하는지에 대한 것이 아니라는 것이다. 이러한 몰린의 견해를 받아들여 레오폴드의 명제를 해석할 때 우리는 생태계의 온전성과 안정성을 보전하는 경향이 있는 태도나 성품, 관습으로 인도되어야 한다. 레오폴드에 따르면 이러한 태도는 사랑, 존중, 찬탄을 말한다. "대지에 대한 사랑, 존중, 찬탄의 태도를 갖지 않고, 또 그 가치에 대해 심사숙고하지 않고는 대지에 대한 윤리적 관계가 생겨날 수 없다."[26] 레오폴드의 대지윤리는 개별 행위가 아니라 태도나 성향에 초점을 두고 있는 것으로 봐야 한다. 어떤 사람이 생명공동체에 대하여 '사랑과 존중, 찬탄의 태도'로 행위한다면 그것은 생명공동체의 선에 이바지하는 바람직한 것이 된다. 따라서 레오폴드의 명제를 다음과 같이 옮겨도 무방하리라 본다.

"어떤 행위 유형, 태도, 성품이 생명공동체의 온전성, 안정성, 아름

25) Jon Moline, "Aldo Leopold and the Moral Community," in *Environmental Ethics* 8(Summer 1986), 105면; Joseph R. Des Jardins, *Environmental Ethics*, 2nd ed.(Belmont, CA: Wadsworth Publishing Co., 1997), 185면에서 재인용.
26) Leopold, "The Land Ethic," 108면.

284

다움을 보전하는 경향에 있으면 옳다. 그러나 그렇지 않으면 그르다."

(3) 자연주의적 오류의 문제

레오폴드의 명제—"어떤 것이 생명공동체의 온전성, 안정성, 아름다움을 보전하는 경향이 있으면 옳고, 그렇지 않으면 그르다."—는 자연주의적 오류를 범한 추리 형태 가운데 대표적인 한 예이다. 생태학적 사실은 그 자체로 생태계의 온전성과 안정성이 윤리적 가치라는 것을 증명해주지 않는데도 레오폴드는 생태계의 온정성과 안정성을 옳고 그름과 동일시하고 있는 것이다.

그러면 레오폴드는 이 비판에 대하여 어떻게 응수하는가? 물론 그가 이 문제에 대하여 직접적으로 응수하지는 않았지만 '대지윤리'에서 이 문제에 대하여 나름대로 대처하고 있음을 볼 수 있다. 그는 윤리를 대지까지 확대하는 것에 함의된 윤리적 혁명은 인간의 심리가 급진적으로 바뀔 때에만 이루어질 수 있다고 한다. 교육을 통해서 얻어지는 이러한 심리의 변화만이 사실과 당위의 갭을 메울 수 있다는 것이다. 이와 관련하여 그는 다음과 같이 말하고 있다.

대지와의 윤리적 관계는 대지에 대한 사랑, 존중, 찬탄 그리고 대지의 가치에 대한 높은 관심이 없이는 결코 지속될 수 없다. 물론 여기서 가치라는 것은 단순한 경제적 가치보다 더 넓은 어떤 것을 의미한다. 즉 그것은 철학적 의미에서의 가치를 말한다.[27]

위의 인용문은 인간이 대지에 대한 태도를 바꿀 때에만 윤리적 전체주의가 가능해진다는 것을 시사해준다. 인간이 대지를 사랑하고 존

---

27) 같은 글, 같은 면.

중하고 찬탄할 때에만 비로소 대지를 이롭게 하는 방식으로 행동하는 이유를 갖게 된다는 것이다. 그러면 인간은 어떻게 대지에 대한 사랑, 존중, 찬탄에로 다가갈 수 있을까? 이 물음에 대해서 레오폴드는 대지를 생태학적으로 가치 평가하는 데 있어서 요구되는 '전제조건 가운데 하나는 생태학에 대한 이해'라고 말한다.[28] 그에 따르면 생태계의 자연적 사실이 직접적으로 윤리적 결론을 이끄는 것이 아니라 그것은 태도의 변화를 이끌어낼 뿐이다. 그 태도의 변화가 이번에는 윤리적 가치 평가에서의 변화를 이끌어낼 수 있다는 것이다.

레오폴드의 대지윤리를 적극적으로 옹호해 오고 있는 캘리코트는 이 문제에 관하여 다음과 같이 부연한다. 즉 그는 레오폴드를 흄(D. Hume)과 스미스(A. Smith)로부터 시작해 다윈(C. Darwin)을 거치는 윤리적 전통 안에 포함시킴으로써 사실과 당위의 간격을 메우려 한다. 이 전통에서의 윤리의 핵심은 '도덕감'이다. 윤리는 인간의 감정에 기원하는 것으로, 특히 흄은 인간의 가장 기본적인 감정 가운데 하나로 동정심을 강조한다. 그는 타인과 하나가 되고자 하는 감정, 즉 동정심에서 윤리가 도출된다고 믿었던 것이다. 그래서 윤리적 당위는 세계에 대한 단순한 사실에서 오는 것이 아니라, 우리 자신에 대한 사실에서 나온다. 예를 들어 고의적 살인이 왜 나쁜지, 왜 도덕적으로 잘못된 것인지를 알려면 자신의 마음을 들여다보면 된다고 흄은 본다. 우리 자신의 마음을 들여다 볼 때 '불승인의 감정'을 발견하게 되면 이것이 살인의 나쁜 이유가 된다. 악이 사실의 문제이긴 한데, 그 사실이 우리의 마음 안에 있는 사실이지, 대상에 있는 사실은 아니라는 것이다. 결국 가치 판단이란 인간의 심리에 그 뿌리를 두고 있다는 주장이다.[29]

캘리코트는 이러한 접근이 다윈에 의해 더욱 발전되었고, 다음에

28) 같은 글, 108면 참조.
29) Callicott, "The Conceptual Foundations of the Land Ethic," 113~14면 참조.

286

는 레오폴드에 의해 채택되어 대지윤리 안에 통합되었다고 본다. 다
윈에 의하면 도덕 발달의 역사는 ‘사회적 본능과 동정심’의 대상을
끊임없이 확장해 온 역사이다. 그는 인간이면 누구나 원래는 자기 자
신과 자기와 가장 가까운 가족들밖에 배려하지 않았는데, 나중에 그
범위를 확장하여 동료 모두의 번영과 행복을 배려하게 된다고 주장
한다. 그 후 인간의 동정심은 더욱더 민감해지고 널리 확대됨으로써
모든 인종, 정신박약자, 불구자, 마침내 하등동물에까지 확대되어 간
다는 것이 다윈의 주장이다.[30] 레오폴드는 여기서 더 나아가 이러한
애정과 동정의 감정을 동물, 식물, 땅 등의 생명공동체의 온 구성원
들에게까지 확장할 것을 요구한다. 캘리코트에 의하면 레오폴드는 흄
과 다윈이 속한 전통의 일부로 간주된다.

  그렇다면 애정과 동정심의 감정이 어떻게 사실과 당위의 간격을
메우는가? 가령 우리의 삶의 터전인 땅이 황폐화되고, 물이 심각하게
오염되고, 어떤 동식물들이 멸종 위기에 처해 있다고 해 보자. 이 사
실 앞에서 우리는 누구나 이러한 땅, 물, 동식물을 위기에서 구해내
야 한다고 결론지을 것이다. 그렇다면 “왜 그것들을 구해내야 하는
가?”하는 물음에 대해서 흄의 전통에 따르면, “땅, 물, 동식물 등은
생명공동체의 동등한 구성원이고, 우리는 이 구성원들을 사랑하고 존
경하기 때문이다”라고 답할 수 있을 것이다. 그런데 ‘땅, 물, 동식물
이 생명공동체의 동등한 구성원’이라는 사실언명만으로는 당위언명
을 도출하지 못한다. 그 언명이 당위언명을 도출할 수 있으려면 다른
추가언명이 요구된다. 그 추가언명은 ‘우리는 생명공동체의 구성원들
을 사랑하고 존경한다’는 것인데, 이 언명 또한 사실언명이다. 결국
대지윤리에서의 가치 판단 역시 흄의 논리와 마찬가지로 인간의 마
음에 기초하고 있다는 것이다.

---

30) 같은 글, 114면 참조.

캘리코트의 이러한 해석은 레오폴드의 입장을 상당히 강화시켜 주고 있는 것으로 판단된다. 그러나 이 해석에 전혀 문제가 없는 것은 아니다. 무엇보다 가장 중대한 반론은 감정이 윤리의 기초로는 불안정하다는 것이다. 인간은 동정심, 애정, 협력하고자 하는 마음에서 행위할 때도 있지만 이기심, 증오심, 경쟁심에서 행위할 수도 있다. 즉 인간의 본성은 인간들 간의 유대감의 기초도 되지만, 단절의 기초도 된다. 그래서 이런 문제가 제기된다. 왜 우리는 대지에 대해 증오심이 아닌 동정심을 가져야 하는가?

가족의 복지라는 명분 하에 생태계의 온전성, 안정성을 파괴하는 상황이 발생할 수 있다는 점을 인정한다면 이 반론은 중요한 의미를 갖는다. 예를 들어 어느 빈곤국가의 사람들이 가족의 생계유지를 위해서 삼림, 야생지, 동식물들을 파괴하고 있다고 해 보자. 이 경우 도덕감은 생태계 보호가 아니라 파괴를 유도하는 요인으로 작용하고 있다. 도덕감에 근거하여 정립된 대지윤리 체제에서는 가족에 대한 애정, 동정심의 명분 하에 대지를 파괴하는 사람들의 행동을 막을 수 없게 된다.

이 문제는 흄의 윤리학에 대하여 칸트가 제기했던 비판과 같은 것이다. 칸트에 따르면 인간의 심리는 윤리학의 충분한 기초가 될 수 없다. 인간의 심리는 단지 조건적인 명령만을 부여하기 때문이다. 윤리학은 이성적 존재라면 반드시 지켜야 할 절대적 명령을 부과할 수 있어야 한다는 것이 칸트의 입장이다. 윤리적 당위는 개인의 감정, 태도, 느낌 등에 의존해서는 안 된다는 것이다.

그러나 윤리학에서 감정의 위치와 역할을 무시할 수만은 없다. 서양윤리학은 지금까지 감성을 배제한 이성이 윤리학을 주도해 왔지만, 이제는 이성과 감정의 윤리학적 조화의 관점에서 감정의 윤리학적 기능을 파악하는 문제가 윤리학자들의 관심을 끌고 있다.[31] 감정의 윤리학을 정립하려는 이러한 시도들이 아직 초보 단계에 머무르고 있어, 이에 대한 비판이 시기상조라고 판단되지만 감정의 윤리학의 가장 큰 문제는 전통윤리학과의 입장을 제대로 정립하지 못하고 있다는 점이다. 이처럼 윤리학자들조차 해결하지 못하고 있는 문제를 가지고 임학자인 레오폴드의 대지윤리에 적용시켜 비판하는 것은 바람직하지 못한 처사일 수도 있다. 그러나 대지윤리가 보다 큰 설득력을 가지려면 그 주장에 대한 자세한 논증과 정당화 작업을 필요로 한다. 이러한 측면에서 볼 때, 감정을 기초로 하고 있는 대지윤리는 아직 그 근거가 취약한 실정에 있다.

(4) 전체주의 입장의 문제

앞 장에서 살펴본 바와 같이 레오폴드는 궁극적으로 윤리적 전체주의 입장을 취하고 있다. 그에 따르면 옳고 그름은 공동체 구성원들의 복리가 아니라 공동체 그 자체의 복리에 대하여 미치는 영향에 따라 좌우된다.

레오폴드는 인간이 흙, 물, 식물, 동물의 지속적인 존재권을 보장한다는 범위에서 이들을 자원으로 이용하고 관리할 수 있는 권리를 인정하였다. 그러면서도 그는 인간을 생명공동체의 정복자가 아니라 평범한 한 구성원으로 보았다. 종전에는 인간이 생명공동체의 정복자로서 인간 이외의 존재들을 마음껏 수단으로 이용해 왔으나 이제는 정복자가 아니라 평범한 한 구성원으로 인간 이외의 존재들에게 지속적인 존재권을 인정하고, 생명공동체 그 자체에 대해서도 존중하는 자세를 보여야 한다는 것이다. 그러니까 인간의 활동은 어디까지나 생명공동체의 온전성과 안정성이 유지되는 한도 내에서 이루어져야 한다. 이를 구조화하면 생명공동체, 인간, 인간 이외의 존재 순으로 그 가치를 서열화 할 수 있게 된다. 이렇게 서열화 하고 나면 생명공

---

31) 박정순, "윤리학에서 감정의 위치와 역할." 《철학》, 제55집(1998 여름), 308~35면 참조.

동체의 선을 위해선 인간 이외의 존재는 물론 인간 또한 희생될 가능성을 배제하지 못하며, 따라서 환경파시즘이라는 비판으로부터 벗어나지 못한다.

이러한 비판을 받게 되는 원인은 무엇보다 레오폴드의 잘못된 신념에서 유래한다. 그것은 다름아닌 생태계(생명공동체)를 바라보는 그의 관점이다. 그는 생태계를 유기적 공동체, 즉 상호 의존적인 부분으로 이루어지는 유기적 시스템으로 본다. 만일 자동차 엔진의 한 부품일지라도 빠져 있으면 엔진에 시동이 걸리지 않는 것과 같이 건전한 생태계도 그것을 구성하는 몇몇의 생물 종이 사라지면 제대로 기능하지 못한다는 것이다.

그러나 이러한 생태계관은 사실과 다르다. 몇몇의 종의 상실로 인해 생태계가 파괴되거나 불구가 된다면 레오폴드의 관점이 옳을 수도 있지만 대부분의 경우 이러한 믿음은 확신하기가 어렵기 때문이다. 자동차의 엔진은 그렇게 설계되었을지 모르나 생태계는 애초부터 그렇게 설계되지 않았다는 것이다. 자연 세계에서는 모든 것이 다른 모든 것들과 서로 밀접하게 관련되어 있다는 믿음은 과장된 믿음이다. 이러한 관련성이 의미를 지니는 경우는 극소수에 불과하기 때문이다.[32]

생태계를 이와 같이 이해하게 되면 레오폴드가 강조하는 생명공동체의 온전성, 안정성, 아름다움의 의미는 물론, 생명공동체, 인간, 인간 이외의 존재 순으로 매겨지는 가치 서열화 또한 그 의미가 크게 반감되고 만다. 인간과 인간 이외의 존재를 서로 유기적인 상호의존

---

32) 생태계를 하나의 거대한 유기체로 간주하는 견해는 예전엔 설득력 있게 수용되었으나 오늘날에는 현실성이 없는 것으로 여겨지고 있다. 생태계와 유기체가 갖는 여러 가지 특징들을 무시하지 않는 한 이들을 동등한 것으로 간주할 수는 없다. Boris Zeide, "알도 레오폴드의 토지윤리를 보는 새로운 시각," 탁광일 옮김, 《숲과 문화》, 제39호(1998년 5~6월), 9~10면 참조.

체계 하에 두는 거대한 생태계란 가상에 불과하기 때문이다. 따라서 필자는 이제 대지윤리가 앞에서의 비판으로부터 벗어나 적절한 환경 윤리로서 기능하려면 인간과 인간 이외의 존재, 생명공동체 이 3자 간의 관계를 새롭게 정립해야 한다고 본다.

무엇보다 인간과 인간 이외의 생명체가 모두 다 생명공동체의 구성원들임을 인정하면서도 양자 간에 분명한 질적 차이를 인정하는 것이 중요하다. 생명공동체의 안정은 공동체 그 자체뿐만 아니라 그 안에서 살아가야 하는 개체들의 선도 위한 것이다. 이는 마치 숲의 보전이 숲 그 자체뿐만 아니라 나무를 위한 것과도 마찬가지다. 나무 없는 숲을 생각할 수 없듯이 개체 없는 공동체 또한 생각할 수 없다. 여기서 문제는 나무들의 생육이 잘 이루어지도록 숲을 잘 관리하는 것, 즉 개체들의 복리도 위하면서 그들이 속한 공동체의 선을 지켜나가는 것이다. 그렇다면 이러한 과제는 누가 맡아야 하며, 또 누가 맡을 수 있는가? 그것은 당연히 인간밖에 없을 것이다. 인간이 자연의 일부로서 다른 동식물과 같이 생태학적 상호의존 체계 하에 있다 하더라도 자기의식과 반성 능력을 가진 존재이기에 그렇지 못한 생명체와는 근본적으로 다름을 인정해야 한다. 인간 이외의 존재들의 관리뿐만 아니라 생명공동체의 온전성, 안정성을 도모하는 능력 또한 인간은 갖고 있는 것이다. 그렇다고 해서 인간을 자연 초월적 존재로 규정하는 것은 아니다. 인간은 전적으로 자연 초월적이지도, 자연 종속적이지도 않다. 분명한 것은 인간이 자연 이상의 존재라는 점이다. 그렇다면 결국 다시 인간중심주의로의 회귀를 말하는 것인가? 그러나 그렇게 염려할 필요는 없다. 종전과 같이 인간=목적, 자연=수단이라는 인간중심주의가 아니고도 우리는 수정된 새로운 인간중심주의에 설 수 있기 때문이다.

새로운 인간중심주의란 개방적 인간중심주의를 말한다. 인간 이외의 존재들을 오로지 인간의 삶을 위한 수단으로만 보는 폐쇄적 인간

중심주의도 문제이지만, 인간 이외의 존재들의 고유한 가치를 지나치게 강조하는 생명·자연중심주의도 환경문제 해결을 위한 적절한 대응책을 마련할 수 없다고 본다. 이러한 딜레마적 상황에서 우리가 택할 수 있는 길이 바로 개방적 인간중심주의이다. 개방적 인간중심주의란 인간이 자신의 자연 종속성을 인식하는 데서 성립하는 것으로 자연 친화적인 입장에서 자연을 관리하는 겸손한 입장을 말한다. 인간 이외의 존재들을 단순한 수단으로만 보는 것이 아니라 그들의 가치를 인정하고 고려하는, 즉 도덕적 지위를 인정하는 태도를 취한다.

그렇다면 도덕적 지위란 무엇이며, 인간 이외의 어떤 존재에게까지 이를 부여할 것인가? 여기서의 도덕적 지위란 도덕주체가 아니면서도 도덕객체가 될 수 있게 하는 그 무엇을 말한다.[33] 즉 도덕적 자율성이 결여된 관계로 도덕적 의무를 수행할 수는 없지만 그 자체의 속성으로 인해 도덕적으로 고려 받을 수 있는 권리를 지닌 존재에게 적용되는 개념이다. 바꿔 말하면 어떤 존재가 도덕적 지위를 갖는다는 것은 곧 도덕적 생존권을 소유한다는 것을 의미한다.

그렇다면 이 도덕적 지위를 어떤 존재에게까지 부여할 것이며, 그 기준은 무엇인가? 도덕적 지위의 부여 기준을 우리는 두 가지 기준, 즉 포섭기준과 비교기준으로 나누어 살펴보는 것이 이를 이해하는 데 도움이 된다. 포섭기준이란 어떤 존재가 도덕적 지위를 갖는지를 결정하는 기준, 즉 도덕적 영역의 경계를 설정해주는 기준을 말하며, 비교기준이란 존재가 지닌 자연적 속성의 정도에 따라 각 존재에게

---

33) 도덕주체란 도덕적 자율성, 자기결정능력 등을 소유함으로써 도덕적 권리뿐만 아니라 도덕적 의무까지 수행할 수 있는 존재를 말하는 반면, 도덕객체란 도덕주체들이 도덕적으로 고려해야 할 대상들을 가리킨다. 이들은 자율성의 결여로 인해 도덕적 의무를 수행할 수는 없지만 도덕적으로 고려 받을 수 있는 권리, 즉 생명권을 지닌 존재들이다: Tom Regan, *All That Dwell Therein*(Berkeley and Los Angeles, CA: University of California Press, 1982), 203면 참조.

도덕적 지위를 차등적으로 부여하게 해주는 기준을 말한다.

필자는 포섭기준으로는 생명을, 비교기준으로는 유정성을 삼고자 한다. 환경 위기는 곧 생태계 위기이다. 생태계를 구성하는 생명체들을 도덕적 영역 안에 포섭시켜 그들에게도 도덕적 지위를 부여하는 것은 생태계 위기 극복에 도움이 될 수 있다는 생각이 든다. 우리는 이제까지 인간 이외의 생명체들을 삶의 수단으로만 간주해 왔던 폐쇄적인 인간 중심적 사고를 넘어서 다른 생명체들도 우리와 더불어 공존해야 할 가치가 있는 존재로 인정해야 한다. 그러나 생명이 있는 존재라고 해서 다같이 동등한 도덕적 지위를 가진 것으로 볼 수는 없다. 우리는 다른 어떤 생명체들보다 우리 자신을, 하등동물보다 고등동물을, 식물보다 모든 동물을 더 중요하게 여긴다. 때문에 여기서 요청되는 것이 바로 비교기준이다. 비교기준이 있어야만 우리는 차등적으로 도덕적 지위를 부여할 수 있게 된다. 그 비교기준으로 유정성을 드는 이유는 유정성의 정도에 따라 동식물의 세계를 차등화 할 수 있기 때문이다.

그러면 혹자는 필자의 이러한 주장에 대해 다음과 같은 의문 사항을 제기할 수도 있을 것이다. 모든 생명체에 도덕적 지위를 부여한다면 존재론적으로 동식물의 희생에 의존할 수밖에 없는 우리 인간의 삶은 어떻게 정당화 할 수 있을까? 모든 식물과 동물들에게까지 도덕적 지위가 부여된다면 우리에게 해로운 존재들에게까지도 동등한 도덕적 지위가 주어지는 것일까?

필자는 이러한 의문을 해결하려면 위의 두 가지 기준 적용이 좀더 신축성이 있어야 한다고 본다. 첫째는 이 기준들이 어디까지나 동식물은 종에게, 인간은 개체에게 적용되어야 한다는 것이다. 이렇게 할 경우 동식물을 멸종으로 몰고 가지 않는 한 우리가 특정 동식물을 식용으로 삼는 행위는 정당화된다. 둘째, 이러한 기준은 우리 인간에게 유익하거나 무해한 동식물에게 적용되어야 한다. 생태계를 구성하는 종과 개체들은 우리에게 유익하고, 유해하고, 무해한 것들 중의 하나로 분류될 수 있다.[34] 우리가 생존해 나가기 위해서는 의식적이건 무의식적이건 유해한 종들과 싸워야 한다. 따라서 유해한 종들까지 도덕공동체 안에 포섭할 수는 없다. 물론 종의 기능과 가치는 헤아릴 수 없을 만큼 난해하므로 유해한 종이라 하더라도 보존될 가치가 있다고 주장할 수도 있을 것이다. 그러나 모든 종의 기능과 가치에 대한 완벽한 정보를 얻기는 불가능하다. 그 '불가능하다'는 이유로 현재 우리에게 해로운 종들도 계속 보존시켜 나가야 한다는 주장은 너무나 감상적이라는 생각이 든다.

　요컨대 필자의 주장은 우리에게 유익하거나 무해한 동식물의 개체가 아니라 종들을 도덕공동체 안에 포섭하면서 유정성의 정도에 비추어 차등적으로 도덕적 지위를 부여해야 한다는 것이다. 현세대에게 유익하거나 무해한 동식물의 종은 미래 세대에게도 비슷한 영향을 미칠 것으로 판단된다. 따라서 우리는 미래 세대를 위해서도 그러한 종들에게는 일정한 도덕적 지위, 즉 도덕적 생존권을 부여함으로써 지속적으로 보존시켜 나갈 필요성이 있다. 동식물의 종이 도덕적 지위를 갖는다는 것은 곧 그들이 자기 보존을 위한 생명권을 지닌다는 의미이다. 따라서 도덕공동체란 도덕 행위자, 즉 도덕적 의무와 도덕적 권리 담지자들뿐만 아니라 도덕 행위자가 의무를 갖고 있는 유익하거나 무해한 존재의 종, 즉 도덕적 지위를 지니고 있는 유익하거나 무해한 존재의 종들까지 포함하는 집합체라고 볼 수 있다.

---

34) 종들과 개체들에 대한 이러한 분류는 물론 시간, 장소, 상황에 따라 달라질 수 있다. 현재 우리에게 유해한 종이라 하더라도 언젠가는 우리에게 유익한 종으로 여겨질 수도 있다는 것이다. 이처럼 시간, 장소, 상황에 따라 하나의 종을 재평가해야 할 필요가 있을 수는 있으나 이롭거나 해롭거나 무해한 것 중의 하나로 분류하는 데는 큰 무리가 없다고 본다. Zeide, "알도 레오폴드의 토지윤리를 보는 새로운 시각," 8~16면 참조.

4. 맺음말

이제 이상에서 살펴본 내용을 토대로 대지윤리의 공과를 평가해 보고자 한다. 먼저 대지윤리가 우리에게 끼치고 있는 긍정적인 측면에 대해서부터 살펴보기로 하겠다.

첫째, 레오폴드의 대지윤리는 대지에 대한 관점의 변화를 주장함으로써 대지에 대한 새로운 인식을 심어주고 있다. 현재까지도 대부분의 사람들은 대지를 경제적인 관점에서 투자의 대상으로만 여기고 있는 것이 사실이다. 그러나 대지는 공기나 물과 같이 우리의 생존이 의존하고 있는 기본적 요소이다. 대지 위에 우리의 삶의 공간인 집이 세워지고 도시가 건설된다. 그리고 우리는 우리가 먹는 거의 모든 식량을 대지로부터 얻는다. 대지윤리는 이렇게 소중한 대지를 거래의 대상으로만 여기는 현대인의 대지관을 변혁시키도록 호소하고 있다는 점에서 매력적이다.

둘째, 레오폴드의 대지윤리는 생태학에 대한 이해를 강조하고 있고, 또 이를 위해 생태교육의 필요성을 일깨워주고 있다. 레오폴드는 대지윤리의 발전을 가로막는 가장 큰 장애물로 우리의 교육과 경제 체제가 대지와 점점 거리가 멀어지고 있다는 점을 든다. 대지를 경제적 타산의 관점에서만 보지 않고 생태학적 관점에서 이해하려면 생태교육이 전제되어야 한다. 그런데 안타깝게도 우리 교육 체계는 상급단계로 올라갈수록 생태적 사고와는 거리가 멀어지고 있다는 것이다.

이와 같은 당시의 현실 비판은 그로부터 50여 년이 지난 오늘날의 한국의 현실에서도 수용할 만하다고 여겨진다. 현재 우리 나라 중고등학교 교육 과정 속에 환경교육 과목이 선택과목으로 설정되어 있으나 이를 선택하고 있는 학교는 극히 드문 실정이다. 대학에서도 역시 실용적인 과목에 밀려 환경 관련 과목을 선택하는 학생 수는 매우 적은 편이다. 환경윤리를 강조하고, 환경윤리 규범을 내세우기에 앞서 먼저 환경교육이 철저하게 이루어져야 한다. 교육을 통해 환경이 무엇이고, 환경이 왜 소중하며, 또 왜 이를 보전해야 하는지를 먼저 이해할 때, 환경에 대한 자발적 의무를 스스로 깨닫게 될 것이기 때문이다.

셋째, 대지윤리는 개체론적인 생명 중심적 접근 방법을 괴롭히는 많은 반직관적인(counterintuitive) 결론들을 회피할 수 있다. 대지윤리에 따를 경우 우리는 모기를 죽일 것인가 말 것인가, 나무를 자를 것인가 말 것인가, 잔디를 깎을 것인가 말 것인가 하는 하찮은 쟁점들에 대하여 지나치게 염려할 필요가 없다는 것이다. 대지윤리에서는 생태계를 계속적으로 건강하게 유지하는 기능이 제1차적인 관심사이기 때문이다. 모든 생명체가 그리고 그것도 종이 아닌 개체만이 도덕적 고려를 받을 만한 가치가 있다고 보는 개체론적 생명중심주의에 따르면, 어떤 목적을 위해 동식물을 이용하는 우리 행위의 대부분은 정당화될 수 없게 된다. 반면에 대지윤리는 적어도 이와 같은 난점을 어느 정도는 극복할 수 있는 장점이 있다.

대지윤리에는 이상과 같은 긍정적인 측면도 있으나 비판의 여지 또한 있다.

첫째는 레오폴드가 윤리의 확대 과정을 설명하면서 '윤리의 확장은 생태학적 진화의 한 과정'이라고 아주 간결하게 말하고 있을 뿐, 이 주장에 대한 충분한 근거를 대지 못하고 있다는 점이다. 단지 그는 다윈의 윤리 진화론에 편승하여 '윤리의 범위가 확장되어 온 것은 변함없는 역사적 추세'라는 있지도 않은 신념에 근거하여 이러한 주장을 하고 있는 것이다. 그러나 지금까지 윤리가 인간에게서 인간에게로 확장되어 온 것은 사실이지만 이러한 추세가 반드시 인간 이외의 동식물에까지 확장된다는 단정을 내릴 수는 없다.

둘째는 대지윤리의 도덕률—"어떤 것이 생명공동체의 온전성, 안정성, 아름다움을 보전하는 경향에 있으면 옳고, 그렇지 않으면 그르다."—속의 '어떤 것'이 무엇을 의미하는지 레오폴드는 이에 대한 더 이상의 언급을 하지 않음으로써 갖가지 의문을 낳게 하고 있다는 점이다. '어떤 것'이 대지에 대한 개개인의 개별적 행위를 의미하는지, 아니면 대지를 대하는 태도, 관점, 성품 등을 의미하는지 모호하다는 것이다.

셋째는 대지윤리의 도덕률—"어떤 것이 생명공동체의 온전성, 안정성, 아름다움을 보전하는 경향에 있으면 옳고, 그렇지 않으면 그르다."—이 자연주의적 오류를 범하고 있다는 점이다. 캘리코트가 이에 대하여 적극적으로 옹호하고 있기는 하지만, 이러한 옹호가 레오폴드가 범하고 있는 오류를 정당화시켜 주지는 못한다.

넷째는 전체주의 입장에 대한 것으로 대지윤리는 개체와 전체의 관계에서 후자를 전자보다 우선시함으로써 개체의 선은 희생될 수도 있는 여지를 남기고 있다는 점이다. 생명공동체의 온전성, 안정성을 위해서는 그 구성원인 인간 이외의 존재뿐만 아니라 인간까지도 희생될 가능성을 허용하고 있기 때문이다. 이러한 비판이 제기되는 원인은 레오폴드의 잘못된 생태계관에 근거하고 있다. 즉 레오폴드는 생태계를 서로 완벽하게 협력하고 조절할 수 있는 기능을 지닌 하나의 유기적인 공동체나 성스러운 전체로 본다. 그러나 이러한 생태계관은 오늘날 더 이상 현실성이 없는 것으로 받아들여지고 있다. 따라서 생명공동체의 온전성, 안정성, 아름다움에 비추어 옳고 그름을 판단해야 한다는 그의 주장 역시 설득력이 크게 떨어지고 만다.

끝으로 필자는 비인간 중심적 환경윤리론들이 거의 다 그러하듯이 대지윤리 역시 크게 간과하고 있는 점, 한 가지를 지적하고자 한다. 그것은 바로 실천적 측면에 대한 구체적 대안을 제시하지 못하고 있다는 점이다. 레오폴드의 대지윤리에서는 토양이나 물과 같은 무생명체들까지도 공동체의 구성원으로 받아들이고 있는데, 이 의미는 이 존재들에게까지 도덕적 지위를 부여해야 한다는 것으로 해석된다. 이 존재들에게 도덕적 지위를 부여하여 그들이 지속적으로 존재해 나갈 수 있도록 하는 것은 바람직하다. 그러나 이들 존재가 도덕적 지위를 지닌다고 해서 이들이 도덕적으로 동등한 중요성을 가진 것으로 볼 수는 없다. 토양, 물, 식물, 동물, 인간 등의 존재들이 동등한 도덕적 중요성을 지닌다는 것은 직관적 상식으로도 도저히 수용할 수 없다. 레오폴드는 바로 이 점을 분명히 하지 않고 있다. 생명공동체의 온전성, 안정성 유지에 지나친 편집증세를 보인 나머지 인간 또한 생명공동체의 평범한 구성원으로 간주함으로써 그 차별성에 관심을 기울이지 못했던 것이다. 따라서 필자는 도덕적 지위를 부여하는 기준을 포섭기준과 비교기준으로 나누어 적용해야 한다고 보았다. 포섭기준으로는 생명을, 비교기준으로는 유정성을 받아들여 생명이 있는 존재들은 모두 다 공동체 안에 포섭하되, 유정성의 정도에 따라 그들 간에 질적 차이를 두어야 한다는 것이다. 이렇게 할 때 우리는 비인간 중심적 환경윤리론들이 놓치고 있는 실천적 대안을 마련할 수 있게 된다. 필자는 이러한 입장을 개방적 인간중심주의라고 불렀다. 환경문제가 단순한 이론적 문제가 아니라 해결되어야만 할 실천적 과제라는 점을 고려한다면 개방적 인간중심주의에 대한 재고가 반드시 필요하다고 본다. 폐쇄적 인간중심주의가 도덕적 지위 부여 측면에서 폐쇄적이고(인간만을 도덕적 지위를 지닐 수 있는 존재로 보기 때문), 생명·자연중심주의는 실천적 대안 제시 측면에서 약점을 가지고 있다면, 개방적 인간중심주의는 양 입장의 단점을 보완하고 있다는 점에서 유용한 방안이라고 생각된다.

XII. 지구 생태계의 복리와 국가 간 분배 정의 문제

1. 머리말

환경문제는 오늘 이 시대만의 문제가 아니다. 환경문제는 인류 역사와 더불어 발생했다고 해도 과언이 아닐 만큼 어느 시대든지 늘 있어 왔던 것이다. 문제의 핵심은 환경 파괴 그 자체보다 그 위험의 심각성 여부에 관한 것이다. 전시대(20세기 중엽 이전)에 발생했던 환경 파괴는 대체적으로 부분적이었고 지역적으로도 한정되어 있었다. 그러나 오늘날의 환경 파괴는 전 지구적이라는 점에서 전시대의 그것과 질적으로 다르다.

전 지구적 차원의 환경 파괴는 후세를 생각하는 장기적 시각에서 본다면 국지적 피해 전가의 임기응변적 방식으로는 결코 모면할 수 없다. 그것은 선후진국 모두에게 피해를 주는 초지역적 환경 위기이기 때문이다. 이러한 전 지구적 유형의 환경 위기로 대표적인 것은 이산화탄소, 메탄, 질소 등의 증가로 야기되는 지구 온난화 현상이다.

이 지구 온난화 현상은 이미 일부 지역(중북부 아프리카의 한발 지역의 확대로 인한 대규모 기아 현상과 방글라데시의 세기적 해일 등)에서 파멸적인 천재지변을 불러일으키고 있고, 일부 학자들이 이 현상에 대한 어떤 신속한 대응 조치도 이미 때늦은 것이라고 말할 정도로 위기 상황을 보이고 있다.

이 온난화 과정에서 최대 역할을 하는 기체는 경제적 생산 활동의 모든 과정에서 방출되는 이산화탄소와 메탄이다. 화석 연료의 대량 연소와 산림 방화 등으로 세계적으로 현재 매초 1000톤의 이산화탄소가 대기 중으로 방출되고 있다. 이로 인한 대기 온도의 상승은 가령 아프리카 지역에서 사막 지대를 확대시키거나 평탄한 기후대에서 폭풍, 태풍, 호우를 야기하고 습지와 건조지대를 뒤바꿔 놓는 예측 불허의 기후 변동을 가져오며, 남북극 및 고산의 빙설을 녹여 해수면 상승을 초래한다.[1]

그런데 여기서 우리가 특별히 주목해야 할 사항이 있다. 그것은 지구 전역에 걸친 생태학적 대변동이 장기적으로는 선후진국 구분 없이 모두에게 피해를 끼치겠지만 그 피해의 수준은 선후진국 간에 균등하게 주어지지 않는다는 점이다. 가령 대기 온난화로 인해 국민소득이 독일의 1%밖에 안되는 방글라데시는 지난 40년 동안 폭풍과 홍수의 빈도가 세 배로 늘었고, 이른바 '세기적 해일'이 10년 주기로 찾아들었다고 한다.[2]

앞으로의 연구에 따라 개별적 국가들에 대한 보고 내용은 일부 바뀌겠지만 다음의 두 가지 사실은 변함이 없을 것으로 지적되고 있다. 그것은 ① 기후 변동이 초래할 결과가 지역적 차이를 보일 것이라는 점과 ② 최대의 피해는 개도국들이 입게 될 것이라는 점이다.[3] 이와 관련하여 황태연 교수는 상대적 유리, 불리 개념과 절대적 유리, 불리 개념을 구분하고 있다. 그에 의하면 개도국은 기후 변동으로 더

---

1) 황태연, 《환경정치학과 현대정치사상》(서울: 나남출판사, 1992), 26~27면 참조.
2) 같은 책, 27면 참조.
3) 같은 책, 28면 참조.

많은 피해를 입기 때문에 상대적으로 불리해지고, 산업국가는 더 적게 피해를 입기 때문에 상대적으로 유리해진다. 나아가 지금까지의 연구에 의하면 온대 지방 이상의 위도에 위치하는 산업국가들이 지구 온난화 덕분에 농업 및 거주지의 북한계선의 상향 이동으로 절대적 이익을 얻게 되는 것도 배제할 수 없다고 한다. 결론은 세계 인구의 1/4에 해당하는 북반구 부자들이 세계 환경문제의 3/4을 야기한 가해자이면서 이 환경 위기로부터 상대적, 절대적 이득을 보는 반면, 남반구 빈자들은 상대적, 절대적으로 손해를 보게 된다는 것이다.[4]

제3세계 국가들도 환경문제와 관련된 불평등한 국제관계의 실상을 깨닫고 그 책임을 선진국에 돌림으로써 환경문제는 국제적 이해 갈등까지 낳고 있다. 지구정상회담장(1992년 리우회의)에서 발표된 쿠바의 카스트로 수상의 연설이 이를 잘 반영해주고 있다.

> … 이 잔악한 환경 파괴의 주된 책임이 소비 사회에 있다는 것에 크게 주목해도 좋다. 이전에 식민지였던 거대도시와 제국주의 정권의 산물이 지금 인류 대다수의 빈곤과 퇴보를 초래하고 말았다. 세계 인구의 20%에 불과한 사람들이 세계 전체가 생산하는 금속 자원의 2/3와 에너지의 3/4을 소비하고 있다. 그들은 바다와 강을 그리고 공기를 유해물질로 오염시켰다. 그들은 오존층에 구멍이 나게 했으며, 기상이 불안정해지고 대재앙을 유발하는 가스를 대기 중에 뿜어냄으로써 우리들로 하여금 그 위협에 휩싸이도록 만들었다. … 그 책임을 제3세계에 강요할 수는 없다. 바로 어제까지 식민지였던 제3세계는 이제 또 불공정한 세계 질서에 착취당하고 있기 때문이다. 문제의 해결은 제3세계가 필요불가결한 개발을 그만두는 것으로 이뤄지지 않는다.[5] …

---

4) 같은 책, 29면 참조.
5) 요네모토 쇼우헤이, 《지구환경문제란 무엇인가》, 박혜숙·박종관 옮김(서울: 따님, 1995), 142~43면에서 재인용.

북측 선진국의 과잉 소비를 예리하게 지적하고 있는 이 연설은 울적한 남측의 현실을 잘 대변해주고 있을 뿐만 아니라 남측 국가들의 카타르시스였다. 남측은 어쨌든 지금 경제적으로 어려운 상황에 처해 있다. 이러한 상황에서 벗어나는 것이 그들 국가에게 가장 소중한 절대적 과제임은 두말할 나위 없다. 그들에게는 경제 성장이라는 신화만이 유일한 신앙의 대상이 될 수밖에 없는 것이다. 그것이 곧 그들이 사는 길이기 때문이다. 빵이 환경보다 더 시급히 요구되고 있다는 현실이 환경의 논리보다 경제 성장의 논리를 앞세울 수밖에 없게 만들고 있는 것이다. 따라서 남측 국가들에서는 경제 성장만이 정치적 정당성의 근거가 되기 때문에 오히려 정부의 비호 하에 공공연히 환경 파괴가 자행되고 있다. 인구 폭발과 소비 욕구의 급격한 상승 속에서 이들 국가들에선 아무런 제약도 받지 않은 채 환경이 파괴되고 있다.

그렇다면 이와 같은 남측 국가에서 공공연히 진행되고 있는 환경 파괴 행위에 대하여 북측 선진국들은 어떻게 대처하고 있는가? 카스트로의 연설에서도 나타나고 있듯이 현재의 환경 위기에 대한 근본적 책임이 주로 선진 산업국가들에게 있다고 볼 때 서구 선진국이 남측 국가들에 대해서 경제 개발을 중단하라고 요구할 수는 없다. 그럴 만한 도덕적 설득력을 서구 선진국들은 이미 잃고 있기 때문이다. 그럼에도 불구하고 서구 선진국들은 환경제국주의 이데올로기를 조성함으로써 제3세계의 경제 개발을 중지토록 요구하고 있어 문제가 되고 있다.

유럽 환경론자들은, 서구의 산업문명은 일반화될 수 없는 모델임이 환경 위기를 통해 입증된 것으로 전제하고, 모든 개도국들이 서구 수준의 산업 복지에 도달할 경우 전 지구가 파멸될 것이라는 가상 시나리오를 내세워 개도국들의 산업화 노선에 반대한다. 이 환경제국주의적 논리는 첨예화된 환경 위기를 배경으로 선진국에 의한 복지의 독점 및 이 복지로부터 개도국의 항구적인 배제를 더욱 강화하는 기능을 한다.[6] 1/4의 인류가 여타 대부분의 인류, 자연, 후세를 희생시켜 풍요롭게 잘 살 수 있는 서구의 패권 체제와 패권적 담론은 앞으로도 한동안 충분히 가능하고, 역설적으로 생태학적 위기 속에서는 더욱 공고화될 전망이다.

지금 우리가 겪고 있는 위기가 전 지구적 위기임에는 틀림없다. 이와 관련하여 독일의 사회학자 울리히 벡(U. Beck)은 "결핍에는 위계 서열이 있지만 스모그에는 민주적이다"[7]라고 말한다. 즉 환경 위기가 몰고 온 위험 앞에서 모든 이는 평등해지고 위험은 그것이 미치는 범위 내에서 객관적으로 평등화의 효과를 갖는다는 것이다. 따라서 그 해결책 또한 전 인류가 함께 모색하고 연구해야 한다는 사실도 자명하다. 그러나 지금의 환경 위기를 전 인류의 공동 문제요, 따라서 전 인류의 공동 과제라는 식으로 파악하는 것은 너무도 단순하고 추상적이다. 지구 전역을 휘감는 어떠한 생태학적 대변동도 '인류의 공동 문제'라는 추상적인 정식화로써 접근할 수 없는 특유한 생태학적 제국주의의 구조를 안고 있기 때문이다.

따라서 환경문제를 인류 공동의 과제로 규정짓고, 선후진국 구분 없이 환경문제 해결에 동등한 참여를 요청하는 것은 한마디로 환상에 불과하다. 환경문제의 진정한 해결로 가는 길은 바로 이러한 환상으로부터의 탈피다. 그리고 그러한 탈피는 바로 그런 환상을 조작하고 있는 선진국들이 먼저 해야 할 일이다. 생태학적 제국주의의 현실적 국제관계를 직시하고 선진국은 스스로 중단 없이 계속하고 있는 환경 파괴를 추상적인 인류 공동 이익의 명의로 개도국들에게 못하도록 강제해서는 안 된다. 선진국은 개도국의 내정에 간섭하려 하기

---

6) 황태연, 《환경정치학과 현대정치사상》, 29면 참조.
7) 울리히 벡, 《위험사회: 새로운 근대(성)을 향하여》, 홍성태 옮김(서울: 새물결, 1997), 77면.

304

전에 스스로 변화해야 한다. 후진국들도 환경문제의 책임을 전적으로 선진국에 돌리고 그 해결에 수수방관할 것이 아니라 함께 나서야 한다. 그들도 어떻든 환경 파괴에 어느 정도 가담하고 있기 때문이다.

결국 환경문제를 해결해 나가는 데 있어서 하나의 분명한 열쇠는 현재의 생태학적 국제관계를 인식한 바탕 위에서 선후진국 간의 상호 협력을 이뤄내는 데 있음을 알 수 있다. 문제는 국제 사회의 협력을 유도할 철학적 근거가 무엇인가 하는 점이다. 이 장은 바로 이러한 문제의식에서 출발한다. 환경문제의 원인과 해결책을 놓고 야기되고 있는 선진국과 개도국 간의 갈등을 해결할 수 있는 윤리적 자세를 모색해 보는 것이 이 장의 목적인 것이다. 이를 위해 필자는 하딘(Garrett Hardin)의 '구명보트 윤리'와 풀러(R. Buckminster Fuller)와 콜드웰(Lynton K. Caldwell)의 '우주선 윤리'에 관하여 살펴보고 난 뒤, 양자에 대한 평가를 통해 적실성이 높은 윤리적 방안을 제시해 보고자 한다.

2. 지구 생태계의 복리와 구명보트 윤리

생태학자 하딘은 인류가 따라야 할 새로운 윤리 모델로 '구명보트 윤리'를 제시하였다. 이 새로운 윤리 모델을 논하기에 앞서 그는 먼저 그 동안 인류가 따라 왔던 윤리 모델에 대한 반성부터 행하고 있다. 새로운 윤리 모델의 타당성 점검은 종전의 윤리 모델에 대한 비판과 반성 위에서 이루어질 때 좀더 효과적일 수 있다는 판단 때문이다.

하딘에 의하면 종래의 환경 정책을 정식화하는 데 주로 이용되어 왔던 모델은 '프론티어 · 카우보이 윤리'이다. 이것은 지금의 우리의 행성이 위기에 처하는 데 중요한 원인으로 작용한 인간중심주의 윤리로서, 인간은 자연의 지배자이고 인간 이외의 존재는 인간이 존중해야 할 어떠한 권리도 가지고 있지 않다는 입장을 보인다.

하딘은 인간의 우위성에 대한 이와 같은 정당화, 또는 인간의 탐욕과 이기주의의 결과로 많은 사람들이 '프론티어 윤리'를 따라 왔다고 말한다. 예를 들어 들소를 거의 절멸시킨 미국의 일부 카우보이들이나 자기들이 발견한 땅을 약탈한 스페인계 식민주의자들과 같이 전 역사를 통해 수많은 사람들이 직접적인 이득을 위해 자원을 약탈해 왔다는 것이다. 그리고 이처럼 자연을 개척하고 새로운 영토와 대륙의 부를 착취하던 사람들은 통상 고귀하고 용감한 인물로 여겨졌다. 그들이 '야생적이고', '야만스러운' 것을 지배하기 위한 '성전(holy battle)'을 벌이고 있는 한 신뢰를 받았고, 그들 행위의 대부분은 급속한 경제 성장 및 물자 생산의 증대라는 인간의 목표상 유용한 것이었다.[8]

이와 같이 풍부한 자원과 무제한적인 프론티어들이 존재하는 동안은 (인간의 번영과 경제적 발달을 위해 대지를 착취하는) '카우보이 윤리'가 잘 되어가는 것처럼 보였다. 실제로 상당 부분 그 덕택으로 우리들은 아주 높은 생활수준을 이룰 수 있었고 물질적 풍요를 누리게 되었다. 그리고 아직도 지구상의 많은 국가들은 경제 성장과 물질의 풍요를 위해 '프론티어 윤리' 모델을 따르고 있는 상황이다.

그러나 하딘에 의하면 지나친 자연 개발로 자원이 고갈되고 있고, 야생 상태에서 살아남기 위해 경쟁할 필요가 없는 지금 우리가 그동안 따라 왔던 '프론티어 윤리'가 과연 정당한지에 대한 물음이 제기되고 있다. 초기의 프론티어들처럼 우리도 지리적, 경제적 확대를 촉진하고 그에 따라서 생기는 자원의 급속한 소비를 계속 추구할 것

---

8) K. S. Shrader-Frechette, "'Forntier Ethics' and 'Lifeboat Ethics'," in K. S. Shrader-Frechette, ed., *Environmental Ethics*, 2nd ed.(Pacific Grove, CA: Boxwood Press, 1991), 32면 참조.

인가 하는 물음이 제기되고 있다는 것이다.

'프론티어 윤리'가 기능할 수 있었던 것은 '남아돌 만큼의 풍부함 이라는 신화(myth of superabundance)'를 받아들였던 것에 기인한다. 이 신화에 따르고 있는 한 토지의 현명한 관리도, 앞을 예견한 검약 도 불필요하게 된다. 하지만 하딘은 분명히 이 신화는 틀렸다고 말한 다. 지구는 유한하고 닫혀 있는 시스템이기에 지구상에서의 윤리가, 인간이 이용 가능한 자원이 언제까지나 충분하다는 전제에 의거할 수는 없다는 것이다. 따라서 '프론티어 윤리'의 지지자들은 후에 '남 아돌 정도의 풍부함이라는 신화' 대신에 다른 논리로 방향을 전환하 게 되는데, 그것은 이른바 '과학지상주의의 신화(myth of scientific supremacy)'였다. 이것은 자원이 설령 제한돼 있다 하더라도 과학과 과학기술이 언제라도 오염과 자원 고갈 문제를 해결할 방안을 고안 해줄 것이기 때문에 우리는 여전히 '프론티어 윤리'를 추구할 수 있 다는 신념이었다.[9]

그러나 하딘에 의하면 '과학지상주의의 신화'는 '프론티어·카우 보이 윤리'의 난점을 해결해주지 못했다. 하딘은 만일 과학이 그것만 으로 그 신화가 암시하고 있는 것과 같은 성공을 거둘 수 있었다면 오염, 인구 문제, 공업화, 자원 고갈 등의 위기로 인류가 이렇게까지 괴로워하지는 않았을 것이라고 한다. 하지만 많은 논자들이 주장해 왔듯이 환경문제는 극단적인 수준에까지 진전함으로써 인류의 생존 그 자체가 지금 문제되고 있는 상황이다.

하딘은 과학 및 과학기술의 진보만으로 환경 악화와 자원 고갈이 라는 문제를 해결할 수 없는 또 하나의 이유로 '공유지의 비극(the tragedy of the commons)'[10]을 회피할 방법이 없다는 점을 지적하고

---

9) 같은 글, 같은 면 참조.

10) 이에 관한 자세한 내용은 Garrett Hardin, "The Tragedy of the Commons," in
    K. S. Shrader-Frechette, ed., *Environmental Ethics*, 2nd ed.(Pacific Grove, CA:

있다. 그 비극이란 요컨대 대부분의 사람들이 지구상의 많은 주민들을 희생시키면서까지 끊임없이 자신들의 복리를 극대화하는 데 힘쓰고 있는데 그 결과는 모든 사람들이 해를 입게 된다는 것이다. 예를 들면 선진국의 대부분의 사람들은 편의와 효율성을 극대화하기 위해 대기를 크게 오염시키면서 자동차를 운행하고 있다. 하지만 결과적으로 대기의 질은 누구에게나 악화된다. 사람들이 자기 자신의 이익을 위해서라면 비록 파괴적인 방식으로라도 공유물을 사용할 수 있다고 믿는 한 우리 모두의 공동 재산(예를 들어 대기의 질)을 보전하려는 사람은 극히 드물 것이라는 것이 그 비극의 의미이다. 이런 이유로 인해 만일 사람들이 자신들의 이익보다도 지구 행성 전체의 이익 쪽을 우선시킬 수 있도록 강제되지 않으면 '공유지의 비극'은 피할 수 없다는 데 하딘은 유념하고 있다. "어떠한 과학기술의 발명도 이 운명을 저지할 수 없다"[11]고 하면서 그는 이 사실을 거듭 강조한다.

'프론티어 윤리'가 야기하는 이와 같은 파국에 대한 해결책으로 하딘은 가치 체계를 역전시킬 것을 주장한다. 즉 자연은 인간에게 종속되어 있고 아무런 권리도 소유하지 않는다는 전제에 의거한 환경 정책을 포기하고, 개개 인간의 복리보다 지구 생태계의 복리를 위해 진력할 것을 하딘은 제안하고 있는 것이다. 그는 환경 정책의 이 새로운 체계를 '구명보트 윤리'라고 부른다.

'구명보트 윤리'는 세계의 부유한 국가들을 풍요롭고 적절한 수의 사람들이 승선하고 있는 구명보트로, 가난한 국가들을 매우 혼잡하고 초만원의 구명보트로 간주한다. 이 때 가난한 국가의 사람들은 끊임없이 그들의 보트로부터 빠져나와 부유한 구명보트들 중의 어느 하나에 승선하기를 간절히 바라고 있다고 하딘은 가정한다. 이 경우의 도덕적 딜레마는 부유한 보트의 승객들이 그 헤엄쳐 오는 사람들의

Boxwood Press, 1991), 242~52면 참조.

11) Shrader-Frechette, "'Forntier Ethics' and 'Lifeboat Ethics'," 33면.

승선을 허락해줄 것인지 말 것인지 하는 점이다. 모든 국가의 토지와 마찬가지로 구명보트의 수용 능력도 지금 제한돼 있는 상황이다.[12]

이 딜레마에 대한 유일한 해결책으로 하딘은 이미 승선하고 있는 사람들의 생존을 보호하고 안전성을 유지하기 위해 부유한 보트에 더 이상의 승선을 허락하지 말라는 대안을 제시한다. 만일 전원에 대해서 승선을 허락하게 되면 보트는 가라앉아 버리기 때문이다. '완벽한 정의의 실현이 오히려 완벽한 파국'을 초래한다는 주장이다.[13]

하딘은 이러한 주장을 정당화하기 위해 몇 가지 근거를 대고 있다.[14] 첫째는 만일 부유한 국가들이 가난한 국가들에게 자원을 베풀거나 관대한 이민 정책을 통해서 가난한 국가의 사람들을 대거 받아들인다면 부유한 국가는 머지않아 재난이 덮치게 된다는 점이다.

둘째는 만일 지구 자원이 모든 사람이 다 쓸 수 있는 공유물의 일

---

12) Garrett Hardin, "Lifeboat Ethics: The Case Against Helping the Poor," in Christina Sommers and Fred Sommers, ed., *Vice & Virtue in Everyday Life*, 3rd ed.(Fort Worth, TX: Harcourt Brace College Publishers, 1993), 853~54면 참조.

13) 탑승 정원이 60명인 구명보트에 지금 50명이 승선하고 있다. 이 50명의 승객들이 자기들이 타고 있는 구명보트에 태워줄 것을 간청하면서 헤엄쳐 오고 있는 100명의 사람들을 보았을 때 어떻게 하는 것이 바람직한가? 이 도덕적 딜레마의 해결을 위한 대안을 하딘은 다음과 같이 고려하고 있다. 첫째 대안은 바다 위에서의 모든 사람들의 욕구는 같기 때문에, 그들 모두를 '우리의 형제들'로 간주하여 전원을 승선시켜 주는 것이다. 이 경우 60명 정원인 보트의 승선 인원이 150명이나 됨으로써 결국 보트는 가라앉고 모두가 죽게 된다. '완벽한 정의는 완벽한 파국'을 낳는 경우다. 둘째 대안은 보트에는 지금 10명을 더 승선시킬 수 있기 때문에 그 수만 채우는 것이다. 이 경우에는 그 10명으로 누구를 선정할 것인지, 또 그 선정 방법을 어떻게 마련할 것인지 하는 문제가 생긴다. 마지막 대안은 하딘이 채택하고 있는 것으로서 50명의 생존과 안전을 위해서 어느 누구의 승선도 허락하지 않는 것이다. 같은 글, 854~55면 참조.

14) 같은 글, 855~60면; Shrader-Frechette, "'Forntier Ethics' and 'Lifeboat Ethics'," 34면 참조.

부로 인정되어 버리면 이미 언급했던 것처럼 '공유지의 비극'이 일어난다는 점이다. 즉 사람들은 자신들의 이익을 지키기 위해 지구 자원을 무제한적으로 사용하게 될 것이고 이는 결국 모든 사람들을 파멸로 이끈다는 것이다. 예를 들면 대기와 물이 공유물로 취급되고 있기 때문에 오염은 급격히 진행되어 왔고, 바다 역시 공유물로 개발되고 있기 때문에 고기는 계속 고갈되고 있다.

셋째는 만일 가난한 국가들이 위기에 직면할 때마다 '보석(bailed off)'된다면 그 국가들은 자신들의 경험으로부터 아무 것도 배우지 못할 것이라는 점이다. 하딘은 오히려 그들 국가들이 위기에 대처하기 위해 외부로부터의 원조에 의존하지 않는다면 인구는 국토의 수용 능력이 허락하는 한도 이내까지 감소할 것이라고 한다. 외부로부터의 원조는 인구 증가를 재촉하므로 최종적으로는 가난한 국가에게 해를 끼치게 된다는 것이다. 따라서 식량 원조가 '인구 억제를 방해하는' 역할을 하게 된다고 그는 주장한다.

인구 증가, 무제한의 이민, 경제 발달의 촉진이 환경에 부과하고 있는 무거운 짐은 이미 그에 적합한 한도를 넘어섰다고 하딘은 결론 짓는다. 따라서 우리는 '구명보트 윤리'에 따름으로써 이러한 경향 전체에 대해 제한을 가해야 하며, 만일 그렇지 않을 경우 미래 세대의 청결하고 풍부한 환경을 향수할 권리를 침해하게 된다는 것이다.

분배 정의라는 관점에서 볼 때 이와 같은 제한을 하는 것이 불공평하다는 것을 하딘도 인정하지만, 그러나 그는 '다른 어떠한 정책도 실제로는 그러한 제한 정책보다 더 나쁘다'고 본다. 특히 세계의 자원을 공평하게 분배하는 정책은 '극단적인 무질서와 재난'을 초래할 수밖에 없다고 강력히 비판한다. 그는 우리의 손자들이 황폐한 세계에 거처하지 않는 것을 보장하기 위해서는 '구명보트 윤리'에 따라야 한다는 것을 거듭 강조하고 있는 것이다.[15]

3. 분배 정의와 우주선 윤리

앞에서 살펴본 것처럼 우리가 따라 왔던 지배적 환경 정책인 '프론티어·카우보이 윤리'는 인간에게 자연을 지배하는 자로서의 지위를 부여해 왔다. 이 견해에 의해 조장되어 온 지구 파괴와 자원 고갈을 주목하면서 하딘은 '구명보트 윤리'라는 새로운 시스템의 채택을 제안하였다. 지구와 생태계의 생존 그 자체가 위태로워지고 있다는 논의를 토대로 '구명보트 윤리'의 주장자들은 자연 전체의 복리가 개개인의 이익보다 우선한다는 신념에 동의한다. 그러나 이 입장은 분배적 정의의 제원리에 기초한 온갖 도덕적 코드와 정면에서 충돌하게 됨을 보았다.

이와 같이 '프론티어·카우보이 윤리'와 '구명보트 윤리' 쌍방 모두 중대한 난점을 동반하는 것이라면 우리는 제3의 틀을 고려해 봐야 할 것이다. 슈레더-프레체트는 그 제3의 틀로써 '우주선 윤리'[16]를 제안한다. 이것은 인간을 자연보다 우위에 두는 것도, 부유한 구명보트의 승객들을 가난한 구명보트의 승객들보다 우위에 두는 것도 인정하지 않는다. '우주선 윤리'의 주장자들에 따르면 인류와 자연의 본래적인 복리 양자는 서로 친밀하게 결부되어 있어서 다른 쪽을 철저하게 손상하는 일 없이 어느 한쪽에 우월성을 부여하는 것은 불가

---

15) Hardin, "Lifeboat Ethics," 864~65면 참조.

16) 우주선이 인간과 환경과의 관계를 표현하는 심볼이 된 것은 1965년 이후의 일이다. 그것은 당시 스티븐슨(Adlai Stevenson)이 UN에 대한 제언 중에서 이 이미지에 호소했던 것에서 시작된다. 그 이후 보울딩(Kenndth Boulding), 풀러(Buckminster Fuller), 폴라드(William Pollard), 워드(Barbara Ward) 등 환경문제를 다루는 논자들은 생명권을 이해하기 위한 기초로서 이 모델을 발전시켜 왔다. K. S. Shrader-Frechette, "Spaceship Ethics," in K. S. Shrader-Frechette, ed., *Environmental Ethics*, 2nd ed.(Pacific Grove, CA: Boxwood Press, 1991), 45면 참조.

능해진다.[17] '우주선 윤리'의 내용을 제대로 이해하려면 우리는 먼저 지구와 우주선 간의 관계부터 이해해야 할 것이다. '우주선 윤리'의 주장자들은 지구를 우주선에 비유해서 자기들의 논지를 전개하고 있기 때문이다.[18]

양자 간의 유사성은 다음과 같이 정리할 수 있다. 첫째, 우주선과 지구 양자 모두는, 설령 지구의 경우엔 태양열의 방사(radiation)에 의존하고 있다 하더라도 상대적으로 닫힌 시스템이라는 점을 들 수 있다. 둘째는 쌍방 모두 유한하다는 점이다. 즉 이것은 우주선이든 지구든 그 위에서의 활동이 무한정 확대된다는 것이 불가능하며, 어느 쪽의 탑재 능력에도 한계가 있다는 것을 의미한다. 만약 자원이 갱신되거나 또는 재생되지 않으면 우주선 지구호의 시스템이 본래 유한하고 폐쇄적이라는 사실에서 생기는 결과로써 오염과 자원 고갈이라는 쌍둥이 위험이 초래될 것이다. 셋째는 지구도 우주선도 생명을 유지하기 위해 균형을 중요시하며 서로서로 관계되고 독자적으로 자기를 유지하는 시스템에 따르고 있다는 점이다. 만일 지구에서건 우주선에서건 그 중요한 내적 유지 시스템이 작동하지 않으면 승객들은 살아남을 수 없게 된다.[19]

---

17) 같은 글, 같은 면 참조.

18) 풀러에 따르면 지구란 지름이 불과 8000마일의 우주선으로 생각할 수 있다. 이 우주선에 에너지를 공급하는 모선(mothership)에 해당하는 것은 9200만 마일 떨어진 태양이고, 우리의 우주선은 시간당 6만 마일의 속도로 그 주위를 비행하고 있다. 우리의 우주선은 더없이 정교하게 만들어졌으므로 인간이 승객이 된 이래 200만 년 동안 우리들은 우주선에 타고 있다는 것을 깨달은 적이 없었다. 엔트로피 현상에 따라서 온갖 물리적 시스템은 에너지를 상실해 가지만 생명은 우주선 상에서 재생을 반복해 왔다. 지상의 식물이나 바다 속의 해조는 광합성을 이용하여 재생 에너지를 저장하고, 동물은 이러한 식물을 기초로 번성을 누린다. 다음에 우리 인간들은 동물로부터 우유나 고기를 섭취하고 이와 같은 방식으로 에너지는 교체되는 것이다. R. Buckminster Fuller, *Operating Manual for Spaceship Earth*(New York: Pocket Books, 1969), 44~46면 참조.

312

물론 지구와 우주선 간에 비유사점들도 있기는 하지만[20] 우주선 비유론자들은 우주선 모델이야말로 인간과 생명권(biosphere) 간의 관계를 이해하는 데 유용한 수단을 제공해준다고 본다. 지구와 우주선 간의 여러 가지 유사점들 덕택으로 인류는 지구의 본질에 대한 새로운 인식에 도달할 수가 있다는 것이다. 그러나 우주선 모델에 기초하더라도 지극히 정밀한 윤리적 원리들을 정식화하는 것은 양자간의 여러 가지 비유사성 때문에 쉽지 않다. "우주선 지구호에는 사용 설명서가 붙어 있지 않기에 더욱 그렇다"[21]고 볼 수 있다. 하지만 많은 우주선 비유론자들은 우리가 이 모델의 적절성을 인식할 경우 따르지 않으면 안 될 몇 가지 일반적인 윤리 규범이 있다는 것을 설명하려고 시도해 왔다.

먼저 콜드웰(Lynton Coldwell)에 따르면 우리들의 새로운 도덕에는 인구, 산업화, 경제적 팽창을 마땅히 제한해야 한다는 원리가 포함되어야 한다. 나아가 그는 우리가 활용하는 자원은 재생 가능한 것이어야 하며, 만일 어떤 자원이 재생 불가능하다면 반드시 재생시킬 수 있어야 한다고 주장한다. 이러한 명령들은 모두 우리의 우주선 지구

---

19) 지구와 우주선의 유사성에 대해서는 Lynton K. Caldwell, "The Coming Polity of Spaceship Earth," in R. T. Roelofs, J. N. Crowley, D. L. Hardesty, eds., *Environment and Society*(Englewood Cliffs, NJ: Prentice Hall, 1974), 251면 참조.

20) 지구와 우주선과의 가장 기본적인 차이는 우주선에는 거기로부터 와서 거기로 되돌아갈 수 있는 기지가 있으나, 지구는 그러한 기지가 없다는 점이다. 지구는 그 자체가 자신의 기지인 것이다. 우주선 비유의 또 하나의 결함은 지구 행성 전 시스템의 다양성과 복잡함을 고려하면 이 비유가 지극히 단순화되어 있다는 점을 들 수 있다. 세 번째의 차이는 우리가 우주선의 제작자이고, 우리의 목적을 위해 그것을 사용하지만 지구의 제작 주인은 없다는 점이다. 결국 우리가 지구를 완벽하게 콘트롤할 수는 없는 것이다. Shrader-Frechette, "Spaceship Ethics," 46면 참조.

21) Fuller, *Operating Manual for Spaceship Earth*, 47면.

호가 유한하고 닫힌 시스템이라는 인식에서 나온다. 그리고 그는 인구, 경제적 팽창, 자원 사용을 제한하는 것이 두 가지 목적에 도움이 된다고 한다. 즉 그것들의 제한은 인간으로 하여금 지구의 탑재 능력을 초과하도록 하지 않을 뿐만 아니라, 개인의 자유가 미치는 범위를 극대화시켜 준다는 것이다.[22]

건축가이자 철학자인 풀러의 '우주선 윤리' 해석에는 몇 가지 특수한 제언들이 포함되어 있는데 전반적으로 이들 제언은 '구명보트 윤리' 규범들과는 아주 다른 것들이다. 풀러는 지구의 탑재 능력 범위 내에서 강제적으로 생활하도록 하기 위해 가난한 국가들에 대해서 원조를 해선 안 된다고 주장하지 않는다. 그는 오히려 적절하고 균형 잡힌 소비와 성장 패턴이 세계 안에서 이루어진다면 지구의 전 주민을 부양할 수 있다고 주장한다. 하딘과 같이 몇몇 후진국들은 '이미 끝난 것으로 생각할(written off)' 필요가 있다는 것과 같은 잘못된 신념을 갖게 되는 것은, 단지 후진국들을 위해 돈을 쓴다거나 노력하려 하지 않기 때문이라고 그는 본다. 그리고 이와 같은 이기적인 경향의 주범은 세계적인 또는 지구적인 스케일로 생각하는 능력의 결여 탓이라고 한다. 그에 따르면 우리는 다함께 우주선 지구호에 타고 있기 때문에 일부의 승객들이 극단적인 형태의 빈곤으로 고통받을 경우 우주선 지구호는 결코 성공적인 여행을 할 수 없다는 것이다. 만일 그 밖에 무엇인가 손을 쓰지 않으면 이러한 사태는 가난한 사람들이 폭동을 일으키는 정치적 위기로까지 이어질지도 모른다고 그는 말한다.[23] 또 그에 따르면 "가난한 국가의 주민들이 현재와 같은 빈곤 상태에 빠지고, 식량 문제와 병으로 고생하고 있는 원인은 오직 이들 국가들에 대한 국가적인 해적 행위(piracy) 때문"[24]이다.

---

22) Caldwell, "The Coming Polity of Spaceship Earth," 252면 참조.

23) Shrader-Frechette, "Spaceship Ethics," 47~48면 참조.

24) Fuller, *Operating Manual for Spaceship Earth*, 97~99면.

따라서 그는 부유한 국가들이 현재의 우세한 위치에 도달한 것은 부분적으로는 제3세계에 대한 착취에 의한 것이므로 부유한 국가는 가난한 국가를 원조할 의무가 있다고 주장한다. '구명보트 윤리'의 주장자들과 달리 풀러는 큰 스케일의 분배 정의를 믿고 있는 것이다. 이와 관련하여 그는 "부라는 것은 공기나 일광과 같은 것으로 모든 사람들의 소유물이다"[25] 라고 말한다.

풀러의 윤리적 제언들 가운데 몇몇(예를 들면 분배 정의의 실현)은 전통적인 도덕 철학의 고전적 해석에 있어서 중심적인 것이지만, '우주선 윤리'를 통해 그가 제안하고 있는 원리들 가운데 일부는 지극히 새롭고 급진적인 것까지 포함되어 있다. 예를 들면 닫힌 시스템인 유한한 우주선 속에서 살아남기 위해서는 누구나가 보존(conservation)을 실행해 나가야 한다고 그는 주장한다. '수십억 년에 걸친 보존'의 결과인 자원이라는 저축을 '우주 역사로 말하면 순식간에 다 써버리는 것과 같은 어리석음'을 범해서는 안 된다는 것이다. 특히 그는 우주선 내의 인류는 화석 연료를 사용해선 안 되고, 바람, 파도, 물 그리고 태양의 힘으로부터 매일 얻어지는 방대한 에너지 수입으로 '오로지 그것만으로 살아가야' 한다고 주장한다.[26]

풀러의 이러한 새로운 윤리적 제언들은 모두 우리의 가치관과 습관의 '근본적인' 변혁의 필요성을 요청하는 것들로 단순히 일과적인 조치로 끝나는 것들이 아니다. '우주선 윤리'가 요청하고 있는 것은 '일과성의 조치'라기보다 시스템 그 자체의 근본적인 변혁인 것이다.[27] '피상적인 완화책'은 문제를 해결하지 못한다는 입장이다.

이처럼 '우주선 윤리'는 우리의 행성이 본래 유한하고 폐쇄적이라는 사실에 기초한 새로운 세계관을 요구하고 있다. 때문에 이 윤리는

---

25) 같은 책, 119면.
26) Shrader-Frechette, "Spaceship Ethics," 48면 참조.
27) 같은 글, 48~49면 참조.

완전히 새로운 타입의 정치 지도자를 요청하기도 한다. 환경 위기가 초래된 데는 부분적으로 '리더십의 위기'라는 이유도 작용하고 있기 때문이다. 종래의 지도자들은 재생을 무시하고 오로지 경제적 팽창만을 촉진해 왔다. 그리고 무엇보다도 나쁜 것은 그들이 전쟁과 군비 확장에 몇 십억 달러씩이나 소비해 온 점이다. 그러면서 그들은 환경을 맑고 깨끗하게 할 돈도 없고, 과부족 없는 생활수준을 모든 사람들에게 보장하기 위한 충분한 자본이나 기술도 없다는 주장을 해 왔다고 풀러는 지적한다. 그가 지적하듯이 실지로 선진국 정부는 환경 개선이나 외국에 대한 원조를 계속 지연시켜 왔다. 바로 그러한 결과로 인해 인류는 '우주선 윤리'가 지향하는 목적에 도달하지 못했던 것이다.[28]

풀러에 의하면 우리의 지도자들이 '우주선 윤리'의 이행을 무시해 온 이유 가운데 일부는 선진국 사람들이 자기들의 법률이나 헌법에 의해 보장된 개인의 자유에 너무나 치중했던 데에도 있다. 만약 우리가 세계적 혹은 지구적 스케일로 생각하기 원한다면 우리는 특정한 패턴의 무절제한 소비와 경제 성장을 기꺼이 포기해야만 한다. 비록 이러한 낡은 행동양식의 포기는 많은 사람들이 받아들이고 싶지 않은 자유의 제한을 초래할지도 모른다. 그렇지만 풀러는 그다지 중요하지 않은 개인의 자유(예를 들면 소비하고 싶은 만큼 소비할 권리) 가운데 일부를 포기함으로써 자유의 보다 진정한 경험을 향한 길이 열리게 된다고 주장한다. 풀러의 설명에 의하면, 만약 우리가 우주선의 관점을 채택한다면 승객으로서의 인간은 모두 '특정한 개인이 타자의 희생 위에서 우월성을 갖는 일이 없이' 우주선(지구) 전체를 즐길 수가 있다. 그러나 지금까지는 대부분의 사람들이 우주선의 관점을 채택하기보다 지나치게 근시안적인 관점을 채택함으로써 무절

---

28) 같은 글, 49면 참조.

316

제한 소비와 경제 성장을 추구해 왔던 것이다. 즉 우리들은 지구 전체의 선에 관해 잊어 왔으며, 사소한 일(예를 들면 에너지 소비)을 잠시 동안 억제하면 긴 안목으로 볼 때, 만인을 위한 자유는 증대된다는 사실을 잊었던 것이다.[29]

'우주선 윤리'가 제안하는 여러 가지 대안들이 시사하는 바는 인류가 습관의 변혁, 가치관의 변혁을 경험해야 한다는 점이다. 콜드웰은 그것을 다음과 같이 진술하고 있다. "현대인은 어떻게 해서든지 현재의 상태보다 반드시 더 나아져야 한다. 이것은 공상적인 이상론의 충고가 아니라 생존을 위한 충고이다."[30]

이상에서 우리는 '구명보트 윤리'와 '우주선 윤리'의 내용을 각각 살펴보았다. 그렇다면 앞으로의 과제는 '구명보트 윤리'와 '우주선 윤리'에 대한 평가를 통해 어느 쪽이 더 현실적 적용 가능성이 높은 방안인지를 검토하는 일이다.

4. 양 입장에 대한 평가

(1) '구명보트 윤리'의 한계

필자가 보기에 구명보트 윤리는 몇 가지 잘못된 윤리적 전제에 기초하고 있다. 첫째, 하딘의 주장은 부유한 국가는 '자급 가능한 구명보트'라는 전제 위에 기초하고 있는데 이는 분명히 잘못된 전제라고 판단된다. 이와 관련하여 칼라한(Daniel Callahan)은 미국에서 소비되는 석유의 50%가 수입되고 있고, 그 일부는 개발도상국들로부터 오는 것임을 감안한다면 미국을 어떠한 점에서도 '무산자(have nots)'에 의존하지 않는 '유산자(have)'로 묘사하는 것은 잘못이라고 한

---

29) 같은 글, 49면 참조.
30) Caldwell, "The Coming Polity of Spaceship Earth," 262면.

다.[31] 또 하딘의 구명보트 시나리오가 고려하고 있지 않은 것은 부유한 국가들의 부의 근거에 관한 문제다. 오늘날 대부분의 선진국들의 부는 과거에 가난한 국가들로부터 값싸게 구입한 자원을 활용하여 완성품을 만들고 그것을 다시 높은 가격으로 되판 덕택으로 얻어진 것이라는 사실을 하딘은 지적하지 않고 있는 것이다.

둘째, 부유한 구명보트들은 자급 가능하며 또 가난한 국가들을 착취해 오지 않았다는 하딘의 주장은, 가난한 국가가 지금과 같은 상태가 된 것은 당연한 일이라는 전제에 의거하고 있다. 그는 가난한 국가의 사람들은 부유한 국가의 사람들만큼 현명하지도 않고 유능하지도 않음을 시사함으로써, 가난한 자들로서는 어쩔 수가 없는 요인들(예를 들면 고용 기회)을 완전히 무시하고 있는 것이다. 대신에 하딘은 만일 선진국들이 '단호한 태도로 대한다'면 가난한 국가들은 자기들의 행동방식을 개선하고 인구를 감소시킬 것이라는 입장이다. 그러나 이 가정을 옳다고 볼 수는 없다. 만일 빵의 양이 부족해지면 오히려 그것은 보다 많은 출산을 크게 장려하는 강한 요인이 될지도 모르기 때문이다. 이와 관련하여 슈레더-프레체트는 "매우 가난한 나라의 사람들이 자기들의 노후를 보장받기 위한 수단으로 많은 아이들을 낳고 또 그들을 살리기 위한 노력 외에 또 뭐가 있을까?"라고 반문한다.[32] 이러한 이유에서 볼 때 단호한 태도의 해외원조정책이 가난한 국가의 사람들로 하여금 출산을 줄일 수 있도록 해준다고 믿기는 어렵다고 생각된다.

'구명보트 윤리'의 내용들 가운데 우리가 반드시 짚고 넘어가야 할 세 번째 문제는 '완전한 정의는 불가능하므로 우리에게 정의를 행할 의무는 전혀 없다'는 하딘의 신념이다. 바꿔 말하면 세계의 부를 공정하게 재분배하는 것은 불가능하므로 우리들로서는 가난한 국

---

31) Shrader-Frechette, "'Frontier Ethics' and 'Lifeboat Ethics'," 41면 참조.
32) 같은 글, 같은 면 참조.

가들의 어떠한 요구에 대해서도 염려할 필요가 없다는 주장이다. 그러나 이 주장에 관해서도 동의하지 않는 사람들이 많다. 먼저 우리는 롤린(Bernard E. Rollin)의 견해를 주목할 필요가 있다. 그는 무엇보다 환경문제란 단순히 국가 차원의 문제가 아니라는 점을 상기시킨다.

> 나는 20여 년 전에 동부 캐나다의 북부 지역을 여행한 적이 있다. 이곳에는 기술적 진보와는 거의 상관없는 아메리카 원주민들이 주로 살고 있었다. 나는 도로도 별로 없고, 생활 설비도 별로 없는 이 지역에서 이산화황과 황화수소와 같은 대기 오염 물질들이 최고조에 달해 있다는 사실을 알고 매우 놀랐다. 이 물질들은 이곳에서 수백 마일 떨어진 미국 국경 근처의 공장들에서 야기된 것이었다. 틀림없이 이 원주민들은 자신들이 공유하지 못하는 다른 국가의 부를 위해 상당한, 그리고 전혀 정당성이 없는 희생을 치르고 있었다.[33]

환경과학자인 마레스(Michael Mares)도 이와 동일한 견해를 피력한 바 있다. 그의 주장에 따르면 "상업, 통신, 정치 등을 통해 상당한 수준까지 관계를 맺고 있는 국제사회에서 많은 생태학적 문제들이 단지 한 지역적인 차원에서만 해결되어야 한다는 것은 매우 비현실적이다. 우리 모두가 생물권 문제에 연루되어 있다." 종들의 대량 멸종이 예상되어 왔고, 우림 지역의 파괴가 계속되어 온 남미 지역을 예로 들면서 마레스는 이 상황을 단지 남미의 문제로만 받아들일 것이 아니라 전 세계적인 문제로 인식해야 한다고 주장한다. 경제적 어려움을 겪고 있는 남미에서는 어떤 국민도 정부가 단기적인 이익이 아닌 장기적인 생태학적 전망을 수용하길 바라지 않을 것이다. 따라

---

33) Bernard E. Rollin, "Environmental Ethics and International Justice," in Larry Mary and Shari Collins Sharratt, ed., *Applied Ethics : A Multicultural Approach*(Englewood Cliffs, N. J.: Prentice Hall, 1994), 76~77면.

서 마레스는 만일 다른 국가들이 남미 국가들로 하여금 장기적인 전망을 취하도록 하고 싶다면 그들에게 필요한 전문가들뿐만 아니라 중요한 재정적 지원까지도 베풀어야 한다고 주장한다.[34]

롤린과 마레스의 주장을 통해 우리는 환경문제의 해결을 위해서는 국제적 협력과 정의가 필요함을 알 수 있다. 롤린은 자국과 전 세계를 환경 재난에서 구하기 위해 서로 협력해야 함을 다음과 같이 강력히 주장한다. "환경문제에 있어 국제적 협력이 필요하다는 사실은 명백하다. 사실상 대부분의 환경문제는 전 세계적인 중요성을 띠고 있으며 한 국가의 문제로만 제한할 수 없다. 따라서 환경문제를 인식하고 국제적 협력을 이끌어내야 할 뿐만 아니라 후진국들이 단기적인 이익만을 추구하지 않도록 필요한 부의 분배가 요구된다."[35]

롤린의 견해와 같이 필자도 완전한 정의는 불가능할지 모르지만, 불리한 조건 하에 있는 국가를 착취하고 억압하는 것을 가능한 한 제한할 의무는 있다고 생각한다. 그렇지 않으면 완전한 정의의 실현이 불가능하다는 것을 근거로 모든 의무를 면제받을 수 있게 돼 버린다. 그러나 하딘은 이 점을 간과하고 있다.

하딘의 '구명보트 윤리' 논의에서 무시되고 있는 또 하나의 흥미 깊은 점은 부유한 국가들이 지구 자원을 불균등한 비율로 소비하고 있다는 사실, 또 그들 국가들에 의해서 야기되는 재생 불가능한 자원 고갈이 미래 세대에 대해 해를 끼치게 될지도 모른다는 사실에 있다. 만일 '구명보트 윤리'가 미래 사람들을 위한다는 명분 하에 논의되고 있다면 사람들을 죽게 내버려 두지 않기 위한 다른 선택지(예를 들면 선진국의 소비량을 줄이는 것)에 대해서도 논의되어야 하는데 그러한 논의가 전혀 없다는 점이 의아스럽다.[36]

---

34) 같은 글, 77면 참조.
35) 같은 글, 81면.
36) Shrader-Frechette, "'Frontier Ethics' and 'Lifeboat Ethics'," 41~42면 참조.

이상에서 논의한 사항들에 대한 의문이 풀리지 않는 한 '구명보트 윤리'의 현실적인 적용 가능성은 희박해진다. '구명보트 윤리'는 공평, 분배 정의, 민주주의적 결정, 생존의 가치 등의 사항에 관한 많은 문제들을 충분히 해결하지 못한 채 남겨두고 있기 때문이다.

(2) '우주선 윤리'의 우월성

풀러의 '우주선 윤리'에 대한 가장 중대한 비판은 '억제와 집단적인 자제(self-control)'를 위한 자발적인 '인간의 능력'을 과대평가하고 있다는 점이다. 우주선 윤리론자인 콜드웰마저 "풀러의 낙관적인 주장 속에는 위험한 천진난만함이 깃들어 있다"[37]라고 말할 정도다. 구명보트 윤리론자인 하딘은 '인간이 자기 자신의 사욕만을 추구하기보다는 우주선 윤리가 지시하는 바에 따라 살려고도 한다'는 풀러의 주장에 대하여 아주 신랄하게 비판한다. 왜냐하면 하딘은 인구, 이민, 후진국에 대한 대외 원조 등을 강제적으로 억제하지 않으면 사람들이 이러한 문제들에 대해 자발적으로 올바른 선택을 할 가능성은 없다고 믿기 때문이다. '우주선 윤리'는 인구, 이민, 후진국에 대한 원조 등의 문제를 강제적 방법보다 사람들의 자발적인 자유의지를 통해 극복하려 하기 때문에 너무 이상주의적이라고 하딘은 비판하고 있는 것이다. 지구 자원은 지구상에 거처하는 모든 사람들, 특히 가난한 사람들을 부양할 수 있을 만큼 충분하지 않음에도 불구하고 지구 자원의 균등 분배를 주장하는 우주선 윤리에 따를 경우 환경은 결국 자멸의 길을 걷게 되고 만다. 또한 우주선은 단일 주권의 지배 하에 있지 않다. 즉 거기에는 선장도 없으며 집행위원회도 없다. 따라서 '우주비행사'들은 자기들이 처한 상태에 대한 책임도 지

---

37) Lynton K. Caldwell, "The Coming Polity of Spaceship Earth," in R. T. Roelofs, J. N. Crowley, D. L. Hardesty, eds., *Environment and Society*(Englewood Cliffs, NJ: Prentice Hall, 1974), 261면.

지 않으면서 우주선 승객들이 갖는 모든 권리를 주장하는 수가 많은 것이다.[38] 결국 '우주선 윤리'는 공상적이어서 실행 불가능하다는 것이 하딘의 결론이다. 그는 본질적으로 환경 위기는 오로지 제3세계 사람들이 죽는 것을 용인할 만큼 가혹한 결정을 내릴 수 있는 강력한 권위에 의해서만 진정될 수 있다고 보는 것이다.

과연 '우주선 윤리'의 입장은 하나의 윤리적 틀로써 실행 불가능한 것일까? 필자는 하딘과 같은 비판은 옳지 않다고 주장하고자 하며, 그 주장의 근거로 다음의 몇 가지를 들고자 한다.[39]

첫째는 인구와 제3세계에서의 자원 소비를 제한하는 강제적 수단을 용인하지 않는 점에서 우주선 도덕론자들이 옳다고 생각된다. 제3세계 국가들 가운데는 최소한의 삶의 조건마저 해결하지 못한 나라들이 많다. 환경문제를 극복하는 것이 아무리 중요하다고 해도 제3세계 국민들을 희생시키면서까지 환경 보호를 주장한다는 것은 타당하지 못하다. 우리가 환경을 연구하고, 환경 보호 운동에 나서고 하는 것이 궁극적으로는 인간과 자연의 공생관계를 이루기 위함이다. 그런데 자연을 위해 인간의 희생을 요구하는 것은 자연과 인간의 공생관계를 파괴하는 행위이기에 잘못인 것이다. 따라서 제3세계 국가들도 지구 자원을 소비할 수 있도록 허용해야 한다. 만일 그들이 자원을 소비하지 못하도록 막고 싶다면 선진국들의 적극적인 지원이 뒤따라야 한다. 그러지도 않으면서 제3세계 국가의 인구라든지 자원 소비를 강제로 막는 것은 선진국 중심주의에서 나온 편협한 태도라고 할 수밖에 없다.

둘째는 제3세계 국가들이 부유한 국가들에 의해서 구제받을 수 있는 한계를 넘어섰기 때문에 제3세계에 대한 원조는 마땅히 철회되어야 한다는 구명보트 윤리론자들의 주장이 부당하다는 점을 지적하고

38) Shrader-Frechette, "Spaceship Ethics," 50면 참조.
39) 이에 관해서는 같은 글, 50~51면 참조.

322

자 한다. 제3세계의 빈곤과 위기의 원인은 물론 제3세계 스스로가 자신의 환경에 대한 배려를 잘 하지 못한 데도 있지만 부유한 국가들이 제3세계를 강탈한 데도 있다. 제3세계에 대한 원조 거부는 이러한 사실을 무시하는 처사이기에 부당하다는 것이다. 풀러의 지적에 따르면 후진국들의 곤경은 그 국가들의 환경에 대한 천진난만함 때문이 아니라 '대해적들이 수세기 동안 제3세계 국가들을 강탈하고 거기서 빼앗은 전리품들을 유럽으로 갖고 돌아가 현금화한 때문'이다.[40] 풀러의 주장이 적어도 부분적으로 옳다면, 제3세계 사람들이 절망적인 상황에 처하게 된 전적인 책임이 그들 자신에게 없음에도 그들에게 강제적인 제한을 부과하는 것은 타당하지 못하고 따라서 거기에 대한 깊은 배려가 필요하다고 본다. 선진국은 개도국의 내정에 간섭하기 전에 생태적 채무를 지불한다는 자세로 제3세계의 빈곤 해결에 적극적으로 나서야 한다.

셋째는 국가 간 분배 정의라는 목적을 강제적 수단이 아닌 민주적 통제 수단을 통해 극복하고자 하는 '우주선 윤리'의 입장이 더욱 타당하다는 점을 들고자 한다. 물론 민주적 통제 수단을 통해 공평을 극대화하고자 하는 사회 시스템('우주선 윤리'와 같은 경우)이 공평을 극대화하려고도 하지 않고 민주적 방법으로 환경을 개선하려고도 하지 않는 계획안('구명보트 윤리'와 같은 경우)보다 훨씬 이행하기가 어려운 것은 사실이다.[41] 따라서 요나스는 생태학적 정책 집행을 위해서는 필요하다면 폭력도 행사할 수 있어야 한다고 본다. 그에게 있어서 민주주의와 자유는 이차적인 중요성밖에 없는 한 순간의 조직 모형일 수 있으며, 따라서 그는 절제된 생활 태도를 강요할 수 있는 전제정치를 요청한다.[42]

40) Fuller, *Operating Manual for Spaceship Earth*, 97면 참조.
41) Shrader-Frechette, "Spaceship Ethics," 51면 참조.
42) 김진, "환경철학", 정재춘 외, 《환경학의 이해》(울산: 울산대학교출판부, 1995),

물론 경우에 따라서는 요나스의 주장처럼 환경문제의 해결을 위해 강력한 통제력을 갖춘 국가 권력이 요청될 수도 있을 것이다. 하지만 자유민주주의 사회든 공산주의 사회든 이러한 국가 권력에 대한 지나친 신뢰와 기대는 생태 독재를 낳을 가능성이 있기 때문에 매우 신중해야 한다.

슈레더-프레체트 역시 '우주선 윤리'가 그 제원리를 실행하는 데 강제적 방법보다 오히려 민주적 정치 수단에 의존하는 한, '구명보트 윤리'만큼 인구와 자원 고갈을 통제하는 효율적인 수단을 제공할 수는 없을 것이라고 한다. 그럼에도 불구하고 그녀는 이러한 경우에 민주적 통제, 자유로운 선택, 그리고 재화의 공평한 분배의 이익을 위해 효율성을 희생시키는 것은 바람직하다고 본다. '우주선 윤리'의 민주적이고 거의 비강제적인, 그리고 '장려적인(incentive)' 계획안들(schemes)이 지니고 있는 난제들은 우주선 윤리의 여러 가지 이점(즉 분배 정의와 공평성의 제공)에 의해 상쇄된다는 것이다.[43]

필자 역시 슈레더-프레체트의 견해에 동의한다. 직접적이고 비민주적인 정부의 강제를 이용하면 환경 교육, 적극적인 장려, 민주적 규제 그리고 자유로운 선택 등에 기초한 프로그램들보다 아마 더 효율적으로 인구와 자원 고갈을 줄일 수는 있을 것이다. 그러나 이들 사실 가운데 어떤 것도 '우주선 윤리'의 제원리를 포기할 만한 충분한 이유가 되지 못한다고 본다. 지극히 이성적인 사람들이라면 가장 엄격한 강제 하에서가 아니고서는 효율성을 위해 공평성을 희생시켜서는 안 된다는 점에 아마 동의할 것이라고 믿기 때문이다.

넷째는 개인의 자유를 희생시킴으로써 환경 보호를 정당화하고자 하는 '구명보트 윤리'와는 달리, '우주선 윤리'는 개인적 자유를 무시하지 않으면서도 환경을 보호할 수 있는 방법을 제시하고 있기 때

153~54면 참조.

43) Shrader-Frechette, "Spaceship Ethics," 51~52면 참조.

324

문에 더 바람직하다고 본다. 특히 그 방법 가운데 가치관의 변혁을
강조하고 있는 점은 매우 설득력이 있어 보인다. 이와 관련하여 슈레
더-프레체트는 '우주선 윤리'의 실천과 '아이의 양육' 사이에는 부
분적으로 딱 들어맞는 유사성이 있다고 하면서 다음과 같이 말한다.

> 부모가 까다로운 10대 자녀를 다루기 위해 비강제적이고 유토피아적이
> 고 이상주의적인 방법을 채택했다고 해서 반드시 비판받는 것은 아닌 것과
> 마찬가지로, 환경보호론자가 환경을 보호하기 위한 비강제적인 방법으로써
> '우주선 윤리'에 찬성한다 하더라도 반드시 비판받아서는 안 된다. 토지에
> 관해서건 아이에 관해서건 지구호 승객으로서의 매너나 어른으로서의 행
> 동을 성공적으로 교육받았는지에 관한 유일한 현실적 테스트는 바람직한
> 가치관이 내면화되었는지의 여부다. 환경보호론자로부터건 '독재자'와 같
> 은 부모로부터건 외부로부터 부과된 강제를 받아들였다고 해서 그것이 마
> 음의 변혁은 결코 보장하지 못한다. 그러나 궁극적으로는 마음의 변혁만이
> 인간적이 되려고 한다거나 지구를 보호하려고 한다거나 하는 노력을 뒷받
> 침해줄 수 있다. 전통적인 윤리 이론의 주장자들과 UN과 같은 국제적 단
> 체의 대표자들이 '우주선 윤리'의 비강제적이고 민주적인 제원리를 긍정하
> 는 반면, '구명보트 윤리'의 강제적이고 비민주적인 교의를 비판해 온 것은
> 아마 이런 이유 때문일 것이다.[44]

'우주선 윤리'의 실천과 '아이의 양육' 양쪽 모두는 장기적인 안
목의 일반 원리를 참을성 있게 고수하는 것이 필요하다는 것이다. 아
이의 미래 모습처럼 가치관의 변혁 역시 하루 아침에 이루어지지 않
기 때문이다. 그러나 개인의 자유를 희생시키지 않으면서 환경을 보
호해 나가기 위해서는 사람들의 자발적인 참여 자세가 요구된다. 그

---

44) 같은 글, 53면.

리고 그러한 자발적인 참여는 가치관의 변혁에서 올 수 있기 때문에 이 점이 매우 설득력이 있다고 보는 것이다.

이상의 고찰을 통해 우리는 우주선 윤리의 실천이 구명보트 윤리의 실천보다 훨씬 더 많은 노력이 필요하다는 점을 인정하면서도 민주적 통제, 자유로운 선택, 가치관의 변혁을 통해 분배 정의를 달성하고자 하는 우주선 윤리가 구명보트 윤리보다 훨씬 더 지구 환경을 구하는 데 유익하다는 것을 알 수 있다.

5. 맺음말

환경 위기는 비단 선진국들만의 문제는 결코 아니다. 환경 파괴는 제3세계와 신흥 산업국가들에서도 매우 빠르고 광범위하게 자행되고 있기 때문이다. 인구 증가와 소비 욕구의 급격한 상승 속에서 이들 국가들에선 아무런 제약도 받지 않은 채 경제 성장이라는 신화만이 유일한 신앙의 대상이 되고 있다. 경제 성장의 논리가 환경의 논리를 압도하고 있는 것이다. 이런 상황에서 국민들의 환경 의식은 경제 논리에 의해 약화될 수밖에 없고, 따라서 환경 파괴 또한 계속될 수밖에 없게 된다.

반면에 선진국들은 후진국들의 무차별적인 자연 파괴 행위를 환경 위기의 원인으로 지목하면서 후진국들도 위기 극복에 동참할 것을 호소하고 있다. 지금의 환경 위기는 초국가적 위기인 만큼 그 위기 극복에도 모든 국가들이 참여해야 한다는 것이다. 그러나 후진국들은 환경 파괴의 원인이 과도한 자원 소비를 기초로 하는 산업화·공업화에 있으며 따라서 그 위기 극복에 대한 일차적 책임도 이미 산업화를 달성한 선진국에 있다고 주장한다.

오늘날의 환경 위기가 초국가적 위기인 만큼 그 위기를 극복하는

326

데 모든 국가들의 동참을 요구하는 것이 적어도 이론적으로는 타당하다. 문제는 그 환경 위기를 극복하는 방법의 차이다. 환경 위기 극복의 방법으로 하딘은 '구명보트 윤리'를, 풀러는 '우주선 윤리'를 제의하였다. 이 두 가지 윤리 간의 핵심적 쟁점 사항은 다음과 같이 요약할 수 있다.

첫째, '구명보트 윤리'에서는 선진국들이 후진국을 지원하는 것은 환경문제를 악화시킴과 동시에 궁극적으로는 지구 생태계의 복리를 위협하기 때문에 잘못된 행위로 간주한다. 반면에 '우주선 윤리'에서는 선진국들이 후진국들을 지원해 주어야 할 의무가 있는 것으로 간주한다. 우주선 지구호의 성공적인 여행을 위해서는 후진국들을 빈곤으로부터 구제해야 한다는 것이다.

둘째, 구명보트 도덕론자들은 지구의 자원이 모든 사람들이 다 쓸 수 있는 공유물로 인정되어 버리면 공유지의 비극이 일어난다고 주장하면서 지구 자원을 공평하게 분배하는 것에 대해 반대한다. 반면에 우주선 도덕론자들은 적절하고 균형 잡힌 소비와 성장 패턴이 이루어진다면 지구의 모든 사람들을 부양할 수 있으므로 지구 자원을 공평하게 분배할 수 있다고 본다. 이를 위해 우주선 도덕론자들은 선진국 사람들의 가치관과 습관의 근본적인 변혁을 요청한다.

이러한 쟁점을 중심으로 살펴본 결과 '구명보트 윤리'가 지구 생태계의 복리와 안전성을 강조하면서도 선진국 중심주의에 사로잡힌 편협한 주장이었다면, '우주선 윤리'는 분배 정의의 관점에서 '균형 잡힌 소비·성장', '후진국에 대한 배려', '선진국들의 부 축적 과정에 대한 반성', '가치관과 세계관의 근본적인 변혁' 등을 주장함으로써 전자보다 적실성이 높은 윤리적 방안임을 알 수 있었다.

XIII. 생태학적 위기 극복을 위한
환경윤리의 실천*

앞에서 우리는 환경윤리학을 이해하는 데 요구되는 전반적인 배경 지식과 더불어 환경윤리의 주요 쟁점들을 살펴보았다. 이제 우리가 해결해야 할 과제는 위의 논의에서 얻어진 결과들을 일상생활에서 구체적으로 실천해 나가는 일일 것이다. 이를 위해 우리가 먼저 생각해 봐야 할 것은 환경윤리를 실천에 옮길 때 "과연 어떠한 규준에 따라 행동 및 태도의 선악을 결정할 것인가?" 하는 점이다. 환경윤리학이 하나의 윤리학적 이론으로 의미를 지니려면 보다 구체적인 윤리적 판단 규범을 제시할 수 있어야 한다. 윤리적 판단과 행위의 척도가 없는 윤리학은 그 의미를 지니지 못하기 때문이다.

필자는 환경윤리학의 윤리적 판단과 행위의 선악을 결정하는 척도로써 레오폴드의 원칙을 제시하고자 한다. 제11장에서도 본 바와 같이 레오폴드는 대지윤리의 기초를 이렇게 요약하였다. "어떤 것(a thing)이 생명 공동체의 통합성, 안정성, 그리고 아름다움을 보전하는

---

* 이 장은 제2부 '환경윤리학의 쟁점들'에 포함될 수 있는 내용이 아니다. 하지만 이 장만을 독립적으로 내세워 제3부로 구성한다는 것이 책의 편집상 적절하지 못하다고 판단되어 편의상 제2부에 포함시켜 다루었다.

경향이 있으면 옳고 그렇지 않으면 그르다." 환경윤리는 생명 공동체
(=환경=생태계)의 통합성, 안정성, 아름다움을 해치는 모든 행위는
윤리적으로 의심스럽거나 명백히 나쁜 것으로 간주한다는 것이다.[1]
이 선악 판단의 규준은 환경윤리학의 주장들에 의해서도 더욱 뒷받
침된다. 자연물의 생존권을 인정하여 그들에 대한 보호 책임을 지고,
미래 세대의 생존 조건을 보장하기 위하여 환경을 잘 보전하며, 지구
의 생명을 한 개인의 생명보다 우선시할 때 생명 공동체의 안정성,
통합성, 아름다움은 더욱 잘 보전될 수 있을 것이기 때문이다. 이제
이러한 실천적 규범에 따라 우리가 해결해야 할 과제들 가운데 가장
중요한 몇 가지를 제시해 보고자 한다.

1. 생물종의 보호

지구 환경의 위기라고 하면 곧 에너지 위기를 연상한다. 확실히 에
너지도 위기적 상황에 처해 있다는 것은 부정하지 못한다. 그러나 위
기에 처해 있는 것은 화석 에너지뿐만이 아니다. 식량에도 적신호가
켜져 있고, 공기를 만들고 물을 저장해 두는 삼림의 파괴라든지 사막
화의 진행, 오존층의 파괴, 수자원의 고갈 등 돌이킬 수 없는 것들은
많다.

그러나 이들 문제보다 더욱 다급한 것은 생물의 보호 쪽이다. 지금
공룡의 소멸 이래 최대 규모로 동식물의 종이 멸종해 가고 있다. 그

---

1) 스트롱과 로젠필드 역시 레오폴드가 제안한 선악의 척도를 환경윤리의 정립을
위한 기본 원칙으로 삼고 있다. Douglas H. Strong and Elizabeth S. Rosenfield,
"Ethics or Expediency: An Environmental Question," in K. S. Shrader-
Frechette, ed., *Environmental Ethics*(Pacific Grove, CA: Boxwood Press, 1991),
10면 참조.

다음으로 다급한 것이 사막화의 진행과 삼림의 파괴이고 에너지 문제는 이후 세 번째에 놓여도 좋다. 조속한 대책이 강구되지 않으면 안 되는 것은 생물의 절멸을 필두로 하는 에너지 이외의 문제인 것이다. 에너지 문제를 세 번째에 두는 것은 대체가 가능하기 때문이다. 그러나 어떤 생물종이 절멸한다면 복원할 수가 없으며, 생태계 복원 또한 매우 곤란하다.[2]

따라서 생물종의 보호를 위해 환경윤리학은 인간 이외의 자연물에도 생존권을 인정한다는 것을 기본 이념으로 하고 있다. 그렇다면 여기서 자연물에 생존권을 인정한다는 말의 의미를 어떻게 이해해야 할까? 만일 우리가 인간 이외의 존재들도 인간과 완전히 동등한 생존권을 갖는 것으로 간주한다면 우리는 육식은 물론 초식도 할 수 없게 되며, 모기나 파리와 같은 해충들도 잡을 수 없게 된다. 뿐만 아니라 자연에 대한 어떠한 개발도 중단되어야 할 것이다. 그러나 생태계의 법칙을 올바로 이해할 때 이러한 해석은 잘못되었음을 알 수 있다.

동물의 생태계는 먹는 자와 먹히는 자 간의 치열한 생존 투쟁의 순환적 고리를 이루고 있다. 그렇다면 인간 또한 그 생태계적 고리의 하나로서 살아남아야 하고 살아남기 위해서 다른 동물들을 잡아먹는 것이 자연의 큰 법칙에 순응하는 행동이라고 볼 수 있다. 치타가 얼룩말을 먹는 것도 자연이지만 인간이 쇠고기를 먹는 것도 완전히 자연이다. 그렇다면 멸종되기 시작한 얼룩말의 개체군이 있다고 했을 때, 인간이 보호 정책을 통하여 인위적으로 개체군을 절멸로부터 구제하는 것은 자연인가? 이것을 순수한 자연으로 볼 수는 없지만 반드시 '나쁜' 것은 아니다. 자연=선, 인간=악이라는 도식은 성립하지 않는다. 인간이 나쁜 것이 아니라 인간이 생태계 네트워크 속에서

2) 加藤尙武, 《倫理學で歷史を讀む》(東京: 淸流出版社, 1996), 160~62면 참조.

다른 존재들에게 어떤 영향을 미치고 있는지, 문제는 그 영향인 것이다. 지금 문제시되고 있는 것은 인간이 미치는 그 영향이 너무나 크다는 점이다. 이것은 인정하지 않으면 안 된다. 삼림의 벌채 등, 인간의 행위가 직접적인 원인이 되어 절멸하는 생물종은 일년에 수십 종에서 수백 종이나 된다. 이것은 치타가 얼룩말을 먹는 것과는 현격한 차이가 있는 영향력이다.[3] 다른 생명체에 대한 동물들의 약탈 행위는 생물학적 존속을 위한 선에서 끝나는 데 반해, 인간의 약탈 행위는 그러한 목적을 훨씬 넘어 과잉적이다.

따라서 자연의 생존권을 인정한다는 말은 무생물이 인간과 동등한 권리를 갖는다거나 환경 안의 모든 존재가 동등한 권리를 갖는다는 것을 의미하지 않음을 알 수 있다. 우리는 자연물을 자원으로 이용하되 그것은 어디까지나 생태계의 안정성을 유지하는 범위 내에서 이루어져야 한다. 인간 이외의 동식물은 자신들의 생존권을 호소하는 수단을 갖고 있지 않기 때문에 우리는 그들의 생존을 위해 그들을 보호해야 할 책임이 있다는 것이다.

만일 우리가 인간 이외의 동식물을 인간과 동등한 권리를 소유하고 있는 것으로 간주한다면 인간이 이제까지 이루어 온 정의나 법, 권리를 유지하는 일도 불가능해진다. 그러므로 우리는 인간 안에서의 권리의 평등이라는 원칙과 자연물에 생존권을 인정하지 않으면 자연보호가 불가능해진다는 과제를 양립시키는 방향을 추구해야 한다. 그러기 위해서는 다음의 두 가지 원칙을 따라야 할 것이다.[4]

첫째, 인간에 대해서는 개개인에게 생존권을 인정한다.

둘째, 인간 이외의 생물에 대해서는 그 종에 생존권을 인정한다.

예를 들어 회색기러기라든가 줄풀이라든가 하는 생물종이 절멸 위

---

3) 佐倉 統. "地球環境はDNAメタ・ネットワークの夢を見るか?"《現代思想》, 제18권, 제11호(1990. 11), 220면 참조.

4) 加藤尙武,《倫理學で歷史を讀む》157~58면 참조.

기에 처했을 때 인간은 한 명의 인간을 구하는 것과 같은 자세로 희생을 치르더라도 그것을 구하지 않으면 안 된다. 얕은 여울에 남겨진 고래를 전력을 다해 구조하는 것은 행위 자체로서는 중요한 일이다. 그러나 어떤 개체로서의 고래를 지키는 일이 고래라는 종의 생존권을 지키는 일과는 좀 다르다. 고래 한 마리 한 마리의 생존권을 인정하게 되면 우리는 삶을 유지할 수 없게 된다.

따라서 위의 두 가지 원칙에 따르면 인간 안에서의 권리의 평등과 자연의 생존권 인정이라는 문제의 양립을 도모할 수가 있다. 이것은 인간에 대해서는 존재우선주의를, 인간 이외의 생물에 대해서는 총량주의를 채택하는 것이라고 말해도 좋다. 존재우선주의란 도움도 되지 않고 오히려 방해가 되더라도 그 개체의 존재 가치를 무한한 것으로 인정하는 것이다. 인간은 다른 인간의 생명에 대해서 존재우선주의라는 원칙으로 대처하고 있다. 그러나 발레 팀의 구성원을 교체한다든가 엘리베이터의 정원을 지킨다든가 할 때는 총량주의가 좋다. 총량주의란 한 생물의 총량이 확보되면 그 생물을 보호한 것으로 여긴다는 원칙이다. 개인의 소유물로써의 가축의 질병 치료비는 대개는 그 가축의 가격을 상회하지 않도록 억제한다. 만약 그 가격을 상회하면 그 비용으로 또 한 마리 사고 와서 사육하는 편이 합리적이기 때문이다. 인간이 보호의 책임을 지는 생물종에 대해서도 이 원칙이 적용된다. 해안에서 죽게 된 고래를 구하기 위해 100만 원의 비용이 든다고 할 경우, 그 고래는 자원으로 이용하고 100만 원 이하의 경비로 고래의 개체수가 한 마리 이상 증가하도록 투자하는 것이 바람직하다는 것이다.

이처럼 자연물에 생존권을 부여해야 한다는 주장은 한 알의 밀도, 한 마리의 소도 먹지 말라는 주장이 아니다. 그것은 종을 인위적인 절멸로부터 보호하고 인간의 과잉적인 자연 이용을 중지하라는 것이다. 생물종의 보호는 생태계의 안정성을 건강하게 유지하는 데 가장 중요한 조건 가운데 하나임을 우리는 알아야 한다.

2. 인구 억제

세계 인구가 50억을 돌파한 1987년 이후 17년이 지난 2004년 현재, 지구상에는 약 63여 억의 인구가 살고 있는 것으로 추정된다. UN 인구보고서에 따르면 이러한 인구 증가 추세는 앞으로도 계속되어 2010년에 68억, 2020년에 75억을 넘어 2050년에 100억에 이를 것으로 전망하고 있다.[5]

지금의 인구수는 이미 생태계의 인구 유지 능력을 훨씬 상회하고 있고 또 사막화라는 생태계의 불가역적 변화를 가속화하고 있다. 인구 증가가 생명 공동체의 안정성, 통합성, 아름다움을 가장 크게 해치고 있는 요소라는 점에서 이 문제에 대한 해결은 매우 시급한 과제라고 할 수 있다. 세계 인구가 약 63여 억인 현 단계에서도 여러 가지 돌이킬 수 없는 환경문제들이 발생하고 있는데, 만일 인구가 두 배로 증가하여 120여 억이 된다면 어떻게 될까? 환경 보전을 위한 다른 어떠한 노력이 행해진다 하더라도 지구 환경은 파괴 그 자체로밖에 남지 않을 것이다.

따라서 많은 사람들은 심각한 환경문제의 해결을 위한 실마리로

---

5) 1987년 7월 11일 세계인구가 50억을 돌파한 날을 계기로 유엔은 매년 이 날을 '세계인구의 날'로 선포했다. 세계인구가 10억을 돌파한 것이 1830년이었는데 20억으로 늘어난 것은 100년 뒤인 1930년이었다. 그 뒤 다시 10억이 늘어난 것은 30년 뒤인 1960년이었고, 다시 10억이 늘어 40억이 된 것은 15년 만인 1975년, 87년에 50억, 99년에 60억을 돌파했다. 인구의 증가 추세가 얼마나 가속적인가를 실감나게 드러낸다. 특히 이러한 인구 증가 추세는 빈곤한 후진국이 증가 인구의 94%를 차지, 빈곤의 악순환을 빚고 있다. "동아일보," 1990년 7월 11일; "한국경제신문," 1999년 10월 12일; 환경부, 《환경백서 1998》, 2면 참조.

인구 증가를 꼽는다. 현존하는 사람들이 많으면 많을수록 사람들은 그만큼 오염, 지구 온난화 등과 같은 환경문제들로 인해 고통 받게 될 것이다. 20세기 후반에만도 가뭄, 침식, 도시 개발, 농지 손실 그리고 공해와 같은 환경문제들에 의해서 세계적으로 집 없고 토지 없는 일천만 '환경 난민들'을 산출하였다. 과잉 인구는 더욱 직접적으로 환경에 엄청난 해를 끼치게 될 것이다. 증가하고 있는 인구수는 분명히 더 많은 에너지, 주택, 식량 그리고 직업들의 공급을 요구하며, 더 많은 쓰레기, 오염 그리고 개발을 창출해낼 것이다. 우리는 인구 과잉에 의해 수반되는 환경의 황폐화를 이해하기 위해 뉴욕, 뉴델리, 멕시코시티와 같은 세계의 큰 수도들을 고려해 볼 필요가 있다.[6]

그러나 더욱 문제가 되는 것은 현재 세계의 전체적인 흐름이 인구 억제보다 늘어나는 인구를 먹여 살리기 위해 경제 성장이라는 목표에 집착하고 있다는 점이다. 사회주의 체제의 국가들이 개혁, 개방을 통해 자유주의화한 것이나 중국이 실용주의 정책을 추구하는 것이나 그 근본 동기는 모두 경제 성장에 있다. 특히 중국의 경제 개발이 본격적으로 진척될 때 석탄 사용량은 급속히 늘어날 것이고 그에 따라 온난화 문제는 더욱더 악화될 것으로 보인다. 경제 성장보다 우선순위가 훨씬 더 높은 가치 원리가 드러나고 있는데도 세계는 오히려 그것에 역행하고 있는 것이다.

물론 우리가 경제 성장을 완전 부정할 수는 없을 것이다. 개도국들이 가난, 기아, 환경오염 등에서 벗어날 수 있도록 하려면 경제 성장은 필요하다. 그러나 그 성장이 자연 환경을 고려하지 않는 성장제일주의적인 것이어서는 곤란하다. 그런 의미에서 레일리(W. Reilly)는 유지 가능한 경제 성장, 즉 자연과 조화를 이룬 성장을 지지한다. 이

---

6) Joseph R. Des Jardins, *Environmental Ethics: An Introduction to Environmental Philosophy*, 2nd ed.(Belmont, CA: Wadsworth Publishing Co., 1997), 69면 참조.

를 위해 그는 자연 환경에 대한 압력을 최소화하면서 경제 성장을 촉진할 수 있는 녹색기술(Green Technology)의 도입을 권장하고 있다. 그는 또 이러한 기술에 기초를 둔 전략을 '좋은 성장' 전략(Good Growth Strategy)이라고 부른다. '좋은 성장'이란 보존과 자원 활용의 효율성, 광범위한 재활용 등을 강조하며, 환경적, 사회적, 경제적 관심을 통합하고 자연과의 건전한 관계를 유지하는 책무를 강조한다. '좋은 성장'은 생산성과 소비량의 증가 그 자체가 목적이 아니라는 것을 인지하며, 환경을 파괴하지 않으면서 모든 사람의 생활수준을 향상시킬 수 있는 성장을 지향한다.[7] 그러나 '좋은 성장' 전략이 아무리 바람직하다 하더라도 '인구 폭발에 평화적으로 대처하기 위한 에너지 공급을 보장한다'는 목표와 '환경과 자원을 보존하면서 에너지를 공급한다'는 조건을 양립시키는 것은 불가능하다. '좋은 성장' 전략의 발상은 좋지만 무한한 인구 증가를 책임질 수 있는 성장은 보장하지 못한다는 것이다. 어떠한 성장 전략도 무한한 인구 증가 앞에서는 효력을 발휘하지 못할 것이다. 따라서 '좋은 성장' 전략도 적정한 인구가 유지될 때나 가능하다고 볼 수 있다.

지구는 유한하며 닫힌 시스템이므로 지구상에서의 인류는 무한한 진보와 성장을 이룰 수 없다. 다른 천체에로의 식민 계획도 인체의 설계 그 자체가 지구의 중력에만 알맞다는 것이 판명되었기 때문에 인구의 무한 증식을 허락하는 조건도 없어졌다. 따라서 지구 환경을 구하기 위해서는 인구를 억제하는 것이 절대 필요하다.

인구와 관련해서 우리는 인구의 양적 변화뿐만 아니라 질적 변화에 대해서도 관심을 가져야 한다. 우선 지구적 차원에서 볼 때 삶의

7) William Reilly, "The Green Thumb of Capitalism: The Environmental Benefits of Sustainable Growth," in Larry May and Shari Collins Sharratt, ed., *Applied Ethics: A Multicultural Approach*(Englewood Cliffs, NJ: Prentice-Hall, 1994), 92~93면 참조.

질과 환경 상태가 열악한 개도국의 인구가 크게 증가하고 있다는 사실이 우리의 관심을 끈다. 구체적으로는 유럽 인구가 1명 늘어나는 동안 남미에서는 16명, 아프리카 39명, 아시아의 경우는 107명의 인구가 증가하고 있다. 이런 추세대로라면 선진국 인구가 세계 인구에서 차지하는 비율이 1997년 19.9%에서 2020년 15.6%로 감소하는 반면 개도국 인구는 80%에서 84.4%로 증가하게 될 것이다. 이는 앞으로 선진국과 개도국 간의 빈부격차가 더욱 악화되고 각종 개발 압력이 심각한 상태에 있는 개도국의 환경이 더욱 쉽게 과도한 개발과 파괴의 대상이 될 것임을 의미한다.[8] 미국과 같이 산업화된 국가의 1인당 환경 손실은 많은 저개발국들보다 훨씬 높다. 예를 들면 세계 인구의 5%도 채 안되는 미국이 세계의 재생 불가능한 에너지와 광물 자원의 33%를 소비한다. 저개발국가들이 선진국들이 달성한 보다 높은 생활수준을 추구할 때 환경에 대한 위협은 거의 상상할 수 없을 만큼 증대될 것이다.[9]

다행히도 유럽 선진국가에서는 인구 증가율이 자연스레 감소하고 있는데 그 원인으로는 국민 교육 수준의 향상, 어린이 양육비 부담의 증가, 생활 전체에 걸친 개인주의적, 향락주의적 경향 등을 생각할 수 있다. 생활 문화 수준이 향상됨에 따라 인구가 자연스레 감소한다는 것이 어떤 의미에서는 이상적인 경과이지만 아시아·아프리카에서도 그와 동일한 경과가 전개된다는 보장은 없다.

개도국에서의 인구 증가는 곧 천연자원의 손실과 가난과 기아의 원인이 되고 있다. 레일리에 의하면 출산율을 낮추는 데 가장 널리 수용되고 있는 전략은 교육과 경제 성장이다. 이러한 관점에서 세계 은행 역시 교육, 특히 여아의 기본적인 읽기 능력 배양과 출생율 감소와의 상호 관련성에 주의를 기울이고 있다고 한다. 경제 성장은 또

8) 환경부, 《환경백서 1998》, 3~4면 참조.
9) Des Jardins, *Environmental Ethics*, 69면 참조.

336

한 어떤 안정에 대한 희망을 불어넣어 준다. 한 국가가 경제적으로 성장하게 되면 선진국에서처럼 출산율도 감소한다. 교육과 경제발전은 인구 증가를 고정시키는 가장 확실한 방법이라는 것이다.[10]

그러나 환경문제는 그 해결을 시급하게 요하는 문제이기에 아시아·아프리카의 후진국들이 자체적으로 교육과 경제 성장을 통해 인구를 감소시킬 수 있을 때까지 기다릴 수만은 없다. 그럴 만한 시간적 여유가 없기 때문이다. 여기서 우리는 환경문제란 어느 한 국가의 문제가 아니라 전 세계적 문제임을 깨달을 필요가 있다. 예를 들면 선진국에서 배출되는 배기가스로 인해 오존층이 계속 파괴되고 있고, 그로 인해 전 세계의 기후 변동에도 많은 영향을 끼치고 있다. 한 국가가 환경문제를 해결하지 못하면 다른 나라들도 그 문제로 고통 받을 수 있는 것이다. 중국에서 발생한 먼지로 인해 우리가 황사 피해를 입고 있는 것도 그와 같은 사례에 포함된다. 미국이 탄화플루오르(fluoro carbons) 남용으로 인해 오존층을 파괴한다면 전 세계적으로 영향을 미칠 것이다. 마찬가지로 만일 X라는 국가가 환경 파괴를 통해 이득을 얻고자 한다면 다른 나라들은 손해를 볼지 모르며, 차례로 환경을 무시한 Y와 Z의 횡포를 참아야 할지도 모른다. 게다가 환경문제를 무시함으로써 국가에 단기적인 이익을 안겨 주는 것이 장기적인 측면을 고려하는 것보다 더 중요하게 여겨질지 모른다. 예를 들면 아프리카 국가들이 생태학적 측면에 대한 고려 없이 초지에서 가축을 사육함으로써 단기적인 이익을 얻을 수 있을지 모르지만 사막화 현상은 더욱 가속화되고 있다. 마찬가지로 열대우림 지역의 개발을 통해 단기적으로는 많은 이익을 얻을 수 있겠지만 결국 많은 천연자원을 잃어버리는 결과를 초래할 것이다.[11]

---

10) Reilly, "The Green Thumb of Capitalism," 87~88면 참조.

11) Bernard E. Rollin, "Environmental Ethics & International Justice," in Larry May and Shari Collins Sharratt, ed., *Applied Ethics : A Multicultural*

단기적인 이익을 위해 보다 많은 장기적인 이익을 포기하는 것은 매우 어리석은 행위라고 할 수 있다. 후진국들이 작은 것을 얻기 위해 큰 것을 포기하는 우를 범하지 않도록 하기 위해서는 전 세계적인 협력, 특히 선진국들의 관심과 지원이 요청된다. 대부분의 환경문제들이 한 국가의 문제로 제한될 수 없는 전 세계적인 중요성을 띠고 있기 때문이다. 따라서 우리가 환경문제를 올바로 인식한다면 이의 해결을 위해 국제적 협력을 이끌어 내야 할 뿐만 아니라 후진국들이 단기적 이익만 추구하지 않도록 필요한 부의 재분배가 이루어져야 한다. 우림 지역의 파괴는 단지 그 국가만의 문제가 아니다. 다른 선진국 또한 우림 지역이 존재함으로써 이익을 얻을 수 있으므로 그 대가를 지불해야 한다. 마다가스카르와 브라질의 우림 지역에서 발생하는 사태 또한 우리 모두에게 영향을 미칠 것이다.[12]

인구 증가도 마찬가지다. 선진국들이 자국의 인구가 안정적이라고 생각할는지 모르지만 후진국의 인구가 엄청나게 증가하는 이상 선진국도 그로 인한 영향으로부터 벗어나지 못한다. 후진국들을 경제적으로 안정되고 교육을 통해 인구를 억제해 나갈 수 있도록 적극적으로 지원해주면서 다른 한편으로는 환경 파괴 활동에 대한 엄격한 감독과 통제를 해 나갈 수 있도록 국제적인 협력체제가 필요하다고 본다.

3. 생활방식에 대한 반성과 개혁

지금의 생태학적 위기는 인간이 너무 많은 것을 차지하고 소비하며, 너무 많이 먹고 마시고 배설하며, 너무 번성하고 있다는 사실에서도 초래되었다. 따라서 생명 공동체의 안정성을 유지하는 데 기여

Approach(Englewood Cliffs, NJ: Prentice-Hall, 1994), 80면 참조.
12) 같은 글, 81면 참조.

하기 위하여 우리는 반생태적인 생활 태도에 대한 반성과 성찰 그리
고 개혁이 요청된다고 할 수 있다.

먼저 우리는 우리의 과소비적인 행태에 대한 반성과 함께 절약의
미덕을 되살려야 한다. 환경윤리는 오염을 최소화하고, 재활용될 수
있는 모든 것이 재활용되는 것을 보장하는 데 필요한 절약을 촉구한
다. 재활용될 수 있는 물질을 부주의하게 던져 버리는 것은 야만 행
위이거나 세계의 자원들 중에서 우리의 공동 재산을 도적질하는 행
위이다.[13]

우리는 또 사치에 대한 관념을 재평가해야 한다. 곤경에 처해 있는
세계에서 이 개념은 기사가 딸린 리무진이나 고급 모피, 그림 같은
별장 등에 국한되지 않는다. 열대우림 지역으로부터 오는 목재는 사
치로 간주되어야 한다. 열대우림 목재의 장기적인 가치는 지금의 이
용 가치보다 훨씬 크기 때문이다. 일회용 종이 제품도 사치다. 오래
된 활엽수림이 나무 조각들로 변환되어 종이 공장으로 팔리기 때문
이다. '시골로 드라이브 가는 것'은 온실효과에 기여하는 화석 연료
의 사치스런 사용이다. 불필요한 여행과 다른 형태의 불필요한 소비
를 그만두어야 한다. 음식에 관한 한 쇠고기, 돼지고기 그리고 조류
고기도 사치다. 현재 세계 곡물의 약 38%뿐만 아니라 거의 같은 분
량의 콩이 동물의 먹이로 이용되고 있다. 지구상에는 인간보다 세 배
나 많은 가축들이 살고 있고, 집중적으로 사육되는 이 동물들을 먹이
는 데 엄청난 양의 곡물이 소비되고 있는 것이다. 그러나 이보다 더
큰 문제는 선진국들의 에너지 집중적인 공장식 농업 방법으로 인한
거대한 양의 화석 연료의 소비다. 소나 돼지, 닭들을 먹일 곡식을 키
우는 데 사용되는 화학비료는 또 질소산화물과 온실가스를 배출한다.
가축 사육으로 인한 숲의 상실도 문제다. 1960년 이후 중앙아메리카

---

13) Peter Singer, *Practical Ethics*, 2nd ed.(New York: Cambridge University
    Press, 1993), 286면 참조.

의 25%의 숲이 가축 사육을 위해 개간되었는데, 일단 개간되고 나면 빈약한 토양은 몇 년 정도 목초를 키워내지만 숲은 되돌아오지 않는다. 숲이 개간되고 난 후 가축이 방목되면 수십억 톤의 이산화탄소가 대기로 방출된다. 마침내 대기로 방출되는 메탄의 약 20%가 세계의 가축들에 의해 산출되는 것으로 간주되고 있으며, 메탄은 이산화탄소보다 25배나 많은 태양열을 응축한다.[14] 이 모든 것들을 고려할 때 육식에 기초한 식사는 사치이고 생태계의 안정성을 해치므로 육식을 가능한 한 절제하는 것이 바람직하다고 볼 수 있다.

생활수준 향상에 따라 늘고 있는 레크리에이션의 선택도 환경윤리적 관점에서 보면 더 이상 가치중립적이지 않다. 현재 우리는 자동차 경주와 자전거 경주, 그리고 수상스키와 윈드서핑 중의 선택을 단순히 취향의 문제로 보고 있다. 그러나 거기에는 본질적인 차이가 있다. 즉 자동차 경주와 수상스키는 화석연료를 소비하고 대기에 이산화탄소를 배출하는 반면, 자전거 경주와 윈드서핑은 그렇지 않다. 일단 우리가 우리의 환경을 보존할 필요성을 진지하게 받아들인다면 자동차 경주와 수상스키는 더 이상 수용할 만한 오락 형태가 되어서는 안 될 것이다.[15] 놀이나 쾌락을 목적으로 동물을 살해하거나 단순한 호기심이나 취미를 위해 생명체를 파괴하고 이용하는 것도 자연에 대한 범죄이므로 억제되어야 한다.

생태계의 안정성과 통합성을 유지하기 위해 우리는 또 재생 문화를 이룩해야 한다. 모든 생물을 실은 우주선 지구호의 문화는 정상화(正常化) 문화이다. 존재하는 모든 것은 그 안에서 순환하고 있다. 예를 들면 쓰레기는 어디에 폐기하더라도 우주선 지구호 안을 벗어날 수 없다. 지구의 유한한 자원을 기초로 생각하면, 한 번 쓰고 버리는 문화는 재검토되어야 한다. 휴지라든가 우유팩과 같은 것은 재생 대

---

14) 같은 책, 287~88면 참조.
15) 같은 책, 285면 참조.

상으로 활용되고 있지만 원자로라든가 고속도로라든가 하는 것도 재생되지 않으면 거대 폐기물이 되고 만다.[16]

사용 기간이 짧은 것은 내구 기간도 짧아야 한다. 조간신문은 석간신문이 나왔을 때 이미 인쇄가 지워지고 백지로 되돌아가 있는 것이 좋다. 환경윤리에서는 재생할 가치가 있는 것은 철저하게 재생하는 것을 바람직한 것으로 여긴다. 사용 기간이 긴 것은 내구 기간도 길게 할 필요가 있다. 보다 잦은 교환이 반복되는 자동차나 전기제품, 주택 정책은 반드시 개선되어야 한다. 주택을 짓고 나서 파괴하는 것이 반복되는 스크랩 엔 빌드(scrap and build, 노후시설을 폐기하고 능률적인 시설을 갖추는 방식) 방식은 큰 위험을 초래할 수 있고, 또 유한한 자원을 낭비하는 것이므로 환경윤리에서 보면 명백히 유죄가 된다. 적어도 400년에서 500년 정도 지탱할 수 있는 주택을 짓고 이를 생활의 기반으로 삼아 나간다는 방식을 취해야 할 것이다. 21세기는 제로 성장에 견딜 수 있는 문화를 육성한다는 조건으로 내구 년수와 사용 연수를 같게 해야 한다. 환경의 세기라고 불리는 21세기에 우리가 꼭 이뤄내야 할 일은 무엇인가? 대답은 영원한 생명을 지탱할 수 있는 공간을 만드는 것이다. 즉 모델 체인지가 없는 문화를 만들어야 한다는 것이다.[17]

이와 같이 절약과 단순한 삶(simple life)에 대한 강조는 환경윤리가 쾌락을 못마땅한 것으로 여기는 것이 아니라 환경윤리가 가치를 부여하는 쾌락은 과시적 소비로부터 오지 않는다는 것을 의미한다. 대신에 그것은 따스하고 인격적인 남녀 관계로부터, 어린이와 친구들

---

16) 우리 일상생활의 거의 모든 물품이 재활용자원이다. 종이류, 금속류, 플라스틱류, 병류, 스티로폼, 헌 옷 등 생활 주변의 모든 것이 쓰레기가 아니라 자원이라는 얘기다. 그러나 안타깝게도 이들 자원은 재활용되지 못하고 비용을 들여 쓰레기로 처리되고 있다. 그렇게 하고 나서 우리 나라는 2003년에만 폐자원 수입에 1조 7000여억 원을 썼다고 한다.

17) 加藤尚武, 《倫理學で歷史を讀む》, 164~65면 참조.

과 친밀하게 지내는 것으로부터, 대화로부터, 환경에 해롭지 않고 환경과 조화를 이루는 스포츠와 레크리에이션으로부터 온다. 그것은 의식적인 생물들에 대한 착취에 근거하지 않으며 땅에 해를 끼치지 않는 음식으로부터, 모든 종류의 창조적인 활동과 일로부터 온다. 그리고 그것은 우리가 살고 있는 세계의 손상되지 않은 장소들을 크게 존중하는 데서부터 온다.[18]

---

18) Peter Singer, *Practical Ethics*, 288면 참조.

참고문헌

가토 히사다케, 《환경윤리란 무엇인가》, 김일방 옮김, 대구: 중문출판
　　사, 2001.

계명대학교 철학연구소 편, 《인간과 자연》, 서울: 서광사, 1995.

구승회, 《생태철학과 환경윤리》, 서울: 동국대출판부, 2001.

기 소르망, 《진보와 그의 적들》, 이진홍·성일권 옮김, 서울: 문학과
　　의식, 2003.

김진, "환경철학," 정채춘 외, 《환경학의 이해》, 울산: 울산대학교출판
　　부, 1995.

김균진, 《생태계의 위기와 신학》, 서울: 대한기독교서회, 1997.

김명자, "자연-인간-기술의 과학사적 이해," 한국동양철학회 편, 《기
　　술정보화시대의 인간문제》, 서울: 현암사, 1994.

김상득, "응용윤리학 방법론 연구," 철학박사학위논문, 서울대학교,
　　1996.

김상득, "응용윤리학의 가능성에 관한 소고," 영남철학회 편, 《사회발
　　전과 철학의 과제》, 대구: 이문출판사, 1993.

김우창, "인간중심주의를 넘어서," 《녹색평론》, 제43호(1998. 11~12),
　　3~13면.

김창락, "생태계의 위기와 성서신학적 반성," 이삼열 편, 《생명의 신
　　학과 윤리》, 서울: 열린문화, 1997.

김형철, 《한국사회의 도덕개혁》, 서울: 철학과현실사, 1996.

노먼 마이어스·줄리언 사이먼, 《개발이냐, 보전이냐?》, 윤상욱 옮김, 서울: 도서출판 따님, 1997.

닐스 앨드리지, 《오카방고, 흔들리는 생명》, 김동광 옮김, 서울: 세종서적, 2002.

데카르트, 《방법서설》, 김붕구 역, 서울: 휘문출판사, 1972.

도넬라 H. 메도우즈 외 2인, 《지구의 위기》, 황건 옮김, 서울: 한국경제신문사, 1992.

"동아일보," 1990년 7월 11일.

"동아일보," 1999년 9월 13일.

"동아일보," 2004년 4월 30일.

"동아일보," 2004년 6월 4일.

"동아일보," 2004년 6월 5일.

랠프 왈도 에머슨, 《자연》, 신문수 옮김, 서울: 문학과지성사, 1998.

레스터 브라운 외, 《바이탈사인 2001》, 서형원 외 옮김, 서울: 도요새, 2001.

레스터 브라운 외, 《지구환경보고서 2001》, 오수길·진상현·남원석 옮김, 서울: 도요새, 2001.

로베르 사두르니, 《기후》, 김은연 옮김, 서울: 영림카디널, 2003.

마크 드 빌리어스, 《물의 위기》, 박희경·최동진 옮김, 서울: 세종연구원, 2001.

막스 셸러, 《우주에서 인간의 지위》, 진교훈 옮김, 서울: 아카넷, 2001.

맥클로스키, 《환경윤리와 환경정책》, 황경식·김상득 옮김, 서울: 법영사, 1996.

머레이 북친, 《사회생태론의 철학》, 문순홍 옮김, 서울: 솔, 1997.

머레이 북친, 《사회생태주의란 무엇인가》, 박홍규 옮김, 서울: 민음사, 1998.

메도우즈, D. H. 외, 《인류의 위기》, 김승한 옮김, 중판, 서울: 삼성미술문화재단, 1989.

문성학, 《현대인의 삶과 윤리》, 서울: 형설출판사, 1998.

박연규, "미국 환경윤리학의 현황," 《과학사상》(1995 봄), 247~57면.

박이문, "녹색의 윤리," 《녹색평론》, 제15호(94. 3~4), 41~55면.

박이문, 《문명의 미래와 생태학적 세계관》, 서울: 당대, 1997.

박정순, "윤리학에서 감정의 위치와 역할," 《철학》, 제55집(1998 여름), 308~35면.

반다나 시바, 《물 전쟁》, 이상훈 옮김, 서울: 생각의 나무, 2003.

방건웅, 《신과학이 세상을 바꾼다》, 서울: 정신세계사, 1997.

보리스 제이드(Boris Zeide), "알도 레오폴드의 토지윤리를 보는 새로운 시각," 탁광일 옮김, 《숲과 문화》, 제39호(1998년 5~6월), 8~16면.

브라이언 스키너 · 스테핀 포터, 《생동하는 지구: 지질학 입문》, 박수인 외 옮김, 서울: 시그마 프레스, 1998.

《브리태니커 세계 대백과사전 11》, 서울: 한국브리태니커회사, 1993.

《브리태니커 세계 대백과사전 16》, 서울: 한국브리태니커회사, 1993.

비르키트 브로이엘 편저, 《아젠다 21》, 윤선구 옮김, 서울: 생각의 나무, 2000.

비외른 롬보르, 《회의적 환경주의자》, 홍욱희 · 김승욱 옮김, 서울: 에코리브르, 2003.

소진식 편, 《폐기물관계법규》, 서울: 일진사, 1992.

송명규, 《현대생태사상의 이해》, 서울: 따님, 2004.

신영오, 《흙과 삶》, 서울: 연세대학교출판부, 2000.

알도 레오폴드, 《모래 군의 열두 달》, 송명규 옮김, 서울: 따님, 2000.

알도 레오폴드, 《모래땅의 사계》, 윤여창 · 이상원 옮김, 서울: 푸른숲, 1999.

346

에드워드 윌슨 《생명의 다양성》, 황현숙 옮김, 서울: 까치, 1995.

엠마 골드만, 《저주받은 아나키즘》, 김시완 옮김, 서울: 우물이있는집, 2001.

요네모토 쇼우헤이, 《지구환경문제란 무엇인가》, 박혜숙 · 박종관 옮김, 서울: 따님, 1995.

울리히 벡, 《위험사회: 새로운 근대(성)을 향하여》, 홍성태 옮김, 서울: 새물결, 1997.

유엔환경계획 한국위원회, 《교토의정서》, 서울: 유넵프레스, 2002.

유엔환경계획 한국위원회, 《몬트리올의정서》, 서울: 유넵프레스, 2002.

유진 오덤, 《생태학》, 이도원 옮김, 서울: 동화기술, 1992.

유진 하그로브, 《환경윤리학》, 김형철 옮김, 서울: 철학과현실사, 1994.

윤효녕 · 최문국 · 고갑희, 《19세기 자연과학과 자연관》, 서울: 서울대학교출판부, 1997.

이경희 · 이재곤 · 정상기, 《생물 다양성의 환경법적 보호》, 서울: 길안사, 1998.

이본 배스킨, 《아름다운 생명의 그물》, 이한음 옮김, 서울: 돌베개, 2003.

이안 브래들리, 《녹색의 신》, 이상훈 · 배규식 옮김, 서울: 따님, 1996.

이종관, "환경윤리학과 인간중심주의," 《철학》, 제49호(1996 겨울), 375~407면.

이진우, 《도덕의 담론》, 서울: 문예출판사, 1996.

이진우, "한스 요나스의 생태학적 윤리학," 《철학과 현실》, 제11호(1991 겨울), 273~97면.

잉거(E. Enger) · 스미스(B. Smith), 《환경과학개론》, 김종욱 외 옮김, 서울: 북스힐, 2001.

장정남, "Henry David Thoreau와 Ralph Waldo Emerson의 자연관 비교," 성균관대 《인문과학》, 제15집(1986), 59~75면.

정화열, "생태철학과 보살핌의 윤리," 《녹색평론》, 제29호(1996. 7~8), 7~32면.

정화열, "자연과 인간: 포스트 모던의 지형," 제8회 한국철학자 연합 대회 〈대회보 1〉, 111~32면.

제레미 리프킨, 《엔트로피》, 김명자·김건 옮김, 서울: 동아출판사, 1995.

제임스 A. 내쉬, 《기독교 생태윤리》, 이문균 역, 서울: 한국장로교출판 사, 1997.

조정옥, 《감정과 에로스의 철학: 막스 셸러의 철학》, 서울: 철학과현 실사, 1999.

존 롤즈, 《사회정의론》, 황경식 옮김, 서울: 서광사, 1985.

최성일, "지구환경은 좋아지고 있다?: 회의적 환경주의자와 언론," 《녹색평론》, 통권73호(2003. 11~12), 112~24면.

최종욱, "환경(생태계) 문제의 철학적 의미에 관한 비판적 소론," 국 민대학교 《어문학논총》, 제13집(1994), 333~57면.

클라이브 폰팅, 《녹색세계사 I·II》, 이진아 옮김, 서울: 심지, 1995.

프리초프 카프라, 《생명의 그물》, 김용정·김동광 옮김, 서울: 범양사, 1998.

프리초프 카프라, 《현대 물리학과 동양 사상》, 이성범·김용정 옮김, 서울: 범양사, 1994.

피터 싱어, 《동물해방》, 김성한 옮김, 경기도: 인간사랑, 1999.

피터 싱어, 《세계화의 윤리》, 김희정 옮김, 서울: 아카넷, 2003.

피터 톰킨스·크리스토퍼 버드, 《식물의 신비생활》, 황금용·황정민 옮김, 서울: 정신세계사, 1992.

"한국경제신문," 1999년 10월 12일.

한면희, 《환경윤리》, 서울: 철학과현실사, 1997.

허란주, "동물은 도덕적 고려에 포함될 수 있는가?" 《철학과 현실》,

　　1994 여름.

헨리 데이빗 소로우, 《월든》, 강승영 옮김, 서울: 이레, 1994.

호이카스, R., 《근대과학의 출현과 종교》, 손봉호·김영식 옮김, 서울:
　　정음사, 1987.

환경부, 《환경백서 1998》

황경식, "환경윤리학이란 무엇인가?" 《철학과 현실》, 제21호(1994 여
　　름), 172~85면.

황종환, "생태윤리의 근거정립을 위한 자연관 연구," 교육학박사학위
　　논문, 서울대학교, 1993.

황태연, 《환경정치학과 현대정치사상》, 서울: 나남출판사, 1992.

安彦一惠, 大庭 健, "現代倫理學の基本的動向," 《理想》, no. 652(1993. 11),
　　2~19면.

Evanoff, Richard, "環境哲學入門," 大來佐武郎·松前達郎 監修, 《科學と環
　　境敎育·4》, 東京: 東海大學出版會, 1993.

菊地惠善, "環境倫理學の基本問題," 加藤尚武·飯田亘之 編, 《應用倫理學研
　　究》, 東京: 千葉大學敎養部倫理學敎室.

石 弘之, 《地球環境報告》, 東京: 岩波新書, 1993.

-------, 《地球への警告》, 東京: 朝日新聞社, 1991.

大澤眞幸, "環境の倫理と資本主義の精神," 《現代思想》, 第18卷, 第11號
　　(1990. 11): 143~55.

岡島成行, 《アメリカの環境保護運動》, 東京: 岩波書店, 1993.

加藤尚武, 《現代倫理學入門》, 東京: 講談社, 1997.

---------, 《現代を讀み解く倫理學》, 東京: 丸善, 1996.

---------, 《世紀末の思想》, 東京: PHP研究所, 1990.

---------, 《倫理學で歴史を讀む》, 東京: 淸流出版社, 1996.

川本隆史, "應用倫理學の挑戰: 系譜, 方法, 現狀について," 《理想》,

No.652(1993. 11), 20~34면.

佐倉 統,《現代思想としての環境問題》, 東京: 中央公論社, 1992.

-------, "地球環境はDNAメタ・ネットウ-クの夢を見るか?"《現代思想》,
第18卷, 第11號(1990. 11): 216~23.

沼田 眞,《自然保護という思想》, 東京: 岩波書店, 1995.

福島 達夫, "環境の科學と環境倫理の教育," 大來佐武郎・松前達郎 監修,
《科學と環境教育・2》, 東京: 東海大學出版會, 1993.

藤原保信,《自然觀の構造と環境倫理學》, 東京: 御茶の書房, 1991.

Allison, Lincoln, *Ecology and Utility: The Philosophical Dilemmas of
Planetary Management*, Leicester University Press, 1991.

Attfield, Robin, *The Ethics of Environmental Concern*, Athens, Georgia:
University of Georgia Press, 1991.

Baier, Annette, "For the Sake of Future Generations," In Tom Regan,
ed., *Environmental Philosophy*, Englewood Cliffs, N. J.: Prentice Hall,
1993.

Bayertz, Kurt, *GenEthics*, Translated into English by Sarah L. Kirkby,
Cambridge: Cambridge University, 1994.

Benson, John, *Environmental Ethics*, London: Routledge, 2000.

Blackstone, W. T., "Ecology and Rights," In K. S. Shrader-Frechette, ed.,
Environmental Ethics, 2nd ed., Pacific Grove, CA: Boxwood Press,
1991.

Bookchin, Murray, "What Is Social Ecology?" In Michael E.
Zimmerman, eds., *Environmental Philosophy*, Englewood Cliffs, New
Jersey: Prentice-Hall, 1993.

Brennan, Andrew A., "Ecological Theory and Value in Nature," In
Robert Elliot, ed., *Environmental Ethics*, New York: Oxford

University Press, 1995.

Caldwell, Lynton K., "The Coming Polity of Spaceship Earth," In R. T. Roelofs, J. N. Crowley, D. L. Hardesty, eds., *Environment and Society*, Englewood Cliffs, NJ: Prentice-Hall, 1974.

Callicott, J. Baird, "Animal Liberation: A Triangular Affair," In Robert Elliot, ed., *Environmental Ethics*, New York: Oxford University Press, 1995.

Callicott, J. Baird, "The Conceptual Foundations of the Land Ethic," In Michael Zimmerman, ed., *Environmental Philosophy*, Englewood Cliffs, NJ: Prentice Hall, 1993.

Callicott, J. Baird, "Traditional American Indian and Western European Attitudes Toward Nature: An Overview," In Larry Mary and Shari Collins Sharratt, ed., *Applied Ethics*, Englewood Cliffs, NJ: Prentice-Hall, 1994.

Cooper, David E. & Palmer, Joy A., ed., *The Environment in Question: Ethics and global issues*, London: Routledge, 1992.

Davis, W. H., "The Land Must Live," In K. S. Shrader-Frechette, ed., *Environmental Ethics*, 2nd ed., Pacific Grove, CA: Boxwood Press, 1991.

De George, Richard T., "Do we owe the future anything?" In James P. Sterba, *Morality in Practice*, Belmont, CA: Wadsworth Publishing Co., 1984.

De George, Richard T., "The Environment, Rights and Future Generations," In Ernest Partridge, ed., *Responsibilities to Future Generations*, Buffalo: Prometheus Books, 1991.

Del Vecchio, Giorgio, "Man and Nature: Transcendental Parallelism," *International Philosophical Quarterly*, Vol. IX, No. 1 (March 1969):

3～10.

Des Jardins, Joseph R., *Environmental Ethics: An Introduction to Environmental Philosophy*, 2nd ed., Belmont, CA: Wadsworth Publishing Co., 1997.

Devall, Bill and George Sessions, *Deep Ecology*, Salt Lake City: Peregrine Smith Books, 1985.

Elliot, Robert, "Environmental ethics," In Peter Singer, ed., *A Companion to Ethics*, Basil Blackwell, 1993.

Feinberg, J., "The Rights of Animals and Unborn Generations," In T. A. Mappes and J. S. Zembaty, ed., *Social Ethics*, 2nd ed. New York: McGraw-Hill, 1982.

Fox, M. A., "'Animal Liberation': A Critique," In K. S. Shrader-Frechette, ed., *Environmental Ethics*, 2nd ed., Pacific Grove, CA: Boxwood Press, 1991.

Fuller, R. Buksminster, *Operating Manual for Spaceship Earth*, Mattituck, NY: Aeonian Press, 1976.

Glover, Jonathan, "How Should We Decide What Sort of World Is Best," In Goodpaster and K. M. Sayre, eds., *Ethics and Problems of the 21st Century*, Notre Dame: University of Notre Dame Press, 1979.

Golding, M. P., "Obligations to Future Generations," *The Monist*, 56, No.1 (January 1972): 85～99.

Gower, Barry S., "What do we owe future generations?" In David E. Cooper and Joy A. Palmer, eds., *The Environment in Question*, New York: Rouledge, 1992.

Hardin, Garrett, "Lifeboat Ethics: The Case Against Helping the Poor," In Christina Sommers & Fred Sommers, ed., *Vice & Virtue in*

352

Everyday Life, Orlando: Harcourt Brace College Publishers, 1993.

-------------, "The Tragedy of the Commons," In K. S. Shrader-Frechette, ed., *Environmental Ethics*, 2nd ed., Pacific Grove, CA: Boxwood Press, 1991.

Harris, Errol, "Nature, Man, and Science: Their Changing Relations," International Philosophical Quarterly, Vol. XIX, No. 1(March 1979): 3~14.

Johnson, Edward, "Treating the Dirt: Environmental Ethics and Moral Theory," In Tom Regan, ed., *Environmental Philosophy*, Englewood Cliffs, N. J.: Prentice Hall, 1993.

Krieger, Martin H., "What's Wrong with Plastic Trees?" *Science*, 179 (February 1973), 446~53면.

Leopold, Aldo, "The Land Ethic," In Michael E. Zimmerman, ed., *Environmental Philosophy: From Animal Rights to Radical Ecology*, Englewood Cliffs, NJ: Prentice-Hall, 1993.

McClosky, H. J., "The Right to Life," *Mind* 84(July 1975), 410~17면.

Murdy, W. H., "Antropocentrism: A Morden Version," *Science*, 187(March 1975), 1168~72면.

Naess, Arne, "The Deep Ecological Movement: Some Philosophical Aspects," In Michael Zimmerman, ed., *Environmental Philosophy: From Animal Rights to Radical Ecology*, Englewood Cliffs, NJ: Prentice Hall, 1993.

Nash, Roderick Frazier, *The Rights of Nature*, Madison, Wisconsin: University of Wisconsin Press, 1989.

Partridge, Ernest, "On the Rights of Future Generations," In Donald Scherer, ed., *Upstream/Downstream*, Philadelphia: Temple University Press, 1990.

Passmore, John, "Attitudes to Nature," In Robert Elliot, ed., *Environmental Ethics*, New York: Oxford University Press, 1996.

Passmore, John, *Man's Responsibility for Nature*, 2nd ed., London: Duckworth, 1980.

Pletcher, Galen, "The Rights of Future Generations," In Ernest Partridge, ed., *Responsibilities to Future Generations*, Buffalo: Prometheus Books, 1991.

Pojman, Louis P., ed., *Environmental Ethics*, 3rd ed., California: Wadsworth, 2001.

Rachels, James, "Vegetarianism," In T. A. Mappes and J. S. Zembaty, ed., *Social Ethics*, 2nd ed. New York: McGraw-Hill, 1982.

Regan, Tom, "Animal Rights, Human Wrongs," In Michael Zimmerman, ed., *Environmental Philosophy: From Animal Rights to Radical Ecology*, Englewood Cliffs, NJ: Prentice Hall, 1993.

Regan, Tom, "Introduction," In Tom Regan, ed., *Earthbound*, Prospect Heights, Illinois: Waveland Press, 1990.

Regan, Tom, "The Nature and Possibility of an Environmental Ethic," In Tom Regan, *All That Dwell Therein*, Berkeley and Los Angeles, CA: University of California Press, 1982.

Reilly, William K., "The Green Thumb of Capitalism: The Environmental Benifits of Sustainable Growth," In Larry Mary and Shari Collins Sharratt, ed., *Applied Ethics*, Englewood Cliffs, NJ: Prentice-Hall, 1994.

Rollin, Bernard E., "Environmental Ethics and International Justice," In Larry May and Shari Collins Sharrtt, ed., *Applied Ethics*, Englewood Cliffs, NJ: Prentice-Hall, 1994.

Rolston III, Holmes, "Challenges in emvironmental ethics," In David E.

354

Cooper and Joy A. Palmer, eds., *The Environment in Question*, New York: Rouledge, 1992.

Routley, Richard and Val Routley, "Against the Inevitability of Human Chauvinism," In Robert Elliot, ed., *Environmental Ethics*, New York: Oxford University Press, 1995.

Schwartz, Thomas, "Obligation to Posterity," In Brian Barry and R. I. Sikora, ed., *Oblgation to Future Generations*, Philadelphia: Temple University Press, 1978.

Singer, Peter, "Animal Liberation," In Michael E. Zimmerman, ed., *Environmental Philosophy: From Animal Rights to Radical Ecology*, Englewood Cliffs, NJ: Prentice-Hall, 1993.

Singer, Peter, *Practical Ethics*, 2nd ed., New York: Cambridge University Press, 1993.

Shrader-Frechette, K. S., "Technology, the Environment, and Intergenerational Equity," In K. S. Shrader-Frechette, ed., *Environmental Ethics*, 2nd ed., Pacific Grove, CA: Boxwood Press, 1991.

Shrader-Frechette, K. S., "Environmental Responsibility and Classical Qurstion," In K. S. Shrader-Frechette, ed., *Environmental Ethics*, 2nd ed., Pacific Grove, CA: Boxwood Press, 1991.

Shrader-Frechette, K. S., "'Frontier Ehtics' and 'Lifeboat Ethics'," In K. S. Shrader-Frechette, ed., *Environmental Ethics*, 2nd ed., Pacific Grove, CA: Boxwood Press, 1991.

Shrader-Frechette, K. S., "Spaceship Ethics," In K. S. Shrader-Frechette, ed., *Environmental Ethics*, 2nd ed., Pacific Grove, CA: Boxwood Press, 1991.

Shrader-Frechette, K. S., "Ethics and the Rights of Natural Objects," In

K. S. Shrader-Frechette, ed., *Environmental Ethics*, 2nd ed., Pacific Grove, CA: Boxwood Press, 1991.

Soper, Kate, *What is Nature?*, Oxford: Blackwell Publishers Ltd, 1995.

Sprigge, T. L. S., "Are There Intrinsic Values in Nature?" In *Journal of Applied Philosophy*, Vol. 4, No. 1(1987): 21～28

Stone, C. D., "樹木の當事者適格: 自然物の法的權利について,"《現代思想》, 第18卷, 第11號(1990. 11): 58～94.

Strong, D. H. and Rosenfield, E. S., "Ethics or Expediency," In K. S. Shrader-Frechette, ed., *Environmental Ethics*, 2nd ed., Pacific Grove, CA: Boxwood Press, 1991.

Sumner, L. W., *Abortion and Moral Theory*, New Jersey: Princeton University Press, 1981.

Sylvan, Richard, "Is There a Need for a New, an Environmenatl Ethic?" In Michael Zimmerman, ed., *Environmental Philosophy: From Animal Rights to Radical Ecology*, Englewood Cliffs, NJ: Prentice Hall, 1993.

Taylor, Paul W., *Respect for Nature: A Theory of Environmentall Ethics*, Princeton, NJ: Princeton University Press, 1986.

Taylor, Paul W., "The Ethics of Respect for Nature," In Michael Zimmerman, ed., *Environmental Philosophy: From Animal Rights to Radical Ecology*, Englewood Cliffs, NJ: Prentice Hall, 1993.

Thomas, Keith, 《人間と自然界》, 山內 昶 監譯, 東京: 法政大學出版局, 1989.

Wagner, W. C., "Futurity Morality," In K. S. Shrader-Frechette, ed., *Environmental Ethics*, 2nd ed., Pacific Grove, CA: Boxwood Press, 1991.

Warren, Karen J., "The Power and the Promise of Ecological Feminism," In Michael E. Zimmerman, eds., *Environmental*

356

Philosophy, Englewood Cliffs, New Jersey: Prentice-Hall, 1993.

White, Lynn, Jr., "The Historical Roots of Our Ecological Crisis," *Science*, 155(March 1967), 1204~7면.

내용찾기

인명찾기